国家出版基金项目

NATIONAL PUBLICATION FOUNDATION

中国近代
思想家文库

◎

夏剑钦 编

魏源卷

中国人民大学出版社

·北京·

《中国近代思想家文库》编纂委员会名单

主　任　　柳斌杰　纪宝成

副主任　　吴尚之　李宝中　李　潞

　　　　　王　然　贺耀敏　李永强

主　编　　戴　逸

副主编　　王俊义　耿云志

委　员　　王汝丰　刘志琴　　许纪霖　杨天石　杨宗元

　　　　　陈　铮　欧阳哲生　罗志田　夏晓虹　徐　莉

　　　　　黄兴涛　黄爱平　　蔡乐苏　熊月之

　　　　　（按姓氏笔画排序）

魏源画像

总　序

　　对于近代的理解，虽不见得所有人都是一致的，但总的说来，对于近代这个词所涵的基本意义，人们还是有共识的。一个国家、一个民族走入近代，就意味着以工业化为主导的经济取代了以地主经济、领主经济或自然经济为主导的中世纪的经济形态，也还意味着，它不再是孤立的或是封闭与半封闭的，而是以某种形式加入到世界总的发展进程。尤其重要的是，它以某种形式的民主制度取代君主专制或其他不同形式的专制制度。中国是个幅员广大、人口众多、历史悠久的多民族国家，由于长期历史发展是自成一体的，与外界的交往比较有限，其生产方式的代谢迟缓了一些。如果说，世界的近代是从 17 世纪开始的，那么中国的近代则是从 19 世纪中期才开始的。现在国内学界比较一致的认识，是把 1840 年到 1949 年视为中国的近代。

　　中国的近代起始的标志是 1840 年的鸦片战争。原来相对封闭的国门被拥有近代种种优势的英帝国以军舰、大炮再加上种种卑鄙的欺诈打开了。从此，中国不情愿地加入到世界秩序中，沦为半殖民地。原来独立的大一统的中央集权的君主专制国家，如今独立已经极大地被限制，大一统也逐渐残缺不全，中央集权因列强的侵夺也不完全名实相符了。后来因太平天国运动，地方军政势力崛起，形成内轻外重的形势，也使中央集权被弱化。经历第二次鸦片战争、中法战争、甲午战争、八国联军入侵的战争以及辛亥革命后的多次内外战争，直至日本全面侵略中国的战争，致使中国的经济、政治、教育、文化，都无法顺利走上近代发展的轨道。古今之间，新旧之间，中外之间，混杂、矛盾、冲突。总之，鸦片战争后的中国，既未能成为近代国家，更不能维持原有的统治秩序。而外患内忧咄咄逼人，人们都有某种程度"国将不国"的忧虑。

　　"天下兴亡，匹夫有责"，读书明理的士大夫，或今所谓知识分子，尤为敏感，在空前的危机与挑战面前，皆思有所献替。于是发生种种救亡图存的思想与主张。有的从所能见及的西方国家发展的经验中借鉴某些东西，形成自己的改革方案；有的从历史回忆中拾取某些智慧，形成某种民族复兴的设想；有的则力图把西方的和中国所固有的一些东西加以调和或结合，形成某种救亡图强的主张。这些方案、设想、主张，从世界上"最先进的"，到"最落后的"，几乎样样都有。就提出这些方案、设想、主张者的初衷而言，绝大多数都含着几分救国的意愿。其先进与落后，是否可行，能否成功，尽可充分讨论，但可不必过为诛心之论。显而易见，既然救国的问题最为紧迫，人们所心营目注者自然是种种与救国的方案直接相关的思想学说，而作为产生这些学说的更基础性的理论，及其他各种知识、思想，则关注者少。

围绕着救国、强国的大议题，知识精英们参考世界上种种思想学说，加以研究、选择，认为其中比较适用的思想学说，拿来向国人宣传，并赢得一部分人的认可。于是互相推引，互相激励，更加发挥，演而成潮。在近代中国，曾经得到比较广泛的传播的思想学说，或者够得上思潮的，主要有以下几种：

（一）进化论。近代西方思想较早被引介到中国，而又发生绝大影响的，要属进化论。中国人逐渐相信，进化是宇宙之铁则，不进化就必遭淘汰。以此思想警醒国人，颇曾有助于振作民族精神。但随后不久，社会达尔文主义伴随而来，不免发生一些负面的影响。人们对进化的了解，也存在某些片面性，有时把进化理解为一条简单的直线。辩证法思想帮助人们形成内容更丰富和更加符合实际的发展观念，减少或避免片面性的进化观念的某些负面影响。

（二）民族主义。中国古代的民族主义思想，其核心是"非我族类，其心必异"，所以最重"华夷之辨"。鸦片战争前后一段时期，中国人的民族思想，大体仍是如此。后来渐渐认识到"今之夷狄，非古之夷狄"，"西人治国有法度，不得以古旧之夷狄视之"。但当时中国正遭受西方列强的侵略和掠夺，追求民族独立是民族主义之第一义。20世纪初，中国知识精英开始有了"中华民族"的概念。于是，渐渐形成以建立近代民族国家为核心的近代民族主义。结束清朝君主专制，创立中华民国，是这一思想的初步实现。第一次世界大战爆发，中国加入"协约国"，第一次以主动的姿态参与世界事务，接着俄国十月革命爆发，这两件事对近代中国的发展历程造成绝大影响。同时也将中国人的民族主义提升到一个新的层次，即与国际主义（或世界主义）发生紧密联系。也可以说，中国人更加自觉地用世界的眼光来观察中国的问题。新生的中国共产党和改组后的国民党都是如此。民族主义成为中国的知识精英用来应对近代中国所面临的种种危机和种种挑战的一个重要的思想武器。

（三）社会主义。社会主义作为一种模糊的理想是早在古代就有的，而且不论东方和西方都曾有过。但作为近代思潮，它是于 19 世纪在批判近代资本主义的基础上产生的。起初仍带有空想的性质，直到马克思和恩格斯才创立起科学社会主义。20 世纪初期，社会主义开始传入中国。当时的传播者不太了解科学社会主义与以往的社会主义学说的本质区别。有一部分人，明显地受到无政府主义的强烈影响，更远离科学社会主义。直到五四新文化运动兴起之后，中国人始较严格地引介、宣传科学社会主义。但有一段时间，无政府主义仍是一股很大的思想潮流。中国共产党的成立，从思想上说，是战胜无政府主义的结果。中国共产党把在中国实现社会主义乃至共产主义作为自己的奋斗目标。此后，社会主义者，多次同各种非科学社会主义思想的信仰者进行论争并不断克服种种非科学社会主义思想的影响。

（四）自由主义。自由主义也是从清末就被介绍到中国来，只是信从者一直寥寥。直到五四新文化运动兴起，具有欧美教育背景的知识精英的数量渐渐多起来，自由主义始渐渐形成一股思想潮流。自由主义强调个性解放、意志自由和自己承担责任，在政治上反对一切专制主义。在中国的社会条件下，自由主义缺乏社会基础。在政治激烈动荡的时候，自由主义者很难凝聚成一股有组织的力量；在稍稍平和的时候，他们往往更多沉浸在自己的专业中。所以，在中国近代史上，自由主义不曾有，也不可能有大的作为。

（五）激进主义与保守主义。处于转型期的社会，旧的东西尚未完全退出舞台，新的东西也还未能巩固地树立起来，新旧冲突往往要持续很长的时间，有时甚至达到很激烈的程度。凡助推新东西成长的，人们便视为进步的；凡帮助旧东西排斥新东西的，人们便视为保守的。其实，与保守主义对应的，应是进步主义；与顽固主义相对的则应是激进主义。不过在通常话语环境中人们不太严格加以区分。中国历史悠久，特别是君主专制制度持续两千余年，旧东西积累异常丰富，社会转型极其不易。而世界的发展却进步甚速。中国的一部分精英分子往往特别急切地想改造中国社会，总想找出最厉害的手段，选一条最捷近的路，以最快的速度实现全盘改造。这类思想、主张及其采取的行动，皆属激进主义。在中共党史上，它表现为"左"倾或极左的机会主义。从极端的激进主义到极端的顽固主义，中间有着各种程度的进步与保守的流派。社会的稳定，或社会和平改革的成功，都依赖有一个实力雄厚的中间力量。但因种种原因，中国社会的中间力量一直未能成长到足够的程度。进步主义与保守主义，以及激进主义与顽固主义，不断进行斗争，而实际所获进步不大。

（六）革命与和平改革。中国近代史上，革命运动与和平改革运动交替进行，有时又是平行发展。两者的宗旨都是为改变原有的君主专制制度而代之以某种形式的近代民主制度。有很长一个时期，有两种错误的观念，一是把革命理解为仅仅是指以暴力取得政权的行动，二是与此相关联，把暴力革命与和平改革对立起来，认为革命是推动历史进步的，而改革是维护旧有统治秩序的。这两种论调既无理论根据，也不合历史实际。凡是有助于改变君主专制制度的探索，无论暴力的或和平的改革都是应予肯定的。

中国近代揭幕之时，西方列强正在疯狂地侵略与掠夺殖民地和半殖民地，中国是他们互相争夺的最后一块、也是最大的资源地。而这时的中国，沿袭了两千年的君主专制制度已到了奄奄一息的末日，统治当局腐朽无能，对外不足以御侮，对内不足以言治，其统治的合法性和统治的能力均招致怀疑。革命运动与改革的呼声，以及自发的民变接连不断。国家、民族的命运真的到了千钧一发之际，危机极端紧迫。先觉分子救国之心切，每遇稍具新意义的思想学说便急不可待地学习引介。于是西方思想学说纷纷涌进中国，各阶层、各领域，凡能读书读报者，受其影响，各依其家庭、职业、教育之不同背景而选择自以为不错的一种，接受之，信仰之，传播之。于是西方几百年里相继风行的思想学说，在短时期内纷纷涌进中国。在清末最后的十几年里是这样，五四时期在较高的水准上重复出现这种情况。

这种情况直接造成两个重要的历史现象：一个是中国社会的实际代谢过程（亦即社会转型过程）相对迟缓，而思想的代谢过程却来得格外神速。另一个是在西方原是差不多三百年的历史中渐次出现的各种思想学说，集中在几年或十几年的时间里狂泻而来，人们不及深入研究、审慎抉择，便匆忙引介、传播，引介者、传播者、听闻者，都难免有些消化不良。其实，这种情况在清末，在五四时期，都已有人觉察。我们现在指出这些问题并非苛求前人，而是要引为教训。

　　同时我们也看到，中国近代思想无比的多样性与复杂性呈现出绚丽多彩的姿态，各种思想持续不断地展开论争，这又构成中国近代思想史的一个突出特点。有些论争为我们留下了非常丰富的思想资料。如兴洋务与反洋务之争，变法与反变法之争，革命与改良之争，共和与立宪之争，东西文化之争，文言与白话之争，新旧伦理之争，科学与人生观之争，中国社会性质的论争，社会史的论争，人权与约法之争，全盘西化与本位文化之争，民主与独裁之争，等等。这些争论都不同程度地关联着一直影响甚至困扰着中国人的几个核心问题，即所谓中西问题、古今问题与心物关系问题。

　　中国近代思想的光谱虽比较齐全，但各种思想的存在状态及其影响力是很不平衡的。有些思想信从者多，言论著作亦多，且略成系统；有些可能只有很少的人做过介绍或略加研究；有的还可能因种种原因，只存在私人载记中，当时未及面世。然这些思想，其中有很多并不因时间久远而失去其价值。因为就总的情况说，我们还没有完成社会的近代转型，所以先贤们对某些问题的思考，在今天对我们仍有参考借鉴的价值。我们编辑这套《中国近代思想家文库》，希望尽可能全面地、系统地整理出近代中国思想家的思想成果，一则借以保存这份珍贵遗产，再则为研究思想史提供方便，三则为有心于中国思想文化建设者提供参考借鉴的便利。

　　考虑到中国近代思想的上述诸特点，我们编辑本《文库》时，对于思想家不取太严格的界定，凡在某一学科、某一领域，有其独立思考、提出特别见解和主张者，都尽量收入。虽然其中有些主张与表述有时代和个人的局限，但为反映近代思想发展的轨迹，以供今人参考，我们亦保留其原貌。所以本《文库》实为"中国近代思想集成"。

　　本《文库》入选的思想家，主要是活跃在 1840 年至 1949 年之间的思想人物。但中共领袖人物，因有较为丰富的研究著述，本《文库》则未收入。

　　编辑如此规模的《文库》，对象范围的确定，材料的搜集，版本的比勘，体例的斟酌，在在皆非易事。限于我们的水平，容有瑕隙，敬请方家指正。

《中国近代思想家文库》编纂委员会

目　录

导　言

　　魏源（1794—1857），字默深。原名远达，字良图。晚年自号菩萨戒弟子魏承贯。湖南邵阳县金潭乡（今隆回县司门前镇）人。

　　魏源 7 岁始入家塾读书，管理家塾的是二伯父魏辅邦（号坦斋）。他曾在长沙岳麓书院读书，由于好古文、极嗜学而深得山长罗典的器重。魏辅邦为子侄延聘的教师中，使魏源受到良好教育的恩师有欧阳炯明、刘之纲、刘若二等，他们或是饱学先生，或是善于作文的老学究，或是善诗词、能书画的老秀才。魏源在几位启蒙老师和二伯父的教导下，学识大为长进，15 岁那年便顺利通过了"童试"中的县、府、院三级考试，且因品学兼优而得到湖南学政李宗瀚的器重，"补县学弟子员"。

　　为了进学深造，做好嘉庆十八年（1813）拔贡前的准备，魏源于头一年初夏来到省府长沙岳麓书院读书，受到山长袁名曜的教诲和书院重实学、经世致用学风的熏陶，且对宋朝的程朱理学和明朝的王阳明理学有了进一步的比较和了解。读书之暇他游览岳麓山，留下了《晚步寻爱晚亭至岳麓寺》、《夜登岳麓介景台》、《宿岳麓寺》及《答友人书院读书之约》等诗歌，开始表现出他的山水诗借山言情、借山言理的独特风格和清超淡远的诗风。

　　魏源在岳麓书院读书时，湖南学政汤金钊曾到书院视察，对书院的办学方针和教学方法十分满意，对学员中才具独特的魏源尤为喜爱。嘉庆十八年（癸酉）秋的拔贡考试结束后，汤金钊与湖南巡抚广原在参考的众学员中选得优秀学员 89 人为拔贡生，与魏源同榜拔贡的好友有桂东人李克钿、桂阳人何庆元和郴州陈起诗等。

　　嘉庆十九年春，魏源随父亲邦鲁（字春煦）从家乡启程，赴京求学。魏源到达北京后，第一件事便是寻师访友。按照古人多重乡土观念、年轻人到异乡去一般先要拜访同乡前辈的惯例，魏源首先拜访的应是当时在北京做官的湖南人陶澍、周系英以及录取他为拔贡的座师汤金钊和前湖南学政、现任左副都御史的李宗瀚等。

通过陶澍、周系英和汤金钊、李宗瀚等人的引荐，魏源在北京得以"从胡墨庄先生问汉儒家法……问宋儒之学于姚敬塘先生学塽，学《公羊》于刘申受先生逢禄，古文辞则与董小槎太史桂敷、龚定庵礼部自珍诸公磋焉"，在各位名师的指导下，其学问大为精进。

魏源在京期间，学习非常刻苦，"破屋昏灯，敝冠垢履，数月不易衣，屡旬不剃发，以搜索古籍"（罗汝怀《绿漪草堂文集》卷十五）。为了钻研和整理《大学》古本，他曾埋头五十多日，没有来得及去看望老师汤金钊。汤先生怀疑他生病了，就到魏源的住处去看他，只见魏源"垢面出迎，鬑发如蓬"，竟吓了汤金钊一跳。他的苦学精神正如其《京师接家书》诗中所云："长安车马地，花落不知春。"

魏源这次在京三年，交友甚广，但与他一见如故，最为意气相契且成为终生挚友的是陈沆。陈沆喜欢读宋朝理学家的著作，与董桂敷、姚学塽关系较近，他倾心与魏源交友，互相切磋诗文和理学。他每次编成的诗稿都要魏源评论，魏源的诗稿有时也请陈沆评阅。魏源于嘉庆二十一年（1816）冬离京回湖南时，陈沆作长歌送别，并在诗歌中盛赞魏源"三年长安住，艰苦厚自持"的刻苦精神。

魏源返乡后，于嘉庆二十二年春订婚，次年春完婚，女方严氏是邵阳东门外的大家闺秀，原任扬州府通判严安儒的孙女，候选布政司经历严翊羲的女儿。魏源有《村居杂兴》诗，记述新婚前的喜悦："邻媪来贺瑞，喜溢东墙隅。阿母笑留客，倒酌颜回朱。篱前对菊英，何异醉茱萸。明春娶儿妇，更酿百瓮酥。"

嘉庆二十四年春，魏源为准备参加这年己卯科乡试，第二次进京。秋闱之前，魏源一面与来京师恩科会试留下来的龚自珍一同从礼部刘逢禄受《公羊春秋》，一面参加师友之间的一些诗社酒会，且以后学晚辈身份与多位造诣高深的汉学家聚会，这说明他已开始跻身汉学家的行列。

这年秋天的顺天乡试，魏源仅考中副贡生，这是他在科举路上的首次受挫，也是第一次感受到科举考试的流弊及其艰难。

嘉庆二十五年春，魏源从邵阳出发，携母亲、妻子等赴江苏父亲住所张渚巡检司，并从此全家定居江苏，除道光十九年（1839）因扫墓及商议重修族谱事回过一次老家外，再未回去过。

为准备参加改元后的增开恩科乡试，魏源于道光元年（1821）春第三次进北京。八月参加恩科顺天乡试，又中副贡生。同考官认为他的试卷"卓荦奇肆"，极为推赏，但因为用了"尺布之谣"的典故，终被"抑置副榜"。这进一步加深了魏源对科举考试的理性认识。所幸道光二年魏源第三次参加顺天乡试，竟高中举人第二名，俗称"南元"。

为了著述和准备参加道光三年的会试，魏源这次在京曾两次授馆。先是与陈起诗一起到同乡京官赵慎畛家授馆，并与汤鹏、姚莹、张际亮、宗稷辰等"类皆风骨峻"的僚友"以道义文章相砥砺"，经常在一起研究时务、关心国家大事。后是应直隶提督杨芳来信邀请，与邓传密一起同往杨芳驻地古北口，到那儿授馆教杨芳的儿子杨承注读书，直至道光三年初冬。

这两年，魏源在读书治学方面取得了很大成就。一是完成了他的第一部成名经学著作《诗古微》二卷本，并在研究《诗经》的同时，兼治《公羊春秋》和《尚书》等。他的另一部成名之作，即后来收编为《古微堂内集》的《默觚》上下篇，也是从他这个时期治《诗》开始的。其上篇《学篇》主要论述学习的重要性和主要目的，涉及许多哲学问题，闪烁着辩证法和他"以经术为治术"的思想光辉。在下篇《治篇》中则谈到了有关政治的许多问题，如"自古有不王道之富强，无不富强之王道"、"变古愈尽，便民愈甚"、"人材者，求之则愈出，置之则愈匮"等有关发展经济、改革弊政和重视人才的思想，可见他对清朝社会以及政治经济中的问题已经有了比较深刻的认识。他从理学家进转到汉学家，从汉学家又开始成为经世学家，思想上已日臻成熟。

道光五年，32岁的魏源来到两江总督署的所在地南京。当时的两江总督是琦善，江苏巡抚是陶澍，江苏布政使是贺长龄。陶澍和贺长龄都是善于处理地方事务且勇于改革弊政的官员，也是魏源很敬重的湖湘前辈。

贺长龄早年在岳麓书院求学时，就已奠定关心社会、主张经世致用、革除时弊的思想基础。进入官场之后，更利用权势，大力倡导经世致用之学，很想选编一部有关经世致用的书，以扭转当时"学者群趋于考据之一途"的"浮藻饾饤"学风。贺长龄很了解魏源，于是聘请魏源入幕，一方面参与筹划正在议行的漕粮海运事宜，一方面委托他仿照陆燿《切问斋文钞》体例，编辑一部本朝人有关经世的文选。这项选文编辑工作，正是魏源想做也能够胜任的事。

魏源一方面不满意当时官方科举的"楷书帖括"和官僚的"胥吏例案"，一方面反对当时学术界的琐碎考据，认为这也是"锢天下聪明智慧，使尽出于无用之一途"，其目的就是要"通经致用"，即以经学解决实际的社会政治问题。他就是本着这一思想为贺长龄选编《皇朝经世文编》的。他广泛阅读，精心遴选，耗时一年多，从清初至道光五年的各家奏议、文集、方志等文献中，选录了"存乎实用"的文章共 2 236篇，分为学术、治体、吏政、户政、礼政、兵政、刑政、工政等 8 个门类。每门再分若干子目，如"户政"门分为理财、赋役、屯垦、八旗生计、农政、仓储、荒政、漕运、盐课、钱币、榷酤等 11 个子目，几乎对封建国家经济领域的所有问题都选录了论文，其中税收、农业政策、漕运、盐法、币制、备荒等方面的文章，是研究鸦片战争以前清代经济状况的宝贵材料。全书共 65 个子目，文章作者 702 人。

《皇朝经世文编》于道光六年（1826）仲冬编成，刊行后"数十年来风行海内，凡讲求经济者，无不奉此书为矩矱，几于家有其书"（俞樾《皇朝经世文新增续编序》）。不仅道光、咸丰、同治、光绪等朝多次翻印，版本达 20 余种，而且仿其体例的踵作之风一直延续到了民国时期。在选编者的家乡湖南，"三湘学人诵习成风，士皆有用世之志"，可见《文编》的刊行促进了湖南经世学风的发展。当时流传的一首诗中写道："欲把人间万病除，《皇朝经世》一编书。"后来成为同光中兴重臣的左宗棠更将此书视作"体用俱备，案头不可一日离也"的必备著作，督促女婿要多读这样的有用之书。此书的编纂成功，不仅标志着魏源经世思想的形成和确立，而且是他经世的一项重大贡献。

在这两年繁忙的编书过程中，魏源还为陶澍、贺长龄的江苏漕粮试行海运出谋献策。这次海运由包世臣最初倡议，朝中有户部尚书英和鼎力支持，魏源则连作《筹漕篇上》和《复魏制府询海运书》二文，极言漕粮海运之必要性与可行性，最终促成了道光六年春的首次海运成功。事后，魏源还参与刊刻《江苏海运全案》，并代贺长龄作《海运全案序》，代陈銮作《海运全案跋》，代李景峄作《道光丙戌海运记》，对这次海运改革做了系统的总结，且进一步提出了永行海运的长远规划。

尽管编书和协助筹划海运事忙，魏源还是抽空参加了道光六年春的北京会试，结果与好友龚自珍双双落榜。这次会试，刘逢禄任分校，见邻房浙江、湖南二卷"经策奥博"，便说"此必仁和龚君自珍、邵阳魏君源也"，于是极力推荐，可惜这两份试卷最终还是都没有被录取。刘逢禄对此极为伤感，愤而作《题浙江湖南二遗卷》诗，痛惜真才未被选拔。诗中赞魏源是"无双国士长沙子，孕育汉魏真经神，尤精选理踪鲍谢，暗中剑气腾龙鳞"。此诗在京城传开，"龚魏"齐名，声誉渐高，使二人由清代复兴公羊学的后进而成长为今文经学的中坚。

道光七年（1827），贺长龄调任山东布政使，魏源正式进入陶澍的江苏巡抚幕府，后又入幕陶澍两江总督府，参与并辅助陶澍进行盐政改革，且在淮北试行"票盐法"。在试行票盐改革时，商贩顾虑较多，陶澍便先委员领运。官为倡导，幕僚魏源积极响应。开头两年因经营不善，有些亏损。后来与人合办才扭亏为盈，且获利甚丰，以致能在道光十五年买下扬州"絜园"，并名其堂曰"古微"，从此有了一个读书养亲、专心著述的幽雅住处。也就是这一年的春天，魏源进京第五次参加会试，不幸又是名落孙山。年近42岁的魏源，科场折腾已30多年，一次又一次地受挫，使他心灰意冷的同时，更对八股取士制度的腐朽深恶痛绝，于是写下《下第过旧阿县题壁》诗，表明了自己绝意科场的羞愤之情。

道光十九年六月陶澍逝世后，魏源成了继任者陈銮总督府的佐政幕宾。但道光二十年（1840）鸦片战争爆发，不仅打乱了魏源的佐政和著述生活，也打断了他对内政改革的注意力，将目光转向中华民族生死存亡的反侵略斗争的伟大事业。当年八月，钦差大臣兼两江总督伊里布视师宁波，正值侵华英军军官安突德在侵扰浙江时被俘获。魏源应旧友黄冕之邀至军中，亲自审讯安突德，然后根据供词并"旁采他闻"于1841年写成《英吉利小记》。这是中国第一篇系统介绍英国情况的文章，后被收入《海国图志》一书中。

外强中干的天朝大国，抵挡不住岛夷小国的坚船利炮，军事上节节失利，反将林则徐革职查办。道光二十一年初，魏源被专办浙江攻剿事宜的钦差大臣裕谦延至幕府，直接参与抗英战争。在定海战役中，魏源"坚壁清海"的防守建议未被采纳，定海失守，镇海亦为英军攻陷，裕谦投水自尽。魏源辞归扬州，作《自定海归扬州舟中》诗。六月赴镇江，与遣戍伊犁的林则徐会晤。林则徐赠《四洲志》译稿，嘱撰《海国图志》。魏源肩负友人重托，回扬州后便开始以文字为武器，为战胜敌国、救亡图存而寻找另一条道路。这位"积感之民"，忧愤交加，不能自已，经一年多的努力，于道光二十二年七月完成了《圣武记》十四卷，十二月完成《海国图志》五十卷。

他在《圣武记叙》中讲自己著述此书的心情说："海警飙忽，军问沓至，怆然触其中之所积，乃尽发其椟藏，排比经纬，驰骋往复，先取其涉兵事及所论议若干篇，为十有四卷，统四十余万言，告成于海夷就款江宁之月。"特别写明了此书完成于中英《江宁条约》签订之日这个不能忘记的时刻，以表明这本书与鸦片战争的关系。

他认为鸦片战争的失败，固然是由于外国侵略者的船坚炮利，但清朝存在的社会政治、经济、军事等方面的许多问题和临战时的腐败局面，更是失败的重要根源。因此，要使中国不受外国欺凌而日臻富强，首先必须振奋人心，改革弊端。他在《圣武记叙》中说："今夫财用不足，国非贫，人材不竞之谓贫；令不行于海外，国非羸，令不行于境内之谓羸。故先王不患财用而惟亟人材，不忧不逞志于四夷，而忧不逞志于四境。"可见在魏源看来，清朝的国力贫弱，财政枯竭，并不是由于国家的物质财富不足，而是由于官吏腐败无能，是财政经济政策的不良。因此他认为，当前国家的问题很多，但最重要的是人才不足、纲纪废弛。只有人才进，军政修，人心肃，国威遒，令行禁止，才能四方宾服，国家强盛，"是之谓战胜于庙堂"。其最终的落脚点是：当今国家能否知耻发愤、革新图强，其取舍成败都决定于朝廷，关键在"庙堂"上的帝君和官僚以及如何"法祖"。

魏源在《海国图志》的叙言中也注明了写作年月："道光二十有二载，岁在壬寅嘉平月，内阁中书邵阳魏源叙于扬州。时夷艘出江甫逾三月也。"可见此书也是为纪念鸦片战争蒙受耻辱，意欲发愤图强而作的。同时他明确提出："是书何以作？曰：为以夷攻夷而作，为以夷款夷而作，为师夷长技以制夷而作。"即写作此书的目的完全是为了"制夷"，为了反抗外国的侵略。特别是卷首的《筹海篇》，分议守、议战、议款三个部分，更是全书的纲领，充满着近代爱国主义的激情与时代精神，是魏源经历鸦片战争之后为国人反侵略战争所作的战略反思。

魏源在鸦片战争后的沉潜思考及其在这两部著作中"法祖"、"师夷"的思想主张所产生的深远影响，不仅为近代洋务运动、维新运动等作好了思想理论上的准备，也为中国的现代化和改革开放开了思想的先河。

在鸦片战争期间，魏源还根据自己参赞军务掌握的鸦片战争内幕，撰著了一部全面记述鸦片战争的历史专著。这就是战后人们辗转传抄、秘密传播的《夷艘寇海记》。因它真实记录了鸦片战争的全过程，语言犀利，其中有明为责贤（林则徐），而实际是指斥道光帝旻宁的"犯上"文字，故作者"恐遭时讳"受祸，有意不署名，亦未刊刻，直至光绪四年（1878），该书才由上海申报馆以《道光洋艘征抚记》之篇名补入《圣武记》一书。

与此同时，魏源的政治诗在激烈的社会斗争中也日臻成熟。他愤国家之战败，感民气之消沉，而将满腔愤恨凝聚在诗歌中"悲吟而啸"。他在鸦片战争前后写下的《金陵怀古》、《寰海》、《秋兴》、《金焦行》等组诗，既较为全面地反映了这场战争的历史，揭露了统治者的昏庸误国，抒发了自己对国事的忧愤，同时也讴歌了林则徐与三元里人民"同仇敌忾士心齐"的抗英斗争。"梦中疏草苍生泪，诗里莺花稗史情"，他的这几组诗，可说是一部能与其《夷艘寇海记》相媲美且相互印证的鸦片战争"稗史"。

魏源自道光十五年（1835）绝意科场以来，已九年（三届）没有参加会试了。但"自海警以来，江淮大扰，源之生计亦万分告匮"（魏源《致邓显鹤书》）。迫于无奈，他不得不接受朋友的规劝，50岁高龄再次忍辱走向科举闱场，以谋取一官半职之薪俸赡养家口。道光二十四年二月，魏源在北京参加会试，中第十九名，不料却因试卷草稿字迹模糊，而被罚停殿试一年，第二年补行殿试，才中乙巳恩科三甲，赐同进士出身，以知州用，分发江苏。

道光二十五年秋，魏源奉命暂时署理东台县知县。东台是江苏扬州府东的一个小县，地方比较贫瘠。由于农业歉收，这些年地方官征收钱漕税赋日益困难，前任县令葛起元就是因为征收漕粮而激起民众反抗，差点酿成大案，上级官府才急忙委派魏源去代替他。魏源到任以后，拜访了当地年高望重的士绅，惩办了一些奸猾恶棍，士民都很悦服。但是，东台县的钱漕很难足额，加上前任县令的欠款，魏源只好自己垫赔了四千多两银子，使本已"万分告匮"的家境更陷入了"指日悬罄"的困境。

正当魏源"初学制锦"治理东台县时，不幸母亲陈氏于道光二十六年四月二十九日去世，魏源不得不丁忧守制，离开东台县署。丁忧期间不能为官，迫于生计，魏源又重新走上幕宾之路，进入刚继任江苏巡抚的陆建瀛幕府。直至道光二十九年初夏，魏源才奉命权知扬州府兴化县事。可是到任便遇到了一个历年来困扰该县农民的农田受涝问题。兴化一带地势低洼，每年夏季大风雨来临，河官担心因河道冲决而获罪，便不顾下河七州县人民死活，动辄下令启坝放水，致使兴化等县禾稼淹没受灾。上年便是因为启坝早，弄得淮扬地区大饥，全靠四川、广东的商米接济。魏源到任时，已过大暑季节，稻穗已成熟下垂，但因霪雨连旬，河官杨以增又催着开闸放水，事情非常紧急，以致"署县魏源先赴邮南探水势，然后到任接印"（《兴化县志》卷一），并随即组织军民昼夜筑护，以与河员相持，阻止启坝。"力争不能得，则亲击鼓制府。"在两江总督陆建瀛的支持下，才"启坝迟逾半月，下河幸获半收，七州县民颂魏者谓有拯饥救溺之功"（《兴化县志》卷一）。在处理这一事件过程中，魏源为了民众利益，不怕犯上，忠实践履了"便民"的主张，获得了"淮扬保障"的赞誉。

道光三十年（1850），陆建瀛檄调魏源兼任淮北海州分司运判。魏源在淮北，"乃督各场官严稽扫晒，杜偷漏，访获巨枭塘私三十余万"，使淮北盐产量大增，收入超过定额，能以二十余万大引接济淮南。据《清文宗实录》，魏源因此得到了朝廷的嘉奖叙功，于这年十月论功补授高邮州知州，仍兼海州分司运判。

魏源于咸丰元年（1851）初即高邮知州任。他"为政尚简恕"，以诚感人，不事苛察，做了不少利民便民的实事。无奈此时，爆发于广西的太平天国农民起义的风暴已席卷南中国。至咸丰三年春，太平军势如破竹，占领南京，不久便攻下镇江，占领扬州，形成了南京、镇江、扬州三城鼎立的局面。太平军的部队已近高邮州城只 40 余里，高邮一带时有从前线败退下来的清军烧杀掠抢。"承平日久，人不知兵，合境汹沸"，负有守土之责的魏源，立即倡办团练，亲督巡防，设立关卡，添置驿站，派遣侦探，惩办过境奸掳官兵，十多天内便把城防的诸多事务办得妥帖有序。但也有人认为魏源在严厉镇压溃逃不法官兵的同时，"获罪于统兵大员"杨以增。清政府下谕旨说："江苏高邮州知州魏源，于江南文报并不绕道递送，屡将急递退回，以至南北信息不通，实属玩视军务，魏源著即革职，以示惩儆。"

魏源被革职后，认为自己已"年逾六十，遭遇坎坷，世乱多故，无心仕宦"，于是侨居兴化，"不与人事，惟手订生平著述"。在咸丰三年至咸丰五年间，魏源来往于兴化、苏州和高邮之间，撰著完成了他的几部重要著作。

一是有感于我国西北史地与元史的重要以及旧《元史》之"芜蔓疏

陋”而创新体制，重编元史。

二是整理扩充原笺诗著作《诗微》一卷成《诗比兴笺》四卷，为亡友陈沆增加一项“名山事业”。

三是修订扩充《书古微》初稿，完成又一部通经致用的经学著作。

魏源在咸丰三年（1853）完成的《元史新编》中，曾借元亡以为清之鉴，暗示他已意识到家国存亡的危机，但那时论时势尚有其循环之理的“三统”说，而到咸丰五年完成的《书古微》，对于“自变”是否有规律可循，他则全然没有交代。可见魏源越到晚年越对时势的变化感到无奈，同时对原先所认知的历史循环论有了某种程度的质疑。这正好说明，魏源最终皈依佛门，也是出于不得不听任时势自变的个人选择。

魏源的晚年，情绪非常低沉。这不仅因为他在高邮任上受到革职处分，仕途失意，更主要的是对清朝社会现状的不满，已使他感到十分悲观、失望和痛苦。鸦片战争后，他本因蒿目时艰、国恨萦怀，积感而作《圣武记》与《海国图志》，想借此以振奋人心、湔洗国耻，“师夷长技以制夷”，并使国家通过变革逐步富强起来。但想不到战争过后，一切照旧，而且内忧外患更加严重。他一生为经世致用、变革社会而耗费的心血成了泡影，这使他感到“一切有为，皆不足恃”。

魏源就是在这种思想极度迷茫的情况下，开始研究佛教经典，笃信佛教的。他汇译《无量寿经》，连同所辑的《观无量寿经》、《阿弥陀经》，以及《华严经》的《普贤行愿品》，合为《净土四经》，分别作叙，并且作一总叙，申明劝化众生成佛的无量功德。咸丰六年春夏，魏源在病中录《净土四经》及所作各叙，寄与友人周诒朴，嘱托刊刻流布。

可惜魏源没能见到《净土四经》刻印成书。他于咸丰六年初秋离开高邮，来到杭州，寄住僧舍，开始避世潜修。他“生平寡言笑，鲜嗜欲”，至此更是“闭目澄心，危坐如山，客至亦不纳；即门生至戚，接二三语，便寂对若忘”。此时的心境正如他在《偶拈》诗中所云：“扫地焚香坐，心与香俱灰。沉沉寥寂中，冥冥花雨来。”至咸丰七年三月一日（1857 年 3 月 26 日），魏源在西湖边的小庵中孤寂离世，终年 64 岁。

综观魏源一生，以经世为志，以恢复“古经”真相、发扬今古文微言大义为己任，主要精力用在对国家前途命运的关注、御侮图强而终身不辍的著述上。如果用一句话来概括他的研究宗旨，那就是“惟论古今成败，国家利病，学术本末”（《清史列传》）。若论其著作的深刻社会影响，突出者则有《皇朝经世文编》重新开启了经世致用思潮，《海国图志》开启了古老的封建大国睁眼看世界和向西方学习的思潮，从而实现了中国社会思潮近代化的转型。同时也奠定了魏源在中国近代史上杰出思想家、史学家、改革家和文学家的历史地位。

据统计，魏源传世的著作有以下 23 种：《诗古微》二卷本和二十卷本，《书古微》十二卷，《禹贡说》二卷，《古微堂四书》六卷含《小学古经》、《大学古本发微》、《孝经集传》和《曾子发微》四种，《老子本义》，《蒙雅》，《圣武记》十四卷，《夷艘寇海记》，《海国图志》五十卷、六十卷和百卷本，《元史新编》九十五卷，《古微堂内集》二卷，《古微堂外集》八卷，《清夜斋诗稿》，《古微堂诗集》十卷及其诗文《补录》，《净土四经》，《诗比兴笺》初稿，《诗比兴笺》刻本四卷。另有他负责或以他为主编辑的专集两种，即《皇朝经世文编》一百二十卷和《淮北票盐志略》。

其失传的佚作尚有如下两类：一是仅存书名者，计有《高子学谱》、《春秋繁露注》、《墨子注》、《说苑注》、《六韬注》、《吴子注》、《易象微》、《大戴礼记微》、《辽史稿》、《论学文选》等 10 种；二是存书名和序或叙而正文失传者，计有《董子春秋发微》、《两汉经师今古文家法考》、《明代食兵二政录》、《说文儗雅》、《论语孟子类编》、《子思子章句》、《孙子集注》、《淮南盐法轻本敌私议》等 8 种。如此，则魏源一生所著所编的作品达 41 种，近千万字。

魏源传世的著作既如此宏富，那么列入《中国近代思想家文库》的魏源卷该如何选编呢？我们认为这里首先有一个入选作品的起始年代问题需要甄别和说明。因为一般讲中国近代史，都习惯于从 1840 年爆发的鸦片战争这一政治事件开始，而从思想文化史的实际情况来看，历史进入清嘉、道年间以来，日益严重的社会危机已激使一些思想较为清醒、敏锐的士大夫知识分子，勃然兴起一股强大的经世社会思潮。他们深刻揭露和批判"衰世"可怕的种种黑暗社会现实，包括科举制度的弊端，主张"更法"和改革，包括漕政、盐法、河工三大政以及币制、农业、科举等各个方面，倡导经世实学，开辟学术经世的新道路。这一经世思潮的倡导者中，最有影响的代表人物应是龚自珍、魏源和包世臣。若论学术贡献，魏源代贺长龄编《皇朝经世文编》，开一代新风，则其地位应在龚自珍、包世臣之上。所以，研究中国近代史绝不能忽视鸦片战争之前中国社会内部所孕育的这一经世社会思潮的复兴。是嘉、道年间复兴的经世思潮使中国传统思想具备了向近代转型的可能性，而发生于此时的鸦片战争，又给经世思潮注入了新的内容，从而使这种可能性成为现实性。所以，我们认为将嘉庆之后的道光初作为中国近代思想文化史的开端，不仅符合历史的实际，而且更符合思想家魏源的实际。

魏源一生经历了清代的嘉庆朝 25 年、道光朝 30 年和咸丰朝 7 年，但其思想和著作最辉煌的年代是在道光朝的 30 年中。他从道光初年即"以经术为治术"，在撰著《诗古微》的同时，兼治《公羊春秋》和《尚书》等。他的《公羊春秋古微》、《董子春秋发微》、《两汉经师今古文家法考》、《易象微》、《诗古微》二卷本和《书古微》初稿等，都是在道光二年至道光九年刘逢禄逝世之前写成的著作。因此，我们选编魏源卷的著作，为保持相对完整，拟从道光元年（1821）开始，直至咸丰六年（1856）。

本书以选录魏源的短篇著作为主，其长篇专著，则只选录其序言与重要章节。如《海国图志》百卷本，我们选取其原叙、后叙和卷一、卷二（即《筹海篇》）。

魏源的短篇文集，晚清即已刊行，为《古微堂集》（含《内集》二卷、《外集》七卷），有光绪四年（1878）淮南书局刻本与光绪二十三年丰城余氏宝墨斋刻本。后宣统元年（1909），长沙黄象离又增补重编为《魏默深文集》，亦名《古微堂内外集》，分《内集》二卷、《外集》八卷，由上海国学扶轮社石印出版。岳麓书社整理出版《魏源全集》的魏源文集，即是以此十卷本《古微堂内外集》为底本，并参校淮南书局本、宝墨斋本以及中华书局 1983 年《魏源集》重印本的文集部分编校而成的。底本之外的魏源单篇文章，则集中收录在全集所收《古微堂诗集》之后的《补录》中。岳麓书社《魏源全集》有 2004 年版二十册本和 2011 年版十四册本（因《湖湘文库》统一体例，此版未收录魏源选编的《皇朝经世文编》）两种版本，故其《补录》分别在 2004 年版的第十二册与 2011 年版的第十四册中。

本书选录以精编精校的岳麓书社《魏源全集》2011 年版为底本，所收论著除专著外，短篇著作均以写作的时间为序。如《古微堂内集》的 30 篇文章，实际上是魏源在道光初年治《诗》、《书》等古经的同时开始产生的成名作之一——《默觚》。魏源字默深，觚是简牍。书名"默觚"，意即魏源的读书笔记。它分上下两篇，上篇《学篇》十四，下篇《治篇》十六。各篇下隶子目，分列若干条，全书共 165 条，显然不是在一个集中的时间内完成的，而是魏源一边读书，一边札录并写心得笔记，积一段时间之后分类编纂而成的。据考证，它约起于道光二年（1822），止于咸丰五年（1855）。对此 30 篇文章，我们不宜也无法按时间分列，而只能作为专著首列。又如《老子本义》一书，其校注性的《史记·老子列传》、《老子本义》上下篇，系"嘉庆二十五年奉母东下录于舟中"，其著述时间当在嘉庆二十五年（1820）之前；序文则补于"道光之初"。至于其《论老子》四篇，则据其内容和有关记载，其著述时间已晚至道光二十五年至二十九年间。据此，我们将序文置于道光二年，《论老子》四篇则置于道光二十九年魏源赴任兴化，"率钱谷诸友以自随，守之则与默深叔侄寓旅邸"，为默深钞《老子本义》暨《墨子章句》这一最后完成的时间；而校注性的《史记·老子列传》和《老子本义》上下篇则不宜收入本书。

至于魏源著作时间的考证，前辈李柏荣、姚薇元、樊克政、李瑚诸位先生均已作了很多贡献，尤以李瑚先生的《魏源诗文系年》考证精详，创获良多。此次编录除参考上述前辈的学术成果外，还综合参考了有关魏源生平及其师友的诸多著作，以求尽量落实所录各篇的著述。

本书的篇目选定和各篇著述时间考订以及导言与《魏源年谱简编》的撰写，均由《魏源全集》主编者夏剑钦负责；文字打印与编校工作则由湖南商学院图书馆夏冰女士和湖南人民出版社编辑夏光弘共同完成。书中不当之处，尚望读者诸君批评指正。

默　觚^①

（1822 年—1855 年）

默觚上

学篇一

学之言觉也，以先觉觉后觉，故莘野以畎亩乐尧、舜君民之道；学之言效也，以后人师前人，故傅岩以稽古陈恭默思道之君。觉伊尹之所觉，是为尊德性；学傅说之所学，是为道问学。自周以前，言学者莫先于伊、傅二圣，君子观其会通焉。

"沈潜刚克，高明柔克"，箕《范》言学，开孔门"贤知过之，愚柔不及"之先也；"敬胜怠吉，义胜欲从"，《丹书》陈道，括《周易》"敬以直内，义以方外"之全也。刚柔克而性不畸，敬义立而德不孤。自孔、孟以前，言学者莫粹于《丹》、《范》二谟，君子体诸旦明焉。

同一为仁也，而有好仁恶不仁之分。好仁者以顺入，见善如不及焉；恶不仁者以逆入，见不善如探汤焉。颜、闵氏好仁，曾氏恶不仁；一由高明入中行，一由笃实入高明。《儒行》言"自立"、言"特立"、言"特立独行"者三，言"温良"、"敬慎"、"宽裕"、"孙接"、"礼节"者各一，故入德则殊，而成功则一也。曾皙不禁曾参之狷，曾参不师曾皙之狂，斯圣道之所以庞。

攻他人之异端，不如攻一身之异端。气禀离案："气禀"二字疑有误。气不得言本性所无，且十二篇明明言"气质之性，君子所不性"，亦何得自相矛盾？

---

① 注：原本以"学之言觉也"至此题曰《默觚》一，以后篇"敏者"云云题曰《默觚》中《学篇》一，以下篇题第几，循此而推。今按：《默觚》系大名，《学篇》、《治篇》是子目，特为移定。——象离志。

物欲，皆为性分所本无。去本无以还其固有，损之又损，以至于无。始而以道德战纷华，既而以中行绳过、不及，内御日强，外侮日退，则人我一矣，则自身之异端尽矣。舍己而芸人，夫我则不暇。《礼》不云乎："王中心无为也，以守至正。"

先天无极之说，君子所不道也，周子《通书》未尝及，程子未尝言，而忽有图传世，皆《参同契》坎、离交构之象。《礼运》（礼器）曰："本于太乙，分为阴阳，其降曰命。""人也者，天地之德，阴阳之会，五行之秀气也。"此二段文字均引自《礼记·礼运》，但有省略，今本《礼记》作："夫礼必本于太一，分而为天地，转而为阴阳，变而为四时，列而为鬼神，其降曰命。""故人者，其天地之德，阴阳之交，鬼神之会，五行之秀气也。""礼器"二字衍，故删。"政必本于天，殽以降命。"三代之言天人也如此，岂等于"无极之真，二五之精，妙合而凝"也乎！

《孔子闲居》一篇，深明礼乐之原，与《易系》、《中庸》相表里，中人以下不得闻也。无声之乐，无体之礼，无服之丧，极其所至，无至无不至。正明目而视之不可得而见，倾耳而听之不可得而闻，志气塞乎天地，此之谓五至、三无。由是发皆中节，溥博渊泉而时出之，犹天时风雨霜露无非教，地载形气风霆流行无非教焉。其在我者，惟清明在躬，志气如神而已。时行物生，天何言哉！此圣人无言之言也。非子夏下学上达，其孰与闻于斯！与其谭无极谭先天也，曷洗心于斯！

古人言学，惟对勘于君子小人，未有勘及禽兽者。惟孟子始言人禽几希之界，又于鸡鸣善利分舜、跖之界。始知一念之中，有屡舜而屡跖者，有俄人而俄禽者；一日之中，有人多而禽少者，有跖多而舜少者；日在歧途两界之中。去禽而人，由常人而善人，而贤人，而圣人，而人道始尽。乌乎，严矣哉！

古人言学，惟自勘于旦昼，未有勘及梦寐者。惟孟子始言夜气平旦之养，好恶与人几希。始知梦寐者，旦昼之影，梦寐无可用力，用力在旦昼，而功效则必于清夜时验之。故曰："昼观诸妻子，夜卜诸梦寐。"梦觉一则昼夜一，昼夜一而生死一矣。乌乎，密矣哉！

世有两不朽之说：一则曰儒以名教为宗，令闻广誉，美于文绣；千驷之景，不如首阳之薇，故疾没世无称焉。岂知三皇之事，若有若无；五帝之事，若存若灭；三王之事，若明若昧；时愈古则传愈少，其与天地不朽者果何物乎？又有子孙薪传为不朽之说，宗庙享保，气降馨香；虚墓知哀，魂魄旁皇。岂知延陵有言"骨肉归于土，魂气则无不之"乎？

以鬼神为二气之良能者，意以为无鬼也。岂知洋洋在上在左右，使天下齐明承祀，"相在尔室，尚不愧于屋漏"，即后儒"天知、地知、人知、我知"之所本，谓天神知、地祇知也。商人尚鬼神，"乃祖乃父丕乃告我高后〔曰：'作丕刑于朕孙，迪高后丕乃〕① 崇降不祥。'"《皋谟》、《洪范》之言天，无非以命讨、刑威、祸福、锡咎皆出上帝之祐怒。圣人敬鬼神而远之，非辟鬼神而无之也。如曰"太虚聚为气，气散为太虚，贤愚同尽"，则何谓"原始反终故知死生之说"乎？何谓"精气游魂知鬼神之情状"乎？何必朝闻而夕死？何谓"与鬼神合其吉凶"？何谓"帝谓文王"，"文王陟降，在帝左右"乎？鬼神之说，其有益于人心，阴辅王教者甚大，王法显诛所不及者，惟阴教足以慑之。宋儒矫枉过正，而不知与《六经》相违。《诗》曰："敬天之怒，无敢戏豫。敬天之渝，无敢驰驱。昊天曰明，及尔出往。② 昊天曰旦，及尔游衍。"

何谓大人之学格本末之物？曰：意之所构，一念一虑皆物焉；心之所构，四端五性皆物焉；身之所构，五事五伦皆物焉；家国天下所构，万几百虑皆物焉。夫孰非理耶性耶，上帝所以降衷耶？图诸意，而省察皆格焉；图诸心，而体验皆格焉；图诸身，而阅历讲求皆格焉；图诸家、国、天下，而学问思辨、识大识小皆格焉。夫孰非择善耶，明善耶，先王所以复性耶？常人不著不察之伦物，异端不伦不物之著察，合之而圣学出焉。日进无疆，宥密皇皇，是为宅心之王。

豪杰而不圣贤者有之，未有圣贤而不豪杰者也。贾生得王佐之用，董生得王佐之体，合之则汉世颜、伊之俦，不善学之，则为扬雄、王通之比。

伊川其圣中之伯夷乎！得其清，并得其隘；康节其圣中之柳下乎！得其和，并得其不恭。使伯夷而用世，其才未必如伊尹；使柳下而用世，其功不亚于太公。

墨子非乐，异乎先王，然后儒亦未闻以乐化天下；是儒即不非乐，而乐同归于废矣。墨子明鬼，后儒遂主无鬼；无鬼非圣人宗庙祭祀之教，徒使小人为恶无忌惮，则异端之言反长于儒者矣。孟子辟墨，止辟其薄葬、短丧、爱无差等，而未尝一言及于明鬼、非乐、节用、止攻，夫岂为反唇角口之《孔丛》，夫岂同草《玄》寂寞之扬雄乎？

---

① 此十二字，据《书·盘庚中》补。

② "往"，淮南本亦作"往"，宝墨本及《诗·大雅·板》作"王"。"王"通"往"。

万事莫不有本，众人与圣人皆何所本乎？人之生也，有形神、有魂魄。于魂魄合离聚散，谓之生死；于其生死，谓之人鬼；于其魂魄、灵蠢、寿夭、苦乐、清浊，谓之升降；于其升降，谓之劝戒。虽然，其聚散、合离、升降、劝戒，以何为本，以何为归乎？曰：以天为本，以天为归。黄帝、尧、舜、文王、箕子、周公、仲尼、傅说，其生也自上天，其死也反上天。其生也教民，语必称天，归其所本，反其所自生，取舍于此。大本本天，大归归天，天故为群言极。

学篇二

敏者与鲁者共学，敏不获而鲁反获之；敏者曰鲁，鲁者曰敏。岂天人之相易耶？曰：是天人之参也。溺心于邪，久必有鬼凭之；潜心于道，久必有神相之。管子曰："思之思之，又重思之；思之不通，鬼神将告之。"非鬼神之力也，精诚之极也。道家之言曰："千周灿彬彬兮，万遍将可睹。神明或告人兮，灵魂忽自悟。"技可进乎道，艺可通乎神；中人可易为上智，凡夫可以祈天永命；造化自我立焉。"用志不分，乃凝于神"，己之灵爽，天地之灵爽也。"俯焉日有孳孳，毙而后已"，何微之不入？何坚之不劚？何心光之不发乎？是故人能与造化相通，则可自造自化。《诗》云："天之牖民，如埙如篪，如璋如珪，如取如携。"

圣贤志士，未有不夙兴者也。清明在躬，志气如神，求道则易悟，为事则易成。故相士、相家、相国之道，观其寝兴之蚤晏而决矣。《谗鼎之铭》曰："昧爽丕显，后世犹怠。"康王晏朝，《关雎》讽焉；宣王晏起，《庭燎》刺焉；虫螝同梦，《齐风》警焉。是以"夙夜匪懈"，大夫之孝也；"夙兴夜寐"，士之孝也；"夙夜浚明有家"，大夫之职也；"朝而受业"，士之职也；"鸡初鸣，咸盥漱栉縰"，人子事亲之职也。尧民日出而作，舜徒鸡鸣而起，夜气于是乎澄焉，平旦之气于是乎复焉。人生于寅，凡草木滋长，皆于昧爽之际，亦知吾心之机于斯生息，于斯长养乎？旦而懂扰，与长寐同；旦而牿亡，与昼寝同。《诗》曰："女曰鸡鸣，士曰昧旦。"

用智如水，水溢则溢；用勇如火，火烈则焚；故知勇有时而困，且有时而自害。求其多而不溢，积而不焚者，其惟君子之德乎！德善积而不苑，其德弥积，其服弥广，其行弥远而不困。《诗》曰："百尔君子，不知德行。不忮不求，何用不臧！"

克己之谓强，天爵之谓贵，备万物之谓富，通昼夜、知生死之谓寿；反是之谓至困、大辱、甚穷、极夭。故君子者，佚乐而为君子者也；小人者，忧劳而成小人者也。论是非不论利害，有时或是与利俱；论利害不论是非，有时或非与害俱。《诗》曰："彼醉不臧，不醉反耻。"

草木之长，不见其有予而日修，为善日益也似之；礛磨之砥，不见其有夺而日薄，为不善日损也似之。然则君子无损乎？曰：君子损文以益质，小人损质以益名。《管子》曰："日益之而不足者，忠也；日损之而不足者，欲也。"《诗》曰："他山之石，可以为错。"

"及之而后知，履之而后艰"，乌有不行而能知者乎？翻"十四经"之编，无所触发，闻师友一言而终身服膺者，今人益于古人也；耳聒义方之灌，若罔闻知，睹一行之善而中心惕然者，身教亲于言教也。披五岳之图以为知山，不如樵夫之一足；谈沧溟之广以为知海，不如估客之一瞥；疏八珍之谱以为知味，不如庖丁之一啜。《诗》曰："如（匪）〔彼〕① 行迈，则靡所臻。"

同言而人信，信在言前；同令而民从，从在令外；怀璧之子未必能惠，而人竞亲之者，有惠人之资也；被褐之夫身俭能施，而人皆疏之者，无济人之具也。身无道德，虽吐辞为经，不可以信世；主无道德，虽袭法古制，不足以动民。扬子曰："圣人之言可能也，言之而使人信，不可能也。"《诗》曰："弗躬弗亲，庶民弗信。"

交道非人益我，即我益人。求人益我者，进德之事，子夏之言近之；以我益人者，成德之事，子张之言近之。非能自受天下之益者，不能以益人，故学者当先子夏而后子张。《诗》曰"载色载笑，匪怒伊教"，益人之谓也；"他山之石，可以攻玉"，益己之事也。

末世小人多而君子少，人以独善之难为也，而不知秉彝之不改也。幸一遇焉，心夷疾瘳。乌有德立而邻尚孤，道修而人不闻者乎？"逃空谷者，闻人足音跫然而喜矣"；流于海者，行之旬月，见似人者而喜矣；及其期年也，见其所尝见物于中国者而喜矣；去人滋久，思人滋深。叔世之民，其去圣哲亦久矣，其愿见之，日夜无间。故行修于一乡者乡必崇，德昭于一国者国必宗，道高于一世者世必景从。《诗》曰："风雨如晦，鸡鸣不已。既见君子，云胡不喜！"

有凤皇之德，而后其羽可用为仪，未有燕雀其质，而鸾皇其章者。飘风不可以调宫商，巧妇不可以主中馈，文章之士不可以治国家。将文章之罪欤？文之用，源于道德而委于政事，百官万民，非此不丑；君臣

---

① 据《诗·小雅·雨无正》改。

上下，非此不牖；师弟友朋，守先待后，非此不寿。夫是以内疉其性情而外纲其皇极，缊之也有原，其出之也有伦，其究极之也动天地而感鬼神。文之外无道，文之外无治也。经天纬地之文，由勤学好问之文而入，文之外无学，文之外无教也。执是以求今日售世哗世之文，文哉，文哉！《诗》曰："巧言如簧，颜之厚矣。"

学篇三

《大雅》曰："小心翼翼。"《小雅》曰："惴惴小心。"心量之廓然也，而顾小之，何哉？世有自命君子，而物望不孚，德业不进者，无不由于自是而自大。自大则廉而刿物，才而陵物，议论高而拂物，方且是己非人。不知其心易盈者，正由其器小乎！小则偏愎狭隘，而一物不能容，奚其大！诚能自反而心常畏，畏生谦，谦生虚，虚生受，而无一物不可容，奚其小！齐桓葵丘之震矜，叛者九国；考甫三命滋益恭，明德奕世。然则人之自大也，适所以自小与！君子惟不自大，斯能成其大。

作伪之事千万端，皆从不自反而生乎！作德之事千万端，皆从自反而起乎！不自反，则终日见人之尤也；诚反己，则终日见己之尤也。终日自反，则放心不收而自收；终日不自反，则心虽强收而愈放。愈内敛则愈无物我，而与天地同其大；愈外骛则愈歧畛域，而与外物同其小。《诗》曰："唐棣之华，翩其反而。"子曰："未之思也，夫何远之有！"

圣其果生知乎，安行乎？孔何以发愤而忘食？姬何以夜坐而待旦？文何以忧患而作《易》？孔何以假年而学《易》乎？圣人之过，圣人知之，贤人不知也；贤人之过，贤人知之，众人不知也。假年学《易》，可无大过，小过虽圣人不免焉。众人之过，过于既形；圣人之过，过于未形。故惟圣人然后能知过，惟圣人然后能改过。"不远复，无祗悔。""颜氏之子，其殆庶几乎！""其心三月不违仁，其余则日月至焉。"知过密不密之别也，复道远不远之别也。故志士惜年，贤人惜日，圣人惜时。《诗》曰："夙夜基命宥密，于缉熙，单厥心，肆其靖之。"

竹萌能破坚土，不旬日而等身；荷菓生水中，一昼夜可长数寸；皆以中虚也。故虚空之力，能持天载地。土让水，水让火，火让风，愈虚则力愈大。人之学虚空者如之何？曰：去其中之窒塞而已矣。中无可欲则自虚，无可恃则自虚，虚则自灵矣。《诗》曰："瞻彼淇澳①，绿竹猗

---

① "澳"，淮南本、宝墨本亦作"澳"，《诗·卫风·淇奥》作"奥"。

猗。”“瞻彼淇澳，绿竹如箦。”《大学》格竹之法如是，彼格之不悟而生疾者何为哉？

专为攻玉之石而不为受攻之玉，专为磨镜之药而不为受磨之镜，专为锻金之冶而不为受锻之金，世情类然也。为人何其厚，为己何其薄？《诗》云：“如切如磋，如琢如磨。”

学篇四

一阴一阳者天之道，而圣人常扶阳以抑阴；一治一乱者天之道，而圣人必拨乱以反正；何其与天道相左哉？天左旋，日月五星右转，一经一纬而成文，故人之目右明，手右强，人之发与蛛之网、螺之纹、瓜之蔓，无不右旋而成章，惟不顺天，乃所以为大顺也。物之凉者，火之使热，去火即复凉；物之热者，冰之使凉，去冰不可复热；自然常胜者阴乎！故道心非操不存，人心不引自炽。政教之治乱，贤奸之进退亦然。《诗》曰：“天之方懠”，“天之方虐”。彼以纵任为顺天者，随其懠而助其虐也，奚参赞裁成之有？

常人畏学道，畏其与形逆也。逆身之偷而使重，逆目之冶而使暗，逆口之荡而使默，逆肝肾之横佚而使平，逆心之机械而使朴，无事不与形逆，矫之，强之，拂之，阋之，其不终败者几希矣。语有之：“惩忿如摧山，窒欲如填壑。”乌有终日摧山填壑而可长久者乎？君子之学，不主逆而主复。复目于心，不期暗而自不冶矣；复口于心，不期默而自不欺矣；复肝肾于心，不期惩窒而自节矣；复形于心，不期重而自重矣；复外驰之心于内，不期诚而自不伪矣。“帝谓文王，无然畔援，无然歆羡，诞先登于岸。”先登于岸者，先立其大之谓也。“小心翼翼，昭事上帝”，有以立于歆羡畔援之先，夫是故口、耳、百体无不顺正以从其令，夫何逆之有？《诗》曰：“不识不知，顺帝之则。”

《易》言惩忿、窒欲，忿亦欲也。忿起于好胜，故好勇好斗与货、色同病，好即欲也。凡不学之人，患莫甚货、色；学道之人，患莫甚好名；而皆起于我见。世儒多谓孟子言寡欲，不言无欲，力排宋儒无欲之说为出于二氏。不知孔子言无我，非无欲之极乎？“不忮不求，何用不臧”，寡欲之谓也；“无然畔援，无然歆羡，诞先登于岸”，无欲之谓也。彼以寡欲为足，无欲为非者，何足以臧乎？

“《诗》三百，一言以蔽之，曰：思无邪。”曷可以能令思无邪？说之者曰：“发乎情，止乎礼义。”乌乎！情与礼义，果一而二，二而一耶？何以能发能收，自制其枢耶？吾读《国风》始二《南》终《豳》，而知圣人治情之政焉；读大、小《雅》文王、周公之诗，而知圣人反情于性离案：于性当据下文改复字。之学焉；读大、小《雅》文王、周公之诗，而知圣人尽性至命之学焉。乌乎！尽性至命之学，不可以语中人明矣；反情复性之学，不可语中人以下又明矣。是以天祖之颂，止以格鬼神，诏元后，不用之公卿诸侯焉；大、小《雅》乐章，用于两君相见之燕享，不用之士庶人焉。其通用于乡党邦国而化天下者，惟二《南》、《豳风》，而无算乐肄业及于《国风》。然则发情止礼义者，惟士庶人是治，非王侯大人性命本原之学明矣。洛邑明堂既成，周公会千有七百国诸侯进见于清庙，然后与升歌而弦文、武，诸侯莫不玉色金声，汲然渊其志，和其情，愀然若复见文、武之身焉。性与天道，贯幽明礼乐于一原，此岂可求之乡党士庶人哉？古之学者，"歌诗三百，弦诗三百，舞诗三百"，未有离礼乐以为诗者。礼乐而崩丧矣，诵其词，通其诂训，论其世，逆其志，果遂能反情复性，同功于古之诗教乎？善哉，管子之言学也！曰："止怒莫若诗，去忧莫若乐，节乐莫若礼，守礼莫若敬，守敬莫若静。外敬内静，能反其性，性将大定。"后世之学诗理性情者，舍是曷以焉！《诗》曰"萧萧马鸣，悠悠旆旌"，动中有静也；"风雨萧萧，鸡鸣胶胶"，幽暗不忘其敬也。

学篇五

人知地以上皆天，不知一身内外皆天也。"天聪明自我民聪明，天明威自我民明威。"人之心即天地之心，诚使物交物引之际，回光反顾，而天命有不赫然方寸者乎？"无曰高高在上，陟降厥士，日监在兹"，故圣人之言敬也，皆敬天也，"昭事上帝"，顾諟明命也。"文王陟降，在帝左右"，"帝谓文王"，"丘之祷久"，临在上，质在旁，一秩叙，一命讨，一尔室屋漏，何在而非天？羑里明夷，匡人、桓魋、南子、王孙贾，何一造次颠沛而非天？故观天心者于复，"有不善未尝不知，知之未尝复行也"；观人心者于独，独知独觉之地，人所不睹闻，天地之所睹闻也。至隐至微，莫见莫显。《诗》曰："昊天曰明，及尔出王；昊天曰旦，及尔游衍。"

圣人之瞰天下，犹空谷之于万物也，沉寥之气满乎中，而鞺鞳之声应乎外。是故"君子居其室，出其言善，则千里之外应之；出其言不善，则千里之外违之"，居室之于千里，千里之于居室，犹空谷之于万物也。地本阴窍于山川，口耳人之窍，空谷天地之窍，山泽其小谷与！天地其大谷与！曾子曰："实之与实，若胶之与漆；虚之与实，若空谷之睹白日。"人之心其白日乎！人知心在身中，不知身在心中也。"万物皆备于我矣"，是以神动则气动，气动则声动，以神召气，以母召子，不疾而速，不呼而至。大哉神乎！一念而赫日，一言而雷霆，一举动而气满大宅。《诗》曰："命之不易，无遏尔躬。"知天人之不二者，可与言性命矣。

人赖日月之光以生，抑知身自有其光明与生俱生乎？灵光如日，心也；神光如月，目也。光明聚则生，散则死；寤则昼，寐则夜；全则哲，昧则愚。火非此不明，水非此不清，金非此不莹，木石非此，火则不生成。故光明者，人身之元神也。神聚于心而发于目，心照于万事，目照于万物。目不能容一尘，而心能容多垢乎？诚能心不受垢如目之不受尘者，于道几矣。回光反照，则为独知独觉；彻悟心源，万物备我，则为大知大觉；自非光明全复，乌能"与天地合德，与日月合明"哉！《诗》曰："我心匪鉴，不可以茹。"又曰："君子万年，介尔昭明。"

《诗》颂文王，一则曰"缉熙"，再则曰"缉熙"。熙者，人心本觉之光明乎！"帝谓文王，予怀明德。"《书》曰："文王若日若月，乍光显于西土。"① 夫岂离人人灵觉之本明而别有光明也哉？"天之生斯民也，使先觉觉后觉"，而觉之小、大、恒、暂分焉。大觉如日，明觉如月，独觉如星，偏觉如燎炬，小觉如灯烛，偶觉如电光，妄觉如磷火。日光，圣也；月，贤也；星，君子也；燎，豪杰也；灯，儒生也；电，常人也；磷，小黠也。星月借日以为光，灯燎假物以为光，电磷乍隐乍见，有光如无光，岂知光之本体得于天，人人可以为日，可以为月乎？胡为小之而星、燎、灯、烛也，胡为暂之而电光、石火、萤火也？缉熙不缉熙而已。《诗》曰："日就月将，学有缉熙于光明。"

学篇六

君子之言孝也，敬而已矣；君子之言敬也，孝而已矣。"一举足不敢忘父母，一出言不敢忘父母"，虽言行满天下，而犹有失足、失口、失色于人者乎？"敬亲者不敢慢于人，爱亲者不敢恶于人"，而犹有怨于家邦、恫于神鬼者乎？"天地之性人为贵"，人之为道也，敬天地之性而不敢亵，全天地之性而不敢亏。"事亲如事天，事天如事亲"，"济济漆

---

① 据《书·泰誓下》，此二句为："惟我文考，若日月之照临，光于四方，显于西土。"

漆"，"如执玉，如奉盈"，不必言敬、言诚、言仁，而诚、敬、仁有不在其中者乎？"至德要道以顺天下，民用和睦"，不必言性、言命、言天道，而性、命、道德有不全其中者乎？大哉，孝之外无学，孝之外无道也！塞天地，横四海，亘古今，通圣凡，无有乎或外者也；彻精粗，兼体用，合内外，无有乎弗贯者也。《诗》曰："夙兴夜寐，无忝尔所生。"

孝子亦天其亲而已，天何尝有不是之风雷哉？人不敢怨天而敢怨亲，是人其亲而未尝天其亲也；未天其亲，由未尝以道求其身也。诚以道求其身，则但见身有不尽之子职，何暇见亲之圣善不圣善哉！彼责善者，皆不自责其不善也；伤爱者，皆不自伤其不爱也。孤臣孽子，终日在尤咎之中，则无不可进之道谊，无不可宅之境遇，无不可格之骨肉。不能使妻子生敬，而能父母兄弟无间言者，无有也；不能见信于父母兄弟，而能见信于国人，无怨恫于家邦者，无有也。"有子七人，莫慰母心。""惟顺于父母，可以解忧。""不顺乎亲，不可以为子"；不得于天，不可以为人；暑雨祁寒，畴咨畴怨！夫是之谓天其亲也。《诗》曰："敬天之怒，无敢戏豫；敬天之渝，无敢驰驱。"

"雍雍在宫，肃肃在庙，不显亦临，无射亦保"，敬以直内之学也；"肆戎疾不殄，烈假不瑕，不闻亦式，不谏亦入"，义以方外之学也；"肆成人有德，小子有造，古之人无斁，誉髦斯士"，成己以成物之学也；而冠之曰"惠于宗公，神罔时怨，神罔时恫，刑于寡妻"何哉？衽席寝奥之地，百官万民所不及见者，惟鬼神得而知之，惟夫妇得而见之。寡妻可刑，而鬼神无不可格者矣；妻子鬼神格，而百官万民无不可格者矣。文王之学，造端乎夫妇，其惟《关雎》乎！及其至也，察乎天地，惠宗公，享神鬼，御家邦之谓乎！子夏读《诗》叹曰："《关雎》至矣乎！仰则天，俯则地。幽幽冥冥，德之所藏；纷纷沸沸，道之所行。大哉万物之所系，群生之所托命也！"情欲无介乎仪容，燕安不形于动静，然后足以配天地而奉神灵之统，握万福之原。《诗》曰："不显亦临，无射亦保。"吾于《关雎》见之矣。

中浅外易者，不足以当大事。是故君子之容，惕乎若处四邻之中，俨乎常有介胄之容，瑟乎其中之莫缝焉，佣乎其外之莫讧焉。"肃肃兔罝"，言其瑟也；"赳赳武夫"，言其佣也。观大于细，观变于常，观谨于忽。冀缺耨而如宾，可以为大夫矣；日磾养马而严威，可以托孤寄命矣。有大贤，有中贤，有小贤；小贤君役，中贤君弼，大贤君师。可干城者不可为好仇，可好仇者不可为腹心。《书》曰："文王尚克修和有夏，亦惟有若虢叔，闳夭，泰颠，散宜生，南宫。"①"文王蔑德，降于国人"，谓五臣能以道辅文王，使以其精微之德降于国人，"公侯腹心"之谓也。

船漏水入，内虚也；壶漏水出，外罅也。外欲之接，内欲之萌，皆以戏言戏动为之端；有一罅之乘焉，针芒泄元气，蚁漏溃江河，而全体不守矣。《淇澳》之诗，再言"瑟兮僴兮"，学道之士，必密栗其中而武毅其外，"德盛不狎侮"，始能弥尔性而固道基焉。"不重则不威"，出口入耳，若存若亡，始勤终怠，进锐退速，而德之存焉者寡矣，其能德音孔昭，仪一心结，以底大成乎？《淇澳》卒章，始以善谑不虐为宽绰，则德盛礼恭之流溢也。无蚤岁之严密，遽袭暮年之宽绰，不流晋人之旷达者几希。无身过易，无口过难；无口过易，无心过难。口者介身心之间，故存诚自不妄语始。

登高使人欲望，临深使人欲窥，处使然也；射使人端，钓使人恭，琴使人和，棋使人竞，事使然也；出林不得直趋，行险不得履绳，势使然也；函矢巫匠，殊欲人之生死，蓄谷蓄帛，分冀岁之饥丰，择术使然也。故诗书礼乐皆外益之事，而性情心术赖焉，无外之非内也。晋人歧而二之，高者索诸冥冥，荡者曰"礼岂为我辈设"，岂知先王所以为教乎？左规右矩，前准后绳，而中权衡焉。《诗》曰："抑抑威仪，为德之隅。"

学篇七

心为天君，神明出焉。众人以物为君，以身为臣，以心为使令，故终身役役而不知我之何存。圣人以心为君，以身为城，以五官为臣，故外欲不入谓之关，内欲不出谓之局，终身泰然而不知物之可营，未有天君不居其所而能基道凝道者也。豪放之心，非道之所凝，凝道者其必基于宁静乎！泰宇宁只，天光发启；"虚室生白，吉祥止止"。神不守舍，物乃为灾；敬除其舍，道将自来。内逾外蛊，亟键其户；忠信甲胄，礼义干橹。《诗》曰："瑟兮僴兮，赫兮喧②兮。"

暑极不生暑而生寒，寒极不生寒而生暑。屈之甚者信必烈，伏之久

---

① 此段引自《书·君奭》，文字有省略，语序有颠倒，今本作："惟文王尚克修和我有夏；亦惟有若虢叔，有若闳夭，有若散宜生，有若泰颠，有若南宫适。"

② "喧"，淮南本、宝墨本亦作"喧"，《诗·卫风·淇奥》作"咺"。"喧"通"咺"。下同。

者飞必决。故不如意之事，如意之所伏也；快意之事，忤意之所乘也。众所福，君子不福，不福其祸中之福也；众所利，君子不利，不利其害中之利也。消与长聚门，祸与福同根。岂惟世事物理有然哉？学问之道，其得之不难者，失之必易；惟艰难以得之者，斯能兢业以守之。《诗》曰："战战兢兢，如临深渊，如履薄冰。"

松栋云牖，不能乐尧、舜之忧，痼癏忘富贵也；在陈畏匡，不能忧仲尼之乐，道义胜颠沛也。故圣人之道，不在豪放高远，而在枯槁寂寞之中。《易》曰"云上于天，需，君子以饮食燕乐"①，此惟怀德未施之君子，韫雨为云者能之。不然，岂含哺之民，皆东海、北海就养之老；酒荒之士，皆南阳、东山抱膝之吟乎？耕苍莽之野，钓寂寞之滨，而乐尧、舜之道焉，故可以达，可以穷，可以夷狄患难。故颜回、禹、稷同道。《诗》曰"泌之洋洋，可以乐饥"，先忧后乐之谓也。

不乱离，不知太平之难；不疾痛，不知无病之福；故君子于安思危，于治忧乱。望华胹，斯享有余若不足；念冻馁，斯享不足若有余；故世人处富如贫，君子处贫如富。与人之取，则天下无竞人；取人之舍，斯天下无困境；故君子辟丰如辟患，得歉如得福。《诗》曰："温温恭人，如集于木；惴惴小心，如临于谷。"

"天下雷行，物与无妄。"迅雷风烈，有一人不肃然者乎，有一念敢妄萌者乎？即无良之人，有不恐惧修省者乎？诚莫诚于斯，敬莫敬于斯矣。常人之情，动忍于安乐时者十之一，动忍于忧惧时者十之九。人心能常如洊雷震罅之时，何患不与天合一？《诗》曰："敬天之怒，无敢戏豫。"

学篇八

"子所雅言：《诗》、《书》、执礼。""夫子之文章，可得而闻也。""子罕言利与命与仁。""夫子之言性与天道，不可得而闻也。"仁其性乎？命其天道乎？利其天人之参乎？圣人利、命、仁之教，不谆谆于《诗》、《书》、《礼》而独谆谆于《易》。《易》其言利、言命、言仁之书乎？"济川"、"攸往"、"建侯"、"行师"、"取女"、"见大人"，曷为不言其当行不当行，而屑屑然惟利不利是诏？圣人若曰，天下无不吉之善，无不凶之恶，无不悔且吝之小恶。世疑天人之不合一久矣，惟举天下是非、臧否、得失一决之于利不利，而后天与人合。故曰："乾始能以美

---

① "燕乐"，淮南本、宝墨本亦作"燕乐"，《易·需》作"宴乐"。"燕"通"宴"。

利利天下，不言所利，大矣哉！"甚哉，是非之与利害一也，天道之与人事一也！知是非与利害一，而后可由利仁以几于安仁；知天道之与人事一，而后可造命立命以成其安命。王道之外无坦途，举皆荆棘，而不仁者安仁矣；仁义之外无功利，举皆祸殃，而不知命者安命矣。然则圣人何以罕言《易》？曰：《易》者，卜筮之书也，天道之书也。中古以后，地天之通绝矣，天与人日远矣，人且膜视乎天，且渐不信天敬天，圣人纵欲谆谆以天道诏人，天何言哉？使非空空然叩诸卜筮，受命如响，鬼神来告，曷以舍其偏是偏非，而信吉凶、悔吝易知、易从哉？故卜筮者，天人之参也，地天之通也。《诗》、《书》、《礼》皆人道设教，惟《易》则以神道设教。夫神道非专言祸福吉凶而不言是非者乎？《诗》曰："奏假无言，时靡有争。""是故君子不赏而民劝，不怒而民威于铁钺。"

命贫贱夭，而欲其贵富寿，难矣哉！命贵富寿，而欲其贫贱夭，奚难矣！命所不能拘者三，有君子焉，有小人焉。忿山欲壑，立乎岩墙，"下民之孽，匪降自天"，此恃命之小人，非命所拘者乎？诚知足，天不能贫；诚无求，天不能贱；诚外形骸，天不能病；诚身任天下万世，天不能绝。匪直是也，命当富而一介不取，命当贵而三公不易，命当寿而杀身成仁，舍生取义。匹夫确然其志，天子不能与之富，上帝不能使之寿，此立命之君子，岂命所拘者乎？人定胜天，既可转贵富寿为贫贱夭，则贫贱夭亦可转为贵富寿。《诗》三百篇，福禄寿考，子孙昌炽，颂祷龈祝而不疑。祈天永命，造化自我，此造命之君子，岂天所拘者乎？乌乎！圣人之教，详戒祸，略求福；及其求之也，惟修天爵，迓天麻，俟天命，抑亦异乎人之求之矣。《诗》曰："岂弟君子，求福不回。"

人之受福泽于天也，或钟焉，或蠡焉，或勺焉。内自啬而外日积之，则挹彼注兹，一卮之福，或可至蠡至钟，用之而不尽；不外益而内日狼籍之，则盈钟之福渐至为蠡为勺，立涸而无余。故曰：尊酌者众则速尽。万物之酌大贵之生者众矣，故大贵之生常速尽，非徒万物酌之也，又自酌其生以资天下之人。《诗》曰："假以溢我，我其收之。"夫惟弥性孔固自求多福者，则其克承天祐，"如川之方至，以莫不增"，福愈溢，收愈多，又何日损之有？

为徼幸而辄成者，非小人之幸，天所以弃之而厚其疢乎！为徼幸而辄不成者，非君子之不幸，天所以厚之而戒其偷乎！必使雨露不膏荆棘，瑞雪不周污巷；雷霆日殷于三家之市，春风不及于空隧之谷；铢量寸度，石丈必差，操券责偿，曷以见天地之大哉？恢恢之网，疏而不失；石量寻度，径而寡失。"物之不齐，物之情也。"恩生害，害生恩，天地之苦心也。若夫不必困衡孤孽而后进，不以富贵燕安而辄溺者，尤君子中之君子哉！《诗》曰："携无曰（易）〔益〕①，牖民孔易。"

学篇九

立德，立功，立言，立节，谓之四不朽。自夫杂霸为功，意气为节，文词为言，而三者始不皆出于道德，而崇道德者又或不尽兼功、节、言，大道遂为天下裂。君子之言，有德之言也；君子之功，有体之用也；君子之节，仁者之勇也。故无功、节、言之德，于世为不曜之星；无德之功、节、言，于身心为无原之雨；君子皆弗取焉。《诗》曰："瑟兮僴兮，赫兮喧兮，有斐②君子，终不可谖兮。"

至德以为道本，颜渊、仲弓以之；敏德以为行本，孝德以知逆恶，曾子、子羔、子路之徒以之；后世"道学"、"独行"二传所由分与？师以贤得民，子思、孟子当仁于齐、鲁；儒以道得民，诸子身通六艺，友教于西河，后世"道学"、"儒林"二传所由分与？惟周公、仲尼，内圣外王，以道兼艺，立师儒之大宗。天下后世，学焉而得其性之所近，仁者见仁焉，知者见知焉，用焉而各效其材之所宜。三公坐而论道，德行之任也；士大夫作而行之，政事、言语、文学之职也。如必欲责尊德性者以问学之不周，责问学者以德性之不笃，是火日外曜者而欲其内涵，金水内涵者必兼其外曜乎？体用一原，匪圣曷全？"肫肫其仁，渊渊其渊。"《诗》曰："德辖如毛，民鲜克举之。"

三代以上，君师道一而礼乐为治法；三代以下，君师道二而礼乐为虚文。古者岂独以君兼师而已，自冢宰、司徒、宗伯下至师氏、保氏、卿、大夫，何一非士之师表？"小德役大德，小贤役大贤"，有位之君子，即有德之君子也，故道德一而风俗同。自孔、孟出有儒名，而世之有位君子始自外于儒矣；宋贤出有道学名，而世之儒者又自外于学道矣。《雅》、《颂》述文、武作人养士之政，辟宗、辟雍、《振鹭》、西雍、《棫朴》、《菁莪》，至详且尽，而十三《国风》上下数百年，刺学校者，自《子衿》一诗外无闻焉；《春秋》列国二百四十年，自郑人游乡校以

---

① 据《诗·大雅·板》改。
② "斐"，淮南本、宝墨本亦作"斐"，《诗·卫风·淇奥》作"匪"。今按："匪"通"斐"。

议执政外无闻焉；功利兴而道德教化皆土苴矣。有位与有德，泮然二途；治经之儒与明道之儒、政事之儒，又泮然三途。荀子曰："昊天不复，忧无疆也；千岁必反，古之常也；弟子勉学，天不忘也。"《诗》曰："纵我不往，子宁不嗣音！"

曷谓道之器？曰"礼乐"；曷谓道之断？曰"兵刑"；曷谓道之资？曰"食货"。道形诸事谓之治；以其事笔之方策，俾天下后世得以求道而制事，谓之经；藏之成均、辟雍，掌以师氏、保氏、大乐正，谓之师儒；师儒所教育，由小学进之国学，由侯国贡之王朝，谓之士；士之能九年通经者，以淑其身，以形为事业，则能以《周易》决疑，以《洪范》占变，以《春秋》断事，以《礼》、《乐》服制兴教化，以《周官》致太平，以《禹贡》行河，以《三百五篇》当谏书，以出使专对，谓之以经术为治术。曾有以通经致用为诟厉者乎？以诂训音声蔽小学，以名物器服蔽《三礼》，以象数蔽《易》，以鸟兽草木蔽《诗》，毕生治经，无一言益己，无一事可验诸治者乎？乌乎！古此方策，今亦此方策；古此学校，今亦此学校；宾宾焉以为先王之道在是，吾不谓先王之道不在是也，如国家何？《诗》曰："匪先民是程，匪大犹是经，维迩言是争。"

学篇十

怀传国之宝者，不屑角千金之璧；怀千金之璧者，不屑角百金之璞；怀百金之璞者，不屑角砥砆之石。动与物角，惟恐不胜者，其所挟庸也。瓶笙之水，愈沸则响愈微；彼惟恐人不闻者，中不足也。明珠藏千仞之渊，黄金韫万仞之崖，珊瑚沉大海之底，采者不避魣鼍而致之；彼炫鬻于市而人莫顾者，赝且贱也。钟磬之器愈厚者，则声愈从容；薄者反是。故德薄者无卑辞，德厚者无盈色。《诗》曰："汉有游女，不可求思。汉之广矣，不可泳思。"

人必有终身之忧，而后能有不改之乐。君子所忧乐如之何？曰：所忧生于所苦。不苦行险，不知居易之乐也；不苦嗜欲，不知淡泊之乐也；不苦驰骛，不知收敛之乐也；不苦争竞，不知恬退之乐也；不苦憧扰，不知宁静之乐也；苦生忧，忧生嗜，嗜生乐。岂惟君子之性分然哉？即世俗亦有终身之忧乐焉，忧利欲之不遂其身也，忧利禄之不及其子孙也，忧谀闻之不哗于一世也。庸讵知吾所谓苦，非彼所谓甘，吾所谓忧，非彼所谓乐乎？《诗》曰："谁谓荼苦？其甘如荠。"

君子以道为乐，则但见欲之苦焉；小人以欲为乐，则但见道之苦焉。欲求孔、颜之所乐，先求孔、颜之所苦。忿、欲皆火也，未有炎上而不苦者也。淡莫淡于五谷之甘乎，乐莫乐于道谊之湛乎！故世味不淡者，道味不浓；熟处不生者，生处不熟。道念苟同情念，何凡不圣矣；道味苟同世味，何愚不哲矣！《诗》曰："求之不得，寤寐思服。"

"理义说我心，犹刍豢之说我口。"不言"犹声色之说我耳目"，何耶？耳目于声色，吾见人亦见之，吾闻人亦闻之；口之于味，甘、苦、浓、淡，惟自喻而人莫与焉，贵其自得之也；自得之而人不知，斯真自得矣。其寐澄然，其俯仰浩然，施诸四体，四体不言而喻，岂与夫饰文章，华鬐帨，殚一生之力说人耳目，而惟恐人之不知者乎？"既醉以酒，既饱以德"，"人不知而不愠"，几见醉饱而患人之不知者？《诗》曰："考槃在涧，硕人之宽。独寐寤言，永矢弗谖。"

学篇十一

君子之于道也，始于一，韬于一，积于一，优游般乐于一。一生变，变生化，化生无穷。所谓一者何也？地之中也有土圭，道之中也有土圭。九流诸子裂道一隅而自霸，道其任裂与？事在四方，道在中央，圣人执要，四方来效。故曰："其仪一兮，心如结兮。"然则树之一以为的而号于众欤？椟玉者不炫，舟玉者不饰，恶其文之著也。故曰："衣锦尚䌹。"然则株守夫一者，何以适夫千变，全乎大用欤？举一隅，不足反三隅，望之尽，挹之无余，何以阴噏而阳呿，何以海涵而坤负欤？观乎天文以察变，观乎地文以理孙，观乎人文以化成，语乎其并包无垠者也。故君子之道，始于一，韬于一，积于一，优游般乐于一。一生变，变生化，化生无穷。《诗》曰："沔彼流水，朝宗于海。"

天下物无独必有对，而又谓两高不可重，两大不可容，两贵不可双，两势不可同，重、容、双、同，必争其功。何耶？有对之中必一主一辅，则对而不失为独。乾尊坤卑，天地定位，万物则而象之，此尊无二上之谊焉。是以君令臣必共，父命子必宗，夫唱妇必从，天包地外，月受日光。虽相反如阴阳、寒暑、昼夜，而春非冬不生，四夷非中国莫统，小人非君子莫为骈矒，相反适以相成也。手足之左不如右强，目不两视而明，耳不并听而聪，鼻息不同时而妨，形虽两而体则一也。是以君子之学，先立其大而小者从令，致专于一，则殊途同归。道以多歧亡羊，学以多方丧生。其为治也亦然。《书》曰："一人有庆，兆民赖之。"《诗》曰："其仪不忒，正是四国。"

君子用世之学，自外入者其力殚，自内出者其力弘。力之小大，由于心之翕散，天地人之所同也。天地之气，翕则灵，不翕则不灵；小翕则小灵，大翕则大灵。风、云、雷、雨之气翕，则为震动之能，而郁曶摧茂分焉；水、火、土、石之气翕，则为岳渎之神，而淑慝章瘅分焉；耳目、手足、口腹之气翕，则为心性之用，而是非好恶分焉。雷雨少者震动少，山川小者神示卑，人物细者知觉运动蠢而微，视其翕聚之小大而作用之小大因之，孰谓发扬之不由于翕聚哉？人能翕其数十年之精力于技艺，则技艺且必通神，而况翕聚之于道德者乎？天地鬼神且莫违，而况于人乎？不厚其本而求其末，是土偶作威福以求食也，徒劳日拙矣。《诗》曰："鼓钟于宫，声闻于外。"

"与之齿者去其角，傅之翼者两其足。"非天以是限之也，齿即角所变，翼即足所化也。人之智虑亦然，丰于此则必啬于彼，详于末则必荒于本。故劳心者不劳力，尚武者不修文；文学每短于政事，政事多绌于文学；惟本原盛大者，能时措出之而不穷，故君子务本，专用力于德性而不敢外骛，恐其分吾德性之功而两失之也。羽翼美者伤其骸，枝叶茂者伤其荄。经霜雪而后凋之木，必非有灼灼夭艳之材也。故饰其外，伤其内；扶其情，害其神；见其文，蔽其真。能两美者，天下无之。《抑》戒之诗，"修尔车马，弓矢戎兵"者，不过数言，而惟谆谆于身心言动之际，岂非贯用于体之圣学哉！

举足者，举左则止右，举右则止左，动根于所止也；举手者，左画圆则右不成方，左画方则右不成圆，有二形无二心也。梦盗箪食而耻，梦盗万金而耻，梦盗一国之宝而耻，事有小大，心无小大也。君子观于举足，知动静之不二；观于举手，知内外之不二；观于举念，知大小之不二。故旧习一销者百销，本体一复者百复。《诗》曰："淑人君子，其仪一兮。其仪一兮，心如结兮。"

学篇十二

天地，是非之域也；身心，是非之舍也；智愚贤不肖，是非之果也；古往今来，是非之场垒也。方隅之士，入主出奴，日相斗战，物而不化，岂知大人殊途共归，百虑一致，无不代行而错明乎？孔、老异学而相敬，夷、惠异德而同圣，箕、比异迹而同仁，四科并出于尼山，九流同宗乎古帝。使孟子而用世，必用杨、墨，不用仪、秦也；韩愈谪潮，宁友大颠，不友俗士也。朱、陆论学，砥砺不遗余力，而南渡来泰山乔岳不为功利术数所汩没者，两相推无异词也。其轨辙不同者，道之并育并行所以大；其同是尧而非桀者，性善秉彝之无二也。孰浑融斯？孰默识斯？孰一神而两化斯？《诗》曰："周道如砥"，"君子所履，小人所视"。

柳下圣之和，和之极为不恭，其（敝）〔敝〕① 也邻于老；伯夷圣之清，清之极为隘，其敝也邻于杨；伊尹圣之任，任极而殉身救民，太过亦可邻于墨。虽然，老子治天下亦何可得哉！墨子治天下亦何可得哉！柳下、伯夷、伊尹，方以内之圣也；老聃、墨翟，方以外之圣也。惟圣人时乘六龙以御天，潜龙飞跃，无有定在，时惠、时夷、时尹而非惠、夷、尹也；有时似老、似墨、似杨而非老、墨、杨也。"溥博渊泉而时出之"，圣人之治天下，更何可得哉！若夫学者循焉而得其性之所近，即偏至一诣焉，或狷而隘，或狂而不恭，能祛利欲而未能化其气质，已超乡愿倍蓰矣，超少正卯、仪、秦万万矣。胡广中庸，非圣之时也。《诗》曰："鱼潜在渊，或在于渚。"言必渊乎道、渚乎道也。

气质之性，其犹药性乎！各有所宜，即各有所偏；非煅制不能入品，非剂和众味，君臣佐使互相生克，不能调其过不及。故气质之性，君子有不性者焉。仁义礼智，孤行偏发，皆足以偾事。贤智之过，有时与愚不肖相去唯阿，况以利欲济其气质，但有不及无太过乎？今夫迁、厚、刚、介、宽、审，贤者之过也。今世之士，患迁、患厚、患刚、患介、患宽、患审者几何人？患俗、患薄、患柔、患滥、患隘、患粗疏者，则滔滔皆是，求如贤智之过且不可得，矧望其纯德性之用而无气质之偏耶？非学胡匡？非学胡成？《诗》曰："庶人之愚，亦职维疾。哲人之愚，亦维斯戾。"

学篇十三

因树以为荣枯者华也，华之内有果，果之内有仁，迨仁既成而不因树以荣枯矣；因气以为生死者身也，身之内有心，心之内有仁，迨仁既成而不因形气以生死矣。性根于心，萌芽于意，枝分为念，邕茂为情，则性之华也。善其果实之熟，恶其荆棘之歧乎！果复其核，情返乎性，核复生果；由一至万，则果遍天下，众善齐归而性大成矣。故曰："天下归仁焉。"圣人以天下万世为果，善人君子以一国数百年为果，众人以一身一家为果。《诗》曰："实种实褎，实坚实好。"

更色而不更叶者松柏也，更叶而不更条者众木也，更条而不更根者百草也，更根而不更种者五谷也。谷种曰仁，实函斯活。仁者天地之心也，天生一人，即赋以此种子之仁，油然浡然不容已于方寸。故一粒之

---

① 据淮南本改。

仁，可蕃衍化育，成千百万亿之仁于无穷，横六合，亘古今，无有乎不同，无有乎或变者也。仁种之不成熟奈何？曰：莠稗夺之也。地力、雨露、人事，滋于彼则耗于此。功利之稗一，记丑之稗一，词章之稗一，技艺嗜好之稗一，生气渗泄，外强中干，而仁之存者寡矣。自非旋其地力、雨露、人事毕注于斯，日夜滋息于斯，其能膏液融渥油然浡然不容已乎？《诗》曰："毋田甫田，维莠骄骄。"又曰："荼蓼朽止，黍稷茂止。"

禾未熟而登场，获者弃之矣；果未熟而登盘，食者吐之矣。是故治之因者，政之熟者也；俗之庞者，化之熟者也；功之成者，虑之熟者也；名之归者，德之熟者也。政未熟而急求治，治必乱；化未熟而急变俗，俗必骇；虑未熟而急图功，功必阻；德未熟而急知名，名必辱。《诗》曰："既方既（皁）〔皂〕①，既坚既好。"

孔子登东山而小鲁，登泰山而小天下，况君子登颜、孟之东山，登周公、孔子之泰山乎？牺、农、黄、唐、禹、汤、文、武，圣之高、曾也；周、孔，圣之祖父也；颜、曾，圣之宗子也；孟子，圣之别子也。使我后人道腴而义粱，诗冠而礼裳，非数圣人孰菑畬之而衣被之乎？口之匪艰，惟之为艰。尼曰尧墙，有觌斯皇，亦足以发愤忘食矣。宁学圣人而未至，不欲以一善成名。岂曰仁之为数重，为道远，莫殚莫究而姑画中道，废半途乎？《诗》曰："高山仰止，景行行止。"

宁学圣人而未至，不欲以一善成名，君子之立志也有然；宁以一善成名，毋学圣人而未至，君子之下学也有然。故未能为言不必信、行不必果之大人，未可轻硁硁信果之小人；与貌为言不顾行、行不顾言之狂士，宁为慥慥笃实之君子。《诗》曰："无田甫田，维莠骄骄。"

至神无不化也，至诚无不格也。精神全而光气发，则傅岩、渭滨能入明王之梦卜。《诗》曰："鹤鸣于九皋，声闻于天。"至诚积而风教移，则箕子、泰伯能开绝域之文明。《诗》曰："鹤鸣于九皋，声闻于野。"

喧而愈寂者流泉也，君子之言似之，故终日言而未尝言；动而愈虚者白云也，君子之行似之，故终日事而未尝事。虽然，二者亦各有本焉。山虚则云生，谷虚则泉出，故曰"泽山咸，君子以虚受人"，聚天下之善而时出之，其惟心之无我者乎！《诗》曰："不大声以色。""不识

---

①　据淮南本及《诗·小雅·大田》改。

不知，顺帝之则。"

学篇十四

问："如何知昼夜之道？"曰："知寤寐则知昼夜矣。""如何知生死之说？"曰："知寤寐则知生死矣。""如何知鬼神之情状？"曰："知寤寐则知鬼神矣。"未达。曰："寐时之梦，寤时之心景也。夜者昼之景，死者生之景，鬼神者人之景。梦中之境，游魂为变，鬼神之情状也。境界心所显，情状念所幻，惟至人无念则无梦，盖境泯于心而寤寐一矣。寤寐一则昼夜一，生死一，幽明一，古今一，故《易》言知昼夜，知生死，知鬼神。舍尽心知性何以知天，舍存心养性曷以事天哉？""然则文王何以梦帝锡？孔子何以梦周公？"曰："有主之梦，梦境皆真；无主之梦，梦境皆妄。'清明在躬，志气如神，嗜欲将至，有开必先，天降时雨，山川出云。'至诚前知，先觉觉后觉，此非大人所能占也。彼熊罴、蛇虺、虺旟、众鱼之幻，何足语知道！"

其道而纯阳与！其生也，与日月合其明；其没也，其气发扬于上为昭明。"文王在上，於昭于天"，五方之帝之佐，皆圣贤既没之神为之。尧乘白云而归帝乡，傅说骑箕尾而为列星。其次者犹祀于瞽宗、方社、四岳，各如其德业之大小为秩之尊卑，地祇与（鬼）〔天〕① 神相升降焉。故曰"君子上达"。其道而纯阴与！其生也，与鬼蜮合其幽；其没也，魄降于地，精气为物，游魂为变。鲧化黄熊，伯有为厉，彭生为豕，方相氏傩厉而驱之，鼎铸神奸而象之。故曰"小人下达"。惟圣人通于幽明之理，故制礼作乐，禴帝禴亲，进退百神五祀，声气合莫，流动充满于天地之间，则天神降，地祇出，人鬼享，而制作与造化参焉，阴教与王治辅焉，孰谓太虚聚为气，气散为太虚而贤愚同尽乎，礼乐皆刍狗而神道无设教乎？《诗》曰："明明在下，赫赫在上。"

为生计而不为死计，为子孙计而不为身心计者，好利之通蔽也；为身后名字计而不为身后性命计者，好名之通蔽也。"朝闻道，夕死可矣"，不闻道而死，曷异蜉蝣之朝生暮死乎？人生十五以前，惟知为身计；三十以前，惟知为家计；四十以往，惟知为子孙计，为身后名计；其为性命计者，千万中无一焉。《诗》曰："蜉蝣之羽，衣裳楚楚。心之忧矣，于我归处。"不知此身之所归者，岂独百年为蜉蝣，即数百年、

---

① 据淮南本改。

数千年之名，亦孰非楚楚如云之蜉蝣乎？

太虚之精气流动，充盈于天地间，必有入也。集于列星，与为光芒；集于水火，与为润旸；集于金木，与为柔刚；集于珠玉，与为精英；集于圣人，与为夐明；藏于胸中为之智；启于耳目之间谓之聪明；藏于肾则骨坚强；刑于志则材茂刚。人之生也不过数十年，天地之水火在人身用之经数十年，食饮①益之，七情六淫沴之，始而壮，既而衰矣。衰则将去，于是乎水不滋骨而材志苶矣，火不发智而聪明损矣。天之所降，山川之所钟，及其衰也，天与山川不能留。尽其才而智日劭者，志之成离案：成宜作盛。乎！不尽才而智益囷者，志之羸乎！才不才而智不智者，志奚志乎？夫惟圣人君子，玩心于高明，啬其精，崇其志，俯焉孳孳，日去人远，去天近，耄而德业愈巍奂，卒能归根复命以反于於穆之天。故此数十年中，惟人所自用也，用之天则天矣，用之物则物矣。太虚者，万物之真宅也。《诗》曰："百岁之后，归于其室。"视其生之所安而归宅焉耳。

有豢身之学，爵禄而止矣；有华身之学，谀闻而止矣；有以身济身之学，猷效邦国而止矣；有践形尽性之学，耄老不足，死生夭寿不可离，则未知所止矣。由浓华而进于淡泊，可以为达士，未若由淡泊而进于恐惧也；由固陋而进于淹通，可以为硕儒，未若反淹通而会于本原也。《诗》曰"高山仰止，景行行止"，《诗》之好仁如是夫！不知年数之不足，"俯焉日有孳孳，毙而后已"。

默觚下

治篇一

人有恒言曰"才情"，才生于情，未有无情而有才者也。慈母情爱赤子，自有能鞠赤子之才；手足情卫头目，自有能捍头目之才。无情于民物而能才济民物，自古至今未之有也。小人于国、于君、于民，皆漠然无情，故其心思智力不以济物而专以伤物，是鸷禽之爪牙，蜂虿之芒刺也。才乎，才乎！《诗》曰："凡民有丧，匍匐救之。"

人有恒言曰"学问"，未有学而不资于问者也。土非土不高，水非水不流，人非人不济，马非马不走。绝世之资，必不如专门之夙习也；

---

① "食饮"，淮南本作"饮食"。

独得之见，必不如众议之参同也。巧者不过习者之门，合四十九人之智，智于尧、禹，岂惟自视欿然哉？道固无尽臧，人固无尽益也。是以《鹿鸣》得食而相呼，《伐木》同声而求友。

读《皇皇者华》之诗，喟然曰：为此诗者，其知治天下乎！一章曰"周爰咨诹"，二章曰"周爰咨谋"，三章曰"周爰咨度"，四章曰"周爰咨询"。世固有负苍生之望，为道德之宗，起而应事，望实并损者，何哉？以匡居之虚理验诸实事，其效者十不三四；以一己之意见质诸人人，其合者十不五六。古今异宜，南北异俗，自非设身处地，乌能随盂水为方圆也？自非众议参同，乌能闭户造车，出门合辙也？历山川但壮游览而不考其形势，阅井疆但观市肆而不察其风俗，揽人材但取文采而不审其才德，一旦身预天下之事，利不知孰兴，害不知孰革，荐黜委任不知孰贤不肖，自非持方枘纳圆凿而何以哉？夫士而欲任天下之重，必自其勤访问始，勤访问，必自其无事之日始，《皇华》之诗知之矣。

自古有不王道之富强，无不富强之王道。王伯之分，在其心不在其迹也。心有公私，迹无胡越。《易》十三卦述古圣人制作，首以田渔、耒耜、市易，且舟车致远以通之，击柝弧矢以卫之；禹平水土，即制贡赋而奋武卫；《洪范》八政，始食货而终宾师；无非以足食足兵为治天下之具。后儒特因孟子义利、王伯之辩，遂以兵食归之五伯，讳而不言，曾亦思足民、治赋皆圣门之事，农桑、树畜即孟子之言乎？抑思屈原志三后之纯粹，而亦曰"惜往日之曾（言）〔信〕① 兮"，"国富强而法立"，孔明王佐之才而自比管、乐乎？王道至纤至悉，井牧、徭役、兵赋，皆性命之精微流行其间。使其口心性，躬礼义，动言万物一体，而民瘼之不求，吏治之不习，国计边防之不问；一旦与人家国，上不足制国用，外不足靖疆圉，下不足苏民困，举平日胞与民物之空谈，至此无一事可效诸民物，天下亦安用此无用之王道哉？《诗》曰："监观四方，求民之莫。"

工骚墨之士，以农桑为俗务，而不知俗学之病人更甚于俗吏；托玄虚之理，以政事为粗才，而不知腐儒之无用亦同于异端。彼钱谷簿书不可言学问矣，浮藻饾饤可为圣学乎？释、老不可治天下国家矣，心性迂谈可治天下乎？《诗》曰："民之质矣，日用饮食。"

为治者不专注其大而但事节目，则安危否泰之大端失之目睫矣；用

---

① 据淮南本改。

人者不务取其大而专取小知，则卓荦俊伟之材失之交臂矣。故为国家厘细务百，不若定大计一；为国家得能吏百，不若得硕辅一。君子以细行律身，不以细行取人，不以剧剧理繁塞艰巨。国于天地，有与立焉，斯见小欲速之弊祛，而百年苞桑之业固也。《诗》曰："出话不然，为犹不远。"

天地之生才也，"予之齿者去其角，两其足者傅之翼"，是以造化无全功，阴阳无全能。以虞廷五臣皆圣人之材，而明刑、教稼、治水、典胄，终身不易其官。吾知孔子用世，必不使游、夏司繁剧而由、求典文章，必不使曾、冉专对使命而宰、赣师保坐论。天地有所不能强，而况于人乎？后世之养人用人也不然。其造之试之也，专以无益之画饼，无用之雕虫，不识兵、农、礼、乐、工、虞、士、师为何事；及一旦用之也，则又一人而遍责以六官之职，或一岁而遍历四方民夷之风俗；举孔门四科所不兼，唐、虞九官所不摄者，而望之科举免册之人。始也桃李望其松柏，继也彩胜望其桃李；及事不治，则拊髀而叹天下之无才。乌乎！天下果真无才哉？《诗》曰"螟蛉有子，果蠃①负之。教诲尔子，式谷似之"，言所用必所养，所养必所用也；又曰"维南有箕，不可以簸扬"，言所用非所养，所养非所用也。

山林之人欲济物，必分己之财；乡间之子欲去弊，必资官之势；不必己财而可以惠物，不藉人势而可以祛蠹者，其惟在位君子乎？操刀而不割，拥楫而不度，世无此蠢愚之人。故君子用世，随大随小，皆全力赴之，为其事而无其功者，未之有也。彼稼而我飧之，彼织而我温之，彼狩而我狟之，彼驭而我轩之，彼匠构而我骈之，彼赋税商贾而我便之，彼干盾捍卫而我安之。彼于我何酬，我于彼何功？天于彼何啬，于我何丰？思及此而犹泄泄于民上者，非人心也。《诗》曰："彼君子兮，不素食兮。"

治篇二

《大雅》言文王之伐密也，先之曰"无然畔援，无然歆羡，诞先登于岸"；述文王之伐崇也，先之曰"予怀明德，不大声以色，不长夏以革，不识不知，顺帝之则"。乌乎！事功纯乎道德，有若是哉！礼乐兵刑出于喜怒哀乐，赐予其宫室，亦犹庆赏于国也；忿怒其臣妾，亦犹用刑罚于万民也；夫然后可以修大刑而奉天之命，夫然后可以一怒而安天

① "果蠃"：淮南本、宝墨本亦作"果蠃"，《诗·小雅·小宛》作"蜾蠃"。

下之民。武王、周公继志述事，（《绵》诗）〔《大明》〕淮南本同底本，亦误作"《绵》诗"，今据《大雅·大明》正。此下引文为《尚书·皋陶谟》语。颂牧野之役曰："上帝临女，毋贰尔心。""天命有德，五服五章哉！天讨有罪，五刑五用哉！"成、周之征诛，犹之唐、虞之命讨也，事功之迹俱化矣。

　　君子读二《雅》至厉、宣、幽、平之际，读《国风》至二《南》、《豳》之诗，喟然曰：六经其皆圣人忧患之书乎！"天下之生久矣，一治一乱"；治久习安，安生乐，乐生乱；乱久习患，患生忧，忧生治。《洪范》贵不列于五福，崇高者忧劳之地，非安享之地也。康庄之仁我也，不如太行。故真人之养生，圣人之养性，帝王之祈天永命，皆忧惧以为本焉。真人逆精以反气，圣人逆情以复性，帝王逆气运以拨乱反治。逆则生，顺则夭矣；逆则圣，顺则狂矣。草木不霜雪，则生意不固；人不忧患，则智慧不成。大哉《易》之为逆数乎！五行不顺生，相克乃相成乎！鱼逆水则鳞不頳，禽逆风则毛不横。《诗》曰："譬彼舟流，不知所届。心之忧矣，不遑假寐。"顺流之可畏也如是夫！

　　人主修德之难也，倍于士庶乎！奸声在堂，谀舌在旁，曼靡在床，酖醴在觞，娱兽在场，所以蛊我心者，四面伺之，虽有忧勤聪智之君，不能无一罅之间也。天下之责望主德也，亦倍于士庶乎！高明之瞰者千计，中泽之嗷者亿计，敌国肘腋之环伺者万计，无一瑕玷而可匿也，无一体用而可缺也。守专城之材，不可以相，长千夫之勇，不可以将；一将一相之任，不可以君四海；况于乃逸、乃谚、既诞，以天位为敖乐者乎？《卷阿》之诗，言"俾尔弥尔性"者三，言履天位之君子，非性与天合，德足配天，即不足主百神而纲四方也。知此而不战战兢兢于上者，非人情也。《诗》曰："天难谌斯，不易维王。"

　　一围之木持千钧之厦，五寸之键而制合开者，所居要也。大匠不斫，大庖不豆，大勇不斗，大政不险。天下大器也，君相大官也。处大官者，不欲小察，不欲小智，不矜小艺，据其要，制其总，若摄气母于北斗之枢，以斡万物有余矣。王者之道犹龙首，高居而远望，深视而审听，示其形，怛其情，若天之高不可极也，若渊之深不可测也。赏罚于众人所及见，而所不及见者潜化焉；端默于众人所不加意，而人所加意者莫遁焉。彼铺张于条教号令之末，矜诩于发奸摘覆之神，曷足语知道？《诗》曰："之子于征，有闻无声。"

　　《诗》言"岂弟君子"者十有八，说者曰："岂弟，乐易也。""乾以易知，坤以简能；易则易知，简则易从；易知则有亲，易从则有功。"大哉岂弟之为德乎！世言王道无近功，此不知王道之言也。知者知之，愚者不知，不可以教民；巧者能之，拙者不能，不可以治民。非令下如流水之原，不可为善政；非立效如时雨之降，不可以为圣功；谓王道无近功者，未得其要也。主好要则百事详，主好详则百事荒。知岂弟不岂弟之分，则知王伯矣；知岂弟不岂弟之分，则知君子小人矣。后世人主之岂弟者，其汉文帝、宋仁宗乎！反乎岂弟者，其汉武帝之桑弘、宋神宗之安石乎！《诗》曰："谁能烹鱼？溉之釜鬵。"言烹鱼烦则碎，治民烦则乱，是以"治大国若烹小鲜"。

邓析、子产，同一竹刑也，邓析受诛而郑人不怜，子产则遗爱众母，兴歌谁嗣；商君、诸葛，同一严法也，商君车裂而秦人不怜，武侯则巷祭路哭，白帽成俗。《诗》曰："岂弟君子，民之父母。"岂弟之反为苦难，邓析、商君之谓也；岂以强教之，弟以说安之，子产、武侯之谓也。

秦汤方燠，九州为炉，故汉初曹参、盖公沐之清风而清静以治。若乃席丰履豫，泰久包荒，万几丛脞于上，百慝养痈于下，乃不厉精图治以使民无事，而但以清谭清静为无事，有不转多事者乎？皇春帝夏，王秋伯冬，气化日禅，虽牺、黄复生，不能返于太古之淳。是以尧步、舜趋、禹驰、汤骤，世愈降则愈劳。况欲以过门不入、日昃不食之世，反诸标枝野鹿，其不为西晋者几希？《诗》曰："民莫不逸，我独不敢休！"是以夙夜匪懈，山甫之佐中兴；夙兴夜寐，卫武之相王室。

"桑之未落，其叶沃若"，其文、武、成、康之盛乎！"桑之落矣，其黄而陨"，其周室之东乎！文王有二《南》而歌颂始拱把矣，成王有《雅》、《颂》而歌颂始寻丈矣；至康王而颂声寝，珮玉有晏起之刺，《伐木》有鸟鸣之刺；宣王中兴而《沔水》、《鹤鸣》、《庭燎》、《祈父》、《白驹》、《黄鸟》，刺诗半于变《雅》。何诗人之责备贤辟若此哉？汉武建元之盛，未闻其再建元也，唐玄开元之盛，未闻其再开元也。《乾》六爻不言吉而悔亢，《泰》六爻不言泰而忧陂，《丰》之象曰："勿忧宜日中。"盈虚消息，天地四时鬼神不能违，而况于人乎？汉文帝日谨一日以考终为幸，光武日谨一日以十年为远，三代既往，圣贤就业之心，惟二君有焉。文帝拊髀颇、牧，而以李广、周亚夫贻之景、武；光武闭关拒质，甘以西域付之荒外；二君岂真不能戡匈奴者哉，岂真无雄才大略者哉？功业之心，不胜其爱民之心也；才智自雄之心，不胜其持盈忧盛之心也。《颂》声寝于康王，二《雅》变于宣王，其道德之终，而功业才智之竭乎！故不明四始、五际之义，不可以读《诗》。

治篇三

三代以上之天下，礼乐而已矣；三代以下之天下，赋役而已矣。然变《风》变《雅》，多哀行役之苦，刺征役之烦，而刺重敛者惟一《硕鼠》，则知井田什一尚存，履亩未税，民惟困役，不困赋焉。春秋以前之诸侯，朝聘而已矣；春秋以后之诸侯，攻战而已矣；然陈、郑介大国之间，受兵无宁岁，而民俗侠冶晏如。则知其时车战之制尚存，师行所至，井堙木刊，而无攘臣妾、毁庐之患；且请服则盟，未尝如狄之入卫，财贿牲畜荡然一空焉。春秋以前，有流民而无流寇；春秋以后，流寇皆起于流民，往往釳宗社，痛四海。读《诗》则《硕鼠》"适彼乐郊"，《黄鸟》"复我邦族"，《鸿雁》劳来中泽，未闻潢池揭竿之患，此封建长于郡县者一也。春秋以后，夷狄与中国为二；春秋以前，夷狄与中国为一。读《诗》与《春秋》，知古者名山大泽不以封，列国无守险之事，故西戎、徐戎、陆浑之戎、赤狄、白狄、姜戎、太原之戎，乘虚得错处其间。后世关塞险要，尽属王朝，而长城以限华、夷，戎、狄攘诸塞外，此郡县之优乎封建者一也。由前三说观之，五伯者，三王之罪人，中夏之功臣；由后一说观之，七雄、嬴秦者，罪在一时，功在万世。

礼乐征伐，先王治世之大物也，自天子出则王，自诸侯出则伯。然王世以礼乐统征伐，故《彤弓》、《车攻》、《吉日》之诗，虽事主征伐，莫不本礼乐以行之；伯世以征伐统礼乐，故冠裳必载誓盟，聘享无非师捷，虽事邻礼乐，亦莫不参征伐以出之。礼乐胜则纯乎道德，如春风之长万物而不知；征伐胜则纯乎威力，如夏日威天下而不得不循其法。惟其所假犹先王之仁义，故《曹风》思郇伯，《春秋》予桓、文焉。及其衰也，仁义去而诈力独存，于是周虽久王，有礼乐，无征伐，王室声灵不行，徒托重于先王典制名器以羁縻列国。晋之久伯也，有征伐，无礼乐，士鞅、栾黡惟赂是求，虒祈宫成，徒以甲车四千乘恫喝携贰。夏日往而秋霜栗冽，物不能堪，于是裂为七国，为嬴秦，罟天下于冰霜中者二百余载，暨西汉文、景而始息。甚哉功利之狹人，而王道不可一日熄乎！三皇以后，秦以前，一气运焉；汉以后，元以前，一气运焉；其历年有远近，即其得于先王维持之道有厚薄。故汉、唐、宋，女祸、夷狄、乱臣、贼子迭出而不至遽亡，民生其间，得少休息十余世，披其牒，考其享祚历年之久近，而其所得于道之分数可知也。《诗》曰："泛泛杨舟，绋缅维之。乐只君子，福禄脿之。"

治天下之具，其非势、利、名乎！井田，利乎；封建，势乎；学校，名乎！圣人以其势、利、名公天下，身忧天下之忧而无天下之乐，故褰裳去之，而樽俎揖让兴焉；后世以其势、利、名私一身，穷天下之乐而不知忧天下之忧，故慢藏守之，而奸雄觊夺兴焉。争让之分，帝王之忧乐天下为之也。"天地之大德曰生，圣人之大宝曰位，何以守位曰仁，古"人""仁"字通用，如《论语》"井有仁焉"之"仁"。何以聚人曰财，理财正辞禁民为非曰义。"人所聚而势生焉，财所在而人聚焉，名义所禁遏而治乱生焉。圣人乘天下之势，犹蛟龙之乘云雾，不崇朝雨天下而莫知谁尸其权。大哉神器，亿万生灵之所托命也，而智可暗奸，而力可觊图乎？夫惟使势、利、名纯出乎道德者，可以治天下矣。故曰："天大，地大，道大，王亦大。域中有四大，而王处一焉。"《诗》曰："立我烝民，莫匪尔极。""无此疆尔界，陈常于时夏。"

人者，天地之仁也。人之所聚，仁气积焉；人之所去，阴气积焉。山谷之中，屯兵十万，则穷冬若春；邃宇华堂，悄无綦迹，则幽阴袭人。人气所缊，横行为风，上泄为云，望气吹律而吉凶占之。南阳、洛阳、晋阳、凤阳，今日寥落之区，昔日云龙风虎之地，地气随人气而迁徙也。"天地之性人为贵"，天子者，众人所积而成，而侮慢人者，非侮慢天乎？人聚则强，人散则尫，人静则昌，人讼则荒，人背则亡，故天子自视为众人中之一人，斯视天下为天下之天下。《诗》曰："无竞惟人，四方其训之。"

圣人以名教治天下之君子，以美利利天下之庶人。求田问舍，服贾牵牛，以卿大夫为细民之行则讥之，细民不责以卿大夫之行也。故《国风》刺淫者数十篇，而刺民好利者无一焉。变《雅》《节南山》、《正月》、《十月之交》、《桑柔》，无非刺姻亚之朊仕，富禄之洽比，徂向之车马，贪人之败类；"如贾三倍，君子是识"，以利为厉戒，而刺好名者无一焉。"国君过市则刑人赦，夫人过市罚一幂，世子过市罚一帟，命夫过市罚一盖，命妇过市罚一帷。""礼、义、廉、耻，国之四维"，故于士大夫则开之于名而塞之于利，于百姓则开之于利而坊之于淫。虽然，"民之秉彝，好是懿德"，中人以上，何必名誉始足劝乎？孔、孟论学，始并名利而兼戒之，首严克伐，次严义利，而无一言及于远色。故曰：刑以坊淫，庶民之事也；命以坊欲，士大夫之事也；礼以坊德，圣贤自治之学也。世之极盛也，使天下以义为利，其次则以民为利。《诗》曰："庶人之愚，亦职维疾；哲人之愚，亦维斯戾。"

强人之所不能，法必不立；禁人之所必犯，法必不行。虽然，立能行之法，禁能革之事，而求治太速，疾恶太严，革弊太尽，亦有激而反之者矣；用人太骤，听言太轻，处己太峻，亦有能发不能收之者矣。兼黄、老、申、韩之所长而去其所短，斯治国之庖丁乎！《诗》曰："伐木（椅）〔掎〕矣，析薪（杝）〔扡〕矣①。"

治篇四

医之活人，方也；杀人，亦方也。人君治天下，法也；害天下，亦法也。不难于得方而难得用方之医，不难于立法而难得行法之人。青苗之法，韩琦、程伯子所部必不至厉民；周家彻法，阳货、荣夷公行之，断无不为暴。弓矢，中之具也，而非所以中也；法令，治之具也，而非所以治也。买公田省饷之策，出于叶適，而贾似道行之，遂以亡国。是以《郡县》、《生员》二论，顾亭林之少作，《日知录》成而自删之；《限田》三篇，魏叔子三年而后成，友朋诘难而卒毁之。君子不轻为变法之议，而惟去法外之弊，弊去而法仍复其初矣。不汲汲求立法，而惟求用法之人，得其人自能立法矣。《诗》曰："不失其驰，舍矢如破。"

山居难与论舟行之险，泽居难与论梯陟之艰。处富不可与论贫，处暇不可与虑猝，处亨不可与言困，处平世不可与论患难。况立乎后世以指往古，所闻异词，所传闻又异词。曾不设身以处地，不平心以衡其轻重，而徒以事后之成败谳局中之当否，古人其如汝何哉？郅都、宁成，古之酷吏也；胡寅父子，世之酷儒也。《诗》曰："他人有心，予忖度之。"又曰："伐柯伐柯，其则不远。"《诗》之忠恕也如是夫！

同俭也，或以之养廉，或以之济贫；同礼也，或以之将孙，或以之济争；同一下人也，出自富贵，人以为谦；出自贫贱，人以为诌。辟谷与市田宅不同，同归于免祸之智；闭户与坐怀不同，同归于暗昧之清。狂者东走，逐狂者亦东走；溺者入水，救溺者亦入水。或吹火而然，或吹火而灭，所以吹者异也。故以迹观人，则不足以知人；以迹师古，则不足以希古。《诗》曰："唐棣之华，翩其反而。"

秦以尽坏古制败，莽以剿袭古制败，何其异轨而同归耶？秦之暴，不封建亡，即封建亦亡，两晋八王之事可见已；莽之悖，复井田亡，不

---

① "椅"、"杝"：淮南本同，据《诗·小雅·小弁》改。

复井田亦亡，隋炀、朱梁之辙是矣。《诗》曰："枝叶未有害，本实先拨。"

治篇五

三代以上，天皆不同今日之天，地皆不同今日之地，人皆不同今日之人，物皆不同今日之物。天官之书，古有而今无者若干星，古无而今有者若干星；天差而西，岁差而东；是天不同后世之天也。浊河徙决，淤阏千里，荥泽、巨野塞为平原；济、汳莫辨源流，碣石沦于渤澥；井田废而沟洫为墟，云梦竭而洞庭始大；十薮湮其九，三江阙其二，九河、九江不存其一；雍州田上上，今但平芜；扬州田下下，今称陆海；"高岸为谷，深谷为陵"；是地不同于后世之地也。燕、赵、卫、郑，昔繁佳冶；齐、鲁、睢、涣，古富绮纨；三楚今谁长鬣？勾吴岂有文身？淮、徐孰戎、夷之种？伊川畴被发之伦？茶黄互市，为制夷之要；疹痘有无，区中外之坊；岂可例诸唐、宋以前，求其脏府之故；是人变于古矣。黍稷五谷之长，数麻菽而不数稻；亨葵五菜之主，芼蓼藿而不及菘；枌榆养老之珍，今荒馑始食其皮；荇藻蘋蘩，以共祭祀；堇茶苣薇，恒佐饔飧；蜉蝣蛴螬，古实甘美之羹；陆玑言蜉蝣，陶弘景言蛴螬可食，皆异于今。蚳蜗蜩蛬，礼则燕食之醢；今畴登鼎俎、荐齿牙？布有麻葛而无吉贝，币有黄金而无白银，纨绮称睢、涣而无吴、越；今皆反之，是物迁于古矣。媵娣侄于昏礼，登孙尸于祭祀；跪地以坐，抟饭以食；跣足舞蹈以为敬，刀漆以为书，贝币以为货，霤奥以为宫，四面左右个以为堂，刍灵明器以为葬；乘车以战，肉刑以治；不谓大愚，则谓大戾，岂独封建之于郡县，井田之于阡陌哉？故气化无一息不变者也，其不变者道而已，势则日变而不可复者也。天有老物，人有老物，文有老物。柞薪之木，传其火而化其火；代嬗之孙，传其祖而化其祖。古乃有古，执古以绳今，是为诬今；执今以律古，是为诬古；诬今不可以为治，诬古不可以语学。《诗》曰："岂其食鱼，必河之鲂？岂其取妻，必齐之姜？"

租、庸、调变而两税，两税变而条编。变古愈尽，便民愈甚，虽圣王复作，必不舍条编而复两税，舍两税而复租、庸、调也；乡举里选变而门望，门望变而考试，丁庸变而差役，差役变而雇役，虽圣王复作，必不舍科举而复选举，舍雇役而为差役也；丘甲变而府兵，府兵变而圹骑，而营伍，虽圣王复作，必不舍营伍而复为屯田、为府兵也。天下事，人情所不便者变可复，人情所群便者变则不可复。江河百源，一趋于海，反江河之水而复归之山，得乎？履不必同，期于适足；治不必同，期于利民。是以忠、质、文异尚，子、丑、寅异建，五帝不袭礼，三王不沿乐，况郡县之世而谈封建，阡陌之世而谈井田，笞杖之世而谈肉刑哉！"礼，时为大，顺次之，体次之，宜次之。"《周颂·勺》篇，美成王能酌先祖之道以养天下也。《诗》曰："物其有矣，维其时矣。"

庄生喜言上古，上古之风必不可复，徒使晋人糠秕礼法而祸世教；宋儒专言三代，三代井田、封建、选举必不可复，徒使功利之徒以迂疏病儒术。君子之为治也，无三代以上之心则必俗，不知三代以下之情势则必迂。读父书者不可与言兵，守陈案者不可与言律，好剿袭者不可与言文；善琴弈者不视谱，善相马者不按图，善治民者不泥法；无他，亲历诸身而已。读黄、农之书，用以杀人，谓之庸医；读周、孔之书，用以误天下，得不谓之庸儒乎？靡独无益一时也，又使天下之人不信圣人之道。《诗》曰："（园）〔爰〕① 有树檀，其下维箨。"君子学古之道，犹食笋而去其箨也。

治篇六

明月之夜，可远视而不可近书，犹清谈玄虚之士不可以治民；雾霜之朝，可近书而不可远视，犹小察综练之材不可以虑远。得诸天者固已殊矣，即学圣人之学而性所各近者，何独不然！火日外照而内暗，故足民治赋之才不可以语性命，此亲民而未明德者也；金水内照而外暗，故潜修养性之儒未可皆共事功，此明德而未能亲民者也。学道者宜各自知所短，用人者宜各因其所长；勿以师儒治郡国，勿以方面之材责师儒；非体用之殊途，乃因材之难强也。若乃志伊学颜之君子，固以内圣外王为准鹄，夫何本末偏枯之有！《诗》曰："左之左之，君子宜之。右之右之，君子有之。惟其有之，是以似之。"

一介一和惠与夷，一去一奴微与箕；一生一死婴与臼，一覆一复申与伍；一荣一辱李与苏，一默一言介与狐；一亮一瑾蜀与吴，一攻一守墨与输；相反相成狷与狂，相嘲相得惠与庄；羊、陆相仇而相睦，葛、马相敌而相服，尹、邢相爱始相妒。故君子之用世也，道不必尽同；智士之同朝也，辙不必相合；然大人致一用两，未尝不代明而错行也。《诗》曰："泾以渭浊，湜湜其沚。"

轻诺似烈而寡信，多艺似能而寡效，进锐似精而去速，讦细似察而

---

① 据《诗·小雅·鹤鸣》改。

烦苛，姝姁似惠而无实，此似是而非者也；大权似专而有功，大智似愚而内明，执法似严而成物，正谏似激而情忠，此似非而是者也；非御情之相反，乃近理之多似也。听言察貌，或失其真；诡情御物，或失其实；将何道以全之乎？《诗》曰："析薪如之何？匪斧不克。"又曰："伐柯伐柯，其则不远。"观其生者，不在于先观我生乎？

有以兼听而得，有以兼听而失；有以独断而成，有以独断而败。晋武平吴，晋明平王敦，唐宪宗讨淮、蔡，周世宗征泽、潞，皆以独断而成；昭烈伐吴，苻坚伐晋，皆以独断而败；汉祖、唐宗以兼听君子而兴，汉元、唐代以兼听小人而乱。然则如之何而可？曰"知己知彼，百战百胜"，彼骄兵、愤兵、贪兵，可谓知彼知己乎？"为政在人，取人以身"，彼贤奸杂用者，非其心之公私霿淆乎？《诗》曰"谁秉国成，不自为政"，言当以执两为兼听，而不以狐疑为兼听也。"国虽靡止，或圣或否；民虽靡膴，或哲或谋，或肃或乂"；言当以达聪为独断，而不以臆决为独断也。

国家有一谠议，则必有数庸议以持之；有一伟略，则必有数庸略以格之；故圣人恶似是而非之人，国家忌似是而非之论。其言之有故，其持之成理，上傅会乎经义，使人主中其腊毒而不自知，君子所深恶也。汉成帝因天变，言者多攻王氏，就决于张禹，此西汉存亡一大机，而张禹以"天道不可得闻"解之，王氏遂不得复动；晋孝武欲废会稽王道子，此东晋存亡一大机，而徐邈以"恐伤太后"阻之，道子遂复柄用而不可救；西晋亡于吏蠹民困，元帝南渡，遣巡察郡邑之使分别黜陟，而顾和以烧梁狱词柅其行；唐李德裕收吐蕃维州千余里之地，而僧孺以《春秋》纳叛人挠其议；宋夏元昊死，子幼国内乱，边臣请乘衅，而宋臣以《春秋》不伐丧格其谋。论卑而易行，苟安而不犯难，其迹何尝不近忠厚长者，其称引比附何尝不托于六艺？夫孰知其误人家国壹至此哉！《诗》曰："（谁）〔维〕① 号斯言，有伦有脊。"

治篇七

不知人之短，不知人之长，不知人长中之短，不知人短中之长，则不可以用人，不可以教人。用人者，取人之长，辟人之短；教人者，成人之长，去人之短也。惟尽知己之所短而后能去人之短，惟不恃己之所长而后能收人之长；不然，但取己所明而已，但取己所近而已。语有

_____

① 据《诗·小雅·正月》改。

之，夜行者前其手，然而桥足也。开明于东而万有皆烛，其不在穷理乎？《诗》曰："他人有心，予忖度之。"知己知人之谓耶！

度内之事，中人可能；度外之功，非豪杰不能；世俗所谓度外，君子所谓性分内也。天下大事，或利于千万世者，不必利于一时；或利于千万人者，不必利于一夫；或利于千万事者，不必利于一二端；故非任事之难，而排庸俗众议之难。《诗》大小二《雅》，言"大猷"者二，言"远猷"者二，言"壮猷"者一。何谓"大猷"？批郤导窾，迎刃而解，棋局一著胜人千百者是也。何谓"远猷"？事机出耳目之表，利害及百十年之后者是也。何谓"壮猷"？非常之策，陈汤不奏于公卿；破格之功，班超不谋于从事；出奇冒险，不拘文法，不顾利害者是也。器不弘者不能胜大猷，识不裕者不能烛远猷，识远器大而无雄气胆决者不能具壮猷。壮猷天授不可学，器识可学而扩焉。彼安常习故之流，所安者目前，所知者陈例，所辟者嫌疑，得不震而疑，同声而挠格者乎？《诗》曰"匪先民是程，匪大犹是经"，叹大犹之难成也；"出话不然，为犹不远"，叹远犹之多阻也。

古豪杰之用世，有行事可及而望不可及者，何哉？同恩而独使人感，同威而独使人畏，同功而其名独震，同位而其势独崇，此必有出于事业名位之外者矣。有德望，有才望，有清望。晏平仲、柳下惠、汲黯、霍光、羊祜、谢安、高允，其德望欤！子臧、季札、鲁仲连、杨震、李固、杨绾、元德秀，其清望欤！管仲、子产、信陵君、乐毅、贾谊、陈汤、祖逖、姚崇、李德裕，其才望欤！不宁惟是，邓禹、孔融、刘备、刘琨，百战百败，而当时奸雄畏之，豪杰慕之，所至从者如归市，此岂他人可强致者乎？国于天地，有与立焉。以天下之大，祖宗数百年之培养，而无一二魁垒耆硕之望，足系海内之人心，备国家之缓急，为四夷所慑服者，隐然镇压中外，如乔岳干城之可恃，故国乔木之谓何？《诗》曰"行归于周，万民所望"，国有人之谓也；"洵有情兮，而无望兮"，国无人之谓也。

临大事然后见才之难。何以见其难？曰：难其敏，难其周，难其暇也。事变之来，机不容发，事后追悟，与不悟同。人踌躇旬日始决者，此一见而立决之；人反复数百言不剖者，此片言立剖之；非天下至敏，其孰能与于斯？是非大较，可望而知也；利害曲折，非一望可知也。人仅悉其形，此并悉其情；人仅区处目前，此并旁烛未然，若数计而著卜；非天下至周，其孰能与于斯？震惊百里，匕鬯皆失，竭力应之，事应而力已殚，畴则行所无事，沛若有余者乎？非天下至暇，其孰能与于斯？天下无事，庸人不庸人；天下非多难，豪杰不豪杰。九死之病，可以试医；万变之乘，可以试智。昭烈与曹操，张说与姚崇，料事同而迟速不同，一敏一不敏也；司马懿服诸葛之营垒，亚夫备吴、楚于西北，一周一不周也；王坦之倒笏而谢安赌棋，一暇一不暇也。三者亦出于天，亦成于学；成于学者能睎其敏周，终难睎其暇豫。周公流言东征，《诗》不颂其多才多艺之敏、三吐三握之周，而惟曰："公孙硕肤，赤舄几几。"几几，安也，安即暇之谓也。

有才臣，有能臣，世人动以能为才，非也。小事不糊涂之谓能，大事不糊涂之谓才。才臣疏节阔目，往往不可小知；能臣又近烛有余，远猷不足，可以佐承平，不可以胜大变。夫惟用才臣于庙堂，而能臣供其臂指，斯两得之乎！临大事，决大计，识足以应变，量足以镇猝，气足以摄众，若张良、霍光、庞士元、谢安、陆贽、寇准、韩琦、李纲，其才臣欤！理繁剚剧，万夫之禀，一目十行，五官并用，无留牍，无遁情，若赵广汉、张敞、陶侃、刘晏，其能臣欤！至若兼才能而有之，若管仲、子产、萧何、诸葛亮，尤古今不数人也；姚崇、张咏，抑其次也。欲求救时之相，非才臣不可。《诗》曰："訏谟定命，远犹辰告。"

治篇八

人主与忠信道德之士处，若服兰苾然，久而不知其芳也；若食五谷然，久而不觉其益也。彼其所益者在本原，非枝叶之末也；天下阴被其赐，而史臣莫书其功。故宣王在内之臣曰张仲孝友，而萧望之谓张敞材轻，非师傅之器。《诗》曰："有冯有翼，有孝有德。"

国家之赖贤才也，功莫大于成君德，而立政次之，故有内匡，有外匡。与离娄同楫罔不济，与师冕同辙罔不蹶；成王与周公同居，故成王化而为周公；管、蔡与禄父同居，故管、蔡化而为禄父：此内匡之益也。得一后夔，天下无难正之五音；得一伯乐，天下无难驭之良马；得一颇、牧，天下无难御之外侮：此外匡之益也。国以一人兴，以一人亡。亡国之主，莫不忠其所亲而贤其所任，夫孰知其究安极哉！《诗》曰："尹氏大师，维周之氏。四方是维，天子是（毗）〔毗①〕。"

星非能自高也，引而高之者天也；物非能自浮也，载而浮之者水也；臣非能自遇也，引而进之者君也。天下奇士不常有，而天下之明君

---

① 据淮南本及《诗·小雅·节南山》改。

不世出。故天之降才也，千夫而一人；才之遇主也，千载而一君。然微扬侧陋之尧，则雷泽之渔父耳；微梦良弼之高宗，则筑岩之胥靡耳。世非无爨桐之患而患无蔡邕，世非无牛铎之患而患无张华。自古及今，遗逸之贤，十倍于遇主之贤，则奇才之难得，又不如明君之难得也。故与其臣求君，不如君求臣。箕子、胶鬲盈朝，而不能使商辛为高宗；家父、凡伯盈朝，而不能使幽王为周宣。《诗》曰："念彼共人，涕零如雨。"

孤举者难起，众行者易趋；倾厦非一木之支也，决河非捧土之障也。一萧何而助之者良、平、信、越，一邓禹而助之者二十七将，一玄龄而助之者十七学士，马曳轮也；羽、飞死，法正、庞士元死，而孔明自将以出祁山，身曳轮也。哀哉！《诗》曰："终其永怀，又窘阴雨。其车既载，乃弃尔辅。载输尔载，将伯助予。"

博弈之交不日，饮食之交不月，势利之交不年，意气声名之交不世，惟道义之交万古如一堂也，四海如一室也。爵禄羁之者可臣，金帛啖之者可役，饮食干糇之者可畜；壮士不可饮食致也，豪杰不可金帛致也，君子不可好爵縻也。是以朋友君臣，以类相亲；舜有膻行，取人以身。《诗》曰："敝笱在梁，其鱼鲂鳏。""白驹空谷，生刍一束。"

天下小人不可尽诛，小人之有才者尤不能不用，但止可驱策于边疆而不可用于腹心密勿之地。故《易》言"内君子而外小人"也。寇莱公、赵汝愚、于忠肃，再造之功，得主之专，皆千载一时。使寇公留王钦若于方面，何至进城下孤注之谗！赵公予侂胄一节钺，何至酿内批党禁之祸！于公出石亨于九边，何至生中夜夺门之变！置虎狼于肘腋，谁之过与？乌乎！贤人而得主，旷世难逢，有鱼水之遇，有逐小人之权，而反为小人倒持阿柄，使善治败于垂成，奇勋翻为祸首，讵不惜哉！周之皇父，汉之上官桀，唐之李勋，元末之伯颜，皆边塞将材而不可秉钧当轴，则又君上用人之鉴也。《诗》曰："赳赳武夫，公侯干城。"末章曰："赳赳武夫，公侯腹心。"干城之武夫，不可为腹心明矣，矧并不可干城者而腹心之乎？

治篇九

国家之有人材，犹山川之有草木，蔚然羽仪，而非山麓高大深厚之气不能生也。夫惟人君不以高危自处，而以谦卑育物为心，人人得而亲近之，亦人人得而取给之。地山之《谦》，卑不可逾；岂弟如此，而何匮竭散亡险哀之有？"天地变化，草木蕃；天地闭，贤人隐"；故人材者，求之则愈出，置之则愈匮。唐陆贽言："天后以宽得人，德宗以苛失士。"宋庆历中培养之人材，数世用之不尽，而况乎侧席贤人之主乎？《诗》曰："瞻彼旱麓，榛楛济济。岂弟君子，干禄岂弟。"

文王之辟雍、明堂、三灵同地，凡治岐之大政，皆行其中。《大雅·棫朴》、《旱麓》、《思齐》、《灵台》，皆颂文王作人之盛，孟子亦言"待文王而兴"。是古今作人莫盛于文王，而孟子告齐宣以文王治岐，关市、泽梁、罪孥、鳏寡之政，只及养不及教，何哉？战国救民水火之世，所急者养民，故未暇及辟雍之礼乐。虽然，文王之作人也，有造士之政焉，有求贤之政焉。《棫朴》琢髦士，《旱麓》兴鸢鱼，《思齐》造成人小子，皆即《文王世子》所述辟雍大学造士之政也。《小雅·皇华》教使臣以咨才、咨事、咨义、咨难，必周访四方之贤士，归言于朝，此则辐轩四出，而八虞、二虢之友教，二老西归之就养，闳夭、散宜生之见知，殷士抱器之来归，奔走疏附，后先御侮，故曰"三分天下有其二"，盖先得天下人材三分之二也。天下之士说而归之，其民焉往？斯求贤之政也。造士之作人也密，求贤之作人也神。闻风而兴，向化而奋，如蛰启于春霆，虽中林野人，伐枚妇女，翼犯虞人，皆振振蛰蛰，有士君子之行，神矣哉！盛矣哉！文王一世所造之材，子孙数十世用之不尽，后之为人君者，其亦盍监于斯！

当武王崩，三监叛，商、奄五十国并起，周公何以能化殷顽于期月？何以东征而四国是吪耶？何以作新大邑于东国洛，四方民大和会，侯、甸、男邦、采、卫百工播民和耶？《书》一不言其所由，但曰"见士于周，周公咸勤，乃洪大诰治"。乌乎！周公得多士之心，先于得多方之心矣。七族、三族之豪，皆肤敏之彦也，皆故家遗俗六七王所培养也；为政不为巨室所慕而能为四方慕者寡矣！周公自居东以来，过师祇席之上，无日不与殷士民相亲，然方在军中，昼接不暇。及还师度河之后，迁殷民于洛邑，始日日进其士而见之，一饭三吐哺，一沐三握发；而又择其中之贤材，贽而师见者十人，友见者十二人，穷巷白屋先见者四十九人，进善百人，教士千人。《说苑》朝读书百篇，暮见七十士。《墨子》朝所读者，即多士所上之书也，计旬月之间，士之一善一艺罔不悉，闾左一利一害罔不毕陈于前矣。然后量能而授之职，授之田宅，又率以祀文王，黼冔裸将，骏奔走于庙。其客欤，其一家之人欤！于是殷士憾见周公之晚也，曰"我觏之子，衮衣绣裳"，"我觏之子，笾豆有践"，惟恐公之西归而不得复见焉。古之得人家国者，先得其贤才，士心之归如此，而民心有不景从者乎？岂惟殷士？盖豳、岐从征之士，亦无一不与殷士相兄弟友朋焉，道德一而风俗同矣。周公训鲁公曰："平易近民，民必归之。"平，地道也；易，天道也。易则易亲，简则易从，易简天下之理得矣。豳人颂之曰："公孙硕肤，赤舄几几。"此必非衢谣巷谚所能道也，非辟雍振鹭之士不足以知公德之盛也。公一身所育之才，周家八百年用之不尽，后世为相者，其亦盍鉴于斯！

封建之世喜分而恶合，故晋、楚蚕食，《春秋》恶之，尝欲众建诸侯而少其力；郡县之世喜合而恶分，故三国、五季、十六国之世，不如一统之息争；二者皆所以尊王，而治法本于治人，则又皆以用贤用亲为得失。其在封建之世，一于用亲者，国可久而势恒弱，一于用贤者，国势强而或先亡。周之兴也，亲贤并用，闳、颠、吕、散、八虞与周、召、荣、毕夹辅；流及后世，则鲁、卫、宋、郑专用亲，齐、晋专用贤。故三桓、七穆、六卿之属，维持宋、鲁、郑，相忍为国，至春秋后犹百余岁，而卫尤后亡，则用亲之明效也；齐之同姓有国、崔、栾、高，而不如管氏、陈氏之专国。晋自献公后，诅无畜群公子，而所用狐、赵、韩、魏、范，其始足以创伯，其卒足以夺国，则用贤之明效也。两除其弊而兼收其利者惟楚乎！其令尹、司马执兵柄者皆同姓，而一有罪则刑之无赦，又参以鬭縠、叔敖、叶公、伯州犂、巫臣异姓之贤材，故其国势半天下而与周相终始。至郡县一统之世，其势虽合，而秦以不用亲速亡，晋以用亲速亡，隋以亲贤皆不用速亡，则其开基创业，本实先拨，又有立于用人之先者哉！《诗》曰"价人维藩，大师维垣"，言用贤也；"大邦维屏，大宗维翰"，言用亲也。

后世之事，胜于三代者三大端：文帝废肉刑，三代酷而后世仁也；柳子非封建，三代私而后代公也；世族变为贡举，与封建之变为郡县何异？三代用人，世族之弊，贵以袭贵，贱以袭贱，与封建并起于上古，皆不公之大者。虽古人教育有道，其公卿胄子多通六艺，岂能世世皆贤于草野之人？古圣王未必不灼知其弊，而封建不变，则世族亦不能变，莘野、傅岩、渭滨之举，间世一出，不数见也。以展季之圣，孔子之圣，通国皆知之，而士师、司寇不安其位；使二圣人生于三桓之族，何患不大行其道乎？春秋诸卿，有公族，有世族，其执政之卿，谋国之大夫，无非此二族者。公族有鲁之三桓，宋之七穆，郑之六卿，世族则晋之栾、郤、智、范、韩、赵、魏，齐之高、鲍、陈、田，卫之孙、宁，皆世执国柄，单寒之子无闻焉。秦人崛起，乃广求异国之人而用之，由余、蹇叔、百里奚、丕豹、公孙枝、卫鞅之属，无非疏远。由是六国效之，游士大起，乐毅、苏、张、范雎、李斯、蔡泽、虞卿，皆徒步而取相印；气运自此将变，不独井田、封建之将为郡县、阡陌而已。孔子得位行道，必蚤有以大变其法，举四科以代豪宗，故深赞公叔文子之举僎，而《春秋》书尹氏卒以著世卿之戒，秦、汉以后，公族虽更而世族尚不全革，九品中正之弊，至于上品无寒门，下品无世族，以魏孝文之贤而不能用李彪、李冲之议。自唐以后，乃仿佛立贤无方之谊，至宋、明而始尽变其辙焉，虽所以教之未尽其道，而其用人之制，则三代私而后世公也。《诗》曰："殊异乎公路。""殊异乎公族。"

以衡泌为静而城市为嚣，以芘轴为尊而城邑为俗，其起于东周之叔世乎！古之遁世者，必傅岩、莘、渭之天民大人，或抱至德而遁焉，或抱命世之材而遁焉，或抱礼乐而遁焉，无所抱则无可遁者。圣王求士与士之求道，固不于野而于城邑也。城中曰都，人萃则气萃，气萃斯材薮焉；野外曰鄙，人涣则气涣，气涣斯材少焉。处农就田野，处商就市井，处工就官府，处士就燕闲。小学在公宫南之左，大学在郊，瞽宗、辟雍、泮宫、柱下，固册府礼乐之渊渚，师友讲习之林囿也。山林之气虽清，而礼乐不在，师友无资，都邑学未成之士而即入山中，则去昭旷而就封菶矣。是以青衿必于城阙，议论必于乡校，闻见广则聪明辟，胜友多而学易成。其野处不匿之秀，则迁之都中，而乡大夫宾兴之，未闻授书名之闾里塾师、农子恒农者而有可宾兴之贤能也，乌有舍国士、天下士而友一乡、一闾之士者乎？乌有舍国士、天下士而求一乡、一闾之士者乎？《伐木》求友之诗曰："出自幽谷，迁于乔木。"

治篇十

人各有能有不能。孔融名节重一世，而敌遇袁、吕，每战辄衄；张昭謇谔于东吴，而曹兵南下，惟劝迎降；石星直节震明代，及任本兵，日本之役惟调停贿款；故知承平直谅之士，难尽责以临危应变之才也。有守不必有为，有为不皆有守。使责陈汤、桑维翰、赵普、刘锜以廉介，责李勣、韦孝宽以忠义，其可觊乎？太师皇父，中兴名将，荡平淮夷，媲美方、召。而幽王之世，"择三有事"，"以居徂向"，"不慭遗一老，俾守我王"，是犹上官桀力战敢深入而不可托孤寄命也。是以明王任忠亮于台辅，付起武于干城，易地则皆败。《诗》曰："人知其一，莫知其他。"

专以才取人，必致取利口；专以德取人，必致取乡愿。虽然，利口有二，乡愿亦有二：有不可大受而可小知之利口，君子在上，可驱策用之；若夫辩足以饰非炫听，智足以舞文树党，警敏强记，口若河悬，如张汤、荀勖、朱异、吕惠卿者，不可一日近，而究谁能不近之？有不可临大节而可佐承平之乡愿，孔光、冯道、范质，平时不失为贤相；若夫深中厚貌，以小忠小信结主知，以曲谨小廉拒物议，欺世盗誉，静言庸违，明主亦倾任而不疑，如庞萌、林甫、杞、桧者，不可一日容，而究谁能不容之？乌乎！世有君子，能远无才之小人，未必能远有才之小人也；能识毗阳之小人，未必能识毗阴之小人也。天生尤物，足以移人，尧、舜畏之，仲尼恶之，而欲烛神奸于后世之中主，不其难哉！《诗》曰："荏苒柔木，君子树之。往来行言，心焉数之。"《书》曰："何畏乎巧言令色孔壬。"

马融之附梁冀，弹李固，绛帷女乐为之与？潘岳之附贾谧，陷愍、怀，园林丝竹为之与？苏子所谓廉俭者士人之小节，而道谊大坊必以之为本，乌有宫室妻妾穷乏之不忘而能勿易其本心者乎？虽然，尚有不贪财色而独贪权势如公孙弘、王衍、王敦、卢杞、王安石、蔡卞其人者，尚有不贪权势而独惜身命如孔光、谯周、冯道、范质其人者，廉洁尚不足恃，矧不廉洁者乎？是以但轻财色为有廉，并轻权势为有耻；辞受取予不苟为有廉，进退出处不苟为有耻。孔、孟之学，言耻不言廉，有以夫！《诗》曰："尚不愧于屋漏。"

"既明且哲，以保其身"，何以异于孔光、公孙弘、胡广之保身，而夫子独许《烝民》之诗为知道耶？曰"邦国若否，仲山甫明之"，则模棱非所以保身矣；"衮职有阙，维仲山甫补之"，则逢长缄默非所以保身矣；柔不茹，刚不吐，强御矜寡不畏侮，则优柔养奸非所以保身矣。彼孔光、胡广、公孙弘，何尝不柔嘉而令色仪乎？何尝不小心而式古训、力威仪乎？是非、利害、进退、出处之间，金锡、珉瑜立判焉。故知明哲保身，必大德不逾闲以为本。

费仲、飞廉不日蛊其君，则夏、商不亡而身亦不戮；囊瓦、宰嚭、李斯不卖国媚贤，则吴、楚、秦不亡而身亦免族；竖刁、易牙、王甫、曹节、李辅国、仇士良不日导人主于邪，则汉、唐离案："汉、唐上疑脱齐字，然竖刁、易牙不见诛于齐，疑衍此四字为是。"不乱而宦官亦不诛；林甫、杞、桧即不为奸臣，亦必位宰相，而臣主俱荣，身名俱泰，无冰山万年之臭；小人亦何利而为此哉，君子亦何负而不为哉？乌乎！帝王利民，即所以利国也；大臣利国，即所以利家也；士庶人利人，即所以利己也。自王公大人下至马庸沽保，未有终日济人利物其心而不要天之祐者；自王公大人下至马庸沽保，未有终日自私自利其心而不为天人之所恶者。《诗》曰"南有樛木，甘瓠累之"，"茑与女萝，施于松上"，乌有木债而瓠不瘁，松僵而萝不悴者乎？"雨我公田，遂及我私"，乌有公田如云，私田如焚者乎？

公孙弘以荐仲舒者倾仲舒，石显以荐京房者挤京房，卢杞以荐颜真卿者陷真卿，以荐李揆者危李揆，皇甫镈以荐韩愈者坑韩愈，世主堕其术中而不悟。不宁惟是，邓骘以朝歌贼横，遂出虞诩长朝歌；梁冀以广陵盗炽，遂出张纲守广陵；其假手以快毒，今古固一辙也。而仲舒卒格骄主，李揆卒款吐蕃，韩愈卒服叛镇，纲、诩卒平盗贼，皆适以成其功名；即京房、真卿，亦适以成其忠义，争光日月。小人所为，亦何往不福君子哉！《诗》曰："嘉我未老，鲜我方将，膂①力方刚，经营四方。"

治篇十一

三代以上之人材，由乎教化；三代以下之人材，乘乎气运。乘气运而生者，运尽则息，惟教化出之无穷。气运所生亦有二：国之将昌也，其人材皆如霆启蛰，乘春阳愤盈，而所至百物受其祥；衰则反是，其人材如蛰堲户，湫闭槁痝，所至而百物受其怆恨。是以入其国，观其条教号令，聆其谣议文章，占其山川云物，而国之休悴可知也。岂天地生材之心久而息乎，抑人力物力久而爱其宝乎？冈陵川阜，与宗社之培植相摩荡，相推移，潏勃郁积，日出而不穷，奚其息也，奚其爱也？疆萎未亏，人民未变，水土未绁；糟者犹糟，实者犹实，玉者犹玉，酒者犹酒；穹然者犹穹于上，颓然者犹颓于下，林林总总者犹日奔攘于侧。问其光岳之钟，则匄灵焉；问其山泽之藏，则枵朽焉。稽其籍，陈其器，考其数，诹诸百执事之人，卮何以漏？根何以蠹？高岸何以谷？荃茅何以荑？堂询诸庭，庭询诸户，户询诸国门，国门询诸郊野，郊野询诸四荒，无相复者；及其复之，则已非子、姬之氏矣。《诗》曰："池之竭矣，不云自频？泉之竭矣，不云自中？"

《蟋蟀》之诗，三曰"无已太康"，"好乐无荒"。荒者乱之萌也，乱不生于乱而生于太康之时。堂陛玩愒，其一荒；政令丛琐，其二荒；物力耗匮，其三荒；人材寛荼，其四荒；谣俗浇酗，其五荒；边场弛警，其六荒；大荒之萌，未有不由此六荒者也。去草昧愈远，人心愈溺，其

---

① "膂"，淮南本、宝墨本亦作"膂"，《诗·小雅·北山》作"旅"。

朝野上下莫不玩细娱而苟近安，安其危而利其灾，职思其居者容有之矣，畴则职思其忧者乎？畴则职思其外者乎？以持禄养骄为镇静，以深虑远计为狂愚，以繁文缛节为足黼太平，以科条律例为足剔奸蠹，甚至圜熟为才，模棱为德，画饼为文，养痈为武，头会箕敛为富，"出话不然，为犹不远"，举物力、人材、风俗尽销铄于泯泯之中，方以为泰之极也。《泰》之九五曰："无平不陂，无往不复。"霜未冰，月几望，气数与人事合并，沈溺而不可救，奈之何哉！诚欲倾否而保泰，必自堂陛之不太康始。《诗》曰"民莫不逸，我独不敢休"，"无已太康"之谓哉！

历代亡天下之患有七：暴君、强藩、女主、外戚、宦寺、权奸、鄙夫也。暴君无论矣，强藩、女主、外戚、宦寺、奸相，皆必乘乱世暗君而始得肆其毒，人人得而知之，人人得而攻之。惟鄙夫则不然，虽当全盛之世，有愿治之君，而鄙夫胸中，除富贵而外不知国计民生为何事，除私党而外不知人材为何物；所陈诸上者，无非肤琐不急之谈，纷饰润色之事；以宴安鸩毒为培元气，以养痈贻患为守旧章，以缄默固宠为保明哲，人主被其熏陶渐摩，亦潜化于痿痹不仁而莫之觉。岂知久之又久，无职不旷，无事不蛊，其害且在强藩、女祸、外戚、宦寺、权奸之上；其人则方托老成文学，光辅升平，攻之无可攻，刺之无可刺，使天下阴受其害而己不与其责焉。古之庸医杀人；今之庸医，不能生人，亦不敢杀人，不问寒、热、虚、实、内伤、外感，概予温补和解之剂，致人于不生不死之间，而病日深日痼。故鄙夫之害治也，犹乡愿之害德也，圣人不恶小人而恶鄙夫乡愿，岂不深哉！《诗》曰："多将熇熇，不可救药。"

人材之高下，下知上易，上知下难；政治之得失，上达下易，下达上难。君之知相也不如大夫，相之知大夫也不如士，大夫之知士也不如民，诚使上之知下同于下之知上，则天下无不当之人材矣；政治之疾苦，民间不能尽达之守令，达之守令者不能尽达之诸侯，达之诸侯者不能尽达之天子，诚能使壅情之人皆为达情之人，则天下无不起之疾苦矣。虽然，更有怀才抱道之士，君相不知，臣下亦不知者，更有国家之大利大害，上下非有心壅之，而实亦无人深悉之者，更何如哉？《诗》曰："知我者谓我心忧，不知我者谓我何求。"

治篇十二

天下其一身与！后元首，相股肱，诤臣喉舌。然则孰为其鼻息？夫非庶人与！九窍百骸四支之存亡，视乎鼻息，口可以终日闭而鼻不可一息楒。古圣帝明王，惟恐庶民之不息息相通也，故其取于臣也略而取于民也详。天子争臣七人而止，诸侯争臣五人而止。至于彻膳之宰，进善之旌，诽谤之木，敢谏之鼓，师箴，瞍赋，矇诵，百工谏，庶人传语，士传言，遒人木铎以徇于路，登其歌谣，审其诅祝，察其谤议，于以明目达聪，而元首良焉，股肱康焉。士者庶民之首也，汉、宋太学之士皆得上书，明初耆老皆得召见，往往关系国家大计，公议无不上达，斯私议息，夫是之谓"天下有道，庶人不议"也。《诗》曰"出内王命，王之喉舌"，其争臣也夫！又曰"如彼溯风，亦孔之僾。民有肃心，荓云不逮"，其惟庶人也夫！

古无谏诤之官，人人皆谏官也；不惟广受天下之言，亦所以广收天下之才。自后世立谏官，而人之无言责者始不得尽其言；自谏官不选天下英才，惟取诸科目资格，上焉不知君国远犹为何事，下焉藉以市恩、报怨、希进，否则摭肤词琐事塞责，愈不足动人主之信。知者不必言，言者不必知，自谏官之设始也；张一目之罗以求禽，张一面之网以觊鳞，自谏官之设始也。古圣之听言也，不问其疏近，并不问其公私，而惟其理之是非，即有吁有咈，未闻以其吁咈而罪之也，是谓"不以人废言"；瞽史、百工、庶人、刍荛皆得进言，未闻工、瞽、刍荛一言可采，即擢以崇高之位，是谓"不以言举人"。不以言举人，故能明试以功而广收天下之人；不以人废言，故能敷奏以言而广闻天下之言。《诗》曰"鴥彼晨风，郁彼北林"，林茂则鸟归矣，萋萋喈喈，众贤聚于本朝，尚何材不足、言不达之有？

景运之世，言在都俞，其次言在旌木，其次言在庭陛，其次言在疏牍，其次言在歌谣，其次言在林薮，其次言在腹臆；言在腹臆，其世可知矣。至治之世，士在公孤；小康之世，士在僚采；倾危之世，士在游寓；乱亡之世，士在阿谷；士在阿谷，其世又可知矣。言室满室，言堂满堂。天子穆穆，诸侯皇皇。故世昌则言昌，言昌则才愈昌；世幽则言幽，言幽则才愈幽。《诗》曰："凤皇鸣矣，于彼高冈。梧桐生矣，于彼朝阳。"

受光于隙见一床，受光于牖见室央，受光于庭户见一堂，受光于天下照四方。君子受言以达聪明也亦然。或为一隅之偏听，或为一室之迻听，或为一堂之公听，或为旌木、鼓铎、矇瞽、刍荛之遍听，所受愈小则所照愈狭，所受弥旷则所照弥博。《诗》曰："不明尔德，时无背无侧。尔德不明，以无陪无卿。"

治篇十三

君子之事君也，以言谏不若以身谏；以身谏者从，以言谏者凶。楚庄好猎，则樊姬不食鸟兽之肉；唐宗好兵，则魏徵不视破阵之舞。踞厕之冠，惮汲黯之见；苑中之游，畏韩休之闻；彼其潜孚默悝，有存乎折槛、补牍之先者矣。不然，三归之卿，岂能禁六嬖之霸？篚珠之相，何能止天书之惑？法孝直、魏徵不在，孰能止伐吴、征辽之行乎？惟人臣有如山之力，始可回人主如天之威。《诗》曰："不闻亦式，不谏亦入。"

教以言相感，化以神相感。有教而无化，无以格顽；有化而无教，无以格愚。圣人在上，以《诗》、《书》教民，以礼乐化民；圣人在下，以无体之礼、无声之乐化民。善气迎人，人不得而敖之；静气迎人，人不得而玷之；正气迎人，人不得而干之；其德盛者化自神，其气足以动物也。积学未至而暴之遽，积诚未至而教之强，学之通弊矣。故言立不如默成，强入不如积感。《诗》曰："载色载笑，匪怒伊教。"

"猛虎在山，藜藿不采"，才臣之益国也似之，故季梁在随而随重，宫之奇在虞而虞存；阳乌丽空，阴邪敛迹，正人之柱国也似之，故汲黯在朝，淮南不敢轻汉；司马相宋，契丹不敢窥边。《诗》曰："人之云亡，邦国殄瘁！"

"人有不为也而后可以有为"，人臣所裨于国者，固不独廉俭已也。然俭如晏婴，足服崔、庆之凶；直如汲黯，足寝淮南之谋；廉若杜黄裳，足折李师古之跋扈；拒马金如张奂，足怀叛羌之贰心；食鱼飧如赵宣，足感（魔钮）〔钮魔〕①之勇士；清如杨绾，足省黎京兆之驺从，毁崔中丞之第舍；清廉之裨人国者岂浅乎！"人有不为也而后可以有为"，能轻众人所共贪者而后能为众人之所服，故《羔羊》之诗，惟节俭然后能正直。

秦之暴不在长城，隋之恶不在敖仓，元之乱不在治河，安石之弊政不在经义取士，惟其人既得罪万世，则功在天下者世亦以此罪之。伏波、诸葛征蛮之功，非史册所无，而铜柱、铜鼓必傅之二公以为神；昌黎、子瞻海外之谪，非有异政，而潮阳、琼岛至今崇之以成俗。其人既争光日月，虽所至无功者，世亦以此功之。故君子为政当正其本而务其大，立身当孚于素而观其全。《诗》曰："在彼无恶，在此无斁。庶几夙夜，以永终誉。"

---

① "钮魔"，淮南本、宝墨本亦作"魔钮"，据《左传》宣公二年乙正。

治篇十四

万事莫不有其本，守其本者常有余，失其本者常不足。宫室之设，本庇风雨也；饮食之设，本慰饥渴也；衣裳之设，本御寒暑也；器物之设，本利日用也。风雨已庇而求轮奂，轮奂不已而竞雕藻，于是栋宇之本意亡；饥渴已慰而求甘旨，甘旨不已而错山海，于是饱腹之本意亡；寒暑已卫而辨章服，章服不已而尚珍奇，于是裘葛之本意亡；利用已备而贵精丽，精丽不已而尚淫巧，于是制器之本意亡。主奢一则下奢一，主奢五则下奢五，主奢十则下奢十，是合十天下为一天下也。以一天下养十天下，则不足之势多矣；不足生觊觎，觊觎生僭越，僭越生攘夺，王者常居天下可忧之地矣。祸莫大于不知足，不知足莫大于忘本，故礼乐野人从先进，欲反周末之文于忠、质也。炳兮焕兮，日益之患兮；寂兮寞兮，日损之乐兮；能知损之益、益之损者，可以治天下矣。帝王之道贵守一，质俭非一也而去一近，故可守焉，非若奢、文之去一远也。《诗》曰："不思其反，反是不思，亦已焉哉！"

神气化形体，形体化衣食，衣食化语言，语言化酬酢，酬酢化尊卑，尊卑化轩冕，轩冕化宫室，宫室化城郭，城郭化市井，市井化赋税，赋税化燕飨，燕飨化狝狩，狝狩化盟会，盟会化歌舞，歌舞化聚敛，聚敛化刑狱，刑狱化甲兵，甲兵化水火，水火复化神气。其来也浡不可阏，其成也坚不可铄。虽古之圣王，不能使甲兵之世复还于无甲兵，而但能以甲兵止甲兵也；不能使刑狱之世复还于无刑狱，而但〔能〕① 以刑狱止刑狱也；不能使歌舞之世复还于无歌舞，而但能以歌舞为礼乐也。刑狱甲兵归于歌舞，歌舞归于礼乐，礼乐归于道德，则不肃而严，不怒而威，不侈靡而乐。是以圣王之治，以事功销祸乱，以道德销事功；逆而泯之，不顺而放之，沌沌乎博而圃，豚豚乎莫得其门，是谓反本复始之治。《诗》曰："维天之命，於穆不已。於乎不显，文王之德之纯。"

使人不暇顾廉耻，则国必衰；使人不敢顾家业，则国必亡。善赋民者，譬植柳乎，薪其枝叶而培其本根；不善赋民者，譬则翦韭乎，日翦一畦，不罄不止。《周官》保富之法，诚以富民一方之元气，公家有大征发、大徒役皆倚赖焉，大兵燹、大饥馑皆仰给焉。彼贪人为政也，专朘富民，富民渐罄，复朘中户，中户复然，遂致邑井成墟。故土无富户

---

① 据上下文与中华本补。

则国贫，土无中户则国危，至下户流亡而国非其国矣。《诗》曰"适彼乐土"，言将空其国以予人也。且也天下有本富有末富，其别在有田无田。有田而富者，岁输租税，供徭役，事事受制于官，一遇饥荒，束手待尽；非若无田富民，逐什一之利，转贩四方，无赋敛徭役，无官吏挟制，即有与民争利之桑、孔，能分其利而不能破其家也；是以有田之富民可悯，更甚于无田。《硕鼠》之诗，幸其田之将尽而复为无田之民，不受制于官吏也，乌乎伤哉！

俭，美德也；禁奢崇俭，美政也。然可以励上，不可以律下；可以训贫，不可以规富。《周礼》保富，保之使任恤其乡，非保之使各啬于一己也。车马之驰驱，衣裳之曳娄，酒食鼓瑟之愉乐，皆巨室与贫民所以通工易事，泽及三族。王者藏富于民，譬同室博弈而金帛不出户庭，适足损有余以益不足，如上并禁之，则富者益富，贫者益贫。彼富而俭者，未必如大禹之菲食恶衣而为四海裕衣食也，未必如晏子、墨子之节用而待举火者七十家、待寝攻者数十国也。俭生爱，爱生啬，啬生贪，贪生刻。三晋之素封，不如吴、越之下户，三晋之下户，不如吴、越之佣隶；俭则俭矣，彼贫民安所仰给乎？天道恶积而喜散，王政喜均而恶偏，则知以俭守财，乃白圭、程郑致富起家之计，非长民者训俗博施之道也。《唐》、《魏》刺俭啬，至于"宛其死矣，他人入室"，无一言及于散财任恤足为美俗仁里乎！《桑柔》之诗曰"好是家啬，力民代食"，《韩诗》说谓"好用此居家啬之人"，则知《周官》保富非此之谓矣。

十履而一跣则跣者耻，十跣而一履则履者耻，此俗之以众成者乎？上好紫则下皆女服，上好剑则士皆曼胡，此俗之以贵移者乎！及其既成，虽贤者处之，不免颠倒于众习。群尚俭则耻奢，群尚奢则耻俭矣；群尚让则耻竞，群尚竞则耻让矣。今之郡县，即古封建之地也。地不远而各自为俗，好评讼，好勇战，好奢靡，好任侠，好封殖，相高相尚，生而习见，不以为非；未至则求其至，已至则求其胜，虽贤父兄师友戒劝之，良有司训谕之不止；自非易其所安而别开以可慕，岂能因势利导，风行而草偃乎？民之制于上，犹草木之制于四时也，在所以煦之，煦之道莫尚乎崇诗书，兴文学。故君子读《郑风》，不叹其淫荡而叹《子衿》学校之久废；读《卫风》，不伤其流泆而伤《淇澳》礼教之久衰；读《陈风》，不叹其淫奔而叹其巫觋歌舞之不革。

"飘风大和，泠风小和。"风之所过，万窍怒号；风之所止，一尘不嚣。其怒也有倡而和者也；其止也有锐而竭者也。有士风，有民风，斯二者或区于土俗焉，或移于政教焉。《小戎》、《驷铁》之秦，二《南》雅化之丰、镐也；《扬水》、《无衣》之晋，平阳、蒲坂之帝都也；阖庐剑士之吴，太伯端委之吴也；魏、晋清谭之士林，东汉礼教节义之士林也；自非不待文王之豪杰，有不随风草偃者哉！风之既成，贤君相三纪挽之不足；风之将变，一狂士败之有余。《诗》曰"匪风发兮，匪车揭兮"，言民风之易变也；"风雨萧萧，鸡鸣胶胶"，言士风有变有不变也；不变者天地之心所寄也。

治篇十五

晋文之图伯也，三年思用其民，而子犯三阻之；越王之报吴也，四年思兵其仇，而范蠡四拒之；皆不肯轻试其锐于事机未可之时。及一旦用之，蹯楚沼吴，不崇朝而得志天下，岂仅惧己力之未足哉？抑可乘之机未十全也。秦之方强，九国之师不能入函谷一步，及陈胜中夜一呼而九州瓦解；匈奴之猖獗，汉高、汉武两世雄主不能逾漠扫庭，及宣、元不折一矢而呼韩稽首；曹操、符坚不审机而锐图江左，遂再蹶赤壁、淝水之师；富平、苻离不审机而锐议恢复，遂永绝关陕、淮西之望。不惟敌国已也，阴盛侵阳，臣盛侵君。桓王之伐郑，鲁哀之去三桓，晁错、齐、黄之去宗藩，汉季、唐末之去宦寺，皆阴阳争，君臣战，两败俱伤而后亡。故摘果于未熟，视已熟不可同年而语；拔儿齿于已龀，视未龀不可同年而语。（《诗》）〔孟子引齐人语〕① 曰："虽有镃基，不如待时。"（又）〔《诗》〕② 曰："不失其驰，舍矢如破。"

才量受诸天，福量亦受诸天。人之福有不足庇一身一家者，有仅足庇身家而不足庇一国者，有图功辄成、有谋辄就并足济天下者；故有安天下之才，不若有安天下之命。功名与运会相值不相值，势天渊焉；相值而成，亦才十之三而天命十之七。邓禹、郭子仪、曹彬、徐达，乘开国全盛屡胜之威，而皆曾为败军之将，使当蜀汉、晚唐、南宋之末，有不议其见事迟而用兵短者乎？使刘备、诸葛亮、文天祥、史可法易地而处开国之运，鬼神启之，河冰、江潮济之，雷雨、反风助之，有不席卷天下者乎？光武之才，岂胜伯升？孙权之才，岂胜伯（苻）〔符〕③？姚苌之才，岂胜姚（宏）〔襄〕④？而兄弟前后，成败霄壤，后起者胜，孰

---

① 淮南本、宝墨本亦误作《诗》，据《孟子·公孙丑章句上》及中华本校改。
② 据《诗·小雅·车攻》及《孟子·滕文公章句下》改。
③ "伯符"为孙策之字，淮南本亦误作"伯苻"，据《三国志·吴书一》改。
④ "姚襄"为姚苌之兄，淮南本亦误作"姚宏"，据《晋书》改。

知其故？故亡国之臣皆无才，非无才也；开国之臣无失算，非无失算也。伊、吕讵愚于夏、殷而知于汤、武？百里奚、张良讵愚于虞、楚而智于秦、汉？房、魏、耶律楚材讵愚于隋、金而智于唐、元？李左车讵愚于赵而智于韩？兴王之佐，皆亡国之虏也；鹰扬之帅，多败军之将也。《诗》曰："既克有定，靡人弗胜。"言天之未定则人胜天，天既定则天胜人矣。

治篇十六

见利思义与见利思害，讵二事哉？无故之利，害之所伏也；君子恶无故之利，况为不善以求之乎？不幸福，斯无祸；不患得，斯无失；不求荣，斯无辱；不干誉，斯无毁。暴实之木根必伤，掘藏之家必有殃。非其利者勿有也，非其功者勿居也，非其名者勿受也。幸人之有者害，居人之功者败，无实而享显名者殆。福利荣乐，天主之；祸害苦辱，人取之。《诗》曰："鱼网之设，鸿则离之。"

媒妁誉人而人莫之感，佣雇勤事而人莫之功。有所利而名仁者，非仁也；有所要而称义者，非义也。居功之行，人不功其行；求报之惠，人不报其惠。是故大义无状，大恩无象。大义成，不知者荷之；大恩就，不识者报之。《诗》曰："自天降康，丰年穰穰。来假来享，降福无疆。"人之报赛于天地也，夫何求与酬之有！

昔者子路受拯溺之牛，子贡不受赎臣妾之金，孔子善子路而规子贡，圣人之议道自己而置法以民如是也；南宫"羿、奡不得死，禹、稷有天下"之问，上推于莫为莫致之天，而夫子再三赞之曰"尚德哉"、"君子哉"，圣人为中人以下语天道如是也。无欲而好仁，无畏而恶不仁者，天下一人而已。故知者利仁而君子怀刑焉。刑赏者，所以劝惩天下之中人，然劝惩所及者，显恶显善而已。阴慝阴善，则王法劝惩所不及，自非天网恢恢，疏而不失，岂能福善祸淫于耳目之所不及乎？显以赞王化，密以佐君子，慎独之功于冥冥，故曰"不以昭昭申节，不以冥冥堕行"。众人之视是非与利害二者，君子之视是非与利害一也。少而习焉，长而安焉，庸讵知中心安仁之不在是乎？《诗》曰："投我以桃，报之以李。彼童而角，实虹小子。"

"汝则有大疑，谋及乃心，谋及卿士，谋及庶人"，而必曰"谋及卜筮"，何耶？"龟筮共违于人，用静吉，用作凶"，何耶？事可理决者，以是非决之。建侯、迁国、行师、出门、攸往、田狩、济川、取女、归妹、遇主、见大人、刑讼、祭享、折狱、疾药、鼎铼、用贤、履险、出坎、处困、震恐、行旅、丧羊，此可尽以是非决乎？事莫大于禅让、征诛、迁都，而古圣人一决诸枚卜，一决诸梦卜。一则曰"献卜"，曰"不敢违卜"。知人之哲，尧、舜其难，而共、鲧、骓兜之委任，三监、武庚之过使，上官桀、庞萌之托孤，王季误葬，许世子误药，英君、哲相、孝子、忠臣所不免，矧中人以下乎？且夫《易》者，圣人所以极深而研幾也，不惟决利害而亦决是非者也。自非大无理之事不疑何卜者，或可或否之间，见仁见知，中人每二三焉，或见其厓略，不见其层折。知来藏往之神，即心之神也；得失能动心，不能惑神，故假诸无心之卜筮以决之。识疏者卜之而密，志歧者卜之而一，胆懦者卜之而勇，为善去恶即趋吉避凶。其或为之可成而卜之不吉，则必不当为之事；《易》固不为小人谋，不可以占险也。"假年学《易》，可无大过"，无心之过，圣人不免也。后世之为学者，乐崩礼坏；而为政也，又卑卜筮为艺术，屡臆屡偾屡悔而不悟，亦古今之一大沿革乎！《书》曰："朕梦协朕卜。"《诗》曰："卜筮偕止，会言近止。"

古今宇宙，其一大弈局乎！天时有从逆，地理有险易，人情有爱恶，机事有利害，而攻取之局生焉。或逸之而得，或劳之而不得；或拙之而反得，或巧之而不得；或奇之而正，或正之而奇。故禅让一局也，征诛一局也，传子、传贤一局。君子小人互为消长，《否》、《泰》之变局也；始放之而复反之，君臣之变局也；吕、贾、武之司晨，男女之变局也；或倚之而伏，或伏之而不可倚，祸福之变局也；或中夏御之而乱，或起自塞外而治，魏孝文、金世宗皆三代后之小尧、舜，华、夷之变局也；或防之在此而弊即出于所防，秦惩七国角立而废封建，而国遂亡于孤立；光武惩王莽之篡，三公不许任事，而东汉遂亡于梁冀；晋惩魏之疏忌宗室，广封八王，而晋即亡于强藩之构兵；宋惩五代藩镇之强，杯酒释其兵权，而宋即弱于郡县。推之，晋亡于庄、老而汉以黄、老得之；秦亡于申、韩而子产、孔明以申、韩治之；六国亡于策士而汉祖以陈平、张良奇计得之。女祸、阉祸、强藩、夷狄、盗贼，自三代之末至于元二千年，所谓世事理乱、爱恶、利害、情伪、吉凶、成败之变，如弈变局，纵横反覆，至百千万局，而其变几尽；而历代君相深识远虑之士载在史册者，弈谱固已详矣。〔或〕① 有见于死地之说则以病背水之军，而师其阵者即败于背水，或有见于多多益善之说而败于投鞭

---

① "或"，据下文及中华本补。

断流，或有见于以少击众而败于背城孤注，或不用阵图而专好野战，或不肯野战而长于凭城；王莽以井田致乱，安石以《周礼》误宋。故废谱而师心，与泥谱而拘方，皆非善弈者也；有变易之易而后为不易之易。《书》曰："若虞机张，往省括于度则释。"孰是局中而具局外之识者乎？

召公之告成王曰"用共王能祈天永命"，夫命也而可祈诸天乎？《太甲》曰"天作孽，犹可违，自作孽，不可活"，好生者天地之德，人而以杀人为心，安得不为天之所恶？故曰："三代之得天下也以仁，其失天下也以不仁。"又曰："不嗜杀人者能一之。"杀机杀运之动，莫憯于秦，灭六王，定四海，自谓地广三王，功高五帝，乃自称始皇帝，一世二世以至于万世。使扶苏得立，更秦法而宽大之，分封诸公子及公主之夫为王，封蒙恬、蒙毅、章邯、王翦为公侯，举贤相，崇诸儒，则秦祚何必不与三王同永？乃死不旋踵而五公子、诸公主尽死于胡亥之手，杀蒙恬、蒙毅，族李斯，皆出于扶苏之谏坑儒而出监军，使高得行其奸计，则秦之亡，坑儒为之也。夫贤人者天地之心也，战阵所杀千万人，不如无故坑数百贤儒之罪上通于天也。晋司马氏世握魏权，齐王芳本无失德，司马氏即欲图篡，令其禅位而降封之，如汉献帝山阳公得全始终可也；乃废之而立高贵乡公，遂死于贾充、成济之手，又不斩贾充以谢国人。且既言"天下者景王之天下，吾身后大业宜归齐王攸"，果能守此信，则平吴之后，传位于皇弟齐王攸，而以长沙王乂为太子，遹为皇孙，令其递传至遹可也；不然，即及身立遹，而辅以齐王攸、长沙王乂及卫瓘、张华诸人亦可也；奈何以蠢愚之惠帝，又配以淫悍之贾妃，而欲孙遹能全于庸悍之手乎？则遹之被戕，高贵乡公之不得其死为之也。刘裕起匹夫，定中原，有江左，功德在人，何以三子无一善终，而宋文帝且陨于元凶劭之手？则其鸩甘心禅让之恭帝为之也。唐太宗以秦王起兵有天下，贞观之治几于三代，何以再世而武氏杀唐子孙殆尽？盖建成、元吉谋毒太宗，太宗杀之可也，其子孙何罪而尽杀之乎？则是武氏入宫，即建成、元吉子孙之报也。甚至高洋灭（跖）〔拓〕①跋之族，宇文周武帝灭高氏之族，隋杨坚复灭宇文之族，皆不旋踵而天以逆子报之，如蛊虫之自相啖食，岂非皆自作之孽哉？安有天而作孽于人者哉？《书》曰"祈天永命"，毋获罪于天之谓祈。后世如宋太祖铁牌藏庙，垂诫嗣王，养成三百年忠厚之治者，真万世法哉！

---

① 据《北齐书·帝纪·文宣》改。

大学古本叙
（1821 年）

　　《大学》之要，知本而已；知本之要，致知、诚意而已。至善无恶，人之性；可善可恶，人之心。为善去恶者诚意，择善明善者致知。以《中庸》证《大学》，先后同揆，若合符节。故《致知》、《诚意》二章，皆以"此谓知本"结之，此千圣之心，传六经之纲领也。

　　物有本末，修身以上为本，齐家以下为末。格物者，格其意、心、身、家、国、天下之物，以知其诚。正、修、齐、治、平之理，朱子《或问》、《文集》、《语录》屡言及之。本末不偏，惟未悟古本分章之条理，而误分经传，加以移补，遂留后人之疑，以为不格心、意、身之物，而泛言即凡天下之物。明代王文成公始复古本，而又未悟格物之本谊，遂谓"无善无恶心之体，有善有恶意之动，知善知恶者良知，为善去恶者格物"，与《中庸》明善先于诚身、择善先于固执之旨判然相歧。于是使诚意一关，竟无为善去恶之功，而以择善、明善屏诸《大学》之外，又以无善无恶之体破至善之天则，变圣经为异学。而其徒王畿，遂并以正心为先天之学，诚意为后天之学，明季高忠宪、顾泾阳力排之不遗余力。今虽熄讼，而补传未去，错简未复，则《大学》之谊不章。使朱子暗合古本之旨意而并显符古本之章次，则不致〔启〕①文成之疑，虽道问学而不失于支；使文成显复古之章次而并暗符致格之条理，则不至启末流之弊。虽尊德性而不流于荡，岂非千载遗憾有待后人者乎？

　　源绎绎有年，涣然于古本《致知章》、《诚意章》居首之谊，天造地设，证以《中庸》明善诚身及宋、明诸儒之说，而二章不分经传之案定

---

　　① 据《古微堂四书·大学古本发微叙》及下文"启末流之弊"补。又：此《叙》较嘉庆二十五年叙于京师之《大学古本发微叙》，已稍有修订，今各存其旧。

矣；再以《正修章》为敬，以直内之功存养，与知行并进而敬补小学之说，亦不必外求矣。明代高忠宪公及国朝李文贞公，并力主古本之义；即宋儒陆子言格物，亦与朱子无殊。但俱未有成书，则古本义终未著。爰恭录《钦定礼记义疏》案语于首，其经文共分《致知章》、《诚意章》、《正修章》、《修齐章》、《齐治章》、《治平章》凡六章，一循古本之旧，不分经传，尽录《朱子章句》原文于下，即以今本之说，注古本之书，天造地设，不约同符。又自以己意每章别加阐择，取明大意而止。其下编复取宋、明儒先之说，旁推曲畅，以尽其义。凡得书二卷。倘得如康熙中纂修《周易折衷》大学士李光地奏复朱子古本之例，使《大学》亦以古本颁学宫，以复石经孔、曾千年之旧，是所望于主持功令者。

　　道光元年岁在辛巳，书于京师。

孝经集传叙
（1821 年）

以《孝经》次《大学》之后，何也？《大学》出于曾子，而《孝经》则夫子所特授曾子之书，当世即尊为经，魏孝文侯已为之传。《公羊纬》所谓夫子自言"志在《春秋》，行在《孝经》"，真垂世立教之大原。盖《孝经》言"不敢"者七，至《春秋》而皆敢之矣。敢心生于不敬，敬者，孝之主宰也，故总不恶不慢于不敢之中，敬则无不爱也。其微言大义，则备于《礼记》。后人或浅近视之，于《孝经》之中又裂分经、传，加以删削，与《大学》补传改本同失，而《孝经》之谊几亡。

惟明漳浦黄子《集传》，以大、小戴《记》为《孝经》义疏，精微博大，肃括宏深，实为《孝经》之素臣，为从来注《孝经》者所未及。源向往服膺，一词莫赞，乃节录其《传》，列于《大学古本》之后，使曾子之学大明于世。

抑又考古今言孝者，推舜为大孝，武王、周公为达孝，曾子为至孝。然曾子得曾皙以为之父，春风沂水，舞雩咏归，同为圣人之徒，各由狂狷以造于中行，其天伦所遇之境，盖过于舜，而几同于达孝之周公。《孝经》严父配天之谊，惟夫子以韦布享王祀，上及先世，足以当之，而曾子亦其邻几也者。《孝经》之传，专授曾子，意深矣哉！有出乎立身行道、扬名后世外者矣。故特推《礼记》中"仁人孝子事天如事亲，事亲如事天"，"惟仁人能享帝，惟孝子能享亲"之旨，揭诸篇端。而朱子《孝经刊误》疑之，谓"言孝自有亲切处，何必言严父配天，为将恐启人暗奸之心"。试思张横渠《西铭》父乾母坤，以大君为宗子，"恶旨酒，崇伯子之顾养；育英材，颍封人之锡类。不弛劳而底豫，舜其功也；无所逃而待烹，申生其恭也；体其受而归全者，参乎！勇于从而顺命者，伯奇也"。与《孝经》"严父配天"之义有何区别？自宋儒言之，则发前圣所未发；自周儒言之，则恐启暗奸之心。斯诚所不解也。

　　道光元年，叙于京师。

曾子章句序
（1821 年）

　　以《曾子》十篇并《孝经》次《大学》之后，何也？此亦曾子门人记曾子之书，宜与孔子之《论语》、孟子之七篇、子思之《中庸》，并列于四子书者也。《汉·艺文志》，《曾子》十八篇，隋、唐《志》及北宋《御览》皆有之，汔南宋而亡。今惟存《大戴礼》者十篇，各冠以曾子，固洙、泗大谊微言，武城毕生践履皆于是乎在。凡孟子彼富我仁、彼爵我义之文，董仲舒尊闻行知、高明光大之义，皆见其中。而小戴《祭义》，则全取《大孝》篇文。子思子、乐正子门人述之，齐、鲁、秦、汉儒者罔不诵法称道之，挈大学、小学枢要，宜旦夕奉师保、临父母者也。奈何小戴去取不伦，而郑康成又不注《大戴礼》，遂以此不列于经，又不获与《大学》、《孝经》并表章于宋儒之手，惟宋杨氏简、明刘氏宗周，皆笃学大儒，始各注十篇以贻世焉。

　　曾子得圣道，宗孝尽性，诚立孝敬存，诚万伦万理，一反躬自省出之，初罔一言内乎深微，外乎闳侈，惟为己为人义利际，谆谆提撕而辟咡之，百世下如见其心焉。暨《天圆》篇原圣人制礼作乐之由，以明人性之最贵，日用则神化也，庸德则大经也，不越户庭，明天察地，体用、费隐贯于一，不遗不御也。

　　或谓《曾子》十篇，多言功夫，罕言本体，不及子思、孟子之精微。试观《（本）〔大〕① 孝》篇："夫孝，置之而塞（乎）〔于〕② 天地，（博）〔衡〕③ 之而（横乎）〔衡于〕④ 四海，施诸后世而无朝夕，推而放（之）〔诸〕⑤ 东海而准，推而放（之）〔诸〕西海而准，推而放（之）

---

　　①②③④　据《四库全书》第一百二十八册收《大戴礼记》之《曾子·大孝》篇及《魏源全集》第二册《古微堂四书》卷五《曾子大孝第四》改。

　　⑤　据同上篇改，下同。

〔诸〕南海而准，推而放（之）〔诸〕北海而准。""仁者仁此者也，义者宜此者也，（礼者体此者也），忠者中此者也，信者信此者也，〔礼者体此者也〕①，行者行此者也，强者强此者也。乐自顺此生，刑自反此作。"此外尚有何本体、何功夫之不该乎？

南宋朱子跋汪晫所辑《曾子》，虽极推曾子之学主躬行、闻一贯而终身所守不离孝敬清让之规，专以轻富贵、守贫贱、不求人知为大。是以从之游者，所记虽或浅近，而必有益于日用躬行之实云云。岂必欲其如《中庸》之"经大经，立大本，知化育，肫肫其仁，渊渊其渊，浩浩其天"，然后为高深乎？然江、汉以濯之，秋阳以暴之，曾子之知圣人，其道光辉，皓不可尚，即《中庸》渊渊浩浩所自出。其见道也，彻上彻下，"一以贯之"，宜乎子思、孟子皆出其门矣。至德以为道本，颜、闵、仲弓、曾点之徒以之；敏德以为行本，孝德以知逆恶，曾子以之；圣门洒扫应对，可以精义入神，况洞洞属属执玉奉盈者乎？

乌乎！曾子之以书传，非曾子意也，其意盖将以夏道之忠救周文之敝，所谓"依乎《中庸》，遁世不见知而不悔"者也。宜乎后世不深知而浅近视之也。

十篇之外，曾子言行他见者，汇辑数篇于后，子思亦曾子门人，故类附焉。乌呼！十篇之不列于《四书》，乃儒林憾事，而欲以区区之力表章其间，智小任重，言偆行瘝，是以"战战兢兢，若履薄冰"云尔。

道光元年，叙于京师。

---

① "礼者体此者也"六字，《大戴礼记》之《曾子·大孝》篇在"信者信此者也"之后，今据以乙正。

子思子章句序
（1821 年）

　　《中庸》之为《子思子》，尚已；而《坊》、《表》、《缁衣》与焉。有征乎？曰：有。《隋书·音乐志》载沈约之言曰："《礼记·月令》取《吕氏春秋》，《缁衣》、《中庸》、《坊记》、《表记》取《子思子》，《乐记》取《公孙尼子》。"一也。《御览》引《子思子》曰："天下有道，则行有枝叶，天下无道，则言有枝叶。"今见《表记》，二也。《文选注》引《子思子》曰："昔吾有先正，其言明且清。国家以宁，都邑以成。"今见《缁衣》，三也。且《坊》、《表》言必称子而引《论语》之文，间一；又数引《春秋》，间二；且独称"子云"、"子言之"，与他书记圣言体例不伦，间三。三征既明，三间俱释，于是叙曰：

　　圣人忧患天下来世其至矣！删《诗》、《书》，正礼乐，皆述而不作，有大义，无微言，岂预知有《论语》为后世入道门哉？假年绝韦来，天人性命之理，进修聚辨之方，无咎寡过之要，胥于《易》乎在。子思本祖训发挥之，故《中庸》一《易》道也。《表记》言正而合道，见称伊川程氏，则《论语》辅也。《易》之诚，《论语》之仁，皆古圣未发而夫子发之。不读《中庸》，不知诚为尽性之要；不读《表记》，不知敬为求仁之方；而望《易》、《论语》精微，犹入室不由户也。《坊》、《缁》之文，其闳深诚与《庸》、《表》有间，然礼坊德，刑坊淫，命坊欲，纲万事于三端；圣人既以叙彝伦，建皇极，而《缁衣》数抄本"数"作"敷"。理化得失，为百世君民臣主师。尼门五尺所言，要非霸世所得闻者。盖《易》、《论语》明成德归，《诗》、《书》、《礼》、《春秋》备经世法，故《坊记》以《春秋》律《礼》，《缁衣》以《诗》、《书》明治，体用显微，同源共贯，于道之大而能博者，其亦具体而微矣。

　　世人惟知《史记》子思作《中庸》，故箸蔡之，而此三篇之为弟子述所闻者，则自唐后二十篇书原不存，亦遂如渎迷济，海沦碣矣。予悼斯道之湮微，乃别而出之，各为绅绎，而《中庸》则专以《易》道发之，用补苴先哲。其轶言时时见他说者，亦辑成篇。而后祖孔、师曾、迪孟之学，大略明且备，刚矣，诚矣，高矣，明矣！

宋汪晫编《子思子》，妄掍孔鲋赝书而显昧四篇之正经，弃天球，宝康瓠，俱莫甚焉，今遂摈勿道也。

董仲舒《春秋繁露》引《坊记》"君子不尽利以遗民"一章，称为孔子之言。子思垂训，本多祖述，如道德齐礼，与夫南人有恒之言，皆错见于诸篇，不害其全篇之为子思也。《礼记》郑《目录》于《坊》、《表》、《缁衣》三篇不言出《子思子》者，犹《三年问》篇全出《荀子》而郑《目录》亦不言及也。刘献称《缁衣》公孙尼子作者，案《汉志》，公孙尼子，七十子之弟子，或其尝受业子思，故辞述师说以成斯篇欤？然则《坊》、《缁》之文未能闳深，亦记不一手故也。有以此三事献疑者，因各为条之如此。

论语孟子类编序
（1821 年）

序曰：经有奥义，有大义，研奥者必以传注分究而始精，玩大者止以经文汇观而自足。诸子书无不各从其类，故《汉·儒林传》言费直《易》无章句，惟以《彖》、《象》、《文言》传词解《易》，而《汉书·儒林叙》亦曰："古之学者耕且养，三年而通一经，存其大体，玩经文而已。"况《论语》、《孟子》显白之文，至今如侍辟呀而闻诏告，非《典》、《谟》、《盘》、《诰》聱牙噩诘之比，奚必待传注而后明哉！

自明以来，学者争朱、陆，自本朝以来，学者争汉、宋，今不令学朱学陆而但令学孔、孟焉，夫何诤？然近日治汉学者，专务记丑，屏斥躬行，即论洙、泗渊源，亦止云定、哀间儒者之学如是，在子思、孟子以前；其意欲托尊《论语》以排思、孟，甚至训一贯为壹行，以诂经为生安之学，而以践履为（因）〔困〕[1]勉之学，今即以孔、孟、曾、思之书条贯示之，其肯相从于邹、鲁否，尚未可知也。

夫圣人之道，大而能博，贤人学之，各得其性所近。故圣人之言必引而就卑，不如此则人不亲；贤人之言或亢而自高，不如此则道不尊。且教法因人、因时，原无定适。孔子动教求仁，而孟子则独标集义，仁之气浑然，义之气浩然，其得之天授已不尽同。孔子教人专主博文约礼而仁在其中，故不言心而心自存，此合德性、问学为一者也；孟子直指人心体验，扩充存养。孔子动言礼乐，造就成德；孟子则不但无一言及乐，亦从无琴瑟弦歌之事。陶融礼乐之化，即博学详说之语，七篇中亦仅一偶及焉，不必下学而自能上达。且孔子并学夏、殷、周之礼，孟子则诸侯之礼未学，周室颁爵禄不知其详，此尊德性多于道问学者也。然

---

[1] 据淮南本改。

圣人言近而指远，虽不示中人以上，而"天何言哉"之训，"无行不与"之训，"知我其天"之训，则直以天自处。且叹道体于逝川昼夜，悟性天于朝闻夕死，彻上彻下，精义入神，故曰："子罕言利与命与仁。"盖元、亨、利、贞，性与天道，皆寄于假年学《易》，得闻者惟颜子一人，故《易·系》以颜子与箕、文同列，岂仅《诗》、《书》执礼之雅言所能尽者乎？孟子一生惟以上继《春秋》自任，旁引《诗》、《书》，而无一言及于《易》，亦无一言及于天道，此其精微之同异。盖孔子自诚明，而孟子自明诚者也；孔子天下至诚，而曾子、孟子皆"其次致曲，曲能有诚"者也；曾子以鲁得之，子思、孟子皆以高明得之。

然则后世学圣人者宜如之何？曰：自以学孟子为易简直捷而适于用，学曾子为笃实严密而切于体，于圣门为好仁、恶不仁之分，虽万世无弊可也。然圣门中四科七十子，狂简斐然，极一时之盛，孟子则一生所造就仅乐正子一人，此外公孙丑、万章、咸丘蒙之徒，以问答相接，无一言及于身心砥砺之事，且其所问如舜臣尧、瞍及舜父杀人、窃负逃海，皆五尺童子所不愿闻。问其所不必问，答其所不必答，直当在不屑教诲之列。不知后车数十乘，从者数百人，终日追随，所为何事？岂其学专宜中人以上欤！遂使后世有"轲死不得其传"之叹，正犹陆、王之学皆不再传而决裂，远不及程、朱源流之久远，又何说也？谨质所疑，俟知德君子折衷焉。

孟子小记
（1821 年）

　　咸丘蒙问曰："舜南面而立，尧帅诸侯北面而朝之，瞽瞍亦北面而朝之。舜见瞽瞍，其容有蹙。"是以舜见尧之北面，晏然受之矣。舜摄位八年之时，"舜尚见帝，帝馆甥于贰室，亦飨舜，迭为宾主"。今谓尧北面朝舜，舜南面而立，则是居尧之宫，逼尧为臣，而以禅为篡乎？

　　《史》称"孟子退而与万章之徒叙《诗》、《书》，述仲尼之意，作《孟子》七篇"。咸丘蒙苟曾读《尚书》，岂有不知尧崩在舜未即位以前，安有舜既天子而尧尚北面朝者？岂不知舜五十即居瞽瞍之丧，孺慕终身，安有舜为天子，瞽瞍尚存者？何乃引"率土之滨，莫非王臣"，以舜既为天子而瞽瞍不臣为异事？是必父拜子坐，而后情安理得，父不拜子则为异事，直乃天地易位，罪不容诛！孟子门下有此枭獍，乃不斥诸门墙之外。是宰予不过短丧，夫子尚呵而责之，咸丘蒙必欲以子臣父，乃不鸣鼓而攻之，尚且登其言于七篇，置之五教答问之列。不知后车数十乘，从者数百人，所为何事？岂有不读一经，不识一义，惟知庋屡哺啜为事乎？

　　圣门七十子，于柴愚，参鲁，由喭，师辟，皆时时提诲如不及，甚至门人厚葬颜渊、子路使门人为臣，尊师笃友之谊甚美，而夫子责以欺天。而孟子则乐正子而外，如景春则羡公孙衍、张仪为大丈夫，公孙丑而以管、晏之功，夫子当路于齐不敢复许，其垂涎胁诌之意形诸词色，不知所学何道，所为何事乎？孟子门人惟乐正子一人，此外皆不堪问，是以"轲死不得其传"焉，其以此乎？

　　桃应问曰："舜为天子，皋陶为士，瞽瞍杀人，则如之何？"为孟子者，告以瞽瞍顽嚚之时，焚廪浚井皆不能杀，大杖则逃，求之则未尝不在侧。一子且不能杀，安能杀人！当舜三十征庸被举之时，已言"克谐以孝，烝烝义，不格奸"，其后瞽瞍底豫，"舜祗载见瞽瞍，夔夔齐栗"，是瞍已化为慈父，安有即位后复杀人之事？即以有时误杀左右，尚有议亲、议贵之典，此问之最无难答者也。乃忽告以"窃负而逃，遵海滨而处"。瞍能往，皋亦能往，是舜父子皆将死于皋陶之手，尚欲"终身欣然乐而忘天下"？是何孟子言论异于孔子者若斯！支离不可思议一至此乎？毋乃战国小人妄为此说，窜入七篇，以败我大贤之门户。后人不审，视同谟训。乌乎！此韩子所以言识古书正伪之难也。

《论语》论治，止言"足食、足兵、民信"，而圣人"期月可，三年成"，所以立动绥和，亦莫由知其所以然。其告颜渊为邦，夏时、殷辂、周冕、《韶》乐，乃治定功成制作之事。《中庸》言"为天下国家有九经"，而"怀诸侯，柔远人"，亦成周盛时之治。惟孟子言王道，曰田里树畜是也，庠序、学校、养老、明伦是也，其在朝廷，则"尊贤使能，俊杰在位"是也。其于用兵，则曰"天时不如地利，地利不如人和"是也，而曰："善战服上刑，连诸侯者次之，辟草莱、任土地者次之。"又曰："我能为君约与国，战必克，今之良臣，古之民贼。"然若吴起、乐毅、李牧、廉颇、赵奢、蒙骜、蒙恬之将；燕昭中兴再造，破齐七十余城；齐襄、田单守即墨，走（田）〔骑〕①劫，尽复七十二城；赵武灵之为君，胡服骑射，外服匈奴，破其十万众，使不敢南牧；又假为赵使面见秦王于咸阳，欲从云中直袭秦；其后秦始皇欲灭楚，王翦谓非六十万人不可。是此数强国岂可不烦兵力而服者乎？

计七国命世之才，惟信陵君有王佐器，故《汉·艺文志》传有《信陵君兵法》。其始以选兵八万救赵，一战而走蒙骜，全邯郸，既而秦闻公子留赵十年，急攻魏，信陵君归救魏，遣使告燕、赵、齐、韩各国出兵，各国皆怨秦，及闻公子自将，皆愿助师。公子将五国之兵大破秦师，秦师固守函关而不敢出战。使公子不听魏王之召，益约燕、赵、齐、楚之师，或由云中、或由夏阳渡河以入咸阳，而自将魏兵由武关走蓝田，则守关之兵自溃，而后合各国之师云集关中，择要据守，部伍整肃，十围五攻。秦人仓皇征兵，未必尽集，即尽力战守，亦必不如五国之师。不出半年，城中粮尽援绝，咸阳必破，秦灭而各国必皆戴信陵为盟主以王关中。不数年，赵武灵王国中少长争国，李牧以谗死矣。燕昭王死，惠王信谗改将攻齐，乐毅奔赵，（田）〔骑〕劫败死，国危如累卵

---

① 据《史记·田单列传》改。下同。

矣。未几而齐君王后死，齐王为松柏之客矣。韩弱周衰，不征自服，而王业成矣。荀子曰："秦之武卒，不如桓、文之节制；桓、文之节制，不如汤、武之仁义。"兵于五行，谁能去之？拨乱戡暴，有文事必有武备，欲王天下而不求将帅，严军令，蒐军实，但欲"制梃以挞秦、楚之坚甲利兵"，不久宣王死，湣王虐，燕师复仇，下齐七十余城，彼时孟子若在其国，不知何以处之。滕文公以五十里之地，劝其行井田，不待筑薛之惧而后知其迂也。

案：赵武灵王被弑在周赧王之二十年，乐毅奔赵在赧王之三十六年，而信陵君之自赵归救魏，已在周亡之后，距燕、赵之事数十年矣。而不数年云云，前后倒置，恐非魏氏原本。

老子本义序
（1821 年）

　　有黄老之学，有老庄之学。黄老之学出于上古，故五千言中，动称经言及太上有言，又多引礼家之言、兵家之言。其宗旨，见于《庄子·天下》篇。其旁出者，见于《灵枢经》黄帝之言及《淮南·精神训》。其于六经也，近于《易》。其末章，欲得小国寡民而治之，又言以身治身、以家国天下治家国天下，则其辄言天下无为者，非枯坐拱手而化行若驰也。静制动，牝胜牡，先自胜而后能制天下之胜。其言三宝：一慈，二俭，三不敢为天下先。故含德之厚，比于赤子；致柔之极，有若婴儿；乃混沌初开之无为也。及世运日新，如赤子婴儿日长，则其教导涵育有简易、繁难之不同，惟至人能因而应之，与民宜之。故尧称无名，舜称无为，夫子以仲弓居敬行简，可使南面。其赞《易》，惟以乾坤易简为言。此中世之无为也。

　　天下之生久矣，一治一乱，如遇大寒暑、大病苦之后，则惟诊治调息以养复其元，而未可施以肥浓朘削之剂。如西汉承周末文胜、七国嬴秦汤火之后，当天下生民大灾患、大恫瘝之时，故留侯师黄石，佐高祖，约法三章，尽革苛政酷刑；曹相师盖公，辅齐、汉，不扰狱市，不更法令，致文、景刑措之治，亦不啻重睹太古焉。此黄、老“无为可治天下”。后世如东汉光武、孝明，元魏孝文，五代唐明宗，宋仁宗，金世宗，皆得其遗意。是古无为而治非不可用于世，明矣。

　　至魏、晋之世，则不言黄、老而言庄、老。其言庄也，又不师其无欲，而专排礼法以济其欲，故不勇于不敢而勇于敢，动行一切之法，使天下屏息待命而己得以清净自在，遂至万事尽废。而后王衍之流始自悔其弊，与黄、老“慈、俭、不敢先天下”之旨若冰炭、霄壤之相反。而后人不分，动以“黄老”相诟厉，岂不诬哉！

后世之述《老子》者，如韩非有《喻老》、《解老》，则是以刑名为道德；王雱、吕惠卿诸家皆以庄解老；苏子由、焦竑、李贽诸家又动以释家之意解老；无一人得其真。其实开佛之先者莫如列子，故张湛《列子注·叙》曰御寇宗旨与佛经为近，不独西方至人皆不言而自化，无为而自治一章而已。要之，《列子》注莫善于张湛，《庄子》注莫善于向、郭，而《老子》注则无善本焉。

源念先圣"犹龙"之叹与孟子辟杨朱不辟老子之故，因念经曰"言有宗、事有君"，爰专取诸家之说，不离"无为"、"无欲"与"无名"之朴者，以为养心治事之助，视治《参同》、《阴符》者，或较有益焉。其五千言章句，以河上公所分及傅（休）奕"休奕"乃西晋傅玄之字，傅奕乃唐初学者，著有《老子注》、《老子音义》。"休"字衍，故删。古本为最疵，而《淮南》所引为最善；其开元御注所加与韩非所述者，皆所可取也。

礼记别录考
（1821 年）

　　《隋书·经籍志》曰："汉初，河间献王得仲尼弟子及后学者所记百三十一篇献之，时无传者。至刘向考校经籍，检得百三十篇，第而叙之，又得《明堂阴阳记》三十三篇，《孔子三朝记》七篇，《王史氏记》二十一篇，《乐记》二十三篇，凡五种，合二百十四篇。戴德删其烦重，合而记之，为八十五篇，谓之《大戴记》；而戴圣又删大戴之书为四十六篇，谓之《小戴记》；汉末马融传小戴之学，又益以《月令》、《明堂位》、《乐记》三篇，合为四十九篇。"则二《戴记》之源流备此矣。

　　于斯有三憾焉：献王所献百三十一篇，皆七十弟子之微言，若今《乐记》取《公孙尼子》，《中庸》、《表记》、《坊记》、《缁衣》取《子思子》，《立事》至《天圆》十篇取《曾子》，《劝学》、《三年问》取《荀子》，《月令》取《吕览》而非出《吕览》，《保傅》四篇取《贾子》而非出《贾子》，则知百三十一篇中为大戴所删四十六篇，如《祭中霤礼》、《王居明堂礼》、《弟子职》、《容经》，皆《礼经》之逸篇，讵不胜《三朝记》等之傅会，而去所不当去，斯遗憾一也。

　　今本《大戴记》，除小戴所取外，始三十九，终八十一，当为四十三篇而缺其四，其《明堂》、《盛德》又析于后人，《投壶》、《哀公问》又重于《小戴》，《礼察》同于《经解》，《大孝》同于《祭义》，实存者三十五篇而已。其中，《夏小正》、《武王践阼记》、《盛德》、《明堂记》、《朝事义》、《公冠》、《诸侯迁庙》、《衅庙》，皆古经之奥典，而《曾子》十篇，即《汉志》"《曾子》十八篇"之遗文，其闳深岂不胜《儒行》、《明堂位》，而弃所不当弃。自是卢、郑之注，隋、唐之令，皆有《小戴》无《大戴》；以致《王度记》、《曲礼正义》引《大戴》。《辨名记》、《诗·魏风正义》引《大戴》。《礼谥法记》、《礼三正记》、《礼五帝记》、《礼别名记》、皆见《白虎通》。又《唐六典》太常博士注引《大戴礼·谥法》。《政穆篇》、见《诗·灵台疏》。又刘昭注《续汉书》引作《昭穆篇》。《禘于太庙礼》，《仪礼·少牢馈食疏》引《大戴》。皆本在《大戴》者，复佚于后世，斯遗憾二也。《小戴》所取各篇，亦多所删节。如《汉书·儒林传》"客歌《骊驹》，主人歌《将毋庸归》"，曰在《曲礼》，服虔曰：在《大戴礼》；以及《五经异义》引《礼器》之文，《摽梅·疏》引《文王世子》之文，今并无之。以及《投壶》删《狸首》之诗，《曲礼》割"若夫坐如尸，立如齐"之句，皆其明证也。

刘向《别录》，类聚方分，有条不紊，其见于郑《目录》者，每篇各曰"此于《别录》属制度"，"此于《别录》属丧服"，"此于《别录》属祭祀"，"此于《别录》属吉事"，"此于《别录》属子法"，"此于《别录》属明堂阴阳"，"此于《别录》属通论"；以及《乐记》则分《乐本》、《乐论》、《乐施》、《乐言》、《乐礼》、《乐情》、《乐化》、《乐象》、《宾牟贾》、《师乙》、《魏文侯》十一篇；是则篇别部居，各不杂厕。今乃尚沿二戴之位置，不循中垒之纪纲，吉凶迷其条贯，经纬贸其本末，沿流昧源，积非成是，斯遗憾三也。

礼乐百年而后兴，经术于本朝为盛，宜其家河间而户中垒，而二戴之《记》，尚惟陈澔、卢辩之编。予以为宜请诸朝廷，并《小戴》于《大戴》，以复八十余篇之旧；还今篇于七类，以复刘向《别录》之旧。博征海内能礼之士，于《小戴》传注，芟其繁，正其支；于《大戴》坠文，校其疑，起其幽；纲举目张，勒成一编，颁之学校。俾博士弟子童习三代之典章，若乡党之条教，不畏其难也；口熟七十子大义，若家庭之诏告，不苦其扞也。兴礼以维教，经正而民兴，当可事半功倍，盖有志而未逮焉。

友人嘉定胡子莹治《礼经》，从事二戴之《记》，遂书以贻之，其有意于斯乎！述先王之志，以俟后圣，以为君子亦有乐乎斯也。

刘向《别录》《礼记》篇第：

曲礼上下	制度	冠义	吉事
王制	制度	昏义	吉事
礼器	制度	乡饮酒义	吉事
少仪	制度	射义	吉事
深衣	制度	燕义	吉事
投壶	制度	聘义	吉事
文王世子	子法	月令	明堂阴阳记

内则	子法	明堂位	明堂阴阳记

《乐记》十一篇案《别录》中《乐记》本有二十三篇，除此十一篇外，尚有《奏乐》、《乐器》、《乐作》、《意始》、《乐穆》、《说律》、《乐道》、《乐义》、《昭本》、《昭颂》、《季札》、《窦公》十二篇，《正义》具载其目，皆刘向所辑二百十四篇内之《乐记》也。其《正义》又言《别录·礼记》四十九篇，《乐记》居十九者，乃别存《小戴》之目，非刘向之次第同于《小戴》也。案《意始》即《音始篇》，见《吕览》，《季札》即《左氏》观周乐篇，《窦公》即《大司·乐章》，犹之《乐记》中《宾牟贾》、《魏文侯》、《师乙》之例。

丧服小记	丧服
丧大记	丧服
杂记上下	丧服
奔丧	丧服
问丧	丧服
服问	丧服
三年问	丧服
间传	丧服
丧服四制	丧服

郑《目录》云"旧说此篇于《别录》属丧服"，《正义》云"《别录》无此篇，惟经师旧说，知属丧服"云云，则此篇亦后人所增也。

曾子问	丧服		
郊特牲	祭祀	檀弓上下	通论
祭统	祭祀	玉藻	通论
祭法	祭祀	大传	通论
祭义	祭祀	礼运	通论
经解	通论	中庸	通论
哀公问	通论	缁衣	通论
仲尼燕居	通论	学记	通论
孔子闲居	通论	大学	通论
表记	通论	儒行	通论
坊记	通论		

右《小戴礼记》四十九篇。

《四库书目》驳《隋志》之说曰："据《汉书·儒林传》及《后汉书·桥玄传》，则小戴授梁人桥季卿。当成帝时，已著《礼记章句》四十九篇，安得仅有四十六篇，至马融始增三篇"之说？案《释文》言《曲礼》、《檀弓》、《杂记》分上下者，后人所加，则知经师篇第，各有合析。如《乐记》本十一篇，又《汉志》《中庸说》二篇，而今皆合为一篇；元王祎分"自诚明"以下皆子思自言者为下篇，以上皆引夫子之言为上篇。

《贾子》分《保傅》为四篇，后人析《大戴·盛德》，（析）别出《明堂》一篇。伏生合《尚书·顾命》、《康王之诰》为一篇，又合《盘庚》三篇为一篇，皆与孔安国异。安知《小戴》初之四十九篇者，非《乐记》、《中庸》本分上下，至马融既增其所无，兼合其所析，故篇增而数不增乎？

《书目》又谓"孔《疏》称刘向《别录》'《礼记》四十九篇'，《乐记》居十九，而《月令》、《明堂位》，郑皆引《别录》属明堂阴阳，安得谓马融所增"云云。案《隋志》谓融增《乐记》一篇者，谓十一篇中之一篇，岂旧无《乐记》而全增之乎？《乐记》居十九者，乃《别录》中所载《小戴》四十九篇之旧目，至刘向《乐记》则有二十三篇，岂亦居《戴记》之十九乎？郑所引《月令》、《明堂位》之《别录》，乃二百十四篇内之《明堂阴阳记》，大、小《戴》各篇皆在其中，马融取诸《大戴》以入《小戴》，岂得如《丧服四制》之增自后人，故郑本有之而《别录》无之乎？要之，郑所引《别录》者，皆二百十四篇之《别录》，不止大、小《戴》诸篇；其兼载四十九篇，《乐记》居十九者，则以向总群书而奏其目录，自宜别存《小戴》之篇目，岂得《别录》之次第同于《小戴》之次第乎？予恐后人误读《乐记正义》，似刘向《别录》专为《小戴记》而作，仍同《戴记》篇第者，故辩之如此。

今推《大戴礼记》《别录》篇第：

夏小正	明堂阴阳记	保傅四篇　　　　　子法
《隋志》：《夏小正传》一卷，戴德撰。又吴陆玑《诗疏》亦引《大戴礼·夏小正传》。		《贾子新书》分《胎教》、《傅职》、《保傅》、《容经》四篇。
盛德	明堂阴阳记	曾子本孝　　　　　子法
陈振孙曰："后人于《盛德篇》内别出《明堂》一篇，今仍合之。"《四库书目》曰："许慎《五经异义》论明堂称《礼》戴说、《礼盛德记》，即《明堂篇》语。《魏书·李谧传》、《隋书·牛宏传》俱称《盛德篇》，或称《泰山盛德记》，知析《盛德》为二篇者，出隋、唐以后。"		曾子立孝　　　　　子法
		曾子大孝　　　　　子法
		曾子事父母　　　　子法
		武王践阼　　　　　通论
		文王官人　　　　　通论
		五帝德　　　　　　通论
		帝系　　　　　　　通论
		本命　　　　　　　通论
诸侯迁庙	祭祀	易本命　　　　　　通论
诸侯衅庙	祭祀	礼三本　　　　　　通论

朝事义	吉事	礼察	通论
公冠	吉事	王言	通论
投壶	吉事	劝学	通论
子张入官	通论	曾子天圆	通论
卫将军文子	通论	千乘《孔子三朝记》	通论
哀公问五义	通论	四代《孔子三朝记》	通论
哀公问于孔子	通论	虞戴德《孔子三朝记》	通论
曾子立事	通论	诰志《孔子三朝记》	通论
曾子制言上	通论	小辨《孔子三朝记》	通论
曾子制言中	通论	用兵《孔子三朝记》	通论
曾子制言下	通论	少间《孔子三朝记》	通论
曾子疾病	通论		

右《大戴礼记》四十篇，以郑所引《小戴》《别录》推其篇第之例如此。其制度、丧服、乐记三类，已全为《小戴》所取。其明堂阴阳，马融虽取其二篇入《小戴》，而遗其要篇二焉；《朝事义》则觐礼之记，与《冠》、《昏》、《燕》、《祭》、《射》、《乡饮》诸义，皆《仪礼》外篇，而独遗其一；《保傅》则《文王世子》之流，汉时与《论语》、《孝经》并重，见于昭帝之诏，而亦遗之：此去取之不可详也。《夏时》与《盛德记》皆明堂阴阳经，而离为二所；《千乘》以下七篇，即《汉志》之《孔子三朝记》，师古谓在《大戴》者，而亦中阒三帙；与《小戴》之篇第皆经厘正于刘向，而莫遵承于后人：此篇次之不可详也。

汉初，齐、鲁诸儒承秦灭学之后，保残守缺，未遑条贯。元、成以后，刘向校中秘，博极群书，始观其会通，而区其典礼，所谓《礼记》二百十四篇者，《别录》中之一种也；所谓大、小《戴记》八十五篇者，二百十四篇外之重出而孤行者也。向惟区正二百十四篇之次第，而更正二戴别出之旧第，故郑于《小戴》各引《别录》以正其义类，明二戴所传之礼既不如刘向之全，而所分之篇又已经《别录》之整理，其二戴之旧第虽亦载《别录》中，乃各自为书，两存其目。后人惑于《乐记正义》之言，遂以《小戴》之次即《别录》之次。惟《隋志》能别其本末，而叙次失明，反似二戴在刘向之后，删刘向之书者，则《乐记正义》之惑，愈不可解。今不明辨，后生何述？

郑所引《别录》分《礼记》为七类，其各类之孰先后，与一类中之篇次孰先后，盖不可知矣。今于《小戴》先制度何？沿旧首《曲礼》

也。于《大戴》先明堂阴阳何？以《大戴》无制度、丧服、乐记三门，故首阴阳，尊《夏小正》也。《帝系》、《帝德》、《践阼》，皆帝王之事迹，《易本命》、《天圆》，则造化之权舆，今与论礼、论学、论治统归之通论者，不于《别录》七端外更立门类也。《弟子职》附于《保傅》，《容经》附于《践阼》何？礼失求诸野，矧诸子乎？亦从其类也。

今本《大戴》始三十九，终八十一，当为四十三篇而缺其四，故为三十九矣。其或称四十篇者，析《盛德》为《明堂》也。或称三十八者，《夏小正》多别行也。

据《古微堂文稿》

跋陈沆简学斋诗[*]
（1822 年）

一

第一、二卷，可存者十之一、二；第三卷以后，可存者十之六、七；壬申之七古、乙亥之五古，皆集中擅场也。大抵风神萧洒，天骨开张，有独出冠时之意，而士衡有才多之患，其熟处、滑处、平处、尽处亦往往坐此。故虽光华烂然，而较之古人沉郁深浑之境，似未免有华实之别。盖华者暂荣而易萎，实者坚朴可久而又含生机于无穷，此其所以不贵彼而贵此也，然不华安得有实？窃谓此有三要：一曰厚，肆其力于学问性情之际，博观约取，厚积薄发，所谓万斛泉源也。一曰真，凡诗之作，必其情迫于不得已，景触于无心，而诗乃随之，则其机皆天也，非人也。一曰重，重者难也。蓄之厚矣，而又不以轻泄之焉。感之真矣，而天机又极以人力，于是而人之知不知、后世之传不传，听之耳。弟能言之，而不能为之。虽然，庸讵知所言者之又皆由于是而无舛否耶？丙子季夏默深愚弟魏源读毕谨识。

二

秋舫之诗，好命余阅，至此本凡三次矣。其改诗如改过，虚心实力无留难焉，故其稿凡三易，每易辄胜，其为卷凡三，而亦每卷必进。然秋舫近诗之进，则不于诗中得之矣！自狂狷不似中行，而乡原者似之，而圣人之去取特异，盖真伪之间，相去至微，而不可以道里计也。论诗必《三百篇》，闻者罕不大噱，而不知自删后更无诗，非其体制格律之不同，乃其本末真谛之迥绝也。秋舫更以其虚心实力严察而朴存之，

---

[*] 按：魏源跋简学斋诗存稿五次，虽起于嘉庆二十一年（丙子），但为完整起见，不予删节。

使无一字非真诚流出，而必《三百篇》焉，则读者亦皆动其真诚，而竟如《三百篇》矣！丁丑十月魏源读谨跋。

三

余阅秋舫诗，此其第四次矣！如羊角风，转而益上；如《白雪》曲，唱而愈高。大抵甲戌年是其转关，丙子后乃其进境，其中甘苦曲折，源一一能悉之。学问之道无穷，而性情之故有本。改诗如改过，心虚而力勇，自今愿与秋舫益勉之。己卯孟冬魏源校毕再识。

四

太初勇于删诗，此本盖其三转之醍醐也。道光壬午魏源读第七过。

五

空山无人，沉思独往，木叶尽脱，石气自青。羚羊挂角，无迹可求，成连东海，刺舟而去。渔洋山人能言之而不能为之也，太初其庶几乎！其庶几乎！

道光壬午季春默深氏书于藤阴书屋。

据《简学斋诗稿》

张铁甫墓志铭
（1822 年）

君子之学，太上明诸心，次尊见，下徇习。以本为渊，以用为权，匪胶乎一，惟是之全；浑浑以圜，卒符人所群然，此明诸心之事也。以己为樊，以性所近为沿，虽不轨乎大同，自信甚专，能使物靡然从焉，此尊见之事也。以众为鹄，以耳为目，以时地所迮为属，易以自足，此徇习者之事也。立今指古，递救屡迁，本与支相维，狂与狷相勘，虚与实相犄，其能以道易天下，必明诸心者也；过此则意见参焉矣，见则成习，非弘毅莫之返。

明之季，梁溪、蕺山以躬行返天下虚习敦于实际，体明用光，厥施未昌。而国初诸子裂之，守朱者曰户庭之儒，考经者曰涂辙之儒，皆将以挤虚就实，而叩其自得则瞪然，以①所见诸用则瞠然，户庭涂辙之儒充天下。

吴江张君，志返世习而未能者也。始治经于涂辙者有年，既而曰："是迹也，何以有诸躬？"继研道于户庭者数年，既而曰："是域也，何以会其通？"久而以宋贯汉，朱融陆浑，其中廓有容，则又慨然曰："如有用我，尚未之能信也，则如之何？"衡王道，测民隐，程日用，必返诸原，毋阂毋壅，扩充大半，未见其止而遽以死。

死之旬日，江南乡试榜发，举第一。于是弟子张生洲奉遗书及状谒于主考萧山汤侍郎；又明年，求铭于侍郎之门人魏源。源观君之学，始以其虚受众是，入而融之；继以其实辞众非，故出而公之；体用本原既汇于一，以培以去，事半功倍。原既复矣，见与习乌蚀诸？

君名海珊，字铁甫。生于吴，吴人莫之知，知生者张，知死者汤

---

① 中华本按："抄本'以'字上有'程'字。"

也。其死，以父印江游滇不返，致心疾也，在道光元年八月，年四十。妻丘。子三，所著文集如干卷，日记一卷，言礼、言兵、言农之书各如干卷。铭曰：

好游而戒外兮，好友而戒兑兮。礼以丧亲，终不内兮。其农田水利，小试诸乡浍兮。其知兵处变，讹言不戒兮。抑其学之缩端耳，匪云艾兮。我铭喟君，未光大兮。

董子春秋发微序
（1822 年）

《董子春秋发微》七卷，何为而作也？曰：所以发挥《公羊》之微言大谊，而补胡母生《条例》、何邵公《解诂》所未备也。

《汉书·儒林传》言"董生与胡母生同业治《春秋》"，而何氏《注》但依胡母生《条例》，于董生无一言及；近日曲阜孔氏、武进刘氏皆《公羊》专家，亦止为何氏拾遗补缺，而董生之书未之详焉。若谓董生疏通大诣，不列经文，不足颉颃何氏，则其书三科、九旨灿然大备，且弘通精渺，内圣而外王，蟠天而际地，远在胡母生、何邵公《章句》之上。盖彼犹泥文，此优柔而餍饫矣；彼专析例，此则曲畅而旁通矣；故抉经之心，执圣之权，冒天下之道者，莫如董生。

今以本书为主，而以刘氏《释例》之通论大义近乎董生附诸后，为《公羊春秋》别开阃域，以为后之君子亦将有乐于斯。

至《繁露》者，首篇之名，以其兼撮三科、九旨为全书之冠冕，故以《繁露》名首篇。后人妄以《繁露》为全书之名，复妄移《楚庄王》一章于全篇之首，矫诬之甚。故今仍以《繁露》名首篇，其全书但称曰《董子春秋》，以还其旧。至其《三代改制质文》一篇，上下古今，贯五德、五行于三统，可谓穷天人之绝学，视胡母生《条例》有大巫小巫之叹。况何休之偏执，至以叔术妻嫂为应变，且自谓非常可喜之论，玷经害教，贻百世口舌者乎？今分七卷，胪列其目于前，以诏来学。

繁露第一　张三世例　通三统例　异内外例

俞序第二　张三世例

奉本第三　张三世例

三代改制质文第四　通三统例

爵国第五　通三统例

符瑞第六　通三统例

仁义第七　异内外例附公始终例

王道第八　论正本谨微兼讥贬例

顺命第九　爵氏字例尊尊贤贤

观德第十　爵氏字例尊尊亲亲

玉杯第十一　予夺轻重例

玉英第十二　予夺轻重例

精华第十三　予夺轻重例

竹林第十四　兵事例战伐侵灭入围取邑表

灭国第十五　邦交例朝聘会盟表

随本消息第十六　邦交例同上

度制第十七　礼制例讥失礼

郊义第十八　礼制例讥失礼

二端第十九　灾异例

天地阴阳第二十　灾异例

五行相胜第二十一　灾异例

阳尊阴卑第二十二　通论阴阳

会要第二十三　通论春秋

正贯第二十四　通论春秋

十指第二十五　通论春秋

庸易通义
（1822 年）

谨案：《中庸》之义全通乎《易》，而"未发之中"、"立天下之大本"者，原于《易》之"何思何虑"，各经所未泄之蕴，迥异《大学》以意、心、身为家、国、天下之本。盖彼为入学之门〔弟〕① 子言，乃文、行、忠、信、《诗》、《书》、执礼之事，未及于尽心、知性、知天之事也。《论语》与弟子言，从不及《易》，即《孟子》七篇、《曾子》十篇，亦未尝一言及《易》。所谓"性与天道不可得而闻"者也，所谓"子罕言利与命与仁"者也。安溪李氏深于《易》，故其《中庸余论》，于首篇专以《易》道发挥之，可谓精微广大，曲邑旁通。予故广李氏之义，于《中庸》之通《易》者，标举数章于后：

"《易》无思也，无为也，寂然不动，感而遂通天下之故"，非即"喜、怒、哀、乐未发谓之中，发而中节谓之和"，为天下之大本、达道者乎？

《易》曰"复其见天地之心"，岂非《中庸》以"莫见乎隐，莫显乎微"，征慎独之心体乎？"君子学以聚之，问以辨之，宽以居之，仁以行之"，非即"博学、审问、慎思、明辨、笃行"者乎？

"元者善之长也，亨者嘉之会也，利者义之和也，贞者事之干也；君子体仁足以长人，嘉会足以合礼，利物足以和义，贞固足以干事"，非即"宽裕温柔，足以有容；齐庄中正，足以有敬；发强刚毅，足以有执；文理密察，足以有别"，以全其至圣之德乎？

《乾》之"九三，君子终日乾乾夕惕若"，"忠信，所以进德也；修辞立其诚，所以居业也；知至至之，可与幾也；知终终之，可与存义

---

① 依文意及中华本补。

也"，非即所谓"自诚明，谓之性；自明诚，谓之教；诚则明矣，明则诚矣"者乎？

"九二，见龙在田，利见大人"，"龙德而正中者也。庸言之〔行〕〔信〕①，庸行之谨，闲邪存其诚，善世而不伐，德博而化"，岂非即"子臣弟友自求未能，庸（言）〔德〕之行，庸（行）〔言〕② 之谨，有所不足，不敢不勉，有余不敢尽。言顾行，行顾言，君子慥慥"者乎？

《乾》之"初九，潜龙勿用"，"子曰：龙德而隐者也。不易乎世，不成乎名，遁世无闷，不见（世）〔是〕③ 而无闷。乐则行之，忧则违之，确乎其不可拔"，非所谓"君子依乎中庸，遁世不见知而不悔"者乎？

《坤》之"六二，直方大，不习无不利"，《文言》曰"直其正也，方其义也。君子敬以直内，义以方外，敬义立而德不孤"，岂非主敬即"尊德性"之事，精义集义即"道问学"之事乎？"致广大而尽精微"，此敬以致知，而精义之学备焉；"极高明而道中庸"，此敬以笃行，而集义之事全焉。"温故而知新"，此专言"道问学"中之致知；"敦厚以崇礼"，此专言"道问学"之笃行。岂有"温故知新"为存心之事，"敦厚崇礼"为致知之事乎？

《易》曰"不远复，无祗悔"，独赞颜子之"有不善未尝不知，知之未尝复行"，非即此章"回之为人择乎中庸，得一善则拳拳服膺而勿失之"者乎？

"火在天上，大有，君子以遏恶扬善，顺天休命"，非即"舜好问而好察迩言，隐恶而扬善，执其两端，用其中于民"者乎？

"汤、武革命，顺乎天而应乎人"，舜、文王大孝，处天下之常；武王、周公达孝，值天下之变；虽有性、反之殊而同合乎中庸，不失天下之显名，则天命顺焉，人心应焉，尽美尽善矣，何得谓"孔子不言汤、武"，至创为"武王非圣人"之论乎？

"仁者见之谓之仁，智者见之谓之智，百姓日用而不知"，"行之而不著焉，习矣而不察焉，终身由之而不知其道者众也"，非即此言"道之不行，贤者过之，不肖者不及；道之不明，智者过之，愚者不及"，"人莫不饮食，鲜能知味"者乎？

---

① 据《周易·乾卦·文言》改。
② 据《礼记·中庸》改。
③ 据《周易·乾卦·文言》改。

《咸》之"九四，贞吉悔亡，朋从尔思"，"子曰：天下何思何虑？天下同归而殊途，一致而百虑。天下何思何虑？日往则月来，寒往则暑来。往者屈也，来者信也，屈信相感而利生焉。尺蠖之屈，以求信也；龙蛇之蛰，以存身也；精义入神，以致用也；利用安身，以崇德也；过此以往，未之或知也，穷神知化，德之盛也"，非即"君子之道费而隐，语大，天下莫能载焉；语小，天下莫能破焉"者乎？

"有天地然后有万物，有万物然后有男女，有男女然后有夫妇，有夫妇然后有君臣，有君臣然后有上下，有上下而后礼义有所措"，岂非即此"夫妇之愚不肖、可以与知能"，"君子之道，造端乎夫妇，及其至也，察乎天地"者乎？

"《明夷》内文明而外柔顺，以蒙大难，文王以之；利艰贞，晦其明也，内难而能正其志，箕子以之"，岂非即此"君子素位而行，素富贵，行乎富贵；素贫贱、患难、夷狄，行乎贫贱、患难、夷狄，无入不自得"，"正己而不求于人"，"居易以俟命"者乎？

"《观》，盥而不荐，有孚颙若"，"观天之神道而四时不忒，圣人以神道设教而天下服"，"圣人以此洗心退藏于密"，"神以知来，知以藏往"，"圣人以此齐戒，以神明其德夫"，岂非"使天下之人齐明盛服，以承祭祀"，"洋洋乎如在其上，如在其左右"，"神之格思，不可度思"者乎？

"《易》与天地准，故能弥纶天地之道；仰以观于天文，俯以察于地理，是故知幽明之故；原始反终，故知生死之说。精气为物，游魂为变，是故知鬼神之情状"，岂非即此"鬼神为德之盛，视之不见，听之不闻，体物而不可遗"，"神之格思，不可度思"者乎？

"大人与天地合德，与日月合明，与四时合序，与鬼神合吉凶，先天而天弗违，后天而奉天时"，岂非即此"至诚之道，可以前知，国家将兴，必有祯祥，国家将亡，必有妖孽。见乎蓍龟，动乎四体，善必先知之，不善必先知之，故至诚如神"者乎？

"《乾》以易知，《坤》以简能。易则易知，简则易从。易知则有亲，易从则有功。有亲则可久，有功则可大。可久则贤人之德，可大则贤人之业，易简而天下之理得矣。天下之理得而成位乎其中矣"，又曰"天地交泰，后以裁成天地之道，辅相天地之宜"，岂非"至诚能尽其性，以尽人性，尽物性，则能赞天地之化育，而与天地参"者乎？

"天行健，君子以自强不息"，"地势坤，君子以厚德载物"，又曰

"天下雷行，物与无妄。先王以茂对时育万物"，岂非"至诚无息，不息则久，久则征，征则悠远，悠远则博厚，博厚则高明"，可覆物、载物、成物，而自天以下，万物覆焉，自地以上，万物载焉者乎？

《乾》九三《文言》曰"是故居上位而不骄，在下位而不忧。故乾乾因其时而惕，虽危无咎矣"，岂非即此"居上不骄，为下不倍"乎？

《彖》曰"大哉乾元！万物资始，乃统天；云行雨施，品物流行，大明终始，六位时成，时乘六龙以御天；乾道变化，各正性命，保合太和，乃利贞。首出庶物，万国咸宁"，岂非即此"致中和而天地位，万物育"乎？

《乾》"九五，飞龙在天，利见大人"，"同声相应，同气相求。水流湿，火就燥，云从龙，风从虎，圣人作而万物睹。本乎天者亲上，本乎地者亲下"，岂非即此之"溥博如天，渊泉如渊，见而民莫不敬，言而民莫不信，行而民莫不说。是以声名洋溢乎中国，施及蛮貊。舟车所至，人力所通，天之所覆，地之所载，日月所照，霜露所队，凡有血气者，莫不尊亲，故曰配天"者乎？

"乾元者，始而亨者也；利贞者，性情也。乾始能以美利利天下，不言所利。大矣哉！大哉乾乎！刚健中正，纯粹精也；时乘六龙，以御天也；云行雨施，天下平也"，非所谓"惟天下至诚，为能经纶天下之大经，立天下之大本，知天地之化育。肫肫其仁，渊渊其渊，浩浩其天"者乎？

"天道亏盈而益谦，地道变盈而流谦，鬼神害盈而福谦"，"谦尊而光，卑而不可逾，君子之终也"，岂非末章"衣锦尚绚，恶其文之著。君子暗然日章，小人的然日亡"，"淡而不厌，简而文，温而理"，以至潜伏内省，屋漏不愧，奏格无言者，同此谦德之义乎？

谨案：《汉·艺文志·中庸说》二篇，今《礼记》合为一篇，此必当复旧者也。自"天命之谓性"以下至次章"君子中庸"，以下至《九经》章末"虽愚必明，虽柔必强"止，除首章为子思自言道体外，余皆述夫子之言以告天下后世。以大本、达道为圣学体用之全。历举虞舜、颜子、子路、文王之无忧，武、周之达孝；使知道虽费隐而功不外乎诚明，而求诚明之道又不外乎困勉，是为教人希圣之法，是为上篇。"自诚明谓之性，自明诚谓之教"以下，专推明夫子至圣至诚与天地参，盖他人皆从致曲而入，自明而诚，惟圣人自诚而明。夫子有德无位，守为下不倍、生今不敢道古之谊，故不敢作礼乐；而制作之经，与作礼乐等。《三重》章末"动而世为天下道，行而世为天下—本下有"法，言而世为天下"七字。则，君子未有不如此而蚤有誉于天下者也"。所谓蚤者，隐言万世师表，南面之祀虽尚未崇，而已可预卜其必可师天下，师万世，与天地同流矣。故次章即显言仲尼祖述宪章之事，以明溥博渊泉而时出之，声名洋溢，万国尊亲之所同，后有圣人，必能知圣人也。"经大经，立大本，知化育，溥博如天，渊泉如渊，浩浩其天"，此皆赞叹圣人神化之词，非告学者之词。是故郑氏《礼记目录》曰："《中庸》者，孔子之孙子思作之，以昭明圣祖之德。"此言颇中肯綮。后人不察其为赞圣而以为讲道，使下学望洋而叹。岂知古者立言，有造道之言，有有德之言。有德之言，如圣人自说圣人事；造道之言，如贤人说圣人事。不然，但以浩渺之词，穷高极幽，使学者仰、钻、瞻、忽无从入，岂圣贤教人之道乎？故末章又以暗然淡简，推本于学，入德以极于不动而敬，不言而信，皆由潜修暗体所致，则造道之事，与上篇戒慎、慎独，依乎中庸，遁世不见知而不悔相应。此二篇之当分不当合者一也。

哀公问政，夫子告以事亲、知人、修身、达道、达德，而归于困知勉行成功则一，其告哀公已止于此。"子曰好学近乎知"以下，乃复曶陈九经治天下之道，则别为一章。乃王肃《家语》作伪，增入"哀公问曰子之言美矣至矣，寡人固不足以成之也"，遂复以下文"子曰"联入上章。朱子不谓王肃之增窜《中庸》，而反谓子思之删《家语》。他姑无议，试问哀公以一侯国之君，且当四分公室仅亦守府之后，而铺陈天子敬大臣、体群臣、柔远人、怀诸侯之义，何为乎不问其关切不关切，与其人之领会不领会，天下有此告君之体乎？至"博学之"以下，乃一篇之归宿，下学之枢柄，王肃本反无之。盖小人作伪，止求牵混二章为一，并非有意于学问之事，故于其切要者反置之也。此不当合而合者二也。

朱子说《中庸》无《大学》改本补传之失，后世读之，诚可以入德。惟不分上、下二篇，则使人不知后篇为赞圣之词，使人畏其高远望洋而叹；至道问学之有知无行，分温故为存心，知新为致知，而敦厚为存心，崇礼为致知，此皆百密一疏。恭读《御纂性理精义》："从古圣贤言学大纲，曰'敬以直内，义以方外'而已，内指心，外指事。故《书》曰'以义制事'，义以方外之说也；'以礼制心'，敬以直内之说也。此《丹书》所谓'敬胜怠者吉，义胜欲者从'也；欲败度则是无义，纵败礼则是无敬，此《丹书》所谓'怠胜敬者灭，欲胜义者凶'

也。养心则以敬为德之舆，处事则以义为行之标，进德修业之方，不外乎是。先儒变为存养、省察二义，其源盖自《中庸》首章而来。持敬之纯至于虽不睹闻而戒慎恐惧，则心常存而得所养矣，故曰'存养'；辨义之精至于至隐至微而必谨其独，则事尝有省而必致察矣，故曰'省察'。二者已尽为学之方，然又必曰知、行云者，知是明其理，行是践其事，二者造道之大端也。

"所谓存养、省察者，乃所以为知、行之本要。故非存养则此心昏乱而知无以致，此心纵弛而行无以力，是存养者知、行之本也；非省察则不能切己体验而所知或不真，不能反躬克治而所行或不实，是省察者，知、行之要也。故言存养、省察则已包乎知、行之事，而其义理也该以约；言知、行则又不离乎存养、省察之功，而其规模也详以大。存养则诚，省察则明，此由心以见之事者也；致知则明，力行则诚，此由事以归之心者也。四者名目虽异而功实一贯，程、朱所为传先圣之心者以此。学者见其条件繁多而破析以求之，则失前贤之意远矣。"案：《性理精义》系官书，李光地奉敕总纂。此案语则出其手，亦以尊德性兼存养、省察之事，道问学为兼致知、力行之事，不从章句存心、致知之说。至以温故知新为存心，敦厚崇礼为致知，于文义皆不合，已辨明于前焉。

论语三畏三戒九思箴
（1822 年）

　　无三畏，则无忌惮之心；无三戒，则无羞恶之心；无九思之思聪、思明、思问，则无是非之心；无九思之思温、思恭、思忠、思敬，则无戒惧之心；无九思之思义、思难，则无恻隐之心。此君子之所自治，而小人之所大戒而小惩。惟平日冰渊之永惕，庶得免乎临时之战兢。墨卿司训，戒尔生灵！

孔孟赞
（1822 年）

　　孟子四十不动心，已臻孔子之三十而立，虽未及孔子之七十不逾矩与六十耳顺，而晚年亦已不惑、知天命。至于知言、养气、勿助忘，即《大学》之格、致、诚、正。始知圣贤之学一贯同揆，如月落千潭而一印。

曾子赞
(1822 年)

　　《诗》"思无邪",《礼》"毋不敬",《典》、《谟》言钦者七,夫子益之以七战战,二勿勿,三惮惮,与尧、舜之兢兢业业而相继。宜乎曳履而歌《商颂》,若出金石,声满天地。始知沂水春风之乐,尤在严视指于尔室。以言大节,则托孤寄命而有余;以言大勇,则任重道远而可必。惟手足之启予,皆毕生冰渊之永惕。少诵十篇,老而流涕,欲全归受而无从,欲追悔而无地,徒存章句,虚文何益!

颜冉赞
（1822 年）

匹禹、稷者颜子，匹仲尼者子弓。一则严视、听、言、动于四勿，一则出门使民如宾祭之敬恭。宜乎可为邦，可南面，而用行忧世之相同。至于若无若虚，不施不伐，则又得之竭才卓立，尤瞠乎其莫从。读安溪《喟然章赞》，洵百世而感通！

孟子补赞
（1822 年）

　　夫子存养，在牛山以下数章；夫子扩充，在熊鱼取舍一章。惟本心之不失，斯放心之可收。宜乎泰山岩岩之象，江、汉浩浩之流，配神禹，称鲁、邹，而百世无休！

周程二子赞
（1822 年）

"人生而静以上不容说，才说性时便已非性"，"善固性也，恶固不可不谓性"，此天台圆教彻底之言，而明道初年泛滥佛老时所兼印。宜乎"动而无动，静而无静"，上同于孔子之毋意、必、固、我，下同于孔子之无欲而静。要之，惟颜子能尽发圣人之蕴，惟明道能尽得周子之蕴。至于周子之《太极图》，乃朱、陆意见各殊，而未知孰为定论。

程朱二子赞
（1822 年）

　　世称程、朱，伊川、考亭，而非谓明道先生。虽均未光风霁月，而均守规矩准绳。程子功在《易传》，朱子功在《仪礼经传》与《集注》、《或问》，至于《诗》、《书》二《传》与《大学》、《孝经》两改本，均未敢谓美善之尽。至苏子奏疏疾伊川为奸，而欲打破一敬，程子始终置之不问。如何后学钱詹事尚偾其议论？惟朱子《阴符》、《参同》、《楚辞》、《韩文》，皆中年所游艺，而无与于性命，宜乎为吴草庐、王文成所同诤。

朱子赞
（1822 年）

　　泰山乔岳之重，孔融、李膺之气；捐百世起九原之思，倾长河赴东海之泪。此多同时异公者之言，而没世服公者如此其至！宜求其德感之所以然，始知公之见尊信于世者不尽在乎著述。

陆子赞
(1822 年)

　　先生所学，在与侄澄及赵然道二书；所经世者，在轮对五札与《洪范》皇极。所得力在先立其大，而不废改过自新、格致读书之细。宜乎教人能使旦异而晡不同，与程、朱、文成并立。此皆百世之师，如伊尹、惠、夷、颜、孟之不妨小异。

朱陆异同赞
（1822 年）

　　青田无陆子静，建安无朱元晦，南渡以来，足踏实地，惟二公皆严关乎义利，宜其兴起百世，顽廉懦立。至于陆子祭伯恭之文，悔鹅湖之偶有妄发，徒参辰而未能酬，则更尝多而观省细，尤晚岁所造几至从容中道之地。此朱、陆二子之始小异，终大同。谁言萧寺哭奠，为告子而流涕！知两家门人记录，各有是非虚实。

杨子慈湖赞
（1822 年）

　　慈湖宗无意，《大学》宗诚意。以无意为先天之学，诚意为后天之学，此陆、王两弟子所同，而龙谿持守不如敬仲真，希元、悟修皆非敬仲之匹，即上蔡、横浦于浮图，皆涉藩而未入室。"清明在躬，志气如神"，与陆子之"斋戒如对上帝"，皆洗心之藏密。与周、程之主静、主敬，是一是二，惟"心之精神谓圣"出伪《孔丛子》，如何可契"无思无为"之《易》，宜乎为知人之所议。至于以《大学》、《系辞》多非夫子之言，此则公自成家，非后学所敢轻议。要之陆子之学，至先生《寂默楼记》而尽发其微，较傅子渊之阔大、黄文范之细密，皆无传于后者，其成就有偏全虚实。

王文成公赞
（1822 年）

　　道学传孟、陆之统，事功如伊尹之任；与程、朱皆百世之师，如夷、惠各得其所近之性。惟吉水罗文恭"涵养未发"能得其传，何龙谿四无漫传天泉道证。宜乎《大学》格物专正念头，为湛甘泉所诤。朱子格物何曾教人格竹，此亦《语录》之一病。总之，紫阳、阳明二子，均有晚年定论。

明儒高刘二子赞
（1822 年）

高子以未发之中为圣门见性之秘，与刘子之慎独有独体，皆同于孔子不逾矩，与杨慈湖之无意，皆能先立其大，乃本然之良知，不待于致。其于修道有顺有逆，逆者中人所难，顺者圣人所易。宜乎临大节时，一则心如止水，一则心火不炽。观其考终时一易一难，皆可知平日学养之顺逆。古人念念在定，临终安得乱！今人念念在乱，临终安得定！此乃死生大事，为存养之证。

居之无倦二句 顺天乡试卷
（1822 年）

合表里而一于诚，论政而学寓焉。夫言居则其忠可知，患难久耳；言行则非倦可知，患未忠耳。为学然，为政何独不然？告子张曰：二者一心，先天下而倡始，又后天下而持终；出与天下相见，又入与一身相谋。此未可以外求也。主敬之功，天子与儒生同；执中之理，天德与王道同。操之于学，则为存与发焉；宰之于政，则为居与行焉。从耳目不及之处，与万幾隐系之处，而课其所居，孰能以一心贞万事乎？如是则倦生。夫倦不生于怠事之日，而生于好名责效之日。始焉喜心生，继焉懈心生，终焉肆心生，而政之勤者退矣。始焉躁心胜，俄焉畏心胜，卒焉厌心胜，而政之锐者又退矣。其无之哉？敬以居始，肃庙雍官；敬以居中，宵衣旰食；敬以居终，持盈守泰。是故小效而得满之，近功不得而迁之，作辍不得而间断之也。吾见仁厚之主，其渐摩或过于聪察者矣；垂成之政，其精神更惕于始初者矣。居之何时而已矣。从事势扞格之际，与人情不相谅之际，而核其所行，孰能使一事名见一心乎？如是则忠难。夫忠不难于悃愊之人，而难于雄才大略之人。盖多欲者，中虚而无实；无实者不情，则人事多而天事少矣。外多知者，色取而易悦；易悦者难朴，则外事胜而内心微矣。其以忠哉？

行之于身，威仪性命；行之于事，官礼《睢》《麟》；行之于民，饮食兼乎教诲。故不以天下之难信而厚吾诬，不以天下之易愚而肆吾欺，不以一心之密藏而莫吾测也。

吾见恻怛之君，其感孚倍深于英断者矣；一念之矜，其疑贰立应于寰宇者矣。行之如何勿慎矣。

是故善为政者，始之以古，终之以古，政乃攸处；表之以常，衷之以常，政乃攸行。天道惟诚，故无妄；圣道惟诚，故无疆；王道惟诚，故有功也。

据清道光九年濯锦轩刊本《近科乡会试墨卷选》

复邓传密书 二通
（1822 年）

一

守之仁弟足下：去冬握别，本拟今春再叙，乃以军门调任，不获如愿，真意外事也。

源二月末自苏赴常德，三月抵署，兼携四舍弟来念书，一切平安。春间两晤申溪先生于江阴，荷蒙谆谆诲诱，兼为拙著《诗古微》作叙，已付刻矣。唯申溪先生谭论间深以足下留京为念，不知已有归欤之兴否？又闻翰翁先生有相招往山东之信，若能赴约，兼作南旋消息，真大佳也。长安索米，居大不易。足下岂名场苦海中人哉！

抱兹文字颇进。刘直甫读书亦好。近与陈静庵、王北堂诸公常晤否？乞为致意。便中时惠一音，以慰饥渴。

抱兹现在病中，未能作书，并此请安。诸唯自爱。不宣。

愚兄源顿首

据邓以蛰家藏原件

二

守之仁弟足下：前在都匆匆作别，极为歉仄。临行又不得联骑作昌平之游，曷胜恨事。想与北堂先生谒十三陵，怀古读学，其所得当何如也。望将议论示知一二，以豁浅陋。

近日仍在星伯夫子处否？如行止未定，现在军门入都，若能同之来口，以遂前约，尤所愿也。

抱之身体已好，源方为选文未毕。冬月初，当归江南。

北堂先生对联一付奉上，望为代寄。第一时未暇作书，稍迟当专函请教。祈先将渠居址地名开示为幸。

军门相见，想在差毕回京之后，此刻亦不能晤也。

匆匆布致，即请文安，不庄不具。

兄源白

挹之附请日安。

再者，翰风先生出京时，挪源五十金。源冬月初即归，所有家君命买物件，急需此项来济用，因脩金已全支回故也。然不便札催，恳弟代作一书，即将此情转致，求翰风先生务于月内将此项寄回古北，则感激不尽矣！其信写就，或交武阳会馆，或仍由此中驿递，俱可。

源再渎

据邓以蛰家藏原件

朱世杰四元玉鉴王萱铃家藏本手批
（1823 年）

道光癸未三月，从王北堂获见此书，许借录副，先勒名卷末，以志欣幸。邵阳魏源识。

据北京图书馆藏原本

致邓传密书
（1823 年）

守之仁弟足下：接手札，具悉行旌安稳抵京，甚慰。源与挹之处此，每有寂寥之感，惟有勉理旧业，来春相见京师耳。札中言本欲回车来口，因源向挹之有成言，是以不来。源反躬自思，不但无此语，即询之挹之，亦并未尝向足下言之。且文驾之去也，军门劝之，挹之劝之，足下亦自决之，而忽有微词于源。何源之命蹇，动辄而得咎耶？足下非妄怨人者，源惟有自反而已。天寒尚慎眠食，以时力学，自重为祝。

源顿首

前携去之高、刘二先生书，不过一两日便可抄就，祈便中付下为幸。挹之要抄。此系执甫之书，即付彼处寄来可也。又及。

据邓以蛰家藏原件

致龚定庵书二通
（1823 年）

一

定庵仁兄先生左右：别后到此，曾寄一函，想经入览，至今未获教言，日夜如结。南中竹报，想已接得，未审行止何如？念念。

守之近过府考，日内想有定局，虽无得失可言，然一系念之事也。

源近日身体如常。日与学生辈讲解经义，欲得程瑶田先生《丧服足征录》在《通艺录》中。一查，敬恳兄向胡竹村或刘申受先生两处代借寄来，约两旬奉还，或汪孟慈处借之亦可，付执甫处寄来。至祷，至感。

近日作何工夫？有新作，祈示一读。便中总望常赐教言为幸。谨此奉闻，即请著安，唯自爱，不宣。

再者，近闻兄酒席谭论，尚有未能择言者，有未能择人者。夫促膝之言，与广廷异；密友之争，与酬酢异；苟不择地而施，则于明哲保身之义，深恐有失，不但德性之疵而已。承吾兄教爱，不啻手足，故率而诤之。然此事要须痛自惩创，不然，结习非一日可改，酒狂非醒后所及悔也。又白。

前弟与挹之俱有致守之信，不审收到否？浩堂先生仍在尊寓否？均此致意。

廿七日源顿首上

据邓以蛰家藏原件

二

承示并赠铜瓶及石砚。瓶出裴文达家，得之厂肆，自可收受。砚为金坛夜物，应藏府中。吾二人虽至交，不敢拜领。摩玩再四，敬谨奉还。小诗二首呈粲。

据王啸苏《清故征闻》辑补

赵汝愚拥立宁宗论
(1823 年)

宋孝宗之孝，一代所无；宋光宗惇之不孝，亦一代所无也。孝宗大渐，群臣皆疏请侍疾，而光宗不视疾；孝宗崩，群臣疏请执丧，而光宗不成服，不执丧。当是时，人心岌岌，丞相留正拜表而去，赵汝愚以宗室贵戚之卿，遂以皇太后之命及光宗念欲退闲之旨拥立宁宗，国势危而复安，可谓功在社稷。而钱詹事大昕深不然之，谓："汝愚此举冒险徼幸，万一宫中有奉帝出门者何以御？幸而不胜，为秦王从荣，犹可言也；不幸而竟胜，为公子商臣，不可言也。当此之时，惟有为留正之去，不可为汝愚之易君。"夫秦王从荣之起兵讨武三思也，兵从外入，其败固宜；彼岂有中宗念欲退闲之旨，岂有皇太后之命乎？情事悬绝，比拟不伦。况以大功已成之后，而设为万一不然之词，例诸篡弑，从古无此论史之法。

至汝愚之失计则不在此。当其拥立也，皆由侂胄传命往来之力，及事定成后，侂胄不过欲得一节镇，此亦赏功之常；而汝愚不欲居定策之名，故不受拥戴之赏，并约同朝皆不受赏。乌乎！汝愚，枢密使也，受赏不受赏，无所加损；韩侂胄，阁门使也，而欲其不受赏，得乎？及侂胄用宵小之计，用内批罢彭龟年，而汝愚拒之不见，试思彼能罢龟年，独不能罢汝愚乎？至是侂胄擅权，一时名望，斥逐殆尽，立庆元党禁之碑，用苏师旦开边衅，几致亡国。

乌乎！有用人之权，有去小人之力，而优柔不断，以致垂成而败者，一见于张柬之、五王之不去武三思，再见于汝愚之不去韩侂胄，皆忠有余而智不足也。钱氏不责其驾驭小人之不善，而反责其推戴之不宜。贤人君子，进退消长，自有定数，而国家受其弊。乌乎！可胜叹哉！

书辽太祖事
（1823 年）

从古帝王未有能前知者，惟辽太祖阿保机一人，复出千古，梦日堕怀而生。及生，室有神光，三月能行，晬而能言，知未然事，自谓左右尝有神人翼卫。即位五年，居西楼，宿毡帐中。晨起，见黑龙长十余丈，夭矫空中，蜿蜒其上，引弓射之，即腾空中夭矫而逝，坠于黄龙府之西，已去千五百里，长仅七八尺，其体尚在金国内库。

元好问《夷坚志》曰：辽祖神册五年五月，黑龙见曳剌山阳水上，辽祖驰往，三日乃至，而龙尚不去，辽祖射之而毙。龙一角，尾长而尻短，身长五尺，舌长二寸有半。太祖既兼并八部大人为一部，又于蕃城外自立汉城，南征北伐，无不宾服，控弦十余万。五年，诏曰："朕既承天命，下统群生，每有征行，皆奉天意。是以机谋在己，取舍如神，国令既行，人情大附，可谓大含溟海，内纳春山矣。升降有期，去来在我，良筹胜会，自契天人。三年之后，岁在丙戌，时作初秋，必有归处。然未终两事，岂负亲诚？日月非遥，戒严是速。"闻诏者皆警惧不知何意。是日大举征吐谷浑、党次、阻卜等部。大军两路，皇太子率兵攻其南，是为南院军；帝御营攻其北，是为北院军。八月，次古单于国。九月，丙申朔，次古回鹘城。皆勒石纪功。庚子，遣骑攻阻卜，次古回纥城，勒石纪功。遣丞相等略地西南。丁巳，凿金河水，取乌山石辇致黄河木叶山，以示山川朝海宗岳之意。四年，皇太子大元帅尧骨献党项俘。三月，飨军于木叶山。十月，唐以灭梁来告，即遣使报聘。十二月，诏曰："所谓两事者，一事已毕，惟渤海世仇未雪，岂宜安驻？"乃举兵亲征渤海，以青牛白马祭天地于马山。天显元年正月，拔扶余城，诛其守将，遣万骑为先锋，破渤海酋裈谨老相之兵。皇太子大元帅南府宰相及南院诸臣是夜共围忽汗城。己巳，渤海酋裈谨请降，素服稿索牵羊，率所部降，上优礼而归之。诏立渤海郡县，以青牛白马祭天地。以渤海平定遣使报唐，改渤海国为东丹国，都忽汗城，册皇长子东丹王突欲为人皇王以主之。丁未，高丽、涉貊、铁骊、靺鞨来贡。三月甲子，祭天。丁卯，幸人皇王宫。癸未，宴东丹国僚佐，颁赐有差。是月，唐主李存勖被弑，唐魏王李嗣源嗣立，遣使来告国哀。上曰："闻吾儿自灭梁以后，骄伐泆乐，不恤政事，昵于倡优宵小，内作色荒，外作禽荒，以至于此。吾自闻此言，纵放鹰犬，停止畋猎，以自惩创。不然，几何不与李家儿等！"戊戌，次扶余府，上不豫。是夕，大星陨于帐前。辛巳正旦，城上见黄龙缭绕，可长一里，光耀夺目；入于行宫，有紫黑气蔽天，逾日乃散。是日上崩，年五十有五。皇后萧氏权国政，以两子问诸大臣择立何人。于是东丹王率诸将相同请于太后曰："皇太子大元帅勋望在海内，当嗣大统，臣无功于国，不敢承嗣。"于是太子德光嗣，是为太宗。

论曰：从古帝王未闻有能前知者，其智如神，千古独辽太祖一人而已。亶聪明作元后，非天人其孰能与于斯？史言契丹归后，晋王引兵蹑之，随其行止，见其野宿之所，布稿于地，回圜方正，皆如遍剪，虽去，稿无一枝乱者。克用叹曰："虏用法严，乃能如是，中国不逮也！"又尝合蕃汉生军为一营，生军多不愿，思逃，而环营有铜索，索上系铃与犬，遇有逃者，虽深夜，铃动犬鸣，故无一敢逸，此可为后世行师节制之法。又辽起塞外，宜乎不识汉文，而首立孔子庙，太祖即亲祭孔子。太宗及东丹王兄弟皆工绘事，勒石能铭，登高能赋，师旅能誓，其材艺有足称者。每科放进士榜百余人，故国多文学之士，其史，纪、表、志、传，皆详明正大，虽在元代前，而远出元代之上。其姓以耶律为帝族，萧为后族，世世昏姻，非元代无氏族之比。惜乎东丹王从海入唐，赐姓名李赞皇，不令留国中嗣太宗而立也。又有所谓再生礼者，每遇母后生辰及各帝自己生辰，则前数日行再生礼。其法以木为几，形如鞍，皇帝解衣冠履袜，散发祖跣如赤子，偃俯曲躬而入。左右以绣褓盛而昇之，曰："太子生矣。"或曰："哥儿生矣。"既而以盆浴身，名洗儿礼。乳媪亦开怀乳之。宫中皆贺太后得子，太后赐宫人汤饼、金钱，每岁必行一次。此祖宗以养其子孙孩提之良知良能，用意深厚，为六经诸史所未有，亦历代所未闻，惟辽有之。谨附书于后，以贻百世。

书金史完颜元宜传后
（1823 年）

海陵南伐时，元宜授浙西都统制置使，督诸军为前锋。及军临庐州，闻雍王已立于东京，改元大定，海陵进退两难，欲迫令诸将过江以绝反顾，而己自督亲军回北讨贼。诸将以长江天险，初试舟采石江中，与宋将虞允文兵战不利，且刘琦以大队严守南岸，渡必成禽。又闻京师已立新主，军士多欲亡归，决计于元宜及猛安、谋克等，遂议共行大事，然后举军北还。矢及御帐，海陵中流矢死。

大定二年，班师至京，入见世宗，授元宜平章政事，封冀国公，赐姓完颜氏。卒于家，祭赗甚厚。大定十一年，尚书有拟功合斡鲁，补除授，上曰："昔诸军共畔海陵，此人首谋，射及大帐，弑之。人臣之罪，莫大于是，岂可漫加官职？姑听其世袭谋克可也。"大定十八年，扎里海上言："弑海陵者，赏以高爵，非所以劝事君，宜削夺以为人臣之戒。"

夫海陵弑君、弑母之贼，滔天之罪，亘古所无。故世宗之立，先下诏暴其罪状，废为庶人，人不以为篡，盖海陵独夫，覆载所不容也。倘无完颜元宜之事，海陵竟回军北向，与世宗交战，其将不临阵诛之乎，又将责世宗以贼故主之罪乎？

《春秋》之义，称某臣弑其君者，罪在臣；不书何人弑而书通国弑其君者，罪在君；罪在君者，人人得而诛之。"宋人弑其君杵臼"，"莒弑其君庶其"，"齐人弑其君商人"，"吴弑其君僚"，"莒人弑其君密州"。其中如"齐公子商人弑其君舍"，是商人本弑君之贼；及商人为下所弑，不复问臣下之罪；奈何诛海陵之人而尚责以弑君乎？

宋艺祖曰："范质为相无他短，只欠周世宗一死耳。"试问宋祖受周世宗之恩，与质孰大乎？窃钩者诛，窃国者侯，其来久矣。爰举《春秋》斧钺大义，以正弑君、弑母之罪在海陵而不在杀海陵者。

书宋名臣言行录后
（1823 年）

　　乾隆中修《四库书》，纪文达公以侍读学士总纂。文达故不喜宋儒，其《总目》多所发挥，然未有如《宋名臣言行录》之甚者也。曰："兹录于安石、惠卿皆节取，而刘安世气节凛然，徒以尝劾程子，遂不登一字。以私灭公，是用深懑。"是说也，于兹录发之，于《元城语录》发之，于《尽言集》发之，又于（宋如）〔杜大〕① 珪《名臣琬琰录》② 发之，于《清江三孔集》发之，于唐仲友《经世图谱》③ 发之。昌言抨辟，沨再沨四，昭昭国门可悬，南山不易矣！虽然，吾未知文达所见何本也。

　　兹录前集起宋初，后集起元祐，而刘公二十余事在焉。羔羊之节，曾、史之行，明夷之贞，凛然起懦夫，炳万祀，故南宋黄震《日钞》品骘兹录诸人，亦厕刘公与王岩叟、范祖禹间，次第吻符，是宋本、今本，五百年未之有改也，吾未知文达所见何本也？且朱子于刘公也，推其刚则视陈忠肃为得中，劾伊川非私心，述折（抑）〔柳〕④ 必非妄语。养气刚大，殁致风雷，皓然秋霜烈日相高焉，而谓其"百计抑之，终不能磨灭"，然耶，否耶？

　　寻其由来，文达殆徒睹董复亨《繁露园集》之瞽说，适惬其隐衷，而不暇检原书，遂居为奇货。夫董氏不学固无论，即其以苏党及禅学二事为刘公所以不登之由，则录中取二苏言行不下二十余事，而所胪宋初诸公杂禅学者又十而七，何耶？矧是书成时，朱子悔黄鲁直之孝友笃行

---

① 据《四库全书》改。
② 《四库全书总目》作"名臣碑传琬炎集"，"琰"作"炎"。
③ 《四库全书总目》作"帝王经世图谱"。
④ 据宋马永卿《元城语录》改。

而遗之，则即四科不列曾氏，尚未足为记者阙失，矧未见言色而言乎？

夫忠定与文公皆百世师，原非后人所能一畚增岳，一蠡损渤。而文达方以记丑言辩尸重名，余恐耳食者流，或眩其信仰前哲之心而靡从之，则是益重文达过也。至文达谓"南宋亡于诸儒，不得委之侂胄；东林起于杨时，遂至再屋明社"，则固无讥焉。末二条见《四库书目·庆元党禁》、《杨龟山集》下。

再书宋名臣言行录后
（1823年）

太原阎百诗曰："近日文人议论之愎之辟，未有甚于杨用修者也。用修最不喜朱子，以不喜朱故，遂并濂、洛、关、涑诸儒摈勿道；以不喜朱故，遂并宋一代文章、事业、议论摈勿道；以不喜朱故，遂并夷宋于晋，谓国运不得肩汉、唐。"邑哉，阎氏之论乎！虽然，尚未得所由然也。

用修谈诗专诋杜，谈史专诋朱。其诋杜也，欲右李白也；诋朱也，以议二苏也；其尊苏、李也，则以蜀人也。用修曰："古今才咸患不足，稍稍有余者惟太白、子瞻二人。"用修殆欲离立而三乎？然谓杜恒推李，李恒藐杜，既不君子古人；又以杜诗见重宋代，并谓宋人杜撰诗史，坏风雅体，可谓勇于自用矣。

至谓"朱子列安石《名臣言行录》，缁素易位"，则尤不可无辨。朱子跋两陈谏议，罪状安石，绷绷三四千言，不啻九鼎铸魑魅。而兹录安石十余事，则皆心若公孙弘，学若商君，愎若阳处父，〔不臣若王处仲〕①，怙子若石季龙，皆取元祐诸君子攻安石语，正犹纂《楚辞》附扬雄《反骚》，以藉著洪氏、苏氏贬词，明大谊也。即较范氏《列女》不遗文姬，汝愚奏议兼收惇、蔡，尚区以别。故临川李穆堂侍郎深憾录中安石言行之为诬。夫同一《言行录》也，临川人则曰"诬谤安石"，蜀人则又曰"左袒安石"，果仁者见仁，智者见智耶？矧朱子答吕东莱，谓"兹录随手捃缀，不成文字"，而用修谓其自拟《春秋》，又何据耶？靖康初，杨时即劾罢安石配享，毁《五经新议》板；孝宗乾道五年，魏掞并劾去其从祀；用修乃谓其父子配享，终宋世无一人公言其非，又

---

① 据《皇朝经世文编》卷六十八《再书宋名臣言行录》补。

何耶?

用修诩唐诗人二十有二,南宋相业五,皆蜀士。且谓"新法之行,始终争之惟二苏"。谓"绍熙剑州黄裳封事,远过司马温公",而他非蜀产者,虽韩魏公、欧阳文忠公德业,皆据小说厄言,议其疏防危身为莫大罪,议其昵妓挟私,诬谤钱氏,等诸秽史。呜呼!桑梓之重如山,畛域之坚如城,而顾谓他人畛域未化耶?

又其甚者,则谓"朱文公著书谈道,品骘古今,罔不违公是,远人情";称秦桧,诋岳飞,盗诸葛,匡衡、陶渊明、韩退之,皆力诋不使为完人。呜呼!天下后世尚有读书人也?文公父韦斋公忤秦桧以去国,文公谓"天地之正气忽发于施全";又欲请武穆恤典,会去国未果。其手帖存岳氏,故珂跋反复感激数千言,见《宝真斋法书赞》。而谓党奸谀,抑忠荩,恐起岳、桧二人质之,亦未必受此等诔谤也。至《通鉴》沿旧史书"诸葛入寇",《纲目》正之,有目共窥,〔有耳共熟〕①,今谓"盗"之,果孰睹孰传耶?文公予蜀汉君臣正统,书渊明有晋士,特著《韩文考异》以昭道统,而孔明、昌黎,宋后始祀阙里,其以表章力乎,诋斥力乎?至匡衡说经谈粹,而相汉以〔奸〕②贪败,故文公疑其剿说,而升庵不平之,然则匡衡果清节之儒耶?文公箴门人议霍光、马援者曰:"'采葑采菲,无以下体',取人善为己师,胡如此议论也!"用修犹谓其无过中求有过,独不思苏子瞻圣荀或不圣武王,至以汤、武为篡弑,以乱天下公义自孟子始,以昭烈、孔明入蜀与曹操无异,此有过中求无过耶,无过求有过耶?胡不置一解也?文公于名臣言行,胪苏公忠说大节甚具,而用修谓专诋其未形之恶,然则用修以《庄子》诗礼盗冢验于宋儒谈性理者,是果预诋未形之斑否耶?

用修曰:"自周、孔来,无一人能逃文公议者。"予则曰:"有宋一代,自蜀人外,无一人能逃用修议者。"然且欺后世无复读书人,动辄赝某书,臆某事,鼓噪后生,诖误来学,至伪称《朱子语录别本》,言"《大颠书》乃昌黎死案"。呜呼!此别本者何人所藏,独升庵见之耶?陈氏正杨书,其亦不得已耶?

---

① ② 据《皇朝经世文编》卷六十八补。

孙子集注序
（1823 年）

《易》其言兵之书乎！"亢之为言也，知进而不知退，知存而不知亡，知得而不知丧"，所以动而有悔也，吾于斯见兵之情。《老子》其言兵之书乎！"天下莫柔弱于水，而攻坚强者莫之能先"，吾于斯见兵之形。《孙武》其言道之书乎！"百战百胜，非善之善者也；不战而屈人之兵，善之善者也。故善用兵者，无智名，无勇功"，吾于斯见兵之精。故夫经之《易》也、子之《老》也、兵家之《孙》也，其道皆冒万有，其心皆照宇宙，其术皆合天人、综常变者也。

而苏洵曰："按言以责行，孙武不能辞三失：久暴师而越衅乘，纵鞭墓而荆怒激，失秦交而包救至。言兵则吴劣于孙，用兵则孙劣于吴，矧祖其余论故智者乎？"呜呼！吴，泽国文身封豕之蛮耳，一朝灭郢，气溢于顶，主骜臣骄，据宫而寝，子胥之智不能争，季札之亲且贤不能禁，一羁旅臣能已之乎？故《越绝书》称"巫门外有吴王客孙武冢"。是则客卿将兵，功成不受官，以不尽行其说故也。

或又谓将才非人力，运用存一心，括读父书，徒取秦禽。是又不然。兵列五礼，学礼宜及，"有文事者，必有武备"，"好谋而成"，"我战则克"，"学矛夫子，获甲三百"。特兵危事而括易言之，正与兵书相背故也。

"弩生于弓，弓生于弹，弹生于古之孝子。"杀人以生人，匪谋曷成？谋定而后战，斯常夫可制变。上谋之天，下谋之地，中谋之人，人谋敌谋，乃通于神，非神之力也，心之变化所极也。变化者，仁术也；上古圣人，以其至仁之心捴水火而胜之，捴龙、蛇、虎、豹、犀、象而胜之。恩生于害，害生于恩。微观于五行相生相克之原，天地间无往而非兵也，无兵而非道也，无道而非情也。精之又精，习与性成，造父得之以御名，羿得之以射名，稷得之以稼名，宜僚以丸，秋以弈，越女以剑。虽得诸心，口不能云；口即能云，不能宣其所以云。若夫由其云以通其所以云，微乎，微乎，深乎，深乎！夫非知《易》与《老》之旨者孰与言乎！

王翦苻坚论
（1823 年）

　　从来用兵，兵多者败，而王翦灭楚独出于用众。从来客兵利速战，主兵利持重，而王翦之兵独以持重不战，反客为主；谢玄淝水之胜，又以速战，反主为客。考信陵救赵，选兵八万，（逐）〔遂〕① 走蒙骜二十万之师；项羽以楚兵三万，遂破章邯二十万之众；谢玄淝水八万，遂败苻坚投鞭断流之众。而楚师于秦，屡战屡败，一则怀王败于秦，杀其将唐（妹）〔昧〕②；一则白起以三万人自蜀攻楚，一战而烧夷陵，再战而举鄢、郢。同此秦、楚，而李信以二十万败于楚，王翦必六十万乃行，何今昔用众用寡相胡、越哉？

　　魏子曰：此太史公叙述不详，致后人疑其以六十万之兵萃于一阵，从古无此兵法。计李信之兵二十万，与项燕之兵数相当；而以主待客者主常胜，故李信败于项燕。白起之役，能破其众而不能取其国，究以兵数太少之故。王翦老将，以楚地五千里，建国千年，民风慄悍，非一路之师所能吞并，故自将二十万以当项燕，坚壁不战，其相持当在寿春国都之地；其余四十万之师必分四路，一由上游巴、蜀东下，取湘南长沙，一由襄阳取荆州，一由淮南取广陵，一由海道取姑苏。计半载间，江南江北诸城无不下，所有楚之郡邑府库积贮，无不为秦兵所有矣。项燕欲救则不敢分兵，欲战则不能致敌，反主为客，锐挫气阻，而后王翦开垒倾壁，一大战而败之。项燕走，楚王禽，一举而灭五千里之国，此兵家万全之师也。

　　苻坚之师，人以为败于众；不知以万乘之国，攻万乘之兵，非多不

---

　　① 据《史记》卷七十七《魏公子列传》及文意改。
　　② 据《史记》卷四十《楚世家》改。

能制敌。《兵法》，"十则围之，五则攻之"，假使苻坚用王翦故策，自督慕容垂、姚苌等以二十万众阻淝水，坚壁不战；而苻融、苻丕、苻登之徒各将十万，一由上游取蜀，一趋荆州以羁桓谦，使不得东下，而一军由广陵渡江直趋建业，其时重兵大将皆在外，建康空虚，即谢太傅之才，岂尚能围棋赌墅以却敌哉！建业下则谢玄、桓谦两军闻风夺气，不战自溃，况以二十万众渡淝而攻八万哉！项燕之才不下谢玄，而胜败异者，以所当之敌，一有节制之王翦，一无节制之苻坚也。

至于淮阴之用众，武穆之用少，李广之用奇，虽有神明于法度之外者，然以李临淮之才，尚不敢野战而长于凭城，周亚夫以四十万军坚壁不战，以梁委吴、楚，必待奇兵扰其饷道，敌兵饥困，而后一战成功。千古兵机，如出一辙，胸无成算而大勋克建者，未之前闻。

定庵文集手批
（1823 年）

批平均篇

圣于文者，其体秃，其情鸳，其味闷。不可思也，矧可喙也？

批释风

道家者之言，亦本义也，胜叔重之说。

批资政大夫礼部侍郎武进庄公神道碑铭

斯足以当奇文、大文之目也！

批农宗

此义古今所未发。此法若在国家初造之年，则亦易行。

批与人笺一

定庵语余："实不见天下有二原之水，二本之木。"此语言文字中打成一片境地也。

批陈硕甫所著书序

空谈性理，非学也，乃朴学之士矫空疏之弊太过。又谓学尽于是，是古有六书、九数而无天人性命也。此云天人性命之学，从小学入手。小学者，实兼《礼经》十七篇、《曲礼》、《内则》、《少仪》、《弟子职》与六书、九数而言，此儒者家法，本末体用备具，千古可息争端矣！此文恐是古今一关键。

批答人求墓铭书

"修词立其诚"，凡事则求古人之意，无所苟而已矣！

据《定庵文集》自刻本

致邓传密书
（1824 年）

　　守之仁弟足下：两接手书，具稔动履安和，甚慰悒念。

　　前书谓源与挹之退有后言，方切悚惧。昨札则已释前疑，而止谓词貌之间，不甚亲洽。夫舍其大而责其细，宽其重而就其轻，是故人之恕也；交久而不略其文貌，责过而不忽于细微，是故人之周也。源素性粗疏，动多尤悔，故人知之，岂自今日？然在他人，则将以为不足责备而置之，自非直谅肫勤之君子，其尚肯齿诸朋友之列，而规诲不倦乎？近与挹之讲习切磋，颇知自反，尚望时贶良药，以针以砭，不致遐弃，以全始爱。《诗》云："无我恶兮，不寁故也。"明春入都面晤，乃竭其愚。前接秋舫书，言足下受定公之托，颇不容易，未知日内光景何如？定公正月即可抵京否？日内闭户作何工夫？念念。天寒，惟珍重。一切不宣。

源顿首

据邓以蛰家藏原件

户部左侍郎提督江苏学政周公神道碑铭
（1824 年）

上之是非不明，则其公在下；下之是非不明，上之是非明，则其公在上。公在下，则是非与黜陟出于二；公在上，则匪直出于一，且以黜陟正是非，尤克昭苏万物，平概群品。

国家承明之敝，决塞去壅。而今上六七载，各直省若泾县之狱、渭南之狱、太原之狱、德清之狱，匹夫匹妇犹有不获其情者，辄烦朝廷重臣亲跋涉万里，或内付廷尉，而后平反之，重蔽牢蒙，咸卒破坏，故幽隐毕达，而吏不敢以民命草芥。

其尤甚者，湖南湘潭之狱，侍郎周公以手书为抚臣讦奏，身遭职削，吏乘势益无忌，党并雷同，铲根灭迹，巨奸逸法网，良牧绌劲议，万夫吞气，放臣息影，惴惴蜗居，灰心绝望矣。而雷霆忽发于新政之初，起废之诏，旧抚之遣，与一二嗣治狱之督抚按察，相继尽投闲散，而复公旧职，扬历中外，复为天子重臣，使狱事虚实曲直出覆盆而照日月者，皆出天明天聪特照独断。呜呼，岂非公在上而是非出一者与？

方狱事之起，始以江西客民之犷横，继以湖民之报复，大吏不善镇抚，以致闭城罢市，械斗兼旬，人心汹惶，几激大变。时值仁庙六旬万寿之年，抚臣虑干不测，初奏至即讳匿不以实闻，而首罗织在籍石给事中为钳塞言路计，识者盖知其无意狱事矣。公询其赍奏材官，尽得状，知虚实大悬，虑酿湖南巨患，既而奏本末。有敕驰询，犹不以抚臣为不可与言，手书忠告。抚臣方仓皇于廷敕，不德反仇，遂一意护前，反噬构陷，公以是获严遣。然天下亦遂晓其一朴诚，一倾险，一忠直，一罔上。《诗》曰："云不可使，得罪于天子；亦云可使，怨及朋友。"古今君臣寮友之际，讵不甚难哉！以公至诚无逆亿若是，设遇军国事重且大于此者，必不肯隐忍却顾嗫嚅明矣；遇友有贤于旧抚者，其必竭诚无不尽明矣。被放南归，先后尚蒙朴实之褒，鲠直之谕，仁庙知公不谓不深，乃守制起复，未几而被议；今上再起，骎向用而遂不禄；士功业显不显于世，固自有命焉，于人又何尤！

公文学在士林，典刑在乡邦，政绩在海内，有李君兆洛《行状》及江苏《请祠名宦公状》在。惟湘潭一狱本末，则迄今海内传闻，尚有不尽其情者，故敬揭国家所以重民隐，决壅蔽，使孤立朴诚之士百挤不倾，有以作百世臣子之气者于前，而后以公生平他行铭诸后。

公讳系英，字孟才，号石芳，湖南长沙府湘潭县人。乾隆戊申乡试举人，庚戌进士，授翰林院编修，历官詹事府右春坊、右赞善，司经局洗马、翰林院侍读、侍讲学士、侍读学士，光禄寺卿，内阁学士，吏、户、兵、工四部侍郎兼署礼部右侍郎，充《高宗实录》馆纂修官、《仁宗实录》总纂官副总裁、咸安宫总裁、《治河方略》馆副总裁、文渊阁直阁、日讲起居注官，南书房、尚书房行走，嘉庆戊午、庚申顺天乡试、壬戌会试同考官，福建、江南、顺天乡试副考官，四川、山西、江西、江苏学政。卒道光四年七月三十日，生乾隆三十年二月二十五日，年六十岁。奉旨祀江苏名宦祠。曾祖某，祖某，父某，皆赠如公官。妣某以上皆赠太夫人。配谢夫人。子铭恩，副贡生，江华县教谕；贻械，监生；贻朴，广东盐库大使。孙二。葬某原。铭曰：

帝选宿学，入侍讲幄，公矢其悫。匪夕伊朝，受知两朝，若云在霄。曰汝教督，于汾于蜀，士宵其读。曰汝司衡，于南于京，士春其英。曰汝贰部，司空司马，朕肱且股。天鉴其衷，民吁其恫，公蹇其躬。虽则蹇难，仁庙斯眷，温纶载涣。卒俟其定，以贻嗣圣，大正厥命。臣受于君，子受于亲，惟命之循。实录手辍，中夜感涕，曰思先帝。弗惩厥前，益矢厥肩，救民恐遭。手拮口瘏，大灾克苏，士气克桴。庶公其宰，以润四海，曷云不待！公重如山，公粹如璠，万夫之宪。公位日崇，公产不充，一亩之宫。显显令哲，皤皤黄发，曷云其忽。穸碑湘溃，公配恪勤，以教事君。

庐江章氏义庄记
（1824 年）

　　有田若干亩，庐二区，司以族之贤能，正副二。岁时公家赋常先，廪其谷若干，以周族之贫者，老废疾者，幼不能生者，寡不嫁者。枭其余谷，为钱若干缗，以佐族之女长不能嫁者，鳏不能娶妻者，学无养者，丧不能葬者。而又凶馑祲札于斯，延师养弟子于斯，旌节、劝孝、宾兴于斯。察奸罚不肖寓焉，合食亲亲厚族寓焉。于古有诸？

　　曰：古奚有是为也？去生民未远之世，上与下犹醵然，勺而斟之，无不意满。若太宰以九两系邦国，宗以族得民，友以任得民，大司徒令比相保，闾相受，族相葬，党相救，州相赒，大功异居同财，有余则归之宗，不足则资之宗。上之纪其民，一族也；民之视其族，一家也。其《诗》曰："泂酌彼行潦，挹彼注兹，可以馈饎。"言万物无不得其平也。平，故靡有余，靡不足，无洽比，无吹嘘。庄周曰："名生于不足。"不足有余之相形，义之所由名乎？井田废，而后有公恒产者曰义田；宗法废，而后有世同居者曰义门；任恤赒救废，而后同心备急者曰义仓。闾左余子之塾废，而后有教无类者有义学；墓图族葬之法废，而后掩骼者有义冢；兵农之法废，而后自团练自守御者有义勇。而上亦兢兢昭显章示之，以补王政所穷，以联群情所不属，岂非渊渊然有意于天地生人之本始而思复其朔者哉！

　　国家累洽重濡，醲酝挛生，献版岁倍，人浮于地，贫万于富。天子忧然廑尧、舜其病之虞，内筹八旗生计，岁徙数百户屯田实边。而直省民有能均财若土自相养，分县官忧者，吏得上闻请奖，著为令，以风示天下。于是安徽巡抚以庐江章氏捐田三千亩赡族，其规画，并义门、义仓、义学兼之，由县府道司转详入奏，敕部察例予旌，旌如例。

　　魏子曰：天下直省郡国各得是数百族，落落参错县邑间，朝廷复以大宗法联之，俾自教养守卫，则鳏、寡、孤、独、废疾者皆有所养，水旱凶荒有恃，谣俗有所稽察，余小姓附之，人心维系，磐固而不动，盗贼之患不作矣。不有是也，三代事不几全无效于后世哉！嘉其志，爰为之言。

筹漕篇上
（1825 年）

道光五年夏，运舟陆处，南士北卿，匪漕莫语。先筹民力，乃及天庾。一壶中流，敢告幕府，作《筹漕篇》。

客曰：仆伏东海之壖，隶贡赋之乡。今者淮决湖涸，千里连（穑）〔樯〕①，积如山冈。蓄清则无及，由陆则财伤，航海则非常。然东南之粟，终不可不登于太仓。窃耳当事之议，欲借引夫河黄，盖不得已用之，庶权宜济急之一方。或者其可行乎？

对曰：非下士敢议也。然窃闻之：利多害少，智者为之；害多利少，审时施之；有害靡利，无时而宜之。今者堰虽决矣，河未病也；清虽泄矣，可徐盛也；漕虽亟矣，策未罄也。智者因祸而为功，未闻加患而益甚。若之何用河而河病，助清而清病，济漕而漕病？夫黄宜合不宜分，分则力弱而沙沉；清宜鬯不宜淤，淤则倒灌而患深。将姑为济运计乎？窃恐运河浅狭，岂容浊泥，数日而胶，旬日而夷，衔尾磨浅，有如曳龟。进退触藩，计当安施，幸蚤图之，毋悔噬脐！

客曰：江、淮二渎，皆濒于海，淮为河夺，故道未改。赣榆沙船，运货吴淞，来往为恒，未尝失风，是沿海可行也。嘉庆中，开减坝，夺盐河，淮北之商，载盐海航，由福山入江，行千五百之内洋，是江口可通河北也。今者粮艘扼于清口，进退两难，盍令由江下海，入于云梯之关，逆溯而至中河，奚必濡滞乎湖干？

曰：是康熙中所曾议，而河臣张鹏翮格之未行者也。夫赣榆之浅船，无过二百石，故可载轻以涉沙，讵可行千余石之重艘乎？盐运自北而南，可进乎江口；粮艘自南而北，必上乎黄河。鸿流喷薄，百里为激

① 据淮南本改。

荡，两岸绝纤道，岂能效逆上之鱼乎？改由海舟，费且无益，矧在漕舟，十无一济，如之何可行也！

客曰：古之漕运，皆用转般，沿水置仓，递输于官。江舟不入淮，淮舟不入汴，汴舟不入河，河舟不入渭，自宋崇宁中始改为直达纲。今清口龃龉，漕舟不能入黄，则盍仿建仓之意，截留滞粟于淮、扬？或仿转般之法，集河北、山东、河南之船于北岸，接运乎清江？二策居一，可否其行？

曰：兹所策者，将以暂行乎，抑永行乎？其以济全漕乎，抑半漕乎？南漕正耗四百万石，以一仓贮万石，必四百余仓。木必坚厚，地必高燥，费巨时旷。其未成以前，截留之粟无所贮。将籴卖以易新乎？则出入之间，贵贱两伤，折耗百出；将修以备将来不时之急乎？则不遗力以造仓，仓成而河运通，仍归无用；将不建仓而第接运乎？则河南、山东、直隶额设之官拨船二千百有五十艘，每船止受二百五十石，仅可运米五十余万。纵尽签商民之船勿顾怨咨，亦不过百余万石，尚不足济南漕之半。必更增造五百石之船数千艘，为费数百万。而清江过坝每日仅能过二万石，非二百日不能竣，必误抵通之期。

且唐、宋漕运，皆以民不以军也。今循明代之军运，而用唐、宋之转般，则自黄河以北，其仍用屯丁乎，不用屯丁乎？用屯丁则虽转般而依然直达，且本艘之回空莫顾，拨船之兼辖难周；如不用屯丁而至淮即还，则接运北上者，民乎官乎？沿途稽察谁司，通仓勒索谁给，米色耗坏谁任乎？夫唐代沿途置仓，递相灌注，已有"斗钱运斗米"之言。今不革数百年之运军与百余年之仓弊，而漫议永行者，左也；无素备之仓廒与一定之成宪，而仓卒暂试者，尤左也。子言师古，吾见其滞今也。

客曰：旧漕变价，新漕折价，可乎？

曰：太仓之储，非下士所测其数，可否停运，议俟庙堂。且以数百万米易银，银必贵；以数百万银易米，米必贵。出入皆耗，是变价之累在官。于秋成谷贱之时，而责以纳银，则贱愈贱；于浮收积弊之后，而责以敛银，则浮愈浮，是折色之累在民。况正供有定，河患无恒，停运其可常乎？是仓储之虞并在国，以此策之，又未见其可也。

客曰：救急之图，苟且之计，固皆踬矣。请舍一时之谋，商异日之画，亦有二议，或可久远乎？

曰：愿闻其说。

客曰：古言运道，必曰汴渠，托始鸿沟，大辟于隋。起荥泽，引河入汴达于淮，曰通济渠；又因沁水南连河，北通涿，开以济运，曰永济渠。唐、宋以来皆因之，是古运道本出于河、淮之上也。自元浚会通河而汴道遂废，然其东支入涡者，上流虽塞，而其南支合颍名贾鲁河者，仍上受京、索、须、郑诸水。由祥符之朱仙镇周家口至颍州以注于淮，商舟辐辏焉。若再施开浚，引漕舟由洪泽溯淮而上，入汴以抵于河，则祥符之对岸即为阳武，距卫河仅六十里。又上游之沁河，旧本入卫，近改由武陟入河，仍可分流入卫。使由此溯之，则其南由淮入汴者，即今日商舟通行之水；其北由沁、卫达天津者，即今日通漕之水。不大烦穿凿而运道出于河、淮之上游，不复与清口相犯。高堰之水，可以毋蓄，而淮、扬下河之水患可免矣。微山、蜀山诸湖可以毋蓄，而山东之涝旱可免矣。

曰：若子之说，是移清口于河南，以邻国为壑者也。病河病漕，以之直达固不行，以之转般亦不行者也。隋之去今，千有余载，河底深通，视今数倍。然且旋开旋闭，唐刘晏等即已改用转般，不能直达。宋都汴京，南漕本不入河，其北漕甚少，已岁虞河口之倒灌，故尝塞河引洛循广武以入汴，及河啮广武而运废。宋室南迁，金源河徙，诸渠淤废，是以元人改开会通河。岂不知汴、沁自然之利，甘凿空劳费之役哉！

况今又五百余载，河高地下，势同吸注，引贼入室，建瓴必溃。南决入汴，则必无开封；北决入卫，则必无卫辉。且南河有减水坝，而东河无之者，盖建坝必依石山而藉胶泥。自东河以上，地坦土疏，即减坝尚虞其夺溜，况引河通运乎？若欲溯汴而上，由郑水以至河阴，与武陟对岸，以截河而入沁，则郑水涓浅不可以舟。且沁性浊悍，岁虞横决，而欲以人力操纵之，使七分入黄，三分入卫，沁必全势北趋，不必河蹑其后矣。若即于阳武元人陆运之道，车载六十里而至卫河，则昔人所运不过数万至十万石，今以数百万之漕而三易其舟，两般其堤，劳费尚可问乎？且两岸之仓，接运之船，不与前议同弊乎？是以卫运则中滦、淇县之挽，陈州、新乡之运，元、明偶试之而不恒也，汴、沁则胡世宁建议于嘉靖，范守己贡策于万历，而皆不用也。

客曰：然则黄河者，运河之贼乎？故漕与河不双行。舍河用海，事有元、明，易安以危，世复望洋。窃极愤悱之思，欲去两短集两长，则盍舍运河开胶莱河，辟外洋从内洋？愚者千虑，必有一当，请为子陈其详：

夫江南之与北直，接壤海堧，里距不远也，而山东之登、莱二州，斗出海中，长如箕舌，由南赴北，舟行必绕出其外。故元人海运三道，皆放黑水大洋趋成山绕至天津，远者万余里，近者四五千里。诚由胶至莱凿通故道三百里，则漕舟出射阳湖之庙湾，入海三百八十里至山东，入胶河，至莱州海仓口，复入海四百里至直沽，凡舟行千有四百余里，而沿海洋中不过六百里。内免黄流之隔，外辟黑洋之险，以海运之名，有漕河之实，计勿便此矣。

曰：元初之故迹，刘应节、崔旦之遗说，仆亦尝考之，马家峡之难开，分水岭之难凿，两海口之潮沙难去，潍、沽河之水势难引，吾子谅亦闻之，今不更端矣。且即使沙石天开，海潮神助，扬帆莫御，而抑知有不可行不必行者乎？

夫海舟不畏深而畏浅，不患风浪而患沙礁。江南沿海，横亘五大沙，舟行所最畏。元初沿海求屿，逾年始至，旋辟其险，径放大洋，而旬余即达。况今黄河云梯关外，复涨千里长沙，皆舟行必避之险，若由胶、莱故道，则舟当何出乎？将北出淮河口，则今已为黄河所夺，将南出射阳湖，则口若仰盂不可以通大艘，断不能不出商船所由之福山、吴淞二口矣。既出福山、吴淞，则由崇明十滧直放大洋，必绕逾大沙暗礁二千余里而至山东，但再行内洋千里，即天津矣。岂有已过险远之外洋，反辟平恬之内海，而折入胶、莱之小河，是不知地利。江舟不可以行海，海舟不可以入胶，而胶河拨舟，又不可以泛直沽，将必一米而三易其载，一运而三增其费，是不审人事。惩会通之穿凿，而复以穿凿易之；辟大洋之险远，而更以险远益之；舍径即迂，求奇反拙，尤未见其可行也。

客曰：然则海运其可行乎？

曰：天下，势而已矣。国朝都海，与前代都河、都汴异，江、浙滨海，与他省远海者异，是之谓地势。元、明海道官开之，本朝海道商开之，海人习海，犹河人习河，是之谓事势。河运通则渎以为常，河运梗则海以为变，是之谓时势。因势之法如何？道不待访也，舟不更造也，丁不再募、费不别筹也。因商道为运道，因商舟为运舟，因商估为运丁，因漕费为海运费，其道一出于因，语详贺方伯复魏制府书中。其大旨曰：海运之利有三：曰国计，曰民生，曰海商。所不利者亦有三：曰海关税偹，曰通州仓胥，曰屯丁水手。而此三者之人所挟海为难者亦有三：曰风涛，曰盗贼，曰黦湿。此三难者，但以商运为海运一言廓之而有余，故曰：为千金之裘，毋与狐谋其皮；筑数版之室，毋于道谋其疑。众人以讻讻败事，圣人以讻讻决机，苟非其人，法不虚创，功不虚施。时乎，时乎！智者争之。

复魏制府询海运书代
（1825 年）

　　海运之事，其所利者有三：国计也，民生也，海商也。所不利之人有三：海关税侩也，天津仓胥也，屯弁运丁也。而此三者之人，所挟海为难使人不敢行者亦有三，曰：风涛也，盗贼也，霉湿也。所挟人为难使官不能行者亦有三，曰：商船雇价也，仓胥勒索也，漕丁安置也。必洞悉夫海之情形与人之情伪，且权衡时势之缓急，而后之难行者无不可行，且不得不行。某自二月中旬，蒙示廷寄，命筹海运以来，宵旦讨论，寝食筹度，征之属吏，质之滨洋人士，诹之海客畸民，众难解驳，愈推愈审，万举万全，更无疑义，敢以贡之大人执事。

　　元代创行海运，十年而道三变；明王宗沐力主海运，亦以海道不熟，失风莺游门而罢。今则海禁大开，百三十余年，辽海、东吴若咫尺，朝洋暮岛如内地，则道不待访也。元初造平底海船六十艘，运四万六千石，其后，船岁增造，费且无算。今上海沙船及浙江蛋船、三不像船，并天津卫船，自千石以至三千石者，不下二千号，皆坚完可用。通算每船载米千余石，一运即可二百余万石，两运而全漕可毕。若止运苏、松、常、镇之粮，更绰有余裕，则船不待造也。元初以开河卫军及水手数万供海运，并招海盗以长其群。若今江、浙船商，皆上海、崇明等处土著富民，出入重洋，无由侵漏，每岁关货往来，曾无估客监载，从未欺爽，何况漕粮？各效子来之忱，无烦监运之吏，则丁不别募也。本年二月，始议海（漕）〔运〕①，其时公私津贴已给旗丁，不能不出于动帑。明年海运，即以旗丁领项移为沙船雇值，则费不别筹也。

　　或谓其不可行者，则曰"盗贼"。不知海盗皆闽、浙，南洋水深多

---

　　① 据淮南本及《皇朝经世文编》卷四十八改。

岛，易以出没，船锐底深，谓之鸟船。北洋水浅多礁，非船平底熟沙线者不能行，故南洋之盗不敢越吴淞而北。今南洋尚无盗贼，何况北洋？此无可疑一矣。

或有谓其不可行，则曰"风涛"。不知大洋飓风，率在秋冬，若春夏东南风，有顺利，无暴险。商贾以财为命，既不难蹈不测，出万全，岂有海若效灵，独厚于商船而险于粮舶？且遭风搁浅，斫桅松舱，即秋冬亦仅千百之一二，何况春夏？其无可疑又一矣。

或又谓其不可行者，则曰"霉湿"。夫运河经数月抵通，积久蒸热，米或黯坏。而沙船抵津，则不过旬日。若谓海风易霉变，盐水易潮湿，则最畏风莫如茉莉、珠兰，最忌湿莫如豆、麦，皆岁由沙船载之而北，运之而南。海风盐水不坏花豆而独坏米，庸有是理？盖北洋风寒，非似南洋风暖，而海船舱底有夹板，舷旁有水槽，其下有水孔，水从槽入即从空出，舱中从无潮湿，此可无疑又一矣。

然使运道畅通，粮艘无阻，固可不行。今则运河淤塞，日甚一日，清口倒灌已甚，河身淤垫已高，舍海由河，万难飞渡，此不可不行者也。然使太仓充裕，陈陈相因，尚可不行。今则辇毂仰食孔亟，天庾正供有常，一岁停运，势所难支，此不可不行者也。然使别有他策，舍水可陆，亦可不行。今则驳运之弊，公私骚然，国病于费帑，漕病于耗粮，官病于督催，丁病于易舟卸载，民病于派车派船，舍逸即劳，利害相万，此不可不行者也。

国家建都西北，仰给东南，唯资咽喉一线，岂惟河梗可虑，抑亦人事难齐。苟廑未雨之绸缪，必需旁门之预辟。今机会适逢，发端自上，因熟乘便，天人佥同。夫集事固在于谋，而成事必在于断，此时关键请两言蔽之，曰：上海、天津两地，得其人则能行，不得其人则不能行。海船南载于吴淞，而北卸于天津，两地出口入口，实海运始终枢要。苟上海关不得其人，则船数可使多者少，商情可使乐者畏，雇值可使省者昂。天津收兑不得其人，则米之干者可潮湿，石之赢者可短缺，船之回空者可延滞。盖上海牙行以货税为庄佃，天津仓胥以运丁为奇货，海运行则关必免税，丁不交米，两处之利薮皆空，其肯甘心？故创议之始，出全力以显难之者，必上海关之人；既行之后，阴挠之使弃前功畏再试者，必天津通仓之人也。此外，尚有屯弁运军，亦以行海废漕为不利。然此时河道未复，弁丁即欲运而不能，而一年中尚有漕项银米可以安置，不致十分为难。即天津通仓既行以后之事，有钦差大臣驻津稽察，自可无虑。惟上海关则首议船价之地，诪幻最多。即如二月间委员查勘，据牙侩蒙词，以关石倍半于漕石者变为仅倍，以一两四钱之折实漕石银三钱六厘者，变为每石实银七钱，较民间时价不止加倍。嘉庆间议海运，前抚军章公奏每百石费银三百两，即同此蔽。故今议海运，不询之商船，而询之上海关，所谓欲为千金之裘而与狐谋其皮也。使当时照定时价，动辄无多，（除）〔际〕① 此南风司命，江、浙漕米业已抵津矣。故曰：众人以哅哅止善，圣人以哅哅立功。其中条件尚多胶辖，统俟议定，录状呈览，伏望随时训示。不宣。

_____

① 据淮南本及《皇朝经世文编》卷四十八改。

城守篇
（1825 年）

仁人不问伐国，书生不足谭兵。而守圉之制，兼爱者详之；专城之名，守土者居之。道非同侻忽也，事非必将帅也，用非必乱世也，以救人，以卫民。兵者不得已而用之，故言攻不如言守，作《城守篇》。

守备上

"（豫备）〔备豫〕① 不虞，善之大者也"，"不备不虞，不可以师"。故董安于之治晋阳，可谓备之于平时者也；颜真卿之修平原，可谓备之于幾动者矣。沈璞之缮盱眙，抱真之实泽、潞，则以其冲要而备之也；宋祖袭清流关之径，金人出饶风关之背，失于间道而未备之也。勿因敌远而忽之，如弦子之玩郳；勿因地险而恃之，如姜维之轻魏。备之如何？一曰城，二曰池，三曰城之内外。

城，所以卫民也。守城之法，从攻城之谋而生。虞仰攻，则高垒以卫之；虞直攻，则厚筑以卫之；虞其迫于垣而隳靡也，则隍池以卫之；虞其远于隍而凭陵也，复睥睨以卫之。故欲善守必明善攻，惟知患者能捍患，古者公输、墨翟恒相反而相师。

城之善者，一曰险要。朔方受降，凉州和戎，拓地千里，不假战功。种营宽州，复完废垒；玠移合城，钓山爱徙。此之谓据险。魏胜海州，城枕孤山；庭芝守扬，敌瞰平山，皆拓重城，包之内环。或浚沟渠以限马，或潴塘泺以陷敌，或沮三海以卫郏，或种榆林以制骑。此之谓设险。一曰基固。基固必根深而土实，开土及丈，或得石，或得坚土，

---

① 据《左传》文公六年乙正。

皆可为胜重之本，浮泥松沙，必垦令尽。试观掘井者然，一层沙，一层泥，最下必有黄土。至于基址广厚，必较其上所载者倍之，乃久而不圮。一曰坚厚。金世宗取虎牢土以筑汴城，及蒙古攻汴，受炮所击，惟凹而已，是之谓坚。朱序镇襄阳，序母韩氏谓西北角当先受敌，于其角斜筑二十余丈。贼攻西北，溃便固守新城，是之谓厚。一曰形制。宋艺祖筑京城，取图以进，用御笔涂之，如蚓曲焉，命依式修造。及蔡京改营，扩为方城，金人来攻，植炮四隅，一炮所击，应声摧堕，然后知艺祖之远见也。唐肃宗时，武威九姓商胡反，时武威大城中有小城七，胡据其五，判官崔称以二城兵拒之，旬日而平，则又重城之利也。

濠，所以卫城也。濠之得失，城之全毁系之，故筑城必凿池。池有三宜：一宜深。深不易填，约以三丈为度。如浅则令内外居民，凡筑室烧砖，听于濠取土，官府工作亦如之。民有轻罪者，罚推土数车，内培城脚而免之。谚云："池深一丈，城高十丈；池深及泉，城高触天。"是临深益以助高也。二宜阔。阔不易越，约以十丈为度，底阔半之。以城上铳弹得及其外岸者为得中，太远则铳力不能及敌也。沿岸多栽盘根宿草以固之，防善崩也。三宜暗阱。有暗阱则不易偷渡，法于池底十步凿井，深阔皆丈，及泉为度，复外引河流，内泄城潦以益之。又暗表浅处，以便遣兵渡击也，是之谓重渊。三者濠事备矣。

若其山城，地势不可以池，距城二丈，据坑高卑，或错石条以拒冲梯。又或冬月囊沙列柳，汲水灌之，一夜冻厚，坚滑莫上，功约易守，此之谓重险。其有溪河绕城，可通舟楫者，则与树桩木于水上，不若伏铁杙于水际。盖利器不可以示人，故有形者贼易防，无形则贼必坠。

城之外则敌台宜备，堞垣宜备，牛马墙宜备，暗门宜备。敌台者，以杀敌为义也，不能杀敌则如勿台。台之制，贵长出，不贵横阔。大石厚砌其前面，所以捍蔽也；虚其左右而空其中，以梯上下，层各窍之以施火器，以便瞭望也；其孔内狭外阔，以便左右取准也；各台相距，不宜太近，近恐对放神器，自击其城也；更不宜太远，远则矢石无力，不能及敌也。凡敌攻城，但顾上击，（上）〔不〕[1]虞旁攻。轒辒木栌旱船之属，皆防上而不防下，守城者每无如何，则任其挖掘。若有虚台之制，左右夹击，则两台之间，虽守垣无人，贼亦不敢登矣。

城堞亦名城垛，以躲身为义也，不能躲身则如勿堞。堞不宜太高，

---

① 据文义改。

高则掷石无力；堞口不宜太狭，狭则碍于击贼。今之为堞者，高与肩齐，口仅容肘，皆不可用。如欲用之，宜于堞内各砌一基，高阔二尺，则可固堞，可击贼，可憩卒。又必各留悬孔，贼远则堞口瞭之，铳矢射之，近则悬孔视之，随机御之，我可捍贼，贼不能伤我，则御之易矣。凡悬孔之砖，先为湾坯以陶之，既成而甃用之。

若夫牛马墙者，则在城外与濠上。凡濠之岸，不拘宽狭，狭即丈许，宽不逾倍；其滨为墙，砖石随便。每雉一大铳眼，每过五步，则一中铳眼，距地三尺。每眼上各为直缝，三寸高，二寸阔。以便瞭视。再上三尺一小铳眼。宽止一寸。墙脊用尖石锐砖以制之。贼对濠，则小铳击之；贼众，则大铳击之；贼登墙，则大斧火棍一击而坠之。或一时收敛不及，或昏夜难辨，不敢开门，则避难之人，牛畜之属，皆暂于墙内以避之。城与墙为依，墙恃城为命，缓急相助，进退有卫，施之无濠之城尤见其力，此刘琦所以胜于顺昌也。

守城已坚，始可出奇用诈，以战代守，以御解围，则莫要于暗门。暗门之制，潜视出入便处，凿城为门，外存尺余，临时方穿，内施排柱铁木相撑。或贼初至，营阵未整，或暮夜乘贼不觉，或贼攻城初息，或贼围久已怠，潜出精骑，衔枚袭击，胜不远追，贼疲自逸。仍于城上多积砖石，防敌犯门，急击勿失。是为暗门，亦曰突门。藏于九地之下为暗，动于九天之上为突。暗门防奸细之逸出，突门防敌人之袭入，慎之哉！

城以内则城路宜备，内濠宜备，巷战宜备，保甲宜备，储（峙）〔峙〕① 宜备。凡城之内，多留磴道，半里一座，以备缓急。磴各一栅，严司启闭，一防贼登，一防怠卒。凡城之内，皆设内濠，深广制度，与外相当。外岸周遭，亦作垣墙，贼即入城，尚有内防，互相夹击，贼必败伤。昔睢阳之围，贼于城外筑重濠木栏以守，张巡亦于内作濠以拒，此之谓也。有严城，有内濠，始可言巷战。巷战之法，许逵行之于乐陵。使民筑墙，高过屋宇，圭窦其下，一丁窦内，余皆入伍。设伏巷中，洞开城户。贼果大至，火施无所，兵加无处，旗举伏发，擒斩无数。盖拒之城外者上也，然数贼入城而阓门鼎沸，亦不可不防。纵不能按巷尽备，而近城要路，必不可不严戒以陷敌也。

至于守土之法，可通行之平日与临时者，惟保甲与积储。保甲之

---

① 据文义改。

制，以兵法部伍其民，凡审丁、查赈、诘盗皆赖以行；而施之城守尤急，以肃号令，以均力役，以稽奸细，以慎火盗。保甲行而储积亦易矣。

积粮莫便于令民自积，盖输之于仓，颗粒亦有难色；贮之于室，虽崇墉谁不乐从？但使家有盖藏，何虞有警无备！然储积非特粟也。台城之闭，公卿以食为念，男女贵贱，并出负米，而不备薪刍，及后坏尚书省以为薪，彻荐荐以饲马；又不备鱼盐，久之人多身肿气急，死者什八九。是则薪宜备，刍宜备，盐宜备。匈奴围疏勒，绝其城外之汲涧；北魏围虎牢，穿道地以泄城中之井脉，则水宜备。外此更有医匠技艺必用之人宜备，兵器火器木石灰油必用之物宜备。

守备下

《兵法》曰："军无粮食则亡。"若乃贼无辎重，掳掠为资，彼已先犯兵家所忌，我将断其乳哺以死之乎？抑将借兵而赍粮乎？欲筹坚壁，必先清野。凡清野之法有五：

一曰清五谷。秦人艾麦桓温溃，赵犨徙粮黄巢蹶，寇准瘗谷敌兵畏，惟辅焚粟金师匮，于谦空仓强寇悴。然或谕之而不信，令之而不从者，一则城中积贮无所，一则官府假借堪虞也。（给必）〔必给〕① 城中官地或寺观以为囷积，令自典守而自粜籴之，官不过问焉。其搬运不尽者，而后官籴入之，粟有入城，无出城，则以米易钱，乡民便；以钱易米，城民便；饱我饥敌，一举三便。如迫不及，宁从焚瘗。

二曰清牧畜。凡掳掠之最便者莫如牧畜，不烦运载，驱之而去，未交一兵，已饱敌欲。是以李牧严堠入保而胡不窥边，陈俊轻骑收掠而贼自散走。近城则入城聚之，远城则堡壁收之。施诸边塞，尤为要策。

三曰清刍草。敌恃马以强，马恃草以食。守边将士，每秋月草枯，出塞数百里，纵火烧荒。刘仁恭以之制契丹，思摩以之待薛延陀。若夫西夏元昊之于辽，则且退师三舍，每退辄赭其地，遂以诱敌取胜矣。若夫金人据牟驼冈之刍豆而汴京围，于谦空近郊之牧厂而敌骑退，则刍茭峙积，尤易遗敌，往事可鉴矣。

四曰清水泉。敌所资者，非草即水，秦人毒泾上流以馁晋，隋将药

---

① 据《圣武记》及文义改。

境内泉以病虏，刘锜毒颍困敌师，毒草困敌马。

五曰清庐舍、清郊场。凡近城三丈内有屋者，贼或内伏以仰射，或取梁柱为云梯，或顺风延燎，或乘基起堙，此皆不守之城也。严下令撤之，急则毁之。凡濠外里许，皆宜旷野。有村落，则敌得而据之；有台塔，则敌得而瞰之；有土阜，则借以填濠而碍炮；有丰草沟渠，则敌可隐匿。其有大树及竹木囷积者，（督）〔皆〕①攻城之具也，或除或禁，或运入之；有水筏在百里外者，暂移小港而隐匿之。违者以军法治。

五者行而野清矣。我能害敌而敌无以害我，则先为不可胜矣。虽然，城之所卫者有限，而郊野村落之不可尽卫者无限，则所以犄角分错，各自为守，非堡寨莫尚焉。

守御上

守御之具既备，宜筹守御之人。大端有三：曰定号令，严禁约，广方略。

号令之要，先一事权。守土官为主，居中调度；余分四面，四隅各设正副，以丞、倅、绅士为之，小事听其处断；如旌旗号令有不便者，必禀主守，毋得擅易。政出多门者败，法令不行者败。次安乡民。土木之变，于谦奏，凡兵皆出营郭外，毋得示弱；郭外之民皆徙入内，毋令失所。凡避乱入城之民，有亲者依亲，无亲者官为设处，男女毋杂，各从其伍。乡民既多，宜防奸细。防之之法，立栅壕外以诘之，分门出入以别之，亲识保领以核之。然后分汛地。聚则难周，分则易守，则段落不可不明也；孤则易折，众则难摧，则众志不可不和也。然后择贤能。有十人之能者统十人，有百人之能者统百人，有千万人之能者统千万人，是得一人则得千百万人，失一人则失千百万人也。柔弱者不为长，昏愚者不为长，暴横者不为长，执拗者不为长，奸私者不为长，志不奋发、力不强健者不为长。一隅稍疏，三方失守，可勿慎也？然后编丁壮。计其贫富以定多寡，使富民无丁而有丁，贫民无食而有食，则均而无怨也；堞三四人，少亦二人，更番宿食，各近其居，则劳而不困也，然后给守具。计城若干堞，计守具若干事，按地而给之，余置城楼以备不时之需。有神机火器，劲弩坚盾，于扼要而备之。凡人夫各记姓名于

---

① 据《圣武记》及《皇朝经世文编》卷七十七改。

堞，各识其处而以时演习之，如此则号令定矣。

禁约之宜申者数事：禁讹言，禁方士，恐其煽众而泄情也；禁茶坊，奸人谋议多在茶坊者，虑酒后泄言耳。禁寓店，禁夜行，恐其薮奸而诲盗也；禁吹响器、举表竿，恐其应贼而乱耳目也；禁妄动，禁呼噪，恐贼惊我而乘之也；禁擅离汛地，凡门栅、台堞、库狱、中营、游营、奇营、战营，各止其所，离一步者斩，所以一众也；禁擅入汛地，恐贼谍托艺贩以觇探也；禁私启门窦，禁私酬贼语，禁私启贼书，有犯者斩，尤军法所必治也。守既固矣，乃可以御。

御之方略，曰具犒赏以鼓士，共甘苦以固众，谨斥堠以备警，设墩台，内设望楼、远镜。厚侦谍以审敌，选死士为亲兵以弹压，设更番之游兵以策应，屯扼要之外兵以犄角。凡贼来攻，则人各保堞，有警轮守，无警轮巡，传食而迭宿，各止其处。凡便利皆贮之，将热以浇敌也；石各以类积之，可大摧而小击也；灰之，以瞀其视也；楼橹泥之，以防其爇也；雉置楮墨，以备缓急也；时而逻之，以稽其疏佚也；诛信而赏必，所以作其气也。凡贼之攻我也有七乘：昼夜疲劳，乘我惫；旷日持久，乘我怠；风雨晦冥，乘我忽；矢竭炮稀，乘我乏；堞单坡平，乘我隙；失火惊扰，乘我急；声东击西，乘我不意。此七乘者，城之存亡，不可不备也。凡守城之术，心欲一，气欲壮，力欲逸，足欲定，声欲静。知同生而共死，则其心一矣；知攻难而守易，则其气壮矣。守里不如守丈，守丈不如守尺，愈远徒劳，愈近得力，十步而外，毋虚矢石，则其力逸矣。贼攻东南，我备西北，游兵四应，守兵勿易，各死其所，毋离五尺，宁我致人，不为人致，则其足定矣。声乱斯号令不闻，声哗斯心志不肃，声扰斯贼人得计，手示目语，毋嚣其气，夜惟更柝，昼惟旌帜，则其声静矣。凡贼之屯城也，以逸待我劳，以饱待我饥，以坚忍挫我锐，以优游懈我备，声言解围以安我意，声言增兵以夺我气，乍动乍静以疲我志，缓进散冲以耗我力，筑垒增栅以老我智。我惟一定，示以不愦。撤围勿喜，疾攻勿惕，示怯勿进，归师勿蹑；约和毋信，诈衅毋利，忽退毋懈，久持毋懈。有待援，毋出奔，奔必死，援必生。

守御下

闻之，善守者如环，使敌不得其间而入焉。敌诡有万，守岂一端？其道赜赜，不厌详参，请极情变，知者观焉：

防莫重于门。槎其外，以备敌之焚也；坑其内，以陷敌之乘也；悬板其上，以诱敌入而使为禽也。凡门之制，宜备火攻，故窍其扇以出铳槊，则攻者不敢前也；羊侃守台城门，凿扇为孔，出槊刺贼。池其上以溜水，则火者无所施也；凿城上近门处为池，横长与门等，上阔底窄，形如檐槽，横开七孔。临时灌满，水如闸泄，此灭火上策，亦羊侃法。若火已然，则提瓮缶而掷之，或囊糠沙而湿之，或益薪月城，为火池以隔之，皆所以备急也。毋徒石砌土填，以自塞而张敌也。防莫多于堞。防堞之法，湿毡絮而悬之，以蔽矢而制火也；但防贼钩竿。或多悬刺木，或外架浮篱，防潜袭而梯登也；竹编牛皮而凿其中，出内矢而捍外射也；随攻所向而布幔张之，则矢石冲车不能坏也；若坏及堞，则木为女垣而轮推之，所以代堞也。若坏及城，则急栅而拒之，劲枪弩以守之，否则益火以绝之，急筑偃月城以翼之，内掘深濠以备之，则敌莫能害也。

门堞既固，乃专防奸。凡奸之生也有内外，被围者当先安其内而后及其外。贼至而甘心从逆，贼入而乘机劫夺者，穷民之患也。开仓而廪之，授戈而使之，则穷民效用矣。北门之管，以仕而危；维州之垒，以嫁而启；汝州之城，以版筑应募而溃。是内应之奸也。择亲信以任之，加外钥以固之，则内应塞矣。围守既久，人无固思，一夫下缒，众心危疑，或嫌衅于我，或贰敌居奇，是离畔之奸也。单激燕剧即墨怒，郤纵反间降兵疑，则离畔止矣。严失火之令，备救火之具，防火药，防草场，所以杜变也；狱者变之薮，库者劫之招，径窦者贼之媒，所以除蘖也。奸之外至，非惟谍诇也，有诡冒焉，有潜袭焉，有诈诱焉。栾乘妇车入曲沃，蛮衣败卒陷犍为，晖效蜀帜败景崇，贼称中使入幽州，是之谓诡冒；雪入蔡州，雾破夹寨，则乘晦冥而袭之；岁首破秀容，元夕夺昆仑，则乘令节而袭之；梯倚城外华州危，十六骑入隆德破，宋王德禽姚贼事。则乘不备而袭之，是之谓潜袭；佯退而实进，已去而复来，声前而掩后，求和以缓备，伪降以纳间，是之谓诈诱。令严可以杜冒，备密可以防袭，持重可以制诈。虽然，敌之外攻者，非惟阴谋也，有显术焉。

显攻之术十有二：曰土山，曰磴道，曰填壕，曰云梯，曰木驴，曰地道，曰撞木，曰钩竿，曰蚁附，曰炮石，曰火攻，曰水攻。

距之之法：曰外山既临，内山应焉。曾楼增高，明制其巅；或则地道，潜引彼土，陷不能立，阴制其下。此拒土山之法也。

囊土积柴，将磴以登，我潜投稿，杂以松明，因风火之，彼积必倾。此制磴道之法也。填壕之攻，或草包土，掷者如雨；或推轮桥，中实薪土，且荐且覆，遂渡莫御。若是捍之，火药为主，星掷飙发，敌败而去。此制填壕之法也。

云梯飞空，上施湿毡，多载壮士，翼以轠辒，薪土随之，填堑遂前，则如之何？曰：度其可焚，火箭是宜。或则凿垣，三木并施，一钩一距，一则燎之。若皆不制，必谋地池，通（坠）〔隧〕①蓄干，潜焰勿熺，重必偏陷，鼓韝急随，其焰亘天，积尸如坻。此制云梯之法也。或为撞车，铁裹竿首，逐便移徙，伺梯撞之。

梯高既败，乃创木驴，蒙以生革，十卒一车，径造城闉，俯厮且锄，城瓶于隍，矢石莫加，则如之何？曰：束苇实脂，岐如燕尾，缒而烧之，立烬可俟。革湿或阻，更以冶炉，铁汁筛之，若并万珠，穿厚彻坚，溃炙须臾，杂以膏油，烈炳必俱。则制木驴之法也。或作绞车，施钩索四轮，可以挽重，俟攻具逼城，则以长竿举钩索拽而入之。

上攻既穷，俯攻复败，乃谋暗道。凿土为窨，角鸣地中，墙倾垣坏，则如之何？曰：以山制山，以坑防坑。绕城多坎，伏瓮而听，其声空空，掘堑以迎，扬灰煽烟，若麇遇熏，客知有备，计辍不行。则制地道之法也。

城攻既钝，将谋女垣，爰撞爰钩，蚁附炮伤，四者各施，主人仓皇，则如之何？曰：客若撞木来者，宜以钩竿割之，绳断木坠，计不得施。客若钩竿来者，宜以推刀制之，曲刃外向，长柄下垂，迎刃而陨，以锐为宜。若拒蚁附，其道多端：绳钩上挽，锥板下搏，转石擂木，如雨循环。急则重斧，斫其近攀，远则蒺藜，刺马碍镮。圉若拒炮石，以柔制刚，张幕结网，布秸囊糠，障以牛革，补其坏墙。此拒四者之法也。

敢问火攻则如之何？曰：火之来耶，或以高车，加镬于炉，炙炭沸油，积薪助嘘，得水益焰，楼橹可虞。宜下湿沙，泥浆与俱。或束松竿，灌膏焚橹，利用铁钩，以断其炷。若燎已及，水灭则宜，或筒或袋，以熄为期，扑缓则殆，毋悔噬脐。此待火攻之法也。

敢问水攻则如之何？曰：水之攻耶，必城庳洼，缮版窒窦，勿为鱼虾。急募善积，载锹乘划，衔枚夜出，决堰囊沙，敌垒溃乱，急击无哗。此待水攻之法也。

---

① 据《圣武记》和《皇朝经世文编》卷七十七改。

问者曰：善。

制胜上

攻者为客，守者为主，胜在守乎？攻者生地，守者死地，胜在攻乎？

曰：胜无定在，制胜在人，援不可恃，守不可恒。凡破军禽敌之道，先在自治。吊死问伤，所以恤下；积薪誓死，所以厉士；鬻财犒军，所以劝勇；托神设誓，所以固众；设像朝阙，所以激忠；诛除反仄，所以伸威；声言援至，所以安困；开门出击，所以壮气。此制胜之本也。出如脱兔，动如发机。此制胜之术也。

其术如之何？曰：邀其归路而截之，诱其近城而取之；佚能劳之，饱能饥之；静待动，暇镇卒，佚制困；险而制之，犄而角之；援而结之，围而解之；敌将能识之，敌矢能取之。祢扼爽于三岭也，桓蠙休于夹石也，清河之禽明彻也，京口之困兀术也，知归路之可乘矣。诩之弱弩诱羌也，宫之伪降陷操也，雄之设伏间尚也，锜之浮桥济敌也，知诈诱之可用矣。

佚而劳之，其术有二：夜鼓严队，若将出击，及旦乃寝，伺怠忽出，备夕攻昼，备昼乘夕，更冲迭突，不令休息。此之谓明扰。或募死士，效敌衣号，乘怠劫营，因风纵炮。电起奋杀，电止则寂，惊与同惊，睡与佯睡，呼散啸聚，如万如一。暮往晓返，东出西入，疑鬼疑神，无声无迹。此之谓暗扰。

饱能饥之，其术有二：敌有粮艘，募凿沉之；敌恃困积，伺间侵之。辎重禽之，火药焚之。此之谓明害。毒其水泉以渴其人，毒其草刍以饥其乘，囊土量沙以扬其声。此之谓阴害。

虽然，不可以不静也。守陴静坐，徐城莫测；鸡犬无声，顺昌逐北。巷断夜行，刁斗寂默。哗则易惊，静无不克。

虽然，不可以不暇也。临敌仓皇，躁则可乘；洒门却扫，强敌敛形。饮博澶渊，解衣新亭，其外有余，何机不应！

虽然，不可以不佚也。毋失饮食之节，无绝人马之力，无肆寒暑之极。请言其要：番休迭息，彼竭我盈，厥势相百。

虽然，不可以坐俟也。汉阳兴势爽不前，唐扼虎牢夏兵遁，玠保大散巴、汉全，蜀失阴平成都覆，燕亡大岘灭广固，幽弃榆关胡马牧，不守采石侯景祝，纵敌渡河金捧腹。无悔噬脐，无忘蚁筑，舍易即难，前车屡覆。

虽然，不可以株守也。善守者守郊原，不善守者守城垣。奇正相辅，如环无端。何处可偏师令牵顾，何处可游兵绝饷路，何处可伏兵摧半渡。步骑屯外，分据要害，城与相应，敌受腹背，抄粮掠樵，因久必败。布围陈宫困于邳，慕容离城卒全棘，永援彭城而不入，元景守随而分卒。

虽然，不可以孤恃也。楚非包胥郢都覆，赵非信陵邯郸蹙，史慈告急于平原，崧女突围于州牧。虚声应和者不可恃，邻不知兵者不可恃，解纠者不控拳，救斗者不搏撠。批亢捣虚，格形禁势，守阵围之，锐气百倍，表里夹攻，坐收其弊。

虽然，不可以久困也。可恃者己，难恃者人，求援莫应，非奇曷生！廉范形之以缓而围解，耿恭诡之以神而围解，虞诩示之以众而围解，田单火攻以牛而围解，皇甫火攻乘风而围解，刘琨胡笳悲啸而围解，光弼地道陷营而围解，张巡诈走破敌而围解，郝昭死守力战而围解，赵襄间其与国而围解，陈平间其后宫而围解，勾践间其谋臣而围解，华元劫其主帅而围解。

曰：然则识敌将之法如之何？曰：射之以书，以观其取而告也；尝之药矢，以矢尽敌。以观其走而白也；急选善射，中之勿失，是殪一以当百也。

请问矢真尽如之何？曰：缚藁为人，夜缒之城，敌争射之，其矢盈坑。或则垣内，张盖往回，敌疑主将，发矢猬来，因资于敌，其巧莫阶。

制胜下

问曰：若夫荆、扬之国，半皆濒水，践山为城，堑江为池，则守岸重于守城，水战急于陆战矣。敢问守之如何？

曰：舟师可以进，可以守。东南之师，趋三齐者自淮入泗而上，趋河北者自汴入河而上，舍舟登陆，尚得半利。趋关中者自河入渭，径至长安，水陆并进，可以全利。此皆以舟师进者也。塞建平之口，使自三峡者不得下；据武昌之要，使自汉水者不得进；守采石之险，使自合肥者不得渡；防瓜步之津，使自盱眙者不得至。此皆以舟师守者也。扼江之城，不过十郡，十郡之要，不过七渡，其中形格势禁，扼吭枕背，谭兵揽图之士类能道之矣。

请言舟要：大胜小，坚胜脆；顺风胜逆风，顺流胜逆流；防浅，防火，防风，防凿，防铁锁、铁杙。

以闽船遇倭船，如以车碾螳者，闽船如城，倭船如艖，大海相逢，斗船力而不斗人力，此以知大之胜小矣。以粤船遇闽船，如以石破缶者，粤材皆铁力，而闽材仅松杉，风涛相冲，材枯者一撞即碎，此以知坚之胜脆矣。韩世忠以海舶败金兵，虞允文以海鳅船沉敌舟。孙、曹、刘、卢之争，刘裕、卢循。顺风者得天助，逆风者失事机，可以知乘风之利矣。春秋吴、楚之争，从水战者楚常胜，从陆战者吴常胜，可以知上游之利矣。虽然，鄱阳之战，敌舰高大，我难仰攻，明军纵炬而烬之，此以小胜大，脆胜坚者也。吴、越之战，敌得风势，（传）〔傅〕[1] 瓘引舟佯避，候敌过而回舟扬灰以败之，此易下风为上风者也。梁、陈之战，敌顺流而东，直趋建康，侯瑱徐出芜湖蹑其后，敌舟反风而自焚之，此易溯流为上流者也。若夫浅之为患，则御舟胶沙，鄱湖几危，然岳平杨么，预置草筏以塞港，迫敌走险而遂禽之；吴攻交州，乘潮挑战以伪遁，俟敌舟潮落碍杙而后乘之，则可以浅致敌也。风之为患，世杰飓覆于厓门，金师涛卷于唐岛。然海舶之制，两头设柁，东风西驰，南风北驰，占验有定，无适不宜。是可以人备风也。火之为患，以孟德之强而败，世忠之智而败，徐道覆之谲而败。或乘风烈而火之，或乘无风而火之，海舰无风不能动。或分步兵夹岸而火之。然厓山之战，海舶皆涂泥而火箭不爇；河阳之战，铁竿拒油艇而须臾自烬。是可以计御火也。"中流失船，一壶千金"，与其死战于舟上，不如阴制于舟下，与其破敌之卒，不如破敌之艘，则凿患甚焉。然或舱用夹板，或底置铁钉，或募善泅以护舟，则亦备敌之沈我也。若乃敌进欲距，敌走欲禽，或横铁锁，或纽舟轮，系树沉石，伏椎扼津，非皆断水之计欤？欲破铁锁暗椎者，宜作大筏乘以先之，椎著筏去，大炬后随，长木灌油，镕铁断维。若破筏联艨艟者，宜募壮士，披铠进攻，缚则斧之，薪油以从，舰断随流，焚溺蔽空。若破簖石碍浅者，宜令善水，潜以锐刀，笼解水涨，顺流莫胶。此又防敌之断水者也。

请言舟制：曰八轮船。厚板五槽，中有八轮。其上三桅，柁楼后

---

① 据《圣武记》卷十四改。

横。顺风使帆，逆风转轮。帆索药浸，雨火不侵。周以生革，捍矢卫兵。狼牙钉底，用防奸人。攻守皆用，风涛不惊。曰楼船。重列女墙，战士凭之。窗矛穴弩，炮车外施。湿毡生革，御火是宜。周环如垒，可战而驰。牙旗金鼓，大将之威。无风难使，多则非宜。此皆用以统率者也。曰火轮神舟。形如海艘，生革障矢，上下三重，旁轮激水。中层刀钉，机关以俟。下舱伏卒，阒疑神鬼。募泅善橹，破浪如驶。佯败争泅，空舟以委。践机触刃，精卒骤起。火器四发，樯队披靡。曰鹰船。两头俱锐，不辨首尾。竹板密钉，旁窗出矢。进退如飞，顺逆可使。多其橹桨，水战可恃。曰渔船。材简用巨，出海最谐。每载三人，一桨一帆。一以铳护，任意往还。随波上下，敌莫我觇。此皆用以哨探者也。曰蒙冲。多张生革，用障矢石。篙师在内，弩枪是卫。但取神速，乘其不备。空见船行，曾惊入渭。曰无底船。士立两舷，旗帜壮观。诱敌竞入，溺死无算。又或三舫，联为一贯。中实旁虚，浮板易谩。夜战误敌，功倍事半。曰走舸。舷立女墙，多桨如飞。壮士径进，绝流出奇。或火或挑，急遁勿疑。此皆用以掩袭者也。曰子母舟。长余三丈，前为巨舻。广实药薪，后舱内虚。小舟藏之，使风齐驱。抵彼火发，后舟则逋。曰联环舟。舟分二截，联以环钩。外视若一，径趋敌舟。前冒铁钉，载炮实油。钉撞于敌，环解钩抽，炮火击之，后去前留。此皆用以焚敌者也。曰沙船。调戗使风，三桅五桅。一日千里，大帆长驰。增以舷栅，江海是宜。曰斗舰。形如楼船，其制稍遒。外墙内栅，伏弩重矛。上无蔽覆，死士环周。冲阵陷敌，克壮援枹。曰游艇。有舷无墙，多桨迅橹。虞候用之，回转阵伍。计会进止，不失启处。此皆用以战敌者也。焚敌莫如火，碎敌莫如炮。炮或自震，以筏易船，水不可沉，风不能颠。坚架量高，审敌测竿。暗表识之，远近直弦。舟处筏后，布障筏前。敌莫我测，望之如垣。贼近发之，齐声震天。外摧内围，施必万全。此用以自守者也。若乃饮马天堑，欲渡狐疑。宜用浮桥，枕席过师。大艘数十，巨筅絙之。试诸上游，移置敌矶。夜钓量江，谋士堪师。此用以济水者也。

舟舰缮矣，必练水师。水师二要：一专号令，二重募练。号繁则淆，令纷则杂。编什五舟为一艐，哨官领之；两哨为一司，分总领之；三司为一部，部将领之；旗皆同色，异镶异号以别之；舟各一总管，专其责成而悉铃束之。凡舵工必择胆而练者，如临战股栗，必亟易之。此之谓号令。募练之法，因其渔丁而用之，因其老商而用之，因其盐徒而用之，因其蛋户而用之。其效用也，或泅钻敌舟而溺之，或夜抽艘队而乱之，或蓄燧潜发而燎之，或铁缲系舟而拽之，或出奇载炮而扰之，或冒险伺间而侦之，或达信围城而应之，或赍蜡请援而致之。其入水也，敌密列星桩，则遇而锯之；敌张网缀铃，则先触以竿，俟其举网而过之。其招致也，或县重赏而购之，或投金大江而试之。此之谓募练。

水师习矣，宜备水器。自守之器四：或帆，或衣，或囊，或骑。水军之命制于帆，帆制于火，必熬晋石蜂脂矾水以淹之，竹箬缭索皆以此浸之，再干而后用之，则火箭火球不能燎也。人不习于水，衣不宜于水，或瓠片为甲而矾淬之，编以鹅雁翎而浮之，则皮囊、木罌不能及也。水底潜伏，闭气为难，宜屈银囊而三管窍之，上二塞鼻而一口含之，使气自相呼吸而水不能入也。肾与足心，谓涌泉穴。入水如火，水族望之，厥来为祸，上漆椰瓢以护之，下裹漆绢以蔽之，则无光而可免也。藤为水马，腹大如囊，四足横出，尻尾俱昂。前后遮浪，中藏干粮，漆布为綯，手援以行，短桡冒铁，可战可杭。此所以备不虞也。

攻敌之器六：或火，或钩，或竿，或镖，或豆，或油。火箭力猛，过步数百，箭劲帆薄，虚射无益；宜近铁施竹叉以留之，欲辟湿则筋缠而漆固之，是曰火箭。敌近十步，箭远非宜，焚帆焚栅，火抓是资；圆木陷刃，空中药施，火孔六七，倒锥置之；临敌乱掷，钉入帆桅，或高或下，钉著火随，是曰火抓。桶可受斗，半实硝磺，薄沙覆之，火碗中央；温灰焙炭贮碗内，平置沙面，此临时方置者。加盖微扃，轻掷敌舱，火激药发，迫不及防，以暇出奇，急则自伤，一掷则碗倾而火出药发，敌不及返掷我舟，故临用时必轻装速掷，恐火动药然也。是曰火桶。更有喷筒，二尺竖篁，缠以绳麻，柄五尺长，层药一饼，数层迭装；饼用硝磺、樟脑、松脂、雄黄、砒霜制成，饼中留渠，以拴药线。实筑虚发，十丈莫当，远粘樯帆，烟发仓皇，是曰喷筒。此皆火攻之器也。更有火而水发之者，蜀之石油，入水不熄，造药作团，借火器力，一发四迸，篷隙舱侧，敌备不及，水沸愈炽。更有火而逆风发之者，江豚之性，逆浪逆风，煅灰炼油，硝硫助功。狼粪艾肭，并焙则同，逆风愈劲，神焰鬼工。此则火攻之奇器也。明流贼刘七等舟泊狼山，苏人献计火攻，藏药及火于炮水中发之，名水老鸦，其制未详。火药不备，火攻不及，则如之何？曰：有钩镰焉，或割其缲，或钩其舷，物微用便，利轻以弯。有撩钩焉，三锋一柄，左钩右漉，或捞首缀，或钩帆幅，梢固铁坚，万拽不曲。有潜置水中者焉，或距或钩，严禁勿泄，贼艘径撞，碎于锐铁。此钩之利也。贼刘七等泊狼山，有献器如鸟喙者，持入水，以喙钻船，机自旋转，船透可沉。有铁镖焉，升桅斗而掷之，船头船尾，乘高则驶，体重利下，巨铁细尾，中舟必洞，中人必死，势难多人，技习可使。首重二斤，径寸，尾径二分，长七尺，全铁为之。敌舟若近，我高彼小，钢头竹尾，得力为巧，掷之如雨，敌众云扰。首重四两，尾长七尺。此大小镖之利也。拍竿之制，施于楼船，上置巨石，辘轳贯焉。层楼百尺，六竿相联，壮士数百，层环其巅。发之碎敌，熊罴莫前。撞竿之制，施于战艇，坚木冒铁，敌舰莫近，迎之立碎，摧陷无并。此竿之利也。以人制人，用巧出奇，鸡白兼油，掷以瓦磁，风涛簸掀，足滑不持，油板易火，纵风乘之。又闻钱璀，击吴狼山，己船筛沙，豆洒敌舷，战血所渍，僵仆相延。又闻倭寇，掠舟过吴，乡民愤追，泥泼其轳，我蹑草履，倭颠不扶，奋前殪之，枕尸满涂。此油、豆、沙、泥之利也。

虽然，有要焉，胜于敌之不及知，败于吾之不能秘，我以制敌，反为敌制。浮桥攒钩，拒非不善也，岑彭预知，纵焚桥钩而述兵败；竹笼沙石，遏非不密也，昭达预知，潜水斫笼而岭贼溃；吴人御晋之计，非不力也，铁锁截船泄，而不免大筏火炬之烧；杜弢御晋之谋，非不智也，桔槔击船彰，不免长歧枨之拒。功以密成，谋以泄危。微乎危乎！智者慎之！

军政篇
（1825 年）

能以众正，我战必克，救时如救病，治军如治国。作《军政篇》。

闻之明大学士高拱曰："兵者，专门之事，非仓卒尝试可能也。国家军政，内寄（木）〔本〕① 兵尚书，外寄边方督抚，今欲储养枢材与边材，则必自兵部司员始。宜择干济之士，使为职方、武选二司，出为兵备道，使山川扼塞形势，兵之强弱，将之材驽，四夷之情伪，无不瞭于平日，外以待边方督抚之缺。又使边抚与侍郎互相出入，以待尚书、总督之缺。终身不改任他部之官。其习西北者不移于东南，长东南者不移于西北，则边材自出其中矣。"

或谓明时官制异本朝。其时无军机处，无满洲，似难以明之兵部例今日之兵部。然军机处，非即明之内阁乎？满洲总统、都统，非即明掌京营之勋臣乎？明时本兵之权，与总宪、冢宰并推三大重臣，其文武二选司，亦与科道、翰林并重。翰林，备阁臣也；科道，备总宪也；文武二选司，备吏、兵本部堂官也。今惟科道、翰林尚略同明制，部曹则吏、兵二部皆无重权，权尽归于军机。于是军机章京之选，远在部曹诸司之上。虽其考选皆不过以书艺之工敏，其迁擢则几同翰林、科道之超卓，而兵部则几同闲曹矣。兵部果闲曹乎？部曹又惟刑部秋审处之司员，出任按察司，入任侍郎、尚书，往往不迁他职。于以磨厉刑名之选，慎重文法之枋，与明代之储养枢材、边材相等。夫明代不闻以要职视刑部，今代不闻求将材于兵部，岂一代之兵、刑异尚，各成风气欤？诚使内重兵部之任，与刑部秋审处等，外重兵备道之职，与按察司等，严其保举，专其职掌，重其事权，乌在储养枢材、边材之效，不可见于

---

① 据《圣武记》卷十四改。

今日哉？

问者曰：士必用而后见，才必练而后出。故国初海寇、闽寇长驱内犯，而后梁化凤、李之芳之将出；滇逆抗拒屡年，而后岳乐、穆占、赵良栋、王进宝之将出；准噶内闯屡年，而后超勇亲王策凌之将出；准、回犁庭屡年，而后兆惠、明瑞之将出；金川捣穴数年，而后阿桂、海兰察之将出；川、楚征剿数年，而后额勒登保、德楞泰、杨遇春之将出。皆非出师命将之初所有也。时久承平，变起仓卒，则若之何？曰：视其功罪，知其良驽。故三方震惊，而一方保障屹然，则守臣之能可知矣；诸军败衄，而一军镇定晏如，则其将臣之节制可知矣。章皇帝之拔梁化凤，纯皇帝之拔兆惠，拔阿桂，皆以其于他军败后整旅独完也。倘曰非斯人，岂遂不能平贼，则恐天地之生才不易，即拨乱之朝，爪牙心膂，亦不过一二人，未必户穰、吴而家颇、牧。

择将为上，练兵次之。征调数万，而无数千蹈凶入陷之死士，则不可以固军情，作军气，兵家所为贵选锋也。谭纶、戚继光不募练金华、义乌之兵，教以阵法、击刺、战船、火器，则不能入闽平倭。刘綎、李成梁父子非募练家丁，则不能立功辽左。其余杨洪、王越、沈（布）〔希〕①仪、马永、马芳、梁震、满桂、侯世禄、侯良柱、赵率教、金国凤，亦皆蓄帐下亲兵健儿，著功《明史》。且四路出师之役，刘綎必得川兵。蓟门设镇之初，戚继光必用浙兵。盖非其心腹爪牙，则呼应不灵，摧陷不力。故知驱市人与之战，古今惟淮阴侯能之。若宋之韩、岳，则各有背嵬军。明之戚继光，则全恃鸳鸯阵矣。后汉之朱儁，三国之吕虔，晋之王浑，皆以家兵著名史册。今之将官，固无厚橐家兵之资力，惟有抽兵并饷而选练之，如宋之吴璘、吴玠与谭、戚遗法，庶犹可旋至立效乎？今不暇言尽整顿十七省之兵也，姑先言沿海。闽、粤、江、浙，皆沿海重兵之地。江苏河漕督、抚、提、镇，各标兵五万有奇，浙江四万有奇，福建六万有奇，广东几及七万，一有缓急，辄远调他省，则本省之兵何用？西夷之闯入，由习睹粤兵之驽也。粤兵之驽，由粮薄伍虚也。若每省汰去冗兵之饷额，并为精兵之饷额，姑以每省汰并六千为断，别募沿海骁锐，水陆各半，分布澳、厦、宁波、吴淞番舶云集之区，昼夜训练。水战则火器火艇，风涛出没；陆战则技击节制，营垒森严。使西夷觑之，如安南、日本守御之可畏，则必以闭关罢市为

---

① 据《圣武记》卷十四改。

虞，而不敢生心矣。或以裁兵并饷，则兵制缺额为疑，不知各省虚伍，岂止十分之一？宁使暗缺十分之三，而不肯明裁十分之二，其若具文何？

或曰：南兵不如北兵，北兵不如口外之兵，安能使吴越之文弱，皆成西北之劲旅乎？曰：此将兵之恒言，而非将将之至言也。五代契丹兵无敌中夏，而天祚以数十万众，败于混同江之数千金人者，即前日辽兵也。"女真满万不可敌"，而兴定、元光中百战百挫于蒙古者，即前日金兵也。元起朔漠，灭国四十，以有中原，遂乃涉流沙，逾葱岭，西洋西竺，尽建藩封，为开辟以来版图所未有。及至正末年，蒙古四十万歼于中原，仅漏网六万归塞外者，即前之蒙古兵也。然金兵衄折于元代，而完颜陈和尚独以四百骑败蒙古八千之众。宋兵风靡于金源，而刘、岳、韩、吴屡以东南兵摧兀术冯陵之师。同时同事，胜败悬殊。且征近事：青海厄鲁特横于国初，今则青海、蒙古畏黑番如虎狼，岁烦官兵为防戍。又喀尔喀为准噶尔蹂轹，如入无人之境。及超勇亲王蹀血一战，斩贼数万，亦即喀尔喀之兵。红毛戈船火器，横行海外，及郑成功一战，逐红夷，夺台湾，而有其国，亦即闽厦之兵。是知兵无强弱，强弱在将。故曰：一夫善射，百夫决拾。又曰：一人学战，教成百人；百人学战，教成千人。[①]

西夷之海艘，坚驶巧习，以其恃贸易为生计，即恃海舶为性命也。中国之师船，苟无海贼之警，即终年停泊，虽有出巡会哨之文，皆潜泊于近岙内岛无人之地，别遣小舟，携公文往邻界交易而还。其实两省哨船，相去数百里，从未谋面也。其船窳漏，断不可以涉大洋。故嘉庆中剿海盗，皆先雇同安商艘，继造米艇霆船，未有即用水师之船者。今即实估实造，而停泊不常驾驶，风浪无从练习，非若夷船之日涉重洋，则亦不过数年而舱朽柁敝矣。如欲练战艇，则必谋所以常用之法。常用如何？曰：以粮艘由海运，以师艘护海运而已。江苏战舰由吴淞出口，浙江战舰由镇海出口，皆护本省海运之粮以达于天津。钦派验米大臣莅津收兑后，并阅护运之水师，然后给咨回省，则师船无所巧遁而必涉大洋，师船有所练习而不致旷废。其造不敢不坚，其练不敢不熟。纵不足慑外夷，亦可备内盗矣。至福建战舰，则每年采买台湾米十万石，护至天津，验阅如前。广东战舰，或采买暹罗米数万石，护至天津，验阅如前。夫放洋以纡直分远近，粤东武举人会试，附商舶北上者，往往顺风

---

① 《圣武记》卷十四此下有"造炮不如购炮，造舟不如购舟……"一段约 500 字。

七昼夜达天津。彼夷船远涉数万里如咫尺，况版舆之内乎？台米运津，本近年恒事，而暹米采买济粤，亦康熙以来岁行旧例。今但加运推广，久之并可酌减南漕，以纾江、浙民力之穷，岂非一举而备数善乎？总之，会哨必令收入内河，监验必由文吏，而不许会哨于海岛无人之地。承平则以虚文欺视听，有事则见轻于盗贼。

际海之国以万数，束之凡三大类：曰城郭，曰游牧，曰舟楫。游牧之国恃骑射，舟楫之国恃火攻、水战，城郭之国恃坚壁清野。土著纵不长水战，岂亦不长防堵乎？承平纵不习攻斗，亦可不筹守御乎？李光弼短野战而善凭城，即以守为战，以正出奇也。高垒深沟，间出奇兵，绝敌饷道，先为不可胜以待敌之可胜。古今遇剽悍之敌，如李牧之于匈奴，周亚夫之于吴、楚，李光弼之于安、史，戚继光之守蓟门，皆得此力。习战难而习守易，不但将帅宜习，即守土吏亦可习。先问所守之城建置得地势欤？城高厚、濠深阔欤？城中仓粟足欤？库中器械利欤？保甲行，奸宄息，人心固欤？薪刍、盐铁、木石、灰油、井泉无缺欤？此岂必临敌而后可议者！顺治八年，议政王大臣奏言："舟山乃本朝弃地，守亦无用，宜令副都统率驻防满兵回京。"其时提督田雄亦言舟山易克难守。盖城逼海滨，船抵城外，与台湾、琼州、崇明形势迥殊。以从古未尝置县之地，而徒贻外夷之挟制，此失地利者一矣。宝山城迫海塘，潮盛则浪溅雉堞。即承平之日，亦宜内移于江湾、罗店，或再内移，与嘉定、上海同城。今乃以重兵守绝地，此不得地利二矣。镇海、镇江本擅金汤之固，而或城外之招宝山先溃，或城内之满汉兵自阋，有险可守且如此，况无险乎？粤省旧城高厚无虞，新城低薄难保，见于上年之章奏。而夷船已退一载，亦曾取新城而崇厚之乎？御海寇但有守内河之法，无守海面之法。而吴淞、天津炮台不近扼内港，皆远置于口门之外，洋面之冲，树鹄以招敌，使敌得以活炮攻呆堞，而我反以呆炮击活船。故贼百攻百中，而我十发九虚。何如移诸港内岸狭之处，使夷船不得如外洋之横恣，而我得以呆炮击呆船乎？且夫御炮之法，莫善于凭城，尤莫善于外土中沙之城。往年官兵围滑县，炮攻不入，最后掘地道始破之。盖外砖石，中沙土，大炮遇沙即止。是说也，闻之杨果勇侯芳。炮台必筑炮城，砖石固易霣碎，即土台亦易震裂。尝以大炮试诸土台，竟彻底掀翻。惟沙心之台垣，炮不能透。是说也，闻之林尚书则徐。

红夷之入寇，与倭不同。《明史·兵志》言倭寇长于陆战，短于水战，以船不敌而火器不备也。红夷则专长战舰火器。此异倭者一。倭专剽掠沿海，亦同流贼。红夷则皆富商大贾，不屑剽掠，而藉索埠头通互市为名，专以毒烟异教蛊华民，而耗银币。此异倭者二。红夷之水战与火攻强于倭，毒烟之害甚于倭。日本之深恶红夷不通与市者，防其毒烟与异教也。红夷之畏日本者，畏其岸上陆战也。日本三十六岛，港汊纷歧，其海口更多于中国，其水战、火攻尚不如中国。止以陆战之悍，守岸之严，遂足慑红夷，绝市舶，而不敢过问。又止以刑罚之断，号令之专，遂足禁异教，断毒烟，而莫敢轻犯。吾之水战、火攻不如红夷，犹可言也，守岸禁烟并不如倭，可乎不可乎？不能以战为款，犹可言也，并不能以守为款，可乎不可乎？令不行于海外之天骄，犹可言也，令并不行于海内贩烟吸烟之莠民，可乎不可乎？

一郡之中非人人可兵，一省之中非郡郡可兵也。国家以提督主武，提学主文。提学使者按行各郡，例兼试武童生，而江南之苏、松、太仓，浙江之杭、嘉、湖，应试武童每不及额，文试则每邑千百。以贵文贱武之俗，而望其高气尚力乎？提、镇、抚、标，名食粮而身倚市，出应伍而归刺绣，尚望其披坚执锐乎？闻征调，则阖门啼泣，推饷求代，而望其长驱敌忾乎？至江北之徐州、寿春，浙东之处州，则文试寥寥，而武试骑射甲两省矣。征调则争先，召募则云集矣。以此推之，各省中有必不可为兵之地，苏、松、太仓、杭、嘉、湖是也；有选择可兵之地，吴之常、镇、淮、扬，越之温、台、宁波是也。有一省精兵之地，吴之徐州、寿春，浙之金华、处州是也。推之江西之赣州，广东之潮、惠，福建之漳、泉，皆一省劲旅，募兵者，当于彼乎？于此乎？地不武者强之使武，地不文者强之使文。以一定之额数，概不齐之风气，易地能为良乎？请饬督、抚会同提学使者，檄示各郡邑，愿裁武试、增文试者听，愿裁文试、增武试者听。于是则江南浙西之学校宽，而江北浙东之骑射奋矣。再饬督、抚会同提督、总兵，奏定营制，永免签兵于财赋文学之区，而以其额，广募边郡之骁锐，散布于腹内诸郡各标，并其缺，优其粮，则江南浙西无冗縻之饷，而江北浙东无额少之营矣。以江、浙推之闽、广，以沿海推之九边，推之十七省，不以邹、鲁之文学，强燕、赵之慨慷，不以丰、沛之剽悍，责吴、越之秀良。量地阴阳，量材柔刚，视执额例之一定，齐风气于五方，责翚翟以搏击，索鹰隼以文章者，孰难易，孰短长乎？①

---

① 《圣武记》卷十四《军政篇》此下尚有五段，约1 800字。

军储篇一
（1825 年）

无政事则财用不足，法无久不变，运无往不复，作《军储篇》。

魏源曰：有以除弊为兴利者，有以节用为兴利者，有以塞患为兴利者，有以开源为兴利者。

何谓除弊之利？天下大政，利于国利于民者，必不利于中饱之人。天储所仰，莫如漕盐，行之二百岁，百窦千蠹，昼夜朘蚀。苟有人焉，曰：江、楚曷改小粮艘乎？江、浙曷改行海运乎？则和者百，哗者亦百。哗者何人？曰：在南则漕丁、水手持之，在北则通仓胥吏持之矣。又有人焉，曰：纲盐曷变行票盐乎？省改捆，省岸费，省私耗，省守候，省加派，省缓纳，曷为不行？则默者百，挠者万。挠者即默者之人。曰：岸盐恐跌价则持之，岸吏恐裁费则持之，书吏、捆工恐清弊则持之矣。

何谓节用之利？普赐田租，普免逋负，自古旷荡之仁，可行于文、景，不可行于宣、元之世。昔者，宋世常遇郊大赉大赦矣，三年一郊，赉辄百万，赦辄数万，其后至于不敢郊。苏轼所谓以不急之费，而被之以莫大之名。后世庆典普恩，与郊赉郊赦何异？生齿赜矣，机变滋矣，有恃十载普免而争先逋欠者，则利顽民而不利于良民；官免赋而佃不免租，则利于富民而不利于贫民；海寇攻城，不及乡里，而遍免四乡之赋，则利于安堵之民，而不利于被难之民。国家正供，有岁入数千万之名，而常有逋欠千余万之实，异日国计愈匮，潦旱遍灾，何以蠲赈？则过厚于无事之民者，反无以备夫缓急望救之民。此用之宜议节者一。直省养兵，费天下正供之半，而兵伍不足正额三分之一。乾隆中叶，又以名粮改成实额，增六万之兵，即岁增百余万之饷，而缺伍益甚，冗糜益甚。夫养兵数十万，而不得一半之用，何如先复国初之旧额，再核目前之虚伍？或并三兵之费以养二兵，使一兵得一兵之用；或并二兵之费以募一兵，使一兵当十兵之用。此宜议节者二。

何谓塞患之利？鸦片耗中国之精华，岁千亿计，此漏不塞，虽万物为金，阴阳为炭，不能供尾闾之壑。今不能禁外夷，何难禁内地？不能行重典，何不先行最轻之典？天下有重典而不为酷者，惩一儆百，辟以止辟是也；有最轻之典而人莫敢犯者，有耻且格是也。窃谓禁烟欲申大辟之法，宜先行刺面之法。刺面之法，载在《大清律》，以防窃盗之再犯，所谓耻辱之刑，又所以待怙终之刑也。今下令曰：限期三月戒烟，不戒者黥之！则纨绔温饱之烟民，知令在必行，闻风革面矣。有不悛而被黥者，再予三月之限，不戒者诛，则黥者必悛，其不悛而怙终者，杀之无怨矣。十七省各出巡烟御史一人，不责以有犯必诛之事，专责以有犯必黥之事。既黥则人可按籍而稽，瘾可按期而验。倘有纨绔温饱之家，耻黥哀免者，许以金赎，视其职衔小大，为罚赎之轻重。仅免刺面而仍刺手，刺手逾限而不悛者诛，不得再赎。惟贩烟之犯则立诛，不在黥赎之例。其贩烟吸烟，必许告发，告不实者反坐。夫水师整饬，而外洋无庇贩之人；绣衣四出，黥面令行，而内地无尝试之犯。如是而烟不绝者，无是理也。守位曰人，聚人曰财，理财正辞，禁民为非曰义。是则禁民为非，实帝王理财之大柄。令不行，禁不止，所可蠹财者，宁惟鸦片？

何谓开源之利？食源莫如屯垦，货源莫如采金与更币。语金生粟死之训，重本抑末之谊，则食先于货；语今日缓本急标之法，则货又先于食。请先言其急者。人知中国之银出漏于外洋，而不知自昔中国之银大半来于外洋，外洋之用银币亦先于中国。何者？宋、明以前，银不为币，币惟黄金及铜。而《汉书·西域传》：罽宾、安息、条支濒海诸国，皆以金、银为钱，文为骑马，幕为面，或文为王面，幕为夫人面。幕者钱背。《唐西域记》：龟兹国、睹贺罗国、迦毕试国其货皆用金银钱及小铜钱，印度兼用金银贝珠。是西域上古即用银币，先于中国数千年。其证一。

《通典》谓：梁初惟京师及三吴、荆、湖、江、湘、梁、益用钱，其余州郡杂以谷帛交易。交、广以金银为货币。韩愈及元稹奏状，皆言自岭以南用金、银，自巴以外交易用盐、布。宋仁宗景祐二年，诏诸路岁输缗钱，福建、二广易以银，江东以布。是闽、粤旧通番舶，故用银独早。其证二。

《文献通考》："国家二路舶司，岁入固不少，然金、银、铜钱，海舶飞送，所失甚多，而铜钱之泄尤甚，法禁虽严，奸巧愈密，商人贪利，暮夜贸迁，黠吏受赇，纵释不问，民用日以凋敝。"又曰："国家置市舶于浙，于闽，于广，海商往来，钱宝所由泄，是以自临安出关有禁，下江入海有禁。凡舶方发，官必点视，监送放洋。然商人多先期以小舟载钱离岸，官验止为虚文，乃许党类首告，以其钱货之半充赏。沿海州军，以铜钱入海舶者有罚。其番商往来，夹带铜钱五百文离岸五里者，依出界法。"是宋代之禁铜钱下海，与今日之禁纹银出洋无异。盖昔时番舶载银，以易中国之铜钱，钱之出海者既众，则银之入中国者亦必众。故昔时不闻禁出洋之银，犹今不闻禁出洋之铜钱。事所本无，患正相反。其证三。

《职方外纪》言：南墨利加州各国多产金银，而孛露国、金加西腊国所产尤甲天下。其场有四坑，深皆二百丈，役夫常三万人。国王什税其一，每七日约得课银三万两。百物俱贵，惟银至贱。贸易银钱五等，金钱四等。欧罗巴岁岁交易，所获金银甚多。而中国银矿开采，则唐以前，史书从无其事。唐宪宗二年，且诏言有银之山必有铜，铜有资于鼓铸，银无益于生人，其自五岭以来，见采银坑，并宜禁断，欲以闭银而广铜。洪武、永乐中行钞，禁民间不得以金银为货交易，违者治罪。有告发者，就以其物给之。欲以轻银而重钞。《通典》载唐度支岁入之数，粟、布、钱、帛而外，未尝有银。惟两广诸州土贡，每州贡银三十两，或二十两，以为贡，不为币。苏辙《元祐会计录》及《元史·成宗纪》岁入之数，银但五六万两。《洪武实录》岁入之数，银但二万四千余两。是则自明以前，重铜轻银如此，其采银贡银之少如此。而近数百年间，钱粮改银以后，白金充布天下，谓非闽、粤番舶之来，何自得之？是则中国自古开场，采铜多而采银少。今则云、贵之铜矿多竭，而银矿正旺。银之出于开采者十之三四，而来自番舶者十之六七。中国银矿已经开采者十之三四，其未开采者十之六七。天地之气，一息一消，一汐一潮。银来番舶数千年，今复为番舶收之而去，则中国宝气之秘，在山川者数千年，亦必今日而当开。中国争用西洋之银钱，昂于内地之银值，则中国银币行之数百年，亦必因时而当变。故曰：开源之利。

军储篇二
（1825 年）

难者曰：货源之为急标，开矿之为浚源，则闻命矣；若夫聚众则难散，边夷则易衅，税课将滋弊，则若之何？工巨而无款可筹，费重而无矿可验，则若之何？

曰：亦知云、贵无岁不开银矿，国家无岁不征矿税乎？《大清会典》：正供岁入之数，云南银场，岁课六万七千三百两有奇，永昌府及广东无定额。云南金矿，岁课金六十两有奇，贵州思南府无定额。云南铜矿，额课银万八百有奇，四川、两广无定额。云南铅锡矿，课锡三千有奇，山西、湖南、四川、两广无定额。岂滇、黔之矿不聚众，不征税，而他省独患众患税乎？岂滇矿不边外夷，黔矿不边苗疆，而他省独患其边夷乎？甘肃甘州八宝山之金矿，湖南辰州大油山之金矿，提督派兵守之，乘夜偷挖，至今为两提标之优差。伊犁塔尔巴哈台之金矿，将军派兵守之，客民串谋潜挖，至今为驻防之利薮。广东琼州之银矿，挖砂百斤，煎银六十两，其工费仅六两。此外，四川马湖建昌番地之矿，浙江温、处之矿，所在皆是。但官不禁民之采，则荷锸云趋，裹粮鹜赴。官特置局，税其什之一二，而不立定额，将见银之出不可思议，税之入不可胜用，沛乎若泉源，浩乎如江河，何必官为开采，致防得不偿失，财不足用乎？闻之滇吏曰：矿丁多寡，视矿苗衰王[①]，矿王人众，矿衰人少，矿绝人散。有利则赴，无利则逝，不俟官为散遣，从无聚而难散之事。

凡矿所在，皆有场主，听其治，平其争。以七长治场事：曰客长，司宾客听断。曰课长，司财贿税敛。曰厨长，司工役饮食。有事皆听治于此三长。又有炉长、镶长、硐长、炭长，分司采炼。又有胥役游徼其

---

① 《圣武记》作"旺"。"王"通"旺"，下同。

不法者，巡其漏逸者，令严制肃，万夫无哗。故雍正、乾隆中，腾越边外为桂家银场，为缅夷所惮，永昌边外有茂隆银场，为倮夷所惮。及桂家场之宫里雁为边吏诱杀，茂隆场之吴尚贤献场于朝，反为官所捕治，于是两场之练勇皆溃散，缅夷遂猖不可制。乾隆末，威远厅同知傅鼐结矿场之练勇以御倮夷，斩馘数百，亦称奇捷。凡开矿之地曰场，边人讹音为厂，今并改正。是则有矿之地，不惟利足以实边储，且力足捍外侮，何反畏其生内患？从来但有饥寒之盗贼，岂有富足之盗贼乎？且铜、铁、铅、锡、煤、炭、硝、磺诸场，何一不聚众者？国家大兵大役，何一不在得人，而可委之阉宦，行以苛暴者？秦、隋黩武亡国，后世不闻禁用兵；元代开河致叛，后世未尝废治河；明季加赋致寇，本朝未尝不征租税。岂有惩色荒而禁昏姻，恶禽荒而废蒐狩乎？

难者又曰：古币用黄金，其用金之多，倍蓰今日。王莽败时，省中黄金六十万斤；梁孝王死，有金四十万斤；汉王予陈平金四万斤，间楚君臣；其余诸帝之赐臣下金，辄数百斤计；北魏造佛像，用赤金二万五千斤，或赤金十万斤。古金之多如此，而民间淘采之方，官府征敛之法，史册无闻焉。管仲、桑弘羊、孔仅之徒，始言天地之藏，当取以富国，而不可为豪强所擅。然其说不过曰盐、曰铁，不闻有榷金之政。蜀卓、程、郑，皆擅冶铁以殖货；吴濞、邓通，皆铸铜山以致富，未闻其藏金之数。汉令私铸铁者钺左趾，博士使郡国矫诏令民铸农器者罪至死，此令后唐长兴二年始除，止亩纳长农器钱一文五分。铁官凡四十郡，而不出铁者，又置小铁官，遍于天下，独未闻有犯金之禁，何哉？铁，至贱也，而榷之析秋毫；金，至贵也，而弛禁若水火。谓小民不盗采，有是理乎？马端临亦求其说而不得，因谓汉世不贵难得之货，有古人遗意。夫不贵难得之货，曷为百金中人什产，千金坐不垂堂，而家累千金，三致千金，辄列名《货殖》耶？桑、孔心计，下至告缗算车，鹿皮荐璧，而独疏网于金币，是诚何说？

曰：《周官》卝人，掌金玉石锡之地，而为之厉禁以守之，若以时取之，则物其地图而授之，巡其禁令，此坑冶开闭禁令之始。《禹贡》荆州厥贡惟金三品，梁州厥贡镠铁银镂砮磬，此贡金之始。《管子》言禹、汤铸历山、庄山之金为币，以救水旱。珠、玉为上币，黄金为中币，刀、布为下币，以权衡万物，以高下而御人事，此制货币之始。盖自太昊铸金，神农立市，下至三代名山大泽不以封，金之开采，已足以备宇宙之用。

及至汉世，金无耗减，惟恐过多则贱，故无事于开采。既无开采，则亦无征榷，而藏在山泽。守自廿人者，民无从私立坑冶，非若铁为日用农器所必需，铜为铸兵铸泉时所用。有官采官铸之权，即有私采私铸之禁，日增月益，法令斯繁，非民乐犯铜铁之禁，而不趋采金之利也。及后世铸像写经，融箔饰器，耗金之事日多，始不得不从事于坑冶。

然唐初置陕、宣、润、饶、衢、信诸州银冶五十八，而宪宗元和中，特申重铜轻银封闭坑冶之令，于是天下银冶，废者数十，岁采银仅万二千两。宣宗增银冶二，亦止岁采银二万五千两，微不足数。计坑冶之盛，实始于宋代。其见于《文献通考》者，登、莱、商、饶、沂、南恩六州金冶十有一，登、虢、秦、凤、商、陇、越、衢、饶、信、虔、郴、衡、漳、汀、泉、福、建、南剑、英、韶、连、春二十三州，南安、建昌、邵武三军，桂阳一监，共银冶八十有四。自太宗至道末及神宗元丰初，大约天下岁课金万余两，银二十余万两。惟天禧末岁入银八十八万三千余两，则除坑冶外，丁税利市折纳互市所得皆数之。或出自商旅，或来自外夷，非尽坑冶之数。其时矿苗微，歇者屡，朝恒下蠲除之令。各路坑冶，皆官主之，故江、淮、荆、湖新发之矿，漕司虑发本钱，往往停闭。至建炎七年，工部乞依熙宁法，以金、银坑冶召百姓采取，自备物料烹炼，官收十分之二，其法始一变。金世宗大定三年，金、银坑冶，许民开采，二十分取一为税。此皆宋以来开采之事，未尝有矿徒扰民，矿税病民也。

明太祖、成祖、仁宗，屡慎重开矿之事，然陕西商县凤凰山银坑八所，福建尤溪县银屏山炉冶四十二座，浙江温、处、丽水、平阳等县银场局，皆始于洪武之世。永乐遣官赴湖广、贵州采办金银课，又开福建埔城县马鞍等坑三所，设贵州太平溪、交阯宣光镇金场局，葛溪银场局，云南大理银冶，而福建岁额增至三万余，浙江增至八万余。宣宗颇减福建课，其后增至四万余，浙江增至九万余。英宗初，下诏封坑穴，撤闸办官。既而奸民私开坑穴相杀，严禁不能止，言者请复开银场，则利归于上，而盗无所容，乃命侍郎王质往经理，分遣御史提督，而奉行不善，供亿过于公税，是则闭与开两失之矣。自是以后，矿事遂属于中官。天顺四年，始命中官分赴云南、四川、福建、浙江，于是云南十万有奇，四川万三千有奇，浙、闽如旧，总四十八万三千有奇。成化时，中官开湖广武陵等县金场，则得不偿费，一小扰。武宗时，复听内官奏开闽、浙银场，则无矿责银，再小扰。至万历二十四年，卫千户仲春奏请开矿助大工，于是河南之汝南，山东之沂州、沂水、蒙阴、临朐、费、滕、栖霞、招远、文登，山西之夏邑，中使四出，计十年间，共进矿税银三百万两，每岁亦不过三十万，而奸珰乘势诛索，中饱不啻倍蓰，利归下，怨归上，为任珰之极弊。回思洪、永、宣德时何政？唐、宋、金、元时何政？乃以此为封禁之口实，开冶者之厉戒哉！

更考国朝列圣之诏令：康熙五十二年，大学士九卿议奏，久经开矿之地，如云南、湖广、山西等县处，本地穷民自开，地方官查明记册。其别省人往开，及本处富户霸占者，罪之，其他省未开采者，禁之。上曰：有矿之地，初开即禁，则可。若久经开采，贫民措资觅利，藉资衣食，忽然禁止，则已聚之民，毫无所得，恐生事端。总之，天地自然之利，当与民共之，不当以无用弃之。要在地方吏处置得宜，毋致生事。乾隆三年八月，谕曰：两广总督鄂弥达议覆提督张天骏"矿山开采，恐滋聚众"之奏，据称：铜矿鼓铸所需，且招募附近居民，聚则为工，散则耕作，并无易聚难散之患。地方大吏，原以整顿地方，岂可图便偷安，置国计于不问？张天骏藉安靖之名，为卸责自全之地，其交部议处！四年六月，广督马尔泰奏：英德县长冈岭铜坑，近有炼出银矿，请给商人工费。惟该县洪磜矿出银过多，及河源县铜矿逼近铜山，均请封闭。谕曰：银矿议闭之说，岂因开银获利者多，则开铜者少乎？不然，银亦天地间自然之利，可以便民，何必封禁，其详议以闻。四十二年二月，谕曰：刘秉恬奏促浸、攒拉二水沿河之地，可以开矿采金，是以呼为大、小金川。朕思金川之雍中刺麻寺有金顶，产则产金，自属不妄。若所产金沙果旺，不如官为勘验试采，为两金川设镇安营之费。嘉庆元年六月，谕曰：据伍弥泰奏：昨委侍卫巡查塔尔巴哈台所属之达尔达木图、乌兰托罗辉等处禁山，适有偷挖金两之众，献出金沙六十两，因复派兵拿办等语。向例，严察新疆产金之地，特恐匪徒聚众生事；今既畏惧，献出金沙，尚属遵法，何得派兵拿办？倘有一二流离贫民，偷挖金两，断不可若此办理也。此皆列代圣训未尝不许开矿之证，与《会典》载云南矿课相表里。或曰：雍正中，世宗不有慎重开采之谕乎？曰：是时朝廷百废备举，方兴直隶水利，清耗羡归公，户部库贮六千余万，直省仓储三千四百万石。外洋无透漏之银，司农无竭蹶之叹，天子不言有无，本强不问标末。帝王之道，张弛各因其时也。故普赐田租之事，可行于文、景，不可行于宣、元，矿课开采之事，可不行于雍正，断不可不行于今日。

军储篇三
（1825 年）

问曰：近世银币日穷，银价日贵，于是有议变行楮币者。其法本于唐之飞钱，宋之交会；其用同于近日北五省之会票，淮南之根窝；其说倡于嘉庆中鸿胪卿蔡之定，推衍于近日吴县诸生王鎏。且述崇祯时，部臣议行钞十便，曰造之省，用之广，藏之便，赍之轻，无成色之好丑，炉冶之销耗，绝银匠之奸伪，盗贼之窥伺，铜钱废而尽铸为兵，白金贱而尽充内帑。果足通银币之穷，佐国用之急乎？

曰：宋臣叶适有言："王安石青苗、手实诸法，桑弘羊所不为；蔡京改行钞币，以盗贼之道，诱赚商旅之财，又王安石所不为。"何者？唐之飞钱，宋之交会，皆以官钱为本，使商民得操券以取货，特以轻易重，以母权子。其意一主于便民，而不在罔利，犹是《周官》质剂之遗。譬如以票券钱，非即以票为钱，以窝引中盐，非即以窝为盐，皆有所附丽而行之。至蔡京改行钞法，则无复官钱，而直用空楮，以百十钱之楮，而易人千万钱之物，是犹无田无宅之契，无主之券，无盐之引，无钱之票，不堪覆瓿，而以居奇。宜乎奸伪竞起，影射朋生，不旋踵而皆废。金、元、明代，竟不鼓铸而专用钞，重以帝王之力，终不能强人情之不愿。如欲复行，窃恐造之劳，用之滞，敝之速，伪之多，盗之易，禁之难，犯之众，勒之苦，抑钱而钱壅于货，抑银而银尽归夷，有十不便而无一便矣。然楮币不可用，而更币之法不可不讲。请先陈历代各币之兴废，而后效其说。

汉世银价极贱，朱提银八两，直钱千有五百八十，他银八两直千。朱提，县名，属犍为，出善银。汉武帝造白金三品，其一重八两，圜之，其文龙，直三千，民废不用。夫白金非楮，武帝稍增其价，而遂不行。况以楮代币，视白鹿皮荐直四十万，其笼利又甚倍蓰，其不可行一也。

宋太祖取唐代飞钱故事，许民入钱京师，于诸州换给。开宝三年，置便钱务，令商人诣务入钱者，即日给券。又敕诸州，商人赍券至者，当日付钱，不得住滞，违者科罚。其后成都守臣寇瑊以蜀人苦铁钱之重，私券贸易，富户主之，及富人资衰不能偿，争讼数起，请官置交子务，禁民私造。诏岁造交子，一界备本钱三十六万贯，新旧相因，其用意便民如此。及大观中，蔡京更钞法，则不蓄本钱，而增造无艺，至引一缗，当钱十数，封桩旧积，绝口不言，尽失交会之本意。绍兴中年，始诏会子务隶都茶场，正以商请茶盐香矾等岁千万贯，不独恃见钱以为本。然钞引止凭以取茶盐香货，而会子则公私买卖支给，无往不用，且自一贯造至二百。以尺楮而代数斤之铜，以一夫而运万缗于千里之远，赍轻用重，流落民间，即同见锱，其究必有最后受累之人，其罪究归最初作俑之人，仁者其忍出此？其不可行二也。

绍兴元年，因婺州屯驻，舟楫不通，钱重难致。诏造见钱关子，赴榷货务请钱，愿得茶盐香货钞引者听。三十年，又诏淮、浙、湖北、京西不通水路处，上借等钱，许用会子解发。是交会原以通舟运之穷，故大观中蔡京钞法，惟江、浙、湖广、福建不行，盖水乡通舟，运钱甚易，故至今钱票亦不行于江、浙、楚、粤。今欲以西北之票，强诸东南，纵有官钱，尚非民愿，其不可行三也。

王氏《钞币刍言》谓果欲行钞，必尽废天下之银然后可行。是即洪武、永乐禁银钱以行钞法之意。其时罚禁愈严，钞壅愈甚。四川使臣至遣吏以银诱民市而执治其罪，卒不能革。而金宣宗贞祐三年，河东宣抚使胥鼎上言：民间市易，多用见钱，而钞每贯仅直一钱，曾不及工墨之费，请权禁见钱。自是钱货不通，富家内困藏锱之限，外弊交钞屡变，窘乏坐化，商舟皆运钱贸易于淮南，钱多入宋，识者谓其弃货财以资敌国。今日果禁银行钞，不过尽驱纹银于西洋，其不可行四也。

王氏又谓前代钞币不行，由楮印潦草，制造不精。然金元光中，以绫印制元光珍货，同银钞行之矣。元世祖中统元年，别造丝钞，曰“中统元宝”，又以文绫织为中统银货矣。不但无楮印之潦草，且旧钞昏烂者，又委官以新钞倒换矣。乃金代则银价日贵，宝泉日贱，几于不用；元代则鼓铸不给，新旧滋弊，与银钞皆废，其不可行五也。

洪武八年，折收粮税，金每两准米十石，银每两准米二石。计金五换。三十年，诏以折收通赋，重则困民，令金每两准米二十石，银每两准米四石。计金亦五换。永乐十一年，更令金每两准米二十石，当银七两五钱。又令交阯召商中盐，金一两给盐二十引。当银十两。其时米盐断无如此之贱，特朝廷欲损上益下，故为此制以便民。使当时以银一两而买民四石之米，金一两而买民三十石之米，则势必不行。今行楮币者，为损上益下乎，损下益上乎？其不可行六也。

汉时银八两，直钱千，既过贱；金代铸银钞，每锭五十两，直钱百贯，旋铸"承安宝货"，一两至十两分五等，每两折钱二贯，其价又过贵。其后银钞不行盖由于此。明洪武中造"大明宝钞"，每贯准钱千文银一两，每四贯准黄金一两，则银钱之价酌中，而金价不及今四之一。然某氏《谈往录》又言：明初银每两兑钱六百，是则抑银重钞之令，非民间通行之价。及崇祯十六年，银每两兑钱千有六百，至二千有数百，乃严禁小钱，力复旧价，制卒不行。及国朝顺治初，而银价复以两兑千，其时非有鸦片之患，盖前归流贼，故贼平始贱也。顾氏炎武言：万历中赤金止七八兑，崇祯中十兑，江左至十三兑，亦非由鸦片之故，盖世乱则藏金者多也。近十余载间，纹银每两由千钱至千有五六百钱，洋钱每圆由八百钱而至千有三百钱，人始知鸦片内灌透银出洋之故。夫流贼掠去之银，贼平即出，因避乱而藏镪兑金之人，乱定则其价平减，非若透漏外洋之有出无返也。近日沿海多避夷氛，苏、杭赤金至廿三兑，近又复故。

货币者，圣人所以权衡万物之轻重，而时为之制。夫岂无法以驭之？曰：仿铸西洋之银钱，兼行古时之玉币、贝币而已。中国铜钱，西北行至哈密而止，西南行至打箭炉而止。自哈密以西，则行回部红铜普尔钱，一当内地铜钱之五，以五十普尔为一腾格，形椭首锐，中无方孔。打箭炉以西，则行西藏银钱。重一钱五分者，每六圆易银一两；重一钱者，每九圆易银一两；重五分者，每十八圆易银一两。自乾隆平定新疆、西藏后，命于天山南北路各城设局鼓铸普尔钱，文曰"乾隆通宝"，皆镌地名用国书回字矣。又命驻藏大臣监造大小银钱，面文"乾隆宝藏"汉字，背用唐古特字，并于边廓铸造年分，如廓尔喀之式矣。是皆以天朝货币，而仿外夷之式。今洋钱销融，净银仅及六钱六分，而值纹银八钱有奇，民趋若（鹜）〔鹜〕[1]。独不可官铸银钱以利民用，仿番制以抑番饼乎？此币之宜更者一。

古币以金、以贝、以刀布，宋、金及明始用白金，钱粮用银，始于金代，而成于明正统以后。各视其时王之制。然必皆五行百产之精华，山川

---

[1] 据《圣武记》及文意改。

阴阳所炉韛，决非易朽易伪之物所能刑驱而势迫。《书》曰："具乃贝、玉。"古者，财贿宝货，文皆从贝，锡我百朋，制详五等。《食货志》大贝、壮贝、幺贝、小贝、不成贝，凡五贝。两贝为朋，大贝一朋，直钱二百十有六。壮贝一朋，直钱五十。幺贝一朋，直三十。小贝一朋，直十。不成贝者，率枚直钱三。是为贝货五品。大贝四寸八分以上，壮贝三寸六分以上，幺贝二寸四分以上，小贝寸二分以上，不盈寸二分者不得为贝。玉则古为上币，与贝皆行于三代，而废于秦世。我朝臣服和阗、叶尔羌，玉山玉河，岁时上进，充庭溢阙。乾隆时回部官山有禁，嘉庆中，始听民开采。今宜以贝、玉佐银币之穷，上出宫府之藏，外榷官山之产，镌其等直，广其流布，物华天宝，民珍国瑞，无倾镕冶铸之烦，无朽腐赝造之苦。此币之可推广者二。

夫开矿以浚银之源，更币以佐银之穷，皆因天地自然之珍，为国家不竭之府。苟舍贝玉，舍银钱，而以楮代之，是不若行冥镪于阳世，陈明器于宾筵之为愈也；不若施画饼于赒荒，易告身以一醉之为愈也。恐鞅、斯之酷不能行，桑、孔之计有不屑也。

军储篇四
（1825 年）

货源既开，食源尤不可不阜，阜食莫大于屯垦，屯垦莫急于八旗生计。以君养人，不如使人自养，虽尧、舜犹病博施而济众。国朝列圣之厚八旗者至矣，康熙三藩初定，诏发帑金六百四十余万，代偿八旗债负，每家获赏数百金，未置寸产，徒縻衣食，一二载荡然无余。其后又颁赏六百五十五万金，亦立时费尽。雍正初，屡赏兵丁一月钱粮，每次三十余万，亦不逾旬而罄。岂独八旗之不善节啬，亦其食指浩繁矣哉！世祖时，八旗定甲八万，甲岁饷银若干两，米若干石。圣祖时，增为十二万甲。额兵十万，养育兵二万。一甲之丁，积久而为数十丁、数百丁，非复一甲之粮所能赡。计八旗丁册，乾隆初已数十万，今则数百万。而所圈近京五百里之旗地，大半尽典于民，聚数百万不士、不农、不工、不商、不兵、不民之人于京师，而莫为之所，虽竭海内之正供，不足以赡。且八旗有蒙古、有汉军，不尽满洲，满洲又皆收服辽东诸部落，非宗室天潢也。

汉、唐有养兵之费，宋、明有宗禄之费，未闻举龙兴之地，丰、沛、晋阳、凤、泗之民，而世世赡养之者。国初定鼎中原，居重驭轻，故圈近京五百之地，重逃旗出外之禁，以固根本而滋生聚。自乾隆中叶，已有人满之患。于是诸臣条奏。舒赫德则言：盛京、宁古塔、黑龙江沃壤数千里，仅为牧场闲田，请移八旗散丁数万，屯东三省，以实旧郡而还淳朴，分京师生齿之繁矣。孙嘉淦则言：独石口外七十里之红城子，再百里之开平，即元上都地，襟山带河，城墉犹在，膏腴不下数万顷；张家口外七十余里之兴和城，又西百余里之新平城，川原广沃，更胜开平，可耕亦不下数万顷。明初置卫，旋弃归蒙古。我朝平察哈尔，复置为牧场，致东路之热河八达沟，即大宁卫旧境。西路之归化、绥远二城，即丰川、东胜二卫旧境。声势中隔。应请于开平、兴和各驻满兵三千，红城、新平二城各驻满兵二千，共驻防一万。屯垦牧猎，先为经营，五年，规模可定矣。又请旗人情愿下乡种地者，将八旗公产及赎回旗产，每人一二百亩，给其自种，不受佃奴之挟制矣。又请汉军罢仕，情愿在外成家者，许其呈明置买田产，听其地方官吏约束矣。张若澄则请广驻防之制，谓各省有城守营之处，绿旗兵不下数万，应请将省会及道员驻扎之处，其城守营皆改为八旗驻防矣。沈起元则谓：汉军本系汉人，莫若于汉军之内，每甲以一人承占，或以行辈，或以材武，食其祖粮，其余闲散，则听之出旗归入四民矣。诸臣条画，有未准行，有准行而下未奉行。

窃谓满、蒙、汉三者，宜因地因人而徙。东三省，满洲旧地也，宜专以徙满洲之余丁。开平、兴和，国初平察哈尔、蒙古之地也，宜专以徙在京蒙古之余丁。至外省驻防，难以再增，而外任留寓占籍，本汉人之俗也，宜专以安置汉军之人，各因其地，各还其俗。

或曰：近日盛京将军富俊，曾经理双城堡之屯田矣，每人愿移者，许给地二顷，房屋、牛、种、器用、旅费毕具。初奏定每年移二百户，行之数年，每年仅五十户、七十户，无乃势不可行乎？

曰：怀土重迁，民难图始。汉初列侯不愿就国，至诏丞相为朕先就国以倡率之；唐时京官轻外任，至令宗室分授刺史、郡守以重之；元魏自平城迁都洛阳，至借伐齐之师以行之。然国初各省分设驻防，距京师远者数千里，南北异俗。乾隆中，新疆移兵驻防，距京师万里，东西异向，而八旗闻命就道，所至如归，从未闻有难色者，何哉？八旗骑射成俗，语以为兵，则万里不辞，语以为农，则故乡裹足。今宜仍以驻防为名，并择宗室觉罗中奉恩将军之练憩者，使每人率一佐领或二佐领以重其行。至彼之后，打牲、射猎、屯种，各从其愿，兼许雇汉农以为之助，则旗人无不巈然矣。汉、唐中叶以后，宗室苗裔，散处郡国，列为四民。今设择京师闲散宗室，得率一二牛录还旧都，有土有民，世食其利，尤厚于古矣。开平、兴化四城，亦宜设蒙古驻防，使游牧屯种，各从其便，并许雇汉农以为之助，则初年不习于农，数载后农牧相安，即可裁其兵粮，以归禁旅之籍矣。满洲、蒙古，每移一驻防，即可徙数千户，何至每岁徙二百户而不能？至汉军外任留籍，特未允行，允之必无不愿。既免回京亲友之需索，又得适乐土以长其子孙，又安有不慊者哉！若夫兴京东之水利，清旗民之赎产，清入官之籍产，以兼屯满洲、蒙古、汉军无业之旗民，地尤近，利尤切，其阨本固基尤厚。化而导之，宜而通之，是在得人哉！是在得人哉！

国初近京五百里内，圈给八旗，而别拨他州县之闲田，以为民地。计近畿凡宗室、王、贝勒、贝子、将军之庄园，共万有三千三百三十八顷有奇，凡勋戚、世爵、职官、军士庄田，十有四万百二十八顷有奇。其内府庄田，以待皇子分封、公主赠嫁者，不在此数。而盛京东北及诸边口外，腴壤日辟，八旗滋生户口，咸取给焉。嘉庆十八年，户部尚书英和奏言："自乾隆年间以来，入官地亩甚多，他不具论，即如和珅、福康安两家入官地亩，不下二三千顷，至今并未升科，屡次查催，地方官奉行不力，尽饱胥吏之橐，且有以碱瘠换膏腴者。请严敕直隶总督作速升科，无令隐匿侵蚀抵换，于国用亦有裨益。"又考伊犁屯田，向惟绿营及回、汉屯丁。自嘉庆九年，将军松筠奏言："伊犁驻防之锡伯营，向无官给口粮，均系自耕自食，生计有资，迥异满营之拮据。近日八旗生齿日繁，上年酌派满洲闲散丁三百六十名，官给牛只、器具，分地试种，秋获十分有余，已有成效。惟系通力合作，未免视为官产，久而生懈，应照锡伯营屯制，按名给地，永为世业。并谕以地即种成，将来亦不奏裁口粮，毋庸观望。"满营旗人闻此，始皆欣然，领地耕种。十七年，将军晋昌复奏言："伊犁旗屯之田，有已分未分二项，其已分田二万四千亩，系松筠奏明分授八旗，每旗三千亩；其未分田二万亩，离城较远，每年专派佐领，督率八旗闲散丁，通力合作，添雇回子流民，将所收粮公贮，分给贫乏。请照松筠章程，分给八旗闲散，自行管业，不准招佃耕种，以滋流弊。再仿松筠前奏，于公地之南，督筑数堡，每堡盖屋百所，以驻屯丁，教之树畜，农隙习武，以收兵屯两益。"此新疆驻防旗屯之成效，可推行于畿辅及留都者。

《西域水道记》曰："乾隆三十年，自盛京移锡伯部官兵千，驻伊犁河南岸。去河数里，旧有一渠，东西长二百余里。渠北地隘，虑在无田，渠南阻崖，患在无水。嘉庆初，有部人图默特，创议于察布察尔山口引水，自崖上凿渠，亦东西长二百余里，功费繁巨，部人嗟怨。图默特卒排众议，数年乃成。既浚新渠，辟田千顷，遂大丰殖，雄视诸部，郑、白之沃不足云也。新渠东北有积水潭，广数里，环潭皆回民田。将军松筠因新渠成，以潭西南二面田二千亩，畀锡伯屯之，界遂东移。两渠相去十余里。新渠高于旧渠六七丈，新渠之南，并南山下，皆回民田。"此锡伯营屯田水利，同于内地者。

坊苗篇
（1825 年）

抚苗如抚子，备苗如备疾，御苗堤御水，攻苗鸷攻伏。抚苗道二，文告不与。目不诗书，足不城市，奚知文？奚知告？则聚所欲欤？则去所恶欤？何谓所欲？盐布入于峒，药材出于山。何谓所恶？莠苗不留于寨，奸民不入于寨，吏胥不扰于寨。备苗道三，兵哨不与。兵久则蠹，哨久则圮，我以此往，彼以此拒。毋予其距欤？毋芽其势欤？毋酿其渐欤？苗壤不硫磺，奚自而入？入予其距。苗技习枪矛，睢盱而斗，斗芽其寇。苗俗神巫鬼，椎牛而祭，祭耗其费。抚之善，备之勤，变乃不成。距不夺，芽不刑，渐不惩，狼翼而飞，怒将食人。人曷御之？又曷攻之？御之百里之外，攻之千阻之内。攻之以兵，御之以民。

御之之法曰：近其防闲，遥其声势。边墙以限疆界，哨台以守望，炮台以堵敌，堡以聚家室，碉卡以守、以战、以遏出、以截归。边墙亘山涧，哨台中边墙，炮台横其冲，碉堡相其宜。凡制碉堡之法，近石以石，远石以土，外石中土，留孔以枪，掘濠以防。碉容五人，堡乃众藏。有三固：矢不洞，火不焚，盗不逾。有三便：族聚故心固，扼要故数敷，犄角故势强。壁坚野清，乃可以攻。

攻之之法曰：征兵不如募勇，募勇不如土蛮，土蛮不如苗攻苗。习技艺，习登陟，习径路，习虚实，习劳渴，习苗情。攻之之法曰：骑不如步，矢戟不如火枪。山丛径仄，箐密涧曲，故骑射不宜。步利猱捷，枪利仰攻。攻之之法曰：合攻勿如分攻，缓攻勿如速攻，悬深巢不如屯沿边。夫鸷鸟之将击也，必盘空而出不意，其视审，其至捷，有不击，击必中，中必逝。苗窟若狡兔然，专则聚，聚则坚，缓则备，备则延。分攻故不能相顾；来去不测，故备勿及；不株及，故党与离；屯边，故进退如意，声东击西如意，水土粮饷如意。攻之之法曰：因其信鬼而威之，因其贪利而购之，因其仇猜而离之，因其向导而用之。昔者诸葛武侯之渡泸也，遣李恢将别部而地利明，选哀牢劲卒而卒服习。若夫明殷正茂、韩雍、陈金、蔡经之于壮、瑶，李化龙、朱燮元之于蛮，明张岳、国朝张广泗、席尔达之于苗，皆未有一道而成者也，未有不数道数哨，十数道十数哨，夹进互击者也。大清之兴也，平地则八旗为一，遇险则各旗为八。兵犹水也，因地而制变。然则驭苗蛮百世师者谁乎？明广西参将沈希仪。希仪之术如之何？曰：抚如子，备如疾；堤御水，鸷攻伏。

湖南苗防录叙
（1825 年）

魏子曰：历代以来皆蛮患，而明始有苗患也。南夷之苗，自洪水窜征后阒不闻。而殷、周之所挞伐，荆、庸、勾吴之所冠带，皆蛮国，暨江以南，靡然声教。于是汉曰武陵蛮，唐曰五溪蛮，则自岳、澧、常德进辰、沅间，益与今苗地近，然乌睹所谓苗事哉！其叛服姓氏，亦匪苗族所有。尝考蛮习俗嗜欲不甚远，惟蛮峒各一酋，懔然冠履臂指之分；苗则绝无统属，有贫富，无贵贱；有强弱，无贵贱；有众寡，无贵贱。曩蛮酋强盛之日，承平则足控制群苗，为内地捍蔽；有事，苗皆指嗾从之，蜂屯狐啸蚁聚。筹边者惟思抚蛮以制苗，宋诸州、明土司所由兴也。暨后蛮酋各安世袭，狼驯不跳梁，而鹰饱亦不搏击出力，于是蛮患销，苗患炽矣。专苗称者，惟黔五开苗、楚九溪苗，实则滇之猡、之猓，蜀之僰，粤东西之壮、之瑶、之黎，皆苗类。明滇、蜀多土司寻兵，而粤、黔、楚则壮、苗自啸聚。国朝土司悉归流，黔粤苗、壮，至今帖然。即乾隆末楚苗蠢动之时，永顺、镇筸、乾州诸土蛮，或负弩为先锋，或向导诱禽首恶，今昔情形，顺逆燕越。呜呼，曷以致是哉？爰掇其形势沿革、抚驭得失为篇，以金鉴来世而为之说曰：

王者治四夷之法，太上变化之，其次制驭之。宋羁蛮专抚绥，则高爵厚赏不餍欲；明备苗专防范，则筑哨屯兵不遏衅；终宋世威不振，终明世苗不服。盛哉我大清威德乎，古未有也！康熙四十二年，边人之赴诉也，上震怒，免总督郭琇官，诏曰："三苗自古逆命，今仍虔刘我边陲，攘虏我人畜，为诸奸宄逋逃薮，岂可令在肘腹地恣行无忌！其发满、汉兵乘冬逼其巢，郡县之！"于是礼部尚书席尔达视师。明年正月，辟凤凰厅、乾州厅，而镇溪上六里苗尚属土司。既而巡抚赵申乔奏裁五寨长官司，于是六里苗复赴诉。明年，生苗百四十寨并投诚。雍正初，朝廷经略西南夷，威震黔、粤，于时湖北容美、湖南永顺、保靖、桑植诸宣慰使悉为边人所诉，先后改流，于是湖广无土司。

呜呼！泳厚载者不知帱覆之仁，习衽席者不知水火之艰。容美、桑植，今各一县地耳，永顺一府，实兼永顺、保靖二司，地瘠而贫，吏斯者每觖望。而曩四大土司，富强雄累代，则其朘膏脂何如哉！汉承秦后，网漏吞舟，故诸土司遗氓多自重畏法，岂非劫于积威、久于倒悬以然哉！呜呼！处帝力何有之世，老死不见苛政兵革，所以高坐争议复古封建也。

乙丙湖贵征苗记*
（1825 年）

　　呜呼！以予所闻乾隆六十年红苗之役，盖与当时奏牍颇殊云。初，苗未变也，畏隶如官，官如神。兵民利焉，百户外委利焉，司土者利焉。永绥厅勾补苗讼窃牛于官，而阖寨为病，遂激石满宜之乱，虽旋扑灭，而苗祸已胚。盖苗积忿永绥尤甚。始厅设苗巢，城外寸地皆苗，不数十年尽民地。兽穷则啮，于是奸苗倡逐客民，复故地，而群寨争杀，百户响应矣。

　　乙卯正月，贵州铜仁府苗石柳邓妖煽其党，官捕之，遂叛，焚掠松桃厅正大营，湖南永绥黄瓜寨石三保应之。永绥副将伊萨纳、同知彭凤尧，以兵六百往捕。狃于勾补之役也，责苗缚献。而镇箪镇总兵明安图，亦以兵八百，携绳索以往，会营鸭西。夜，苗忽数千焚鸭西汹汹，而军中止短兵，无火枪，且镇箪苗吴半生、吴陇登、吴八月及乾州三岔坪苗同蠢动，火光照百十里，镇箪路绝。遂议饵苗向永绥，讲且行，而沿途益蜂集。又从苗绐，尽释兵仗，明安图等束手死焉，脱者数人，时二十三日也。遂围永绥，而乾州、镇箪苗亦同日各围其城。永绥城仅余兵二百，士民自婴城守。乾州本土城，游击陈纶又以营兵遁，明日遂陷，同知宋如椿死之。贵州总兵珠隆阿亦被围正大营，苗疆大震。

　　二月，诏云贵总督忠锐嘉勇公福康安、四川总督和琳及湖广督抚合兵讨之，复命侍卫额勒登保、德楞泰往赞军务。福康安既解嗅脑、松桃大营诸围，招抚各寨。三月，贵州苗略定。和琳亦定秀山县苗，以总兵袁国璜守（栅）〔棚〕① 门，而自会福康安于松桃，乃遣总兵花连布将

* 按：此篇于《圣武记》卷七题作《乾隆湖贵征苗记》，二《记》文字稍有差异。
① 据《圣武记》卷七改。

精兵三千援永绥。三月十一日，连战至城外，围解。而湖南提督刘君辅亦以兵二千，自保靖与总兵张廷彦合攻永绥西北。苗据花园，断浮桥以拒。刘君辅结筏渡，破斩数百，遂复花园，守以张廷彦，而自攻隆团、鸭保转斗入。花、刘二将，苗并惮之，曰花虎、黑虎，刘髯黑云。福康安大军，亦于四月十三日至永绥，进剿黄瓜寨巢穴，而苗旋阻鸭保，饷道不通。花连布乃护贵州粮以饷永绥，中途遇伏几殆，适大军遣救至，得免。时湖广两总督，一毕沅驻辰州总军需，而〔福宁〕[1] 统兵镇筸。是月〔福宁〕以兵六千由泸溪以复乾州，遇苗苟拜岩，急匿辎重中以遁，众土崩。苗乘势四面躏，〔福宁〕仅身免，顾以杀贼无算闻。诏旨稍奖之，而仍责曰："胡不乘胜追北，而回守空城?"盖明见万里外矣。

自是无敢东路进者，而贼久踞乾州，遂出泸溪巴斗山，大焚浦市，分寇泸溪、麻阳东北，复逼镇筸。福宁请急调荆州满兵二千前来，而按察使阿〔彰阿〕[2] 者驻镇筸，方日以诘捕汉奸为事，兵日擒良民邀赏，而苗出入横行，顾无谁何者。五月，荆州将军观成至，始下令止之。刘君辅在永绥，则提孤军欲复通鸭保，中途冒围数重，突杀出，几不免。及隆团，始遇袁国璜、张廷彦援兵，乃保隆团，而鸭保饷道复塞。盖永绥处生苗窔奥，北保靖，西松桃，南镇筸，东乾州，而贼巢则平陇、鸭保左右营各寨介四厅间，皆叠嶂岖险，惟镇筸一路声势四接。由泸溪进乾州仅九十里，而福康安、和琳由贵州来，遽从铜仁正大营穿深巢往乾州。道既险远，而刘君辅所请五路进兵策亦不用，苗遂专伺大营所向，据险死拒。而各营兵非奉令又不得自为战，故贼益张。及刘君辅隔隆团，苗遂复围永绥，昼夜急攻两月余。副将富志那遣告急大营，连数十辈不达，最后达二卒，始遣四川提督穆克登阿往援。苗并力拒援兵，而刘君辅亦遂由隆团转战入，八月围始复解，而竟无奏牍云。

苗叛时，惟沿边土蛮不从乱。土蛮者，故土司遗民也，聚众自保，苗甚惮。有言其头目张廷仲不轨者，既而得白，遂讨贼自效。自后永顺、保靖无虞得其力。刘君辅花园之战，亦以土蛮三百陷阵。其明年，竟购保靖蛮诱禽石三保云。而大军自四月克黄瓜寨，五月、六月阻大乌草河不进。七月，渡大乌草河，抵古丈坪。八月，奏克乌龙岩、杨柳坪，而吴八月据平陇，遂称吴王。自石氏起事，巢穴旋破，至是而吴氏

① 据《圣武记》卷七补。下同。

② "彰阿"二字，国学本隐去，作二方框，据《圣武记》卷七补。

复称吴三桂后，妖煽远近，平陇党转盛，石三保、石柳邓皆附之。于是九月下诏暴诸苗罪状，晋封福康安贝子，和琳一等宣勇伯，以风励将士。十月，奏克毛豆塘、摩手寨、龙角碉，进牛练塘，围鸭保，距平陇贼巢七十里。时苗酋皆许官爵花翎，散苗优以金钱，吴陇登亦许禽吴八月自效。然吴八月子廷礼、廷义，复与陇登仇杀，负嵎自若。十一月，奏克爆水营、天星寨。十二月，奏克擒头坡。嘉庆元年正月，奏克连营山。二月，奏克壁多山、高吉陀。三月，奏克两叉溪、平逆拗。四月，奏克长吉山、结石冈，距平陇三十里，而诏责复乾州城，遂指乾州。去冬以贼并力距大军，始令镇筸总兵袁敏等，由泸溪进乾州，与大军犄角。兵至丑坨，以大帅欲专乾州功，阻河溪不进。而刘君辅失大帅意，亦束手不得展尺寸。至是，七省官兵持久一载余矣。

始既奏"贼幺麽不足数"，及老师旷日，则频以"大雨山水暴发"为辞，而饷道崎岖，先后益兵数万。降苗受官弁百余人，月给盐、粮、银者数万人，旋抚旋叛。军士不习水土，中暑毒死日众。数省转输，费巨万计。而朝廷焦劳，日盼捷书，敕询络绎不绝。五月，大学士贝子福康安卒于坝子岩，赠郡王衔，谥文襄。六月，和琳复乾州，使额勒登保等进攻平陇，而自与毕沅、福宁及巡抚姜晟等，遂奏善后章程六事，大都民地归民，苗地归苗，尽撤旧设营汛，分授降苗官弁羁縻之。惟购收枪械一事颇关系，而议旋寝，及嘉庆十年，兵备道傅鼐始按寨勒缴四万余件云。而和琳亦八月卒于军，赠一等宣勇公。额勒登保既逼平陇，贼渐蹙，至是嗣和琳任。又诏将军明亮自湖北往会之，以鄂辉代刘君辅。九月，大兵夺平陇隘口，而毕沅已力请罢兵。盖三省教匪方起，四川达州既未扑灭，花连布又讨贵州铜仁贼战死，而湖北尤猖獗。毕沅无如何，则欲移苗疆诸将兵讨之，诏书切责不许。十二月，大军斩石柳邓父子及吴廷义等，于是遂封额勒登保威勇侯，明亮襄勇伯，德楞泰继勇子，余进级有差。时镇筸黑苗，犹多未睹大兵。额勒登保与穆克登阿分略余党，而教匪日炽。明年三月，遂班师，明亮赴达州，额勒登保移征湖北矣。留官兵二万分防，令提督鄂辉驻辰州，及新设绥靖镇总兵魁保、镇筸镇总兵富志那分领之，裁留土塘苗兵三万七千，月给盐粮银如故。毕沅、姜晟一意主抚，而边无宁日。则凤凰厅同知傅鼐募勇修碉，悉力御之。及嘉庆四年，黑苗寇边。事闻，于是皇上下诏曰："楚苗已奏戡定，何匪苗吴陈受复敢纠众犯边十余次，不法已极。可见前此福康安、和琳办理，止是将就了事，其实何尝底定？"自是湖、贵复屡用兵，至嘉庆十年始靖，皆傅鼐总理边务功。

鼐复某总督书曰："三苗自古叛服靡常，治之惟剿、抚两端。叛则先剿后抚，威克厥爱，乃济。迩者楚苗之役，和、福二公以七省官兵挞伐二载，而未底定，何哉？论者谓始则恃搏象之力搏兔，以为功成指顾，而无暇总全局以商定算。继则孤军深入，苗巢前坚后险，实有羝羊触藩之势。兵顿乌草河、牛练塘、九龙沟者俱屡月，不得已广行招纳，归咎于民之争占滋衅，尽撤苗巢营汛四十八处，以期释怨罢兵，不图苗人如豺贪狼，养骄子。大功未就，相继赍志而殁。踵其后者，承士卒之疲劳，国帑之糜费，又值川、楚事急，仓皇移师北去，是以苗志得气盈，鸱张鱼烂，不可收拾。而大兵既罢，势难再议兴戎。鼐思民弱则苗强，民强则苗弱，因而卫民以壮其气，练勇以摧其锋，驾驭以伸其信，雕剿以威其凶。碉堡既成，我墙斯固，坚壁清野，无可觊觎。而后入其穴，扼其颐，夺其距，歼其魁。粮莠渐除，良善乃怡。此又嘉庆二载来办理情形也。"傅鼐之任凤凰厅同知也，以前擒苗酋吴半生功，别有传。

据嘉庆四年有"苗疆何尝底定，前此办理诸臣，将就了事"之谕旨，故作是篇。盖此旨亦在修方略之后也。

答人问西北边域书
（1826 年）

　　承询本朝西北边域之略，国家威棱震叠，际天稽颡，括地成图，东尽东海，南尽南海，西不尽西海，北不尽北海，而欲征图朔貊，飙轮弱水，厥制严武，至雄以博。窃钧档册之遗闻，诹都护之属吏，除盛京、吉林、黑龙江号东三省，为满洲根本重地，不属边防外，其西北藩服，疆以戎索，纲纪条列，可得而云。

　　一曰正北内蒙古，亦有偏东者。凡出口之路五：曰独石口、张家口、古北口、喜峰口、杀虎口。口外四十九旗，皆曰内藩蒙古。合归化城、土默特二旗计之，合五十一旗，分东西六盟。其东四盟，当东三省及直隶边外。西二盟，当山西、陕西、甘肃边外，皆在漠南，皆听天朝设札萨克。札萨克每旗一人，或世爵，或简放，总理旗务。其部凡二十四，并归化城则二十五。

　　一曰正北外蒙古，亦有偏（四）〔西〕①者。分西路、北路、中路、东路四部，凡四汗，其汗以下，有亲王、郡王、贝勒、贝子、公、台吉等，与内蒙古同。共八十一旗。自设札萨克，俱在漠北。此漠北四部落，总称喀尔喀。由正北迤西曰准部，即天山北路，喀尔喀之西，与科布多接壤。科布多横亘于准部、喀尔喀之间，过此则伊犁东路界。准部本有四卫。拉特用兵后，以其地为大聚落，曰伊犁东路，曰伊犁西路，曰库尔喀喇乌苏，曰塔尔巴哈台。皆准之旧地也，今皆有重兵。稍东南近腹地，为镇西府迪化州，亦准旧地，而称安西北路，非天山路矣。

　　由西北迤西南，即天山南路，皆回子境。准部及蒙古，皆古称行

---

　　① 本文亦见《皇朝经世文编》卷八十《兵政十一》，"四"作"西"，与上文"亦有偏东者"相对而言，故据改。

国。回则《汉书》三十六城郭之裔，以哈密为北止境，以辟展为南首境。再东南则为安西南路，非天山路矣。由西南更西南，曰卫，曰藏，曰阿里，曰喀木，天朝设驻藏大臣司其事，而达赖喇嘛副之，藏王则虚存贝子爵而已，非有土之君也。卫、藏曰前藏，阿里、喀木曰后藏，正西曰青海，与藏与准皆接壤，界甘肃、四川边境。凡五部，有喀尔喀，有辉特，有土尔扈特，有和硕特，有绰啰斯，设青海办事大臣一。凡卫拉特之人，亦可称蒙古，犹喀尔喀之得称蒙古也。

其版图不隶中朝者，又有西属国。西属国亦分三路：北路为哈萨克，近准部故；南路为布路特，为安集延，为温都斯坦，为爱乌罕，为那木干，近回部故；温都斯坦，古中印度地。西南路，为巴勒布，为作木郎，为落敏阳，为布鲁克巴，近西藏故。又有北属国，亦分三：曰乌梁海，此亦一名而三处，在极北而稍东。曰巴眼虎，曰科布多。在北而稍西。科布多虽一国，而隶之者七种，仿佛西之有青海焉。大抵大清国之北境，东起鸭绿江、黑龙江，逾两蒙古，西迄准部，袤二万余里，皆接俄罗斯界。故俄罗斯为北徼极大之邦，从古不隶中国，其水皆流入北海矣，视北斗则在南矣。

以上束之八大类，惟蒙古最亲附。其五十一旗内蒙古，直古雍、冀、幽、并、营五州北境，所谓漠南也。其新藩蒙古喀尔喀，则古漠北地也。（奏）〔秦〕① 汉时匈奴所居。冒顿强，始并漠南，武帝时遁归漠北，后汉为北匈奴地，历代皆与漠南诸部为盛衰，至元太祖建都于此，曰和林。其后尽有漠南诸部，遂帝中国。顺治末年仍归漠北，后始号喀尔喀，共七部，有三汗。雍正中，以额驸策凌奋击噶尔丹功，封为四汗。我朝龙兴之初，内蒙古归附最先，每大征伐，帅师以从。而喀尔喀外蒙古，则康熙中为准噶尔破逐，款塞内附。圣祖亲巡塞外受其朝，复亲征噶尔丹，扫平漠北，而返之于故地，设定边左副将军一，参赞大臣一，以镇抚之。凡两蒙古之君长，皆隶理藩院，世其爵禄，通其婚姻，时其朝贡，制其等威，定其牧地，均其互市，内宿卫禁廷，外捍御要荒，纵横万余里，臣妾百余旗，盖旷古所未有。至准、回二部，则皆古西域地也，皆出嘉峪关外。国家平准噶尔之地，易其名曰伊犁，城三。曰乌鲁木齐，城三。曰巴里坤，曰哈密。城二。及平西域诸回部，若辟展，若新疆，若哈拉沙拉，若库车，若沙雅尔，若赛里木，若拜城，以

---

① 据文意改。

上各城二。若阿克苏，城四。若乌什，城一。若喀什噶尔，城一。若叶尔羌，城一，此回部旧都。若和阗，城六。咸入版图，设将军、参赞、都统、提、镇，及办事领队诸大臣，及侍卫司官有差。其回部司事各官，则曰伯克。

或谓地广而无用，官糈兵饷，岁解赔数十万，耗中事边，有损无益。曾亦思西兵未罢时，勤三朝西顾忧，且沿克鲁伦河长驱南牧，蹂躏至大同、归化城，甘、陕大兵不解甲，费岂但倍蓰哉？且夫一消一息者，天之道；裒多益寡者，政之经。国家醲酼孳生，中国土满人满，独新疆人寡地旷，牛羊麦面蔬麻之贱，播植浇灌、毡裘贸易之利，金矿之旺，徭役赋税之轻且稀，又皆什倍内地。穷民服贾牵牛出关，至辄长子孙，百无一反。是天留未辟之鸿荒，以为盛世消息尾闾者也。是圣人损益经纶之义，所必因焉乘焉者也。奈何狃近安，忘昔祸，惜涓浍之费，昧溟渤之利，以甘里闬鄙儒眉睫之见？迩者逆回蠢动，思踞故都，喀什喀尔、叶尔羌、乌什三城，信息中断，而阿克苏扼其中道，则北五回城必安帖无事。乾隆初，犁叶尔羌巢穴，时大军会阿克苏，两路进攻，其前事矣。至西宁、西藏二处，先朝尚未大烦兵力，止各设总理事务大臣一人驻治，非蒙古准回诸部为国家边宇至大至要者比。某足迹所至，北仅古北口而止，西仅秦、蜀近界而止，未尝历九关，使绝域，只据图籍传闻，櫽括梗略，以塞明问，其详则有待焉。尚博访之躬虎节老边塞之人，讲求方略。苟有未闻，悉以见教，幸甚。

又承询部落地名，与史参差，何由得其要领。蒙谓边外本罕文字，牵以口音沿变，如土默特即土门土蛮也，默特即冒顿也，苏厄特即算端也，奈曼即乃满也，察哈尔即插汉也，乾竺即大竺，又即身毒也，唐兀即党项也，乌梁海即兀良哈也，举此可以隅反。若夫蒙古游牧所至异名，实有穷于稽诘。先识大纲，而地经之，人纬之，庶犹十得七八。并闻。

道光丙戌海运记代
（1826 年）

  传曰："有始有卒者，其惟圣人乎！"又曰："凡民可与乐成，难与图始。"国家宅京西北，转漕东南，舍元袭明，以河易海。康熙、嘉庆中，以河患屡筹改运，议皆不决，岂非《春秋》大复古重改作之意哉！道光五年，海运之役，行之仓猝之余，试之百六十余万之粟，倏抵太仓而民不知役，国不知费。天下见其行之孔易矣，抑知其挠之甚众且艰？天下见其不疾而速，不行而至矣，抑知其谋之至周且确？不有所述，使后世仅见与元代招盗、造舟、募丁、访道劳费者比；即不然，亦仅谓一时权宜备缓急，罔关利国利民久远大计；则暂试于一时，犹将排阏于事后，奚以见明明穆穆，贯周万虑，一备百顺，至简易，可久大，永永与天地无极？用敢拜手而为之记。

  初，四年冬，高堰决，运道梗，中外争言济漕之策，或主借黄，或主盘坝，发言盈廷，罔所适从。天牖帝心，有开必先，则有首咨海运之诏。群疑朋兴，蒽沓苟安，匪曰风飓，则曰盗贼；匪曰霉湿，则曰侵耗；造募则曰劳费，招雇则曰价巨；以暨屯军之闲散，通仓之勒索，争先为难，百议一喙，坐失事机，自春徂夏。

  既而借黄、盘坝皆病，天子喟然念东南民力之不支，是用畴咨于左右辅弼之臣。于是协办大学士臣英和奏言："治道久则穷，穷必变，小变之小益，大变之大益，未有数百年不敝且变者。国家承平日久，海不扬波，航东吴至辽海者，昼夜往反如内地。今以商运决海运，则风飓不足疑，盗贼不足虞，霉湿侵耗不足患也；以商运代官运，则舟不待造，丁不待募，价不更筹也。至于屯军之安置存乎人，仓胥之稽察存乎人，河务之张弛存乎人。矧借黄既病，盘坝又病，不变通将何策之出？臣以为无如海运便。"诏仍下有漕各省大吏议。于是臣琦善自山东移督两江，臣陶澍自安徽移抚江苏，咸奏请以苏、松、常、镇、太仓四府一州之粟全由海运，诏曰："可。"是秋，臣陶澍暨江苏布政使臣贺长龄先后至上海招集商艘，宣上德意，许免税，许优价，许奖励，海商翕然，子来恐后。爰设海运总局于上海，以川沙厅同知臣李景峄、苏州府督粮同知臣俞德渊董之，与道府各臣共襄其事。又遣道、府、丞、倅先赍案册及经费十余万，由陆赴北，与直隶执事官各设局天津，而钦差理藩院尚书臣穆彰阿为验米大臣，会同仓场侍郎驻天津，与直隶督臣共筹收兑事宜。于是南北并举，纲挈目张。至于誓水师，壮声势，以联络其间者，则江南提督、苏松镇、狼山镇总兵自吴淞会哨至莺游门，山东登莱镇总兵自莺游门会哨至庙岛，直隶天津镇总兵自庙岛会哨至直沽口。

章程既定，明年正月，抚臣亲莅海上，部先后，申号令，各州县剥运之米，鱼贯而至，鳞次而兑，浃旬得百三十余万为首运，余三十余万归次运。告祭风神、海神、天后，集长年三老，犒酒食银牌而遣之。万艘欢呼，江澄海明，旌旗飘动，鼋龙踊跃。由崇明十滧而东，绕出千里长沙，逾旬毕至天津。回空再运，讫五月而两运皆竣，勺粒无损。视河运之粟莹洁过倍，津、通之人觌未曾有，先后诏奖任事各臣有差。

是役也，其优于元代海运者有三因：曰因海用海，因商用商，因舟用舟。盖承二百载海禁大开，水程之险易，风汛之迟速，驾驶之趋避，愈历愈熟，行所无事。知北洋不患深而患浅，故用平底沙船以适之；知海船不畏浪而畏礁，故直放大洋以避之；知风飓险于秋冬，平于春夏，故乘东南风令以行之。因利乘便，事半功百，而元代所未有也。

其优于河运者有四利：利国，利民，利官，利商。盖河运有剥浅费、过闸费、过淮费、屯官费、催儹费、仓胥费，故上既出百余万漕项以治其公，下复出百余万帮费以治其私。兹则不由内地，不经层饱，故运米百六十余万，而费止百四十万金，用公则私可大裁，用私则公可全省，实用实销，三省其二，而河运所未有也。

其行之也则有三要：曰招商雇舟，曰在南兑米，曰在北交米。其招商雇舟如之何？曰：沙船载米自五百石以上二千石以下，计四府一州之粟，需船千五百六十有二号，石给值银四钱，每船赛神银四两，犒赏三两，天津挖泥压空钱一千，每百石垫舱芦席银一两三四钱有差。每米一石，白粮给耗一斗，糙粮给耗八升，每船载货二分免其税。凡受雇之船，限十一月集上海候兑，过迟者罚。是为运之始要。其在南兑米如之何？曰：沙船齐泊黄浦江，按各县先至之粮，以次派之，某船即给某县之旗以为号。各县剥运至，则监兑官率船商以铁斛较其斛，验米官呈米粮道以验其米。仿河运之例，船各封样米一斗，令呈天津以验其符合，复截给三联执照：一存局，一给船户，一移天津收米官，以稽其真伪，随兑随放。至崇明十㳽，候东南风齐进。是为运之中要。其在北交米如之何？曰：沙船至天津口，由直沽河溯流百八十里，纤挽而至天津东门停泊待验。如在洋遇风斫桅松舱者，依漕船失风例奏请豁免。其他故缺坏者以耗米补之，再不足者责其偿，其领运万石以上者赏以级。到津验米后，兑交剥船，即与沙船无涉。其余米收买，货物免税，仍给三联执照如上海之例。是为运之终要。此皆本年试行海运之已事也。

如将复行垂永制则如之何？曰：尚宜筹尽善者，亦有三焉：创行之始，商情观望，愿载货而不尽载米。及交卸速而受直厚，知载米利赢于载货，则宜一运以毕，无烦再运，而一要无余憾矣。止上海牙人赴北之行，定商艘到津停泊之界，稽山东各岛逗留以免滞，买天津挖泥官地以防争，纤令自雇以免勒索，旗缴再用以省靡费，则次要无遗憾矣。其由津运通之剥船二千，中途难免侵耗，宜令通仓各胥于天津收米具结后，即令押剥运通，再有损湿，惟各胥是问，则三要无遗憾矣。至于法久弊生，因时制变，则神而明之，存乎其人。

海运全案序代
（1826年）

　　道光四年冬，淮决高堰，竭运河，天子深维海与渎相消息，畴咨夹右故道。维时辅臣力赞，大府佥同，而臣长龄适藩南服，绾海国漕贡，乃襄议，乃筹费，乃遴员，乃集粟，乃召舟，僚属辑力，文武颛心。其明年遂航海，致米百五十万石京师。六年夏，既蒇事，佥曰："是役也，国便民便，商便官便，河便漕便，于古未有。"

　　于是作而言曰：时之未至，虽圣人不能先天以开人，行海运必今日，其诸至创而至因者乎！古之帝者不尽负海而都，或负海都矣，而海道未通，海氛未靖，海商海舶未备，虽欲藉海用海无自。故三代有贡道无漕运，汉、唐有漕运无海运，元、明海运矣，而有官运无商运。其以海代河，商代官，必待我道光五年乘天时人事至顺而行之，故无风涛、盗贼、甄湿之疑也，无募丁、造舟、访道之费且劳也。乘天时人事交迫而行之，渎告灾，非海无由也，官告竭，非商不为功也；乘百余年海禁之久开与台洋十万米之已试而行之，其事若无难，其理至易见也。然犹先迟之以借黄，重迟之以转般，不可谓不慎；然微宸断枢赞之，必不可已群议阴阳，犹将眩以关价之折实，劫以通仓之胥勒，难以屯丁之安置，不可谓不格。成事何易，任事何难！《易》曰："夫乾，天下之至健也，德行恒易以知险；夫坤，天下之至顺也，德行恒简以知阻。"又曰："穷则变，变则通。""神而化之，使民宜之。"故知法不易简者，不足以宜民；非夷艰险而勇变通者，亦不能以易简。以海运之逸济河运之劳，而谓治河必停漕，无是也；以海运之变通漕运之穷，而谓治漕必病河，无是也。有百年之计，有焦然不终日之计。今者官与民为难，丁与官为难，仓与丁为难，而人心习俗嚣于下；黄与淮为难，漕与河为难，而财力国计耗于上。凿枘沸滀，未知所届，中流一壶，夫岂无在！或者欲以苏、松二府之漕，岁由海达为常，而改小江、广之重艘以利漕，变通目前之河道以利黄。大圣人端拱穆清，揽群策，执参伍，探万物之本原而斟之，王路奚患不荡，王道奚患不平！老子曰："大道甚夷，而民好径。"非海难人而人难海，非漕难人而人难漕，本是推之，万物可知也；不难于祛百载之积患，而难于祛人心之积利，反是正之，百废可举也。（敬）〔敞〕① 不极不更，时不至不乘。正其原，顺而循，补其末，逆而棼，苟非其人，功不虚〔创，事不虚〕② 因，其以海运为之椎轮。

---

① "敞"，淮南本亦作"敬"，误，据《皇朝经世文编》卷四十八改。
② 淮南本亦作"功不虚因"，据《皇朝经世文编》卷四十八补。

海运全案跋代
（1826 年）

今之谭海运者，咸谓以变通河道之穷，河道通则无所用之。此但为运道言，而未为漕事言也；抑但可为江西、湖广之漕言，而未可为江苏之漕言也。江、广赋轻而船重，抵淮迟，汛涨辄虞堵闭，故言漕事则易，而运道则难；江苏赋重而船轻，抵淮早，汛前尚可筹渡，故言运道则易，而漕事则难。然江、广之船，去河远，去海尤远，终不能不以运道之通塞为利弊；若江苏之船，去河近，去海尤近，并不以运道之通塞为利弊。臣守土官，所职司者漕耳，请专言漕事。

苏、松、常、镇、太仓四府一州之漕，赋额几半天下，而其每岁例给旗丁之运费，则为银三十六万九千九百两，为米四十一万一千八百九十三石，计米折价，直银九十三万六千七百五十九两，共计给丁银米二项，为银百二十九万五千七百五十八两。上之出于国帑者如此，而下之所以津贴帮船者，殆不啻再倍过之。通计公私所费，几数两而致一石。官非乐为给也，民非乐为出也，丁非尽饱厚利也。军船行数千里之运河，过浅过闸有费，督运催儹有费，淮安通坝验米又有费，亦知其所从出乎？出于彼者必取于此，而公私名实之不符，有所赢者必有所绌，而良莠强弱之不平，吏治何由而清，民气何由而靖？惟海运则粮百六十三万三千余石，而计费仅百四十万，抵漕项银米之数所溢无几，而帮船之浮费丝毫无有焉。诚使决而行之，永垂定制，不经闸河，不饱重壑，则但动漕项正帑，已足办公。举百余年丁费之重累，一旦释然如沉疴之去体，岂非东南一大快幸事哉！

彼谓变通济运者，所益固在国计；而调剂漕务，则所益尤在民生。圣人举事，无一不根柢于民依而善乘夫时势，故举一事而百顺从之。以是知倏然不终日之中，必无易简良法，而事之可久可大者，必出于行所无事也。

　　海运之利，非河运比；本朝之海运，又非前代比；江苏之海运，又非他省比；而苏、松等属之海运，又非他府比。诚欲事半而功倍，一劳而永逸，百全而无弊，人心风俗日益厚，吏治日益盛，国计日益裕，必由是也，无他术也。若夫谋议之始末，设施之纲目，《前序》、《后纪》备矣，不复及云。

皇朝经世文编叙_代
（1826 年）

事必本夫心。玺一也，文见于朱者千万如一，有玺籀篆而朱鸟迹者乎？有朱籀篆而玺鸟迹者乎？然无星之秤不可以程物，故轻重生权衡，非权衡生轻重。善言心者，必有验于事矣。

法必本于人。转五寸之毂，引重致千里；莫御之，跬步不前。然恃目巧，师意匠，般、尔不能闭造而出合。善言人者，必有资于法矣。

今必本夫古。轩、挠上之甲子，千岁可坐致焉。然昨岁之历，今岁而不可用，高、曾器物，不如祖、父之适宜；时愈近，势愈切，圣人乘之，神明生焉，经纬起焉。善言古者，必有验于今矣。

物必本夫我。然两物相摩而精者出焉，两心相质而疑难形焉，两疑相难而易简出焉。《诗》曰："秩秩大猷，圣人莫之。他人有心，予忖度之。"又曰"周爰咨度"，"周爰咨谋"。古人不敢自恃其心也如是，古之善入夫人人之心又善出其人人之心以自恢其心也如是。切焉劘焉，委焉输焉。善言我者，必有乘于物矣。

蟠焉际焉之谓神，效焉法焉之谓事，创之因之谓之后王君公，承之宣之谓之大夫师牧，役智、效能，分事罿罿，达之天下，谓之府史、胥徒、农工、商贾、卒伍。人积人之谓治，治相嬗成今古，有洿隆、有敝更之谓器与道。君、公、卿、士、庶人，推本今世、前世道器之洿隆所由然，以自治外治，知从违、知参伍变化之谓学。学为师长，学为臣，学为士庶者也。格其心、身、家、国、天下之物，知奚以正，奚以修，奚以齐且治平者也。

绕铖其好恶，教养其喜乐，兵刑其怒哀。罿罿乎经曲，渺渺乎精微，则遵、袭、循、守与创制同，谏、询、谋、议与施措同，胶葛纷纭、至纤至悉与性命流行品物同。觳诸事则右史所述，颐诸言则左史所记。事者一成而不可易，言则得失粲矣，违从系矣，参伍具矣。

先王以之备矇诵，知民务，集群虑，研幾微，究中极，精极蜎蠖不为奥，博周伦物不为末，玄黄相反不为异，规矩重叠不为同。故鸠聚本朝以来硕公、庞儒、俊士、畸民之言，都若干篇，为卷百有二十，为纲八，为目六十有（三）〔五〕①。言学之属六，言治之属五，言吏之属八，言户之属十有二，言礼之属（九）〔十〕，言兵之属十有二，言刑之属三，言工之属九；则觼理于邵阳魏君默深，告成于道光六年柔兆阉茂之仲冬也。

---

① 依下所列八纲子目数相加应是六十四，又"言礼之属九"实为"十"，故子目应为六十五，兹据改。

皇朝经世文编五例
（1826 年）

一、审取。　书各有旨归，道存乎实用。志在措正施行，何取纤途广径？既经世以表全编，则学术乃其纲领。凡高之过深微，卑之溺糟粕者，皆所勿取矣。时务莫切于当代，万事莫备于六官，而朝廷为出治之原，君相乃群职之总，先之"治体"一门，用以纲维庶政。凡古而不宜，或泛而罕切者，皆所勿取矣。《会典》之沿明制，犹《周官》之监夏、殷。然时易势殊，敝极必反。凡于胜国为药石，而今日为筌蹄者，亦所勿取矣。星历掌之专官，律吕只成聚讼，务非当急，人难尽通，则天文、乐律之属，可略焉勿详也。论议之与叙事，本皆要文；而碑传之纪百行，难归各类。今惟蛮海各防，间存公案数则，其他纪述之作，虽工焉勿登也。例画则义专，宗定则志一。

一、广存。　有利必有害，论相反者或适相成；见智亦见仁，道同归者无妨殊辙。是以保甲之难易，军屯之碍通，封矿之闭开，丧祭之聚讼；差徭则均雇相难，河流则南北争持；盐课有归商归税之殊，耗羡有归公归官之辨；筹畿辅则水性土性异宜，议转漕则般运海运旁出；桑漳筑堤而谓宜去堤，吴淞建闸而谓宜去闸；泾渠为千古大利而或极言其害，酿酤为古今通禁而或极陈其难；主摈互形，偏歧难定。惟集思而广益，庶执两以用中，则取善之宜广也。文无难易惟其是，讵容喜素而非丹？圣有谟训择于狂，未可因人以废论。矧夫适用之文，无分高下之手。或迩言巷议，涓流辄裨高深；或大册鸿编，足音寥同空谷。故有录必披，无简可略，匪但专集宜寻，亦多他书别见，则网罗之宜广也。见闻或限于方隅，惠邮尚资夫益友。

一、条理。　纲举固目张，事繁则理赜。方严分疆画界之规，岂妨会通触类之旨。漕储裕国，事专户，而河漕相关，则并宜问之工矣。水利动帑，事系工，而农田救荒，又牵连夫户矣。有治人无治法，故仓储、保甲各专门者，仍挈其原于吏。知治家即治国，故宗法、家教皆自修者，而属其政于礼。经筵遍陈天下之庶政，而义主陈诲，则政本归焉。风俗备罗人事之缺失，而义箴非礼，则正俗统焉。他若出礼入刑，服制通乎断狱；寓兵于农，保甲亦可审丁。此异而同者也。至于同类之中，各有伦族之纪：一荒政而蝗蛟疫疠胥该，一农政而蚕桑牧树咸属；学校则包贡举，马政则兼驿传；钱币先以矿厂，地利旁及城堡；下河本淮、扬水利，而入之河防则淆；漕、桑为畿甸河工，而滥之水利则混。此同而异者也。甚至数篇之内，先后毋移；两文之间，切磋互发。物其多矣，方以聚之，右有左宜，是在君子。

一、编校。　氏里官爵，总汇卷端。考陆氏《切问钞》之叙，乃乾隆四十载所刊。时海峰、东原岿然并存，而风俗时宪已收数作，殆以切时之言，无须身后始出。今兹所录，咸据椠本，保无子瞻海外未辨存亡，乐天时人已疑今古，彼既行世之书，吾取经世之益。其有见闻所及，确然生存，则止旁注集名，虚其氏字，庶文资乎救时，复例绝夫标榜。若夫论事尚简明，而公牍之蔓冗易晦；建议期切实，而臆见或择焉不精。不节冗，将以无文妨行远也；不去偏，将以小疵废大醇也。岂必待韩而削荀，抑亦掩瑕而全璧。至于句读以省浏览，圈识以明章段，上法老泉《读孟》，近仿梨洲《文定》云尔。

一、未刻。　创编之始，蓄愿良奢。尚有《会典提纲》廿卷以稽其制，《皇舆图表》廿卷以测其地，《职官因革》廿卷以详其官，更辑《明代经世》一编以翼其旨。庶几自叶流根，循源达渤，质之往古如贯串，措之当世若指掌。欲脱全稿，尚待他时，先出是编，以当执贽。盖欲识济时之要务，须通当代之典章；欲通当代之典章，必考屡朝之方策。选举、考察、职掌之必悉，而后可以审立官；赋权、俸饷、出入之周知，而后可以制国用。度律、等威、服制，不明其别，何以辨五礼之仪文？山川、关塞、邮驿，不审其方，何以筹九州之控驭？明罚敕法，准乎律例，如程物之有衡；堤防疏浚，各有情形，必左图而右史。盖土生禾，禾出米，米成饭，而耕获舂炊之节次，宜各致其功，不可谓土能成饭也。脉知病，病立方，方需药，而虚实补泻之万变，宜各通其要，不得谓一可类推也。必有真儒，征斯实用，狂简不敏，敬有俟焉。

归安姚先生传
（1826 年）

姚先生，名学壎，学者称镜塘先生，世居湖州归安双林村。父意峰先生，以乾隆丙戌十月丙午生公。性介厚重，在孩不戏，见物不取。父兄坐庭上，久侍立足不动。既长，读书颖悟，又毅然力行之。

嘉庆己酉，举浙江乡试第一，父丧骨毁。丙辰，成进士，官内阁中书，辄归侍母，母不许，复之官。戊辰，主贵州乡试，归，道闻母忧，痛父母不得躬侍禄养，遂终身不以妻子自随，既服阕，独行至京。有一子世嘉，早世，以其弟之子世名为己子，留于家。秩再满，转兵部主事，累迁至职方司郎中。

居京师三十年，粗粝仅给，未尝受人一物。故事：部员于其乡人之有事到部者，许同乡官具保结，各有例规，谓之印结费；又，外任官至京，于其同乡同年世好之官京师者，各留金为别。此二者，京官赖以自存，习为常，公独一无所受。其门下士伍长华，官湖北布政使，至京，以五百金赆献，亦不受。或固辞不得，强留而去，则翼日呼会馆长班持簿至，书而捐之，前后捐馆中者三千余金。居丧时，有毡帽一，布羔裘一，终身服之，蓝缕不改，盖所谓终身之丧。至署供职，衣敝衣冠厕狐貉中，晏如也。

持身严而遇物谦下诚恳，惟恐伤其意。自奉极清苦，而春秋祭祀必丰，祭毕辄邀同人饮馂。善饮无量，虽爵至无算，而酒令精明，未尝误。谈论娓娓，而终席未尝一言逾矩。其酒皆与客传壶自酌，不令僮仆侍立也。平日未尝轻议时事，臧否人物，而偶一及之，辄确当不易，虽练事之精，观人之细者，无不服也。平生未尝著书，而经义湛深。源尝以《大学古本》质之，先生曰："古本出自《石经》，天造地设，惟后儒不得其脉络，是以致讼。吾子能见及此，幸甚。惟在致力于知本，勿事空言而已。"

其文章尤工制义，规矩先民，高古渊粹，而语皆心得，使人感发兴起。有先生而制义始有功于经，当与宋五子书并垂百世，远出守溪、安溪之上，盖自制义以来，一人而已。

初尚书彭龄掌兵部，请先生至堂上，躬起肃揖之，先生亦不往谢。大学士伯龄兼管兵部，屡询司员"姚某何在"，欲先生诣其宅，一见之，终不往也。先生六十岁生日，同里姚总宪文田，贻酒二罌为寿，固辞。姚公曰："他日以此相报，可乎?"乃受之。

先生之学，由狷入中行，以敬存诚，从严毅清苦中发为光风霁月。暗然不求人知，未尝向人讲学，仁熟义精。晚年德望日益隆，自公卿远近无不敬之。虽文人豪士傲睨自负者，语及先生，无不心服，无闲言。盖诚能动物，不知其所以然也。

官京师数十年，未尝有宅，皆僦僧寺中，纸窗布幕，破屋风号，霜华盈席，危坐不动，暇则向邻寺寻花看竹，僧言，虽彼教中持戒律苦行僧不是过也。

道光七年冬十月，廷试武士，执事殿廷，敝裘单薄，晨感寒疾，即呈告开缺，上官不许，给假一月，然先生归志已决矣。其在部也，必慎必忠，遇事必求无憾，感吏以情，吏不欺。既病，不寝，日正衣冠而坐，有问者必起谢揖。十一月戊戌，病笃，神明湛然，拱坐而殁，年六十有一。大人先生及士夫至负担闻之，皆哭。姚都宪秋农、张阁部小轩、朱阁部虹舫、陈学士硕士、龚观察闿斋、戚洗马蓉台与其门人治其丧如其志。著有《竹素轩制义》若干卷、《姚兵部诗文集》如干卷。

魏源曰：道光壬午年，拜公于京师水月庵，以所注《大学古本》就正。先生指其得失，憬然有悟，遂请执弟子礼，先生固辞，而心中固终身仰止矣。国朝醇儒推汤、陆，先生取与之严，持守之敬，不亚汤、陆，而深造自得过之。发为文章，形于语默，左右逢源，可与胡敬斋先生并，其当崇祀瞽宗以矜式百世，盖有待于来者焉。

复蒋中堂论南漕书代
（1827 年）

承谕以灌塘济运，事难经久，明岁当海运、拨运兼行，以分济吴、楚各漕，诚筹国万全之虑。窃谓明岁重办海运，与前岁情事迥殊。前岁创始试行，章程未定，不得不照常筹费，以为河运复旧之地。止以海运通河运之变，究无救于漕务之穷，非经久尽善之计，反本还原之策也。

道光五年举海运苏、松、常、镇、太仓百六十万余石，南北开销皆出州县帮费，共百四十万金，其中尚可节省一二十万。较之河运帮费每石几一两有余者，已大有省便，州县亦尚有赢余。然尚谓权宜非正策，暂行非永逸者，盖江苏粮道所属四府一州，岁给旗丁漕项银米，较他省最为宽裕，即使丝毫不提州县帮费，亦足以济全漕。计漕项银三十六万九千九百两，行月米四十有一万有一千八百九十三石，计米折价直银九十二万六千七百五十九两，共计给丁银米二项为银百有二十九万五千七百五十八两。屯丁既不运漕，则以漕项作海运之费，绰有余裕，何必更留帮费之名，使州县藉口以浮收于民，小民藉口以挟持于官，不为一劳永逸之计。然必将此四府一州永行海运，方可举行。如仅试行一二年仍归河运，则有所不可。即或常、镇二府不归海运，而苏、松、太仓三属，则舍此莫再生一筹。

夫永行海运之议，人不敢主持者，一则军船之丁役难散，二则津、通之收兑难必，三则海商之经久难恃。不知军船之难安置者，不在旗丁而在水手。盖旗丁自有屯田，多以运粮为累，军籍为苦，如令其不出运，正其所祷祀而求。计江苏通省各卫，共若干帮，每年各有例造之船，改签之丁，但先将漕务最困之苏、松、太仓三属改归海运，即以三属之丁船移派于通省，以补他府改造改签之数，不过二年而派毕。既免造船之费，又免签丁之扰，事既两便，情必欣然。至水手随船去留，既省出他属造船修船之费，兼可折材变价以津贴安置，资本营生，此可无虑者一。

天津前岁收兑，全赖钦差大臣主持全局，自后永行海运，安能常有此实心稽察之大臣？且由天津抵通州二百余里，拨船难免湿耗，反以海粮霉变为词，受仓胥之挟制，尤非口舌所能操胜。惟有仿明陈暄议建百万仓于天津以受海粮之法。船至直沽，仓场侍郎验米交仓，即与商船无涉。俟通州需米，由仓场随时拨解。其出纳稽核，则由江苏奏委同知二员专司其事，三载更代，由本省出考语，送部引见，庶可永免仓胥之挟制。今天津已有四百万石之仓，再建百万仓，以五十金建仓一间，受粮三百石计之，为费不过十五六万金，足受三府之粮，其可无虑者二。

国家严防海贼，曾禁商船出洋，自康熙中年开禁以来，沿海之民始有起色。其船由海关给执照稽出入，南北遄行，四时获利，百余载来，共沐清晏承平之泽。况朝廷优给运价，视民雇有加，是以各商闻风鼓舞，争效子来。去秋，上海增造沙船三百余艘，以备今岁海运之用。且大洋瞬息千里，侵漏无由，沿岛文武稽催，淹留不敢。如虑事久弊生，官刻价值，商情阻畏，此则人存政举，乃地方大吏力能整厘之事。有治人无治法，不得预以将来废目前，此可无虑者三。

昔人论河海并运，比于富室别辟旁门，然必行之有素，相习为常，而后船数之多少，价值之低昂，收兑之迟速，虽有不便己私之人，不得阴挠巧阻。今以苏、松、〔太仓〕① 三属常行海运，即一旦浙江、湖广各省之漕，或梗于河患，或惮于陆拨，欲假道于海运，咄嗟立办，国家永无误运之忧，是所利在国计。军艘行二千余里之运河，层层有费，丁不得不索之官，官不得不索之民，致官与丁相持，民与官相持，已成百余年锢疾。今以海运易闸河，以漕项省帮费，州县既收清漕，吴民咸登乐国。但奏明将夏秋地丁钱粮改钱收银，酌加火耗，绅民一律，以复乾隆钱价之旧，以资火耗、申解、一切办公之费，视收漕浮勒相去倍蓰，民与吏必皆欢从，可免挟制赔累之积弊。倘再有藉词额外浮加者，上司执法而行，坦然无复丝毫顾虑之私。使每年藏富于民者百余万，省讼于官者百千案，省亏空于官者数十万。上下欢然一体，视周文襄、汤文正之裁减浮粮，功且逾倍，是所益在吏治、在民生。故今言苏、松海运而但为变通河运之穷，此河臣知河而不知有漕者也，抑漕臣但知虑江、楚

---

① 据中华本和上下文补。

之漕，而不知虑苏、松之漕者也。

苏、松、太仓运船轻，抵淮蚤，汛前尚可筹渡，非江、楚运重程迟之比。即使漕不由河，河未必因此而治，即使河不梗漕，漕未必因此而清，两不相谋，各为一事。惟以钱粮最重之地，值漕务极困之时，议八折，议恤丁，禁浮收，禁闸费，舌敝唇焦，茫无寸效。仰值圣主圣相，勤求民莫，天时人事，穷极变通，舍海运别无事半功倍之术，为救弊补偏则不足，为一劳永逸则有余。如蒙上达圣聪，仰邀俞允，所有纤悉事宜，尚须与督漕诸公会筹奏办，从此东南民实永受其赐！

筹漕篇下
（1827 年）

道光七年夏，减坝既筑，御坝仍不启，黄高于清，漕舟复舣。天子命相臣行河，群难复起。作《筹漕下篇》。

客曰：尔者海运则既行矣，顾所欲海运者，为河漕不能兼治，故欲停运以治河也。河通而漕复故，则海运何所用之？其将河、海并行乎？抑将以海易河乎？

曰：此河臣明于河不明于漕之言也；又但知治江西、湖广之漕，而不知治江、浙之漕之言也。河之患在国计，漕之患在民生。国家岁出数百万帑金以治河，官民岁出数百万帮费以办漕，河患即有时息，帮费终无时免，孰谓河治而漕即治乎？全漕即不由河，河未必因此而治，况江、浙之漕即由海运，而湖广、江西之漕，断不能不由河运，孰谓海运行而河即可无事乎？

江、楚赋轻而船重，抵淮迟，汛涨辄虞堵闭，故言漕事则易而运道则难；江苏赋重而船轻，抵淮蚤，汛前尚可筹渡，故言运道则易而漕事则难。海运者，所以救江苏漕务之穷，非徒以通河运之变也。且河运帮费既不可去，海运亦需雇舟，而谓帮费可尽去者何哉？屯艘行数千里之运河，过浅过闸有费，督运催儹有费，淮安通坝验米有费，丁不得不转索之官，官不得不取赢于民。合计公私所费，几数两而致一石，尚何暇去帮费！

海运则不由闸河，不经层饱，不馈仓胥。凡运苏、松、常、镇、太仓五州郡百六十万石之粮，而南北支用经费止百有二十万，以苏藩司岁给屯丁银米折价给之而有余。是漕项正帑已足办漕，尚何取乎帮费？无帮费则可无浮勒，无浮勒则民与吏欢然一家，然后可筹恤吏之策。或将江、浙二省地丁钱粮向例收钱者，奏改收银，以免火耗申解之赔累，以济一切办公之需费，视收漕之浮勒不及其半，舍重就轻，民必乐从，吏无少绌。故海运于治河无毫发之裨，而于治漕有丘山之益，较河运则有霄壤之殊。舍是而徒斤斤补救，议八折，议恤丁，禁包户，禁浮收，皆不揣其本而齐其末也。即不然，名议海运，仅斤斤于河道之通塞，而不计东南民力之苏困，吏治之澄浊，亦见其轼不见其睫也。

客曰：海运为苏、松漕计则得矣，浙江、淮、扬仿此可识矣，湖广、江西之漕，其无可筹乎？

曰：内河之贡道，天庾之正供，其不能全归于海运明矣。越重湖大江千余里，而至淮安，则屯丁、屯船不可裁亦明矣。然江、楚赋轻，则输纳之困，差缓于江苏；江、楚船重，则闸河之累，亦甚于江苏。赋重者既于其赋救之，船重者亦于其船治之而已。

人知黄河横亘南北，使吴、楚一线之漕莫能达，而不知运河横亘东西，使山东、河北之水无所归；人知帮费之累极于本省，而不知运河之累则及邻封。蓄柜淹田则病潦，括泉济运则病旱，行旅壅塞则病商，起拨守冻则病丁，捞浚催儹则病官，私货私盐则病榷，恃众骚扰则病民：皆由于船大而载重。

夫大与重岂例应尔哉！《会典》所载各卫所运粮之船，名曰浅船，阔毋逾丈，深毋逾四尺，约受正耗米五百石，入水毋过三尺，过淮验烙，有不如式者罪之。必使船力胜米力，水力胜船力，虽河浅闸急，亦可衔尾遄进而无阻。曩惟江南、河南、山东之船，尚不逾制，其江西、湖广、浙江之船，则嵬然如山，隆然如楼，又船数不足，摊带票粮，入水多至五尺以外，于是每大艘复携二三拨船以随之。是以渡黄则碍黄，入运则胶运，遇闸则阻闸，一程之隔，积至数程，北上之后，复滞回空。而迩日山东、江南之船，亦复仿效逾制，继长增高，日甚一日。其实所载额米仍不过六百石，余悉为揽盐、揽货之地，沿途贩售，所至辄留，稍加督催，辄称胶浅。夫既知大而窒碍，何不使小而便行？诚使严敕有漕各省，每遇更造之年，力申违式之令。凡粮艘至大以千石为度，以六百石受正供，百石受行月口粮，余三百石许其载货，不出数年，悉改小矣。

夫然而旗丁之困穷可以恤，帮费之浮甚可以轻。何则？丁之苦累者五，曰：遇浅拨载之费，过闸缴关之费，回空守冻之费，屯弁押运之费，委员催儹之费。今既改小则不胶不拨，遇闸提溜，通力合作，勒索无由，而费省十之一二矣。抵通不逾六月，回空不逾十月，而费省十之三矣。各帮惟迟重难行，故本帮千总领运而外，复委押重押空各一人，沿途文武催儹而外，复有漕委、河委、督抚委，其员数百，每船浮费，其金又数百。今既载轻行速，冗滥尽裁，而费省十之五六矣。所省各费，即足应通仓之胥规，而所余尚半，大益于本漕者以此。

夫然而泉河灌引之禁可以弛，诸湖淹田之害可以损。山东微山诸湖为济运水柜，例蓄水丈有一尺，后加至丈有四尺，河员惟恐误运，复例外蓄至丈有六七尺，于是环湖诸州县尽为泽国。而遇旱需水之年，则又尽括七十二泉源，涓滴不容灌溉。是以山东之水，惟许害民，不许利民，旱则益旱，涝则益涝，人事实然，天则何咎？今漕艘改小，入水仅三四尺，则湖可少蓄，而民田之涸出者无算；旱可分引，而运河之捞浚亦可纾；大益于邻封者以此。

客曰：会通之河，非第运粮，亦以通货。今漕艘不许多载，则京师百物踊贵，而水手工食不敷。且江、楚船数不足，每多洒带。今改小既不敷分载，增造又费将安出？越洞庭、彭蠡，涉长江，非重大其能御风而压浪乎？粮舟三载小修，五载大修，十载拆造。如必逐年渐改，则势不画一；一舟不前，千艘皆滞，安能望十年之迂效而救目前之急难乎？

曰：贱货必在通商，通商必在利行，未闻旅滞而物集，途通而货壅。船既遄行，则荆、扬、豫、兖之货循运河而上，江、浙之货附海漕而北，物价必贱于前。且船大则水手必多，多则不得不各贩私以裨工食。今则向用数十人者，止用十余人，利散见少，专则见多，赢绌较然矣。船大则造费亦大，故不能足数。若以二千石之船，改归千石，则即使二船造三，亦有赢无绌矣。四川、湖广贩米、贩货之船，穿巫峡、历洞庭而下者，或五六百石，至千石而止，往还无失，知船之胜风涛在完固，善操驾，不在（距）〔巨〕据淮南本改。观矣。是三难者皆不足虑。

至逐年渐改之期，则以二船改三计之，江西十三帮，但改六百艘，已足九百艘之数，六年而始画一；湖广六帮，但改二百七十艘，已足四百余艘之数，三年而始画一。若求易简速效之方，尤有一举两利之策。考江苏一省，漕最大，船最多，而较浙、楚为制最小，江苏既全归海运，则所余空艘，即足以受浙、楚三省之粮。诚使江、广重运至瓜州，即卸粮于吴船，仍令原省屯丁、水手接运北上，易船而不易人；如浙江未归海运，则并将吴船移至杭、嘉、湖受载，亦易船而不易人。其浙、楚三省重船，售与大江运盐贩货之巨商，变价归官，以安置江苏水手；如浙漕亦归海运，则估变浙艘亦即以安置浙江水手。是一转移间而江、广重运为轻运，岂必求三年之艾，始救七年之病耶？

客曰：南漕固不可全归海运，而河患难必。万一江西、湖广之漕，灌塘亦不能济，庸遂无策以筹之？

曰：海运独除江、楚、安徽者，为经久计，非不可为权宜计也。且河运所难于江、广，非独船重，亦以途遥。夏汛启坝，恒虞倒灌。至海商豆麦之利，则在春、秋、冬三季，其时船价皆增，而夏季则北方缺货，船价亦减。此时江、广重运，正抵瓜州，顺风赴北，至平至速，是海运反以江、广为便。谚云："五月南风水接天，海船朝北是神仙。"如使河运中梗，漕艘不能飞渡，原可兼前策而暂行之。令海船春季则举江、浙之漕，一运而至津；夏季而举江、广、淮、扬之漕，接运而赴北。俟河运既邑，则仍罢海运，归故道，权宜变通，夫奚不可！

且当事所难于江、广之海运者有二：一则漕费已给旗丁，而海舟雇价无从出也；二则瓜州至福山口二百里，粮船不熟水道，海船又不肯就兑也。不知重船既不北上，尽省闸河通仓之费，独收沿江售货回空迅速之利，且非江、浙永行海运，尽废漕丁者比，则但酌给帮费，已大欢忭。而其未给之漕项银米，移归海运，乘夏季海船价减之时，每石尚可酌省，当无不足。江、广漕项不及苏、松之宽裕，故必节省方足。至扬子江下汔福山口水道，则崇明买米之船，可至江宁、安庆，岂不可至瓜州？而其自上而下者，尚有焦湖之米船，镇江之红船，咸熟于沙线。国初海寇张名振、郑成功皆以海艘直闯金、焦，往返如户闶，谁谓海艘不可入江者？但令沙船三月末齐集福山口，先雇米船数十向导，海船往反试行一次，使沙礁洞然，即催各帮海船溯至京口受兑，计江、广百万之漕，但用海门、通州、崇明三帮已足，其沿江弹压则有通州、狼山镇，而京口南北两岸，可泊数千艘，天时地利，皆出十全。以海受江，可经可权，谁谓宜吴船而不宜楚船也？

虽然，此议暂行，则南货多由南通州附载，不尽由上海，于海关牙侩又有不利焉。显阻阴挠，势所必至，吾故总策运事而始终断之曰：苟非其人，法不虚行。

国朝古文类钞叙_代
（1827 年）

百物之生，惟人能言，最灵贵于天地，有笔诸书矣为文字之言，即有整齐文字以待来学之言。请言六经：六经自《易》、《礼》、《春秋》，姬、孔制作外，《诗》则纂辑当时有韵之文也；《书》则纂辑当时制诰章奏载记之文也；《礼记》则纂辑学士大夫考证论议之文也；网罗放失，纂述旧闻，以昭代为宪章，而监二代之文献。然则整齐文字之学，自夫子之纂六经始。后世尊之为经，在当日夫子自视，则亦一代诗文之汇选，本朝前之文献而已。故曰："文不在兹乎？"是则古今文字之辰极也。

宋、景、枚、马以后，不知约六经之旨成文，而文始不贯于道；萧统、徐陵以后，选文者不知祖《诗》、《书》文献之谊，瓜区豆剖，上不足考治，下不足辨学，而总集始不秉乎经。

夫圣人之贵人心，崇民智，其至矣！闾巷之议，太师采之；先大夫先民之语言，太史氏司之；其道术成立，昭明乎邦国者，专立之官以世守之。故以一己诏人，不若以天下人诏人之切也；以一时之天下所言诏人，不如以一代数代之天下所言诏人之备也。鬼神礼乐所以幽明，食货兵刑所以因革，公卿师尹士女谣俗所以失得，散听则岐，合听则圣。散观则支，合观则性。

虽然，合观合听亦何易言也？文章与世道为洿隆，南宋之文必不如北宋，晚唐之文必不如中唐，两晋、六季之文必不如两汉，而东汉之文又不如西京。矧我圣清皞皞二百载，由治平、升平而进于太平，元气长于汉，经术盛于唐，兵力、物力、幅员雄于宋，列圣御制诗文集、康熙《图书》、乾隆《四库》，官书尤富轹万古。生其间者，其气昌明，其声宫喤，其见闻瑰轶而混芒，则其文不当驾两汉、两晋、三唐而上乎！其进退去取，不亦视汉、晋、三唐更难乎！故曰：百川止于海，百家管乎道。畸于虚而言之无物，畸于实而言无心得，是皆道所不存，不可以为文，即不可以权衡一代之文。

泾县朱兰友侍读，在史馆预修《文苑传》，得尽见进呈诸集，又益以搜购假借，共得五百五十余家，抄为《国朝古文辞》如干卷，如建章千门万户，不专一构。既以究一代承学之士心思材力所极，而要沿溯乎当代经术掌故，以求适乎姬、孔之条贯，可谓不离其宗者乎，可谓操其本御其末者乎！诚能以昭代之典章文字读六经，而又能以六经读昭代之典章文字，其于是编也，又何穷大失居之有！

武进庄少宗伯遗书序
（1828 年）

　　《韩诗外传》曰："天地之灾，隐而废也；万物之怪，书不说也；无用之变，不急之（辨）〔灾〕①，弃而不治。若夫君臣之义，父子之亲，男女之别，（则日）② 切磋而不舍也。"董子《繁露》曰："能说鸟兽之类者，非圣人所欲说也；圣人所欲说，在于说仁义而理之，知其分科条贯，明其义之所审，勿使嫌疑。夫义出于经传，经传大本也，弃营劳心，苦志尽情，头白齿落，尚不能合。（故夫）③ 傅于众辞，观于众物，说不急之言以惑后进者，君子所甚恶也。"夫韩傅、董生处于西汉之初，而其言若是。

　　班固《艺文志》曰："古之学者耕且养，三年而通一艺，存其大体，玩经文而已。是故用力少而畜德多，三十而《五经》立也。后世经传既已乖离，博学者又不思多闻阙疑之义，而务碎义逃难，便辞巧说，破坏形体。说五字之文，至于二三万言，后进弥以驰逐。故幼童而守一义，白首而后能言。安其所习，毁所不见，终以自蔽，此学者大患也。"徐幹《中论》曰："六籍者，群圣相因之书也，其人虽亡，其道犹存。今之学者，勤心以取之，亦足以到昭明而成博达矣。故凡学者，大义为先，物名为后，大义举而名物从之。〔然〕④ 鄙儒之博学也，务于物名，详于器械，（考）〔矜〕⑤ 于（训诂）〔诂训〕⑥，摘其章句，而不能（通）〔统〕⑦ 其大义，以获先王之心，此无异〔乎〕⑧ 女史诵诗，内竖传令也。〔故〕⑨ 使学者劳思虑而不知道，费日月而无成功，故君子必择师

---

　　① 据韩婴《诗外传》卷二改。
　　②③ 据《春秋繁露》卷五《重政》第十三删。
　　④ 据《中论》卷上《治学第一》补。
　　⑤⑥⑦⑧⑨ 据《中论》卷上《治学第一》改补。

焉。"夫班孟坚处东汉之初，徐伟长生东汉之季，而其言又若是。

清有天下百余年，奖崇六艺之科，表章明经之儒，招徕献书之路，摩厉大江南北言游文学之区，刮涤明季虚诬乡壁虚造之习，其衷然成家，著录国史馆儒林传者人数十外，其官至九列，例不入儒林，入大臣传者犹十余辈。

武进庄方耕少宗伯，乾隆中以经术傅成亲王于上书房十有余载，讲幄宣敷，茹吐道谊，子孙辑录成书，为《八卦观象》上下篇、《尚书既见》、《毛诗说》、《春秋正辞》、《周官记》如干卷，崒乎董胶西之对天人，醰乎匡丞相之述道德，胇乎刘中垒之陈今古，未尝凌杂钶析，如韩、董、班、徐数子所讥，故世之语汉学者鲜称道之。呜呼！君所为真汉学者，庶其在是，所异于世之汉学者，庶其在是。《易》"童观，小人无咎，君子吝"，言"贤者识大，不贤者识小"，"致远恐泥，是以君子不为焉"。

君在乾隆末，与大学士和珅同朝，郁郁不合，故于《诗》、《易》君子小人进退消长之际，往往发愤慷慨，流连太息，读其书可以悲其志云。抄本"君在"一段，作"君尤研悟律吕，不由师受，神明所传，匪道匪器，勿可得而详云"。

陕西按察使赠布政使严公神道碑铭_代
（1830 年）

　　维南山起西羌，逾陇阪，走秦分野，络关中、汉中以东迄商、洛，旁薄数千里，与汉江以北之巴山相连。巴山则自秦阶折而东，经川北、川东，与陕之兴安、湖之郧阳、宜昌犬牙错，皆千峪万箐，悬栈复嶂，据两戒之中。自汉讫明，为群盗逋逃薮，天下有事，常先叛后服。故自古梁州自为一道，明季专设郧阳巡抚以辖之。国朝割其地分隶陕西、四川、湖北，距省会远者或二千里，鞭长驾远，粮莠丰茂。

　　嘉庆初，襄、达教匪蔓延五省，大兵乘之，云扰波溃。四年，诏举直省孝廉方正之士策方略，于是湖南溆浦严公如煜对几万言。略谓："贼倚山谷为窟穴，以劫掠为糇粮，湖攻急则溃入陕，陕攻急则溃入川，川、湖、陕合攻则溃入陇、入洛。今师老财匮，无息薪止沸之计，是以抚者旋乱，良者胁乱，甚至募戍者养寇以延乱，乱何由弭？窃计数载以来，三省叛产、流亡各产不下亿万亩，宜乘此时举流兵降贼之无归、乡勇戍卒之无业者，悉编入屯，立堡寨，给器械，俾自为耕战守御，专设总理大员，割三省山内诸郡县隶之；承平团练教养，有事朝发夕至，庶心力专而事权一。不独目前化盗为民，因败为功，实百世长久策。"

　　奏上，仁庙亲擢第一。次日传诣军机，询屯政事宜，复上十二事。召见圆明园，以知县发往陕西，其疏交大帅督抚采择，虽未尽行，而坚壁清野之议始此。不三载，贼次第平，君亦屡以军功由洵阳令、定远厅同知擢汉中府知府，至陕安兵备道。

　　君仕南山十有余年，亭障要隘，村寨径路曲折，罔不口讲指画而心萦缭之，穷乡邃谷，老兵妇孺，咸识君姓氏。教养既诚，官民丕变。道光四载，上以君宣力南山久，诏加按察使衔留任，旋实授陕西按察使，"旋"字抄本作"又二年"。将大其用，而旋卒于位。汉中兴安民愿迎其枢入南山，比朱邑葬桐乡事，不得。旋以名宦祠请，优诏褒嘉，特加布政使衔入祠，君之功名遂与南山终始。

方君未遇为诸生也，慕范希文先忧后乐，号乐园。当湖、贵苗变时，上计总督毕沅、巡抚姜晟，招大、小章土蛮阳投乾州为官兵内应，约一举破贼。旋为云、贵主兵者所阻，然卒得其力以救两总兵于河溪，复为隆团、花园诸军先锋。

其令洵阳也，县宅万山，与湖北之（西郧）〔郧西〕①、竹山、竹溪、陕西之白河、镇安、安康、平利相斗入，官兵追贼急，往来折甭皆道洵。公倡民筑堡练勇，戒勿迎击，专截其尾，扰其顿，预贮粮冲寨以待官兵，俾追贼无留阻。遂与官兵夹击张天修等七股贼于太平，复破湖匪二千于蜀河口，加知州衔，赏戴花翎。

其知定远厅也，创建新城，扼川、陕门户，又分筑二石城于黎坝、渔渡坝，与厅城犄角，屡馘贼首陈心元、冯世周等，加知府衔俸。

其知汉中府也，承兵燹后，民困军骄，散勇逸匪，伏戎于莽。于是举工赈，修渠堰，完仓廪，以足民食；联营伍，治堡寨，严保甲，以固民卫；慎讼狱，禁邪说，以正民俗。以其间缚悍回于华、渭，禽余匪于宁羌、城固，皆治渠魁，宽胁从，曰："吾但治从逆，不治从教。"夫人手缫车以教纺棉，二子杂诸生以课艺。困苏犷化，欢然如家人。

然勤字下，拙事上。始，大吏咸度外待君，尝岁暮卜筑宁、陕新旧二城，归而南山晚收大歉，已逾请赈期，遂元旦趋抚辕，顿首请以一官易百姓命，巡抚董公教增卒破例为奏请，乃已。及董公去而君始龃龉支诎，惟恳恳救吏事自备，于是十余年不迁。

及为陕甘兵备道也，适有诏三省会筹南山情形，四川总督今大学士蒋公奏委君总勘。君自川入湖反陕，相度数千里，设官置治，增营改汛，悉凑窾会，然如君对策前议，亦未遑及也。

会巡抚朱勋去位，君治益上闻。新任督抚皆推诚委任，以君言奏益厅治于蓥屋、洋县界，益营兵于商州、略阳。复以君修复汉中渠百余堰，溉沃万顷，将溥厥利于全秦。檄视澧、泾、灞、浐、渭、沔诸川，郑、白、龙首诸废渠，百坠垂兴，万夫睽仰。乙酉十一月，诏授贵州按察使，未行，仍留陕西按察使。明春入觐，连日三接，询及十载不调之

---

① "郧西"，县名，在今湖北省十堰市西北部，汉江北岸。国学扶轮社石印本误，今乙正。

由，咨叹动色，而君年六十有八矣！莅任七日遂卒。呜呼惜哉！

《秦誓》思断断休休大臣，用能容彼有技之人，咸及其膂力之未愆，良有以也。云弗郁，雨弗厚；泉弗堰，泽弗大。天欲大苏南山民，故不惜敛大惠于一方，俾尸祝万室，矜式百世，而尼之者何与焉！君长子芝从余游，尝再晤君京师，摆边幅，洞城府，视之颓然野老人也。及其驰骋上下，奋髯哆颐，沙聚数千里，龟灼数百世，菽区麦别，形格势禁，悃愊所至，盘错洞开。

尝佐两广总督那彦成公筹海寇，有《洋防备览》；佐姜公晟、傅公鼐筹苗，有《苗防屯防备览》；其筹南山，有《三省山内边防备览》、《汉江南北二地图》、《三省山内总图》及《乐园诗文集》若干卷。冰寒火热，粟饱帛暖，恣所取携，罔有爽忒。呜呼！可谓肫且盛已！

君生乾隆二十四年八月二十四日，卒道光六年三月初二日。祖应鼎，父君极，皆赠如君官；嫡母李，生母何，皆赠夫人。为定远同知时，丁生母忧，力辞金革，夺情以归。配张夫人。子二：芝，癸酉副贡生，河南候补知县；次正坊，候选府经历。侧室胡。女二，孙男女各一。葬邑会仙亭右之青竹陇。予道光八年冬奉使入蜀，逾秦栈，过汉中旧治，益徜徉于君畴昔所言。乃为铭曰：

奕奕南山，包川络原，分陕所专。东迁荐处，灌翳榛楚，薮奸之所。起啸败逋，胜国所吁，维牧之无。繄昔匡难，实维良翰，盗贼咻豢。以覆以呴，以起秦庶，于沟于路。以弦以吟，以化秦民，于狉于獉。彼亦何取？十载迟女，适久厥抚。俾竟厥施，以达天知，以永民思。既知既思，循吏胡亏！而人弗为。南山千里，君陟降止，作庙并峙。君庙在山，君坟在南，百尔式监。

刘礼部遗书序
（1830 年）

魏源曰：余读《后汉书·儒林传》，卫、杜、贾、马诸君子承刘歆之绪论，创立费、孔、毛、左古文之宗，土苴西京十四博士今文之学，谓之俗儒，废书而喟。夫西汉经师承七十子微言大义，《易》则施、梁丘、孟、京，皆能以占变知来；《书》则大小夏侯、欧阳、兒宽，皆能以《洪范》匡世主；《诗》则申公、辕固生、韩婴、王吉、韦孟、匡衡，皆以三百五篇当谏书；《春秋》则董仲舒、隽不疑之决狱，《礼》则鲁诸生、贾谊、韦元成之议制度，而萧望之等皆以《孝经》、《论语》保傅辅道，求之东京，未或有闻焉。其文章述作，则陆贾《新语》以《诗》、《书》说高祖，贾谊《新书》为汉定制作，《春秋蕃露》、《尚书大传》、《韩诗外传》、刘向《五行》、扬雄《太玄》，皆以其自得之学，范阴阳，矩圣学，规皇极，斐然与三代同风，而东京亦未有闻焉。

今世言学，则必曰东汉之学胜西汉，东汉郑、许之学综《六经》。乌呼！二君惟六书、《三礼》并视诸经为闳深，故多用今文家法，别详《两汉经师今古文考》。及旁释《易》、《书》、《诗》、《春秋》，〔则又〕① 皆创异门户，左今右古。其后郑学大行，驳淫遂至《易》亡施、孟、梁丘，《书》亡夏侯、欧阳，《诗》亡齐、鲁、韩，《春秋》邹、夹、公羊、穀梁半亡半存，亦成绝学。谶纬盛，经术卑，儒用绌，晏、弼、肃、预、谧、隤之徒，始得以清言名理并起持其后。西京微言大义之学坠于东京，东京典章制度之学绝于隋、唐，两汉诂训声音之学熄于魏、晋，其道果孰隆替哉？且夫文质再世而必复，天道三微而成一著。今日复古之要，由诂训声音以进于东京典章制度，此齐一变至鲁也；由典章制度

---

① “则又”二字据《刘礼部集》补。

以进于西汉微言大义，贯经术、政事、文章于一，此鲁一变至道也。

清之兴二百年，通儒辈出。若所见之世，若所闻之世，若所传闻之世，则有若顾、江、戴、程、段、庄明三《礼》、六书，阎、陈、惠、张、孙、孔述群经家法，于东京之学，盖尽心焉。求之西汉贾、董、匡、刘所述，七十弟子所遗，源流本末，其尚尽合乎？其未尽合乎？有潜心大业之士，乙乙然，竺竺然，由董生《春秋》以窥六艺条贯，由六艺以求圣人统纪，旁搜远绍，温故知新，任重道远，死而后已，虽盛业未究，可不谓明允笃志君子哉？

道光十年商横摄提格之岁，既论定武进礼部刘君遗书若干篇为若干卷，群经家法具在。诸子以源为能喻其先人之志，复使叙其大都。故著先王之道偏全同异艰难绝续者于篇，俾成学治古文之士折其衷；《诗》曰："周道如砥，其直如矢。君子所履，小人所视"，又罜然以睗来者焉①。

据《古微堂文稿》

---

① 据《刘礼部集》，此下有"内阁中书邵阳魏源谨叙"十字。

刘逢禄禘议按语
（1830 年）

　　源案：原稿以各经为次第，条列诸说，各为之议，统贯难寻。今勷理成文，略窥恉趣。其异于郑氏者，在不信《周官·月令》，而取征六艺。惟是禘祫之礼，终不可知。今既不取圜丘昊天之说，而与文王宗祀同在明堂，同号文祖，又非冬禘、春郊、季秋大飨之谓，则未知同于五年夏禘，行之而时有先后乎？抑别有说乎？郊祫、明堂，古今聚讼。前修既逝，请益无从。闻疑载疑，以俟来哲。邵阳魏源识。

据《刘礼部集》卷三

两汉经师今古文家法考叙
（1830 年）

魏源曰：余读《后汉书·儒林传》，卫、杜、马、贾诸君子承刘歆之绪论，创立费、孔、毛、左古文之宗，土苴西京十四博士今文之学，谓之俗儒，废书而唱！

夫西汉经师，承七十子微言大义，《易》则施、孟、梁丘皆能以占变知来，《书》则大小夏侯、欧阳、倪宽皆能以《洪范》匡世主，《诗》则申公、辕固生、韩婴、王吉、韦孟、匡衡皆以"三百五篇"当谏书，《春秋》则董仲舒、隽不疑之决狱，《礼》则鲁诸生、贾谊、韦玄成之议制度，而萧望之等皆以《孝经》、《论语》保傅辅道，求之东京，未或有闻焉。其文章述作，则陆贾《新语》以《诗》、《书》说高祖，贾谊《新书》为汉定制作，《春秋繁露》、《尚书大传》、《韩诗外传》、刘向《五行》、扬雄《太玄》皆以其自得之学，范阴阳，矩圣学，规皇极，斐然与三代同风，而东京亦未有闻焉。

今世言学，则必曰东汉之学胜西汉，东汉郑、许之学综六经，呜呼！二君惟六书、三《礼》并视诸经为闳深，故多用今文家法。及郑氏旁释《易》、《诗》、《书》、《春秋》，皆创异门户，左今右古。其后郑学大行，驳淫遂至《易》亡施、孟、梁丘，《书》亡夏侯、欧阳，《诗》亡齐、鲁、韩，《春秋》邹、夹、公羊、穀梁半亡半存，亦成绝学，谶纬盛，经术卑，儒用绌。晏、肃、预、谧、颐之徒，始得以清言名理并起持其后，东晋梅赜《伪古文书》遂乘机窜入，并马、郑亦归于沦佚。西京微言大义之学，坠于东京；东京典章制度之学，绝于隋、唐；两汉故训声音之学，熄于魏、晋：其道果孰隆替哉？

且夫文质再世而必复，天道三微而成一著。今日复古之要，由诂训、声音以进于东京典章制度，此齐一变至鲁也；由典章、制度以进于西汉微言大义，贯经术、故事①、文章于一，此鲁一变至道也。

道光商横摄提格之岁，源既叙录武进礼曹刘申甫先生遗书，略陈群经家法，兹乃推广遍集两汉《儒林传》、《艺文志》之文。凡得《周易》今文家施氏学第一，梁丘学第二，孟喜氏学第三，孟氏学旁出京氏、焦氏第四，《周易》古文家费氏学第五，其流为荀氏卦气之学、郑玄爻辰之学，此外又有虞翻消息卦变之学，斯为《易》学今古文传授大概也。

《尚书》今文列于博士者，有伏生、欧阳、大、小夏侯二十八篇之学，有孔安国古文四十余篇之学。至东汉初，刘歆、杜林、卫宏、贾逵、马融、郑康成又别创古文之学，其篇次与今文同，而孔安国佚十六篇仍无师说，此皆不列于博士者。及东晋伪古文及伪孔《传》出，唐代列于学校，而伏、欧之今文，马、郑之古文，同时并亡。予据《大传》残编，加以《史记》、《汉书》诸子所征引，共成《书古微》，斯《尚书》今、古文传授大概也。

《诗》则汉初皆习齐辕固生、鲁申公、韩婴三家，惟毛《诗》别为古文。郑康成初年习韩《诗》，及笺《诗》改从毛，于是齐、鲁、韩次第佚亡，今惟存毛《传》。及宋朱子、王应麟始略采三家《诗》残文而未得条绪；明何楷、本朝范家相、桐城徐璈次第搜辑，始获三家《诗》十之七八，而余发挥之，成《诗古微》，此《诗》今古文大概也。

小学以《说文》为宗，历代罕究。国朝顾炎武始明音学，而段、王二氏发明《说文》、《广雅》，惟转注之说尚有疏舛，予特为发明之，此小学家之大概也。

《礼经》则禘祫之义，王肃与郑玄抗衡，郑主纬书感生五帝之说，肃主人帝为始祖所自出之帝，输攻墨，一本"墨"下有"守"字。秦固失之，楚亦未得，而郑玄《周礼注》计口出泉，至宋遂启王安石新法之祸。惟宋朱子纂《仪礼经传通解》，分家礼、邦国礼、王朝礼、丧祭礼，合三《礼》为一书，集三代古礼之大成，又欲采后世制度因革、损益以择其可行，国朝《读礼通考》、《五礼通考》实成其志，此则古今三

---

① "故事"，疑为"政事"。《魏源全集》第十四册《补录》所载《刘礼部遗书序》本段文字同，"故"作"政"，可资证明。

《礼》之大概也。

今采史志所载各家，立案于前，而后随人疏证，略施断制于后，俾承学之士法古今者，一披览而群经群儒粲然如处一堂。识大识小，学无常师，以为后之君子亦将有乐于斯乎？

吴农备荒议上
（1832 年）

　　荒政非得已也。救荒不如备荒，备荒莫如急农时。吴民十载告潦矣。江北水潦病于地利，江南雨潦病于天时；而水潦必在秋汛，则亦究系于天时。不先时而避之，必后时而悔之。时垂成而败之，明岁而复蹈之。纵筹下河娄、泖之路，兴工赈之议，可泄水潦矣，其若雨潦何！矧江北倒漾之客水，与开堰之淫水，亦岁不能避。言水利不及农政，其若天时何！

　　古记曰："趋时如鸷鸟之发，收获如备盗贼之至。"苏、松本年八月以前，雨旸时若，棉稻青葱，不可谓天时之不善也；大寒之节，瑞雪尺余，不可谓不时也。使如上游楚农之八月其获，不可书"大有"乎？九月霜降，即可种麦，历立冬、小雪、大雪、冬至、小寒，正值雨雪，麦已冒土，不又将受厥明乎？乃苏、松之稻，皆刈于立冬以后，于是麦不得不播于冬至以后，使时雨为淫雨，瑞雪为虐雪。果天之不时乎？抑人事之后时乎？去岁七八月大风，吴稻甫华，秀而不实；九月后，雨久虫生。使若楚稻之六月擢颖，七月结实，何尚畏乎风？八月已登场圃，何伤乎雨虫？是果天之不时乎？抑农之不先时乎？

　　吴中洼田，亦种早稻，仅十之二，其平田皆晚稻。而询吴农之秋成，则早稻赢晚稻，数载于兹矣。道光十一年，濒湖圩围，亩收米三石，即今岁十月之稻，收不及五分，其九月收者尚七八分，其收于八月终者则十分。夫吴中早稻收于八九月之交，盖楚稻之至迟者也。迩者潘舍人倡区田备荒之议，民以其废二麦之春收而莫应。若稻之早晚，别于其种，不别于其时，同在二麦之后，并不以早稻妨麦，何难而不为？谓早稻可妨秋潦，不可御夏旱，则晚稻不畏夏旱乎？又谓晚稻粒柔以肥，良于早收粒刚之籼稻，故兑白粮之漕，必须晚稻，则今岁之白粮，何以皆取诸八九月早收之白粳乎？两害相形则取其轻，雨潦败稼，薪桂米玉，望楚、蜀籼稻之来如天上，且昂于平岁之白粮，尚能择精凿而食之，贱值而籴之乎？谚曰："禾历三时，故秆三节；麦历四时，故秆四节"；故麦必种于秋而收于夏。今则高田已种之麦败于雪，其未种之洼田淫于水，二麦春收绝望，不俟早稻，更俟何时？近年江北下河极洼地，已仿湖圩春秋两熟之稻，以防夏汛开堰之患，其稍高地，亦种七月早获之稻，以免秋汛开堰之患，颇能以人事补天时地利之穷。苏、松何不仿而行之乎？故曰"虽有镃基，不如（及）〔待〕时"；又曰"临渊羡鱼，不如归而结网"。谨议。

据《古微堂文稿》

吴农备荒议下
（1832 年）

早稼可行于苏、常、江、镇、淮、扬矣。若松江、太仓濒海沙地，半宜吉贝，风潮岁岁，若之何备？

曰：闻古农种木棉之法异今农者二，一曰疏，二曰早。其法：一步两苗，三尺一株，畦广丈许，中高傍下，畦间有沟，沟深三尺；地虚则行根易远而深，故能久雨，能久旱，能久风，能肥壅而多收。凡齐、鲁及余姚海堰之人，种棉皆然，株辄百余子，亩辄收二三百斤，惟不尽地力，故力有余。今吴农之贪利则异是矣。其谚曰："千秬万秬，不如密花。"此殆为瘠土言之，不为沃土言之耶！《吕览》曰："树肥无使扶疏，树硗不欲专生而族居。"此言瘠土宜稠，沃土宜疏也。矧田之肥瘠，由粪多寡，人勤惰。故棉田冬春不可他植，所以息地力也；棉傍余畦不可补豆，恐其分地力也。畦间之沟以取生泥而容多粪，故一倍再倍，其力可及于来岁。今棉田不过亩下豆饼十而止，过肥不能胜也。若稀种者，科间二尺，粪可一倍，间三尺，可再倍。生泥能解水土之寒与粪力之热，使实繁而不蠹，尤为两利。但须剪其中干，留其旁枝，自无虚科不实之弊。今则畦狭种稠，广播而多留，稍空尺寸，即补以豆，而地力尽矣。使更施齐、鲁之粪淤与余姚之草壅，则苗必虚长而不实，故其势不可以复肥。种愈稠，力愈薄，一尺一穴，株不过数十子，亩不过数十斤，少经风雨，即漂落而秕腌，贪小获，失大利，此下农之弊一矣。

濒海岁患风潮，则棉收宜早，欲早收则必早种而早实。纵遇八月风潮之年，亦有近根之实，先结之蓓蕾，可小收而不至全荒。如虑种早而苗寒，则有壅寒之法。大麦蚕豆性燠发生，故种植者施豆麦于根下，以达阳气，则其生勃然，数倍于粪壅。今使于棉田先下豆麦或蚕豆数斤，及春耕时，则并麦豆宿根掀转入土，使棉种在下，有麦豆暖土以卫其寒而达其气，故能早种而早落其实。今吴农之贪利又异是矣。棉前麦豆既当春收，不肯掀壅，则棉种与收不得不迟，其岁冒风潦不得不险。使其下种于冰泮以后，收获于秋汛以前，安有是患？斯又下农之弊二矣。

晚棉早棉之利害，与晚稻早稻之利害未尝不同，而岁不悔悟者，非吴民之智不楚、蜀、齐、鲁、余姚之民若也，地狭、人稠、赋重，则民穷而不得不贪，贪则见利而忘害也。王政至纤至悉，思患预防。宜令沿海种棉，必以清明前五日为上时，后五日为中时，谷雨为下时，毋过谷雨以后天时；其分畦布种，毋狭毋稠，使根深干实，足胜肥淤而能风潦，以厚地力。其行之也，则必慈惠之师，传谕父老富民之有田者，转谕其佃农，以此之利害易彼之利害；而大府则以棉稻收成早晚为州县之考成，州县则以收成早晚为里正之赏罚；庶旧习可移，新功可冀，实王政辅相裁成之一法。谨议。《农政全书》载种棉四要，曰："精拣核，早下种，深根短干，稀科肥壅。"又曰："密种有四害：苗长不作蓓蕾，一也；行根浅近，不耐风旱，二也；雨后郁蒸，花子易堕，三也；结子暗蛀，四也。"又曰："种棉有四病：一秕，二密，三瘠，四芜。"皆与斯议相发。

据《古微堂文稿》

湖广水利论
（1833 年）

历代以来，有河患无江患。河性悍于江，所经兖、豫、徐地多平衍，其横溢溃决无足怪。江之流澄于河，所经过两岸，其狭处则有山以夹之，其宽处则有湖以潴之，宜乎千年永无溃决。乃数十年中，告灾不辍，大湖南北，漂田舍、浸城市，请赈缓征无虚岁，几与河防同患，何哉？

当明之季世，张贼屠蜀民殆尽，楚次之，而江西少受其害。事定之后，江西人入楚，楚人入蜀，故当时有江西填湖广、湖广填四川之谣。今则承平二百载，土满人满，湖北、湖南、江南各省，沿江沿汉沿湖，向日受水之地，无不筑圩捍水，成阡陌治庐舍其中，于是平地无遗利；且湖广无业之民，多迁黔、粤、川、陕交界，刀耕火种，虽蚕丛峻岭，老林邃谷，无土不垦，无门不辟，于是山地无遗利。平地无遗利，则不受水，水必与人争地，而向日受水之区，十去五六矣；山无余利，则凡箐谷之中，浮沙壅泥，败叶陈根，历年壅积者，至是皆铲掘疏浮，随大雨倾泻而下，由山入溪，由溪达汉达江，由江、汉达湖，水去沙不去，遂为洲渚。洲渚日高，湖底日浅，近水居民，又从而圩之田之，而向日受水之区，十去其七八矣。江、汉上游，旧有九穴、十三口，为泄水之地，今则南岸九穴淤，而自江至澧数百里，公安、石首、华容诸县，尽占为湖田；北岸十三口淤而夏首不复受江，监利、沔阳县亦长堤亘七百余里，尽占为圩田。江、汉下游，则自黄梅、广济，下至望江、太湖诸县，向为寻阳九派者，今亦长堤亘数百里，而泽国尽化桑麻。下游之湖面江面日狭一日，而上游之沙涨日甚一日，夏涨安得不怒？堤垸安得不破？田亩安得不灾？

然则计将安出？曰：两害相形，则取其轻；两利相形，则取其重。

为今日计，不去水之碍而免水之溃，必不能也。欲导水性，必掘水障。或曰：有官垸、民垸，大碍水道，而私垸反不碍水道者，将若之何？且有官垸、民垸，而藉私垸以捍卫者，并有藉私垸以护城堤者，将若之何？且私垸之多千百倍于官垸、民垸，私垸之筑高固，甚于官垸、民垸。私垸强而官垸弱，私垸大而官垸小，必欲掘而导之，则庐墓不能尽毁，且费将安出？人将安置？

应之曰：今昔情形不同，自有因时因地制宜之法。如汉口镇旧与鹦鹉洲相连，汉水由后湖出江，国初忽冲开自山下出江，而鹦鹉洲化为乌有。又如君山自昔孤浮水面，今则三面皆洲，水涸不通舟楫；岳州城外，昔横亘大沙滩，舟楫距城甚远，今则直泊城下。又如洞庭西湖之布袋口，今亦冬不通舟。此则乾隆至今已判然不同，皆西涨东坍之明验，水既不遵故道，故今日有官垸、民垸当水道，私垸反不当水道之事。今日救弊之法，惟不问其为官为私，而但问其垸之碍水不碍水。其当水已被决者，即官垸亦不必复修；其不当水冲而未决者，即私垸亦毋庸议毁，不惟不毁，且令其加修，升科，以补废垸之粮缺。并请遴委公敏大员，编勘上游，如龙阳、武陵、长沙、益阳、湘阴等地，其私垸孰碍水之来路；洞庭下游如南岸巴陵、华容之私垸，北岸监利、潜、沔之私垸及汀洲，孰碍水之去路。相其要害，而去其已甚；杜其将来，而宽其既往，毁一垸以保众垸，治一县以保众县。

且不但数县而已，湖南地势高于湖北，湖北高于江西；江南楚境之湖口，日蹙日浅，则吴境之江堤，日高日险。数垸之流离，与沿江四省之流离，孰重孰轻？且不但以邻为壑而已。前年湖南、汉口大潦，诸县私垸之民人漂溺者，亦岂少乎？损人利己且不可，况损人并损己乎？乾隆间，湖南巡抚陈文恭公，劾玩视水利之官，治私筑豪民之罪，诏书嘉其不示小惠。苟徒听畏劳畏怨之州县，徇俗苟安之幕友，以姑息于行贿舞弊之胥役，垄断罔利之豪右，而望水利之行，无是理也。欲兴水利，先除水弊。除弊如何？曰：除其夺水夺利之人而已。

湖北堤防议代*
（1833 年）

　　荆州，其川江、汉，据西南建瓴之势，自古不闻为患。而近灾岁告，其堤防几与河、淮并亟。盖大江出峡，至江陵始潆洄横恣，而下游洞庭夏涨，又挟九江之水奔腾出口，以横截大江之去，又东则汉口截之，又东则彭蠡口截之，每相敌相汇，则回逆旁溢，而洲渚莫盛于荆，是为江患。

　　汉水则发源汉中，挟兴安、郧阳万山溪涧之水以东，又受德安、安陆之水于郧口，皆山潦横暴，每夏秋汛，与江争涨，则分派入江陵之长湖，下达潜、监、沔阳之沌口，港汊纵横，数百里弥望，是为汉患。

　　斯二者，或委之天时焉，谓蛟水骤涨数丈，所至溃突，非汛水日长尺寸之比，则其发有时，固不应天灾之岁告也。或委之人事焉，谓秦、蜀老林棚民垦山，泥沙随雨尽下，故汉之石水斗泥，几同浊河，则承平生齿日倍，亦不能禁上游之不垦也。故今治江、汉者，则专从事于堤防，且岁咎于堤防之不固。乌乎！天下固有致患之由，执为防患之术者乎！

　　江之在上世也，有七泽以漾之，有南云北梦八百里以分潴之。夏秋潦盛，则游波宽衍，有所休息。自宋世为荆南留屯之计，陂堰成田，日就淤塞。而孟珙、汪叶之知江陵，尚修三海八堰，以设险而蓄水，又有九穴十三口，以分泄江流，犹未尽夺水以地也。元、明以还，海堰尽占为田，穴口止存其二，堤防夹南北岸数百里，而下游之洞庭，又多占为圩垸，容水之地，尽化为阻水之区。洲渚日增日阔，江面日狭日高，欲不佚溢为害，得乎？

---

　　* 《古微堂文稿》题作"楚辖纪略叙"。

汉自钟祥以下，昔各有支河以纾其势，民贪其肥浊易淤，凡滩唇洲尾，多方围截以成圩，自襄阳南下千余里，则皆大堤以障之，于是汉底亦日高，堤外地日下，溃则破缶，潦则侧①盂，人与水争地为利，而欲水让地不为害，得乎？

且古之治水者，但闻疏浚以深川，不闻曲防以壅邻，故曰：左堤强，则右堤伤；右堤强，则左堤伤；左右俱强，则下游伤。泐其势，不孙其理，虽神禹不能为功。然今日而欲弃地予水，徙田墓庐舍邑里，决堤防以避之，固有所不能。然则如之何而可？曰：患在天者，人力无可如何，无已，则惟有相其决口之成川者，因而留之，加浚深广，以复支河泄水之旧，庶因败为功之一策乎？患在人者，上游之开垦，亦无如何，惟乘下游圩垸之溃甚者，因而禁之，永不修复，以存陂泽潴水之旧，亦因败制宜之二策乎？弃少而救多，事半而功倍，虽江、汉之浅深，洲渚之亘亵，非人力所能排浚，而水无所壅，则其力自足以攻沙而深川也，是之谓以水治水，其贤于堤防曲遏也，利害相百也。

道光九年，湖北大涝，婺源王君凤生以旧运使奉檄赴楚，总理堤工。既而知其事不可成，引疾告退，因笔其利害，为《江汉宣防图说》二卷，《汉江纪程》二卷，总命之曰《楚辅纪略》。盖身亲曲折，始知天下事不渝其本原，而徒骛偏抗弊之果不足为也。得是说而通之，以治天下水无难焉，于江、汉何有？

此代陶文毅叙王运使书也，存之以当水利议。

---

① 《古微堂文稿》"侧"作"仰"。

东南七郡水利略叙代
（1833 年）

杭、嘉、湖、苏、松、常、太七州郡之水，源于宣、歙、天目诸山，而以太湖为壑，太湖又以海为壑，而由湖入海，则三江为之门户焉。太湖汇源水之来，湖所不能容者，则亚而为荡、为漾、为泖、为淀，凡百有奇，如人之有腹乎？三江导尾水之去，江所不能遽泄者，则亚而为浦、为港、为渠、为溇，为洪、泾、浜、漊，凡千有奇，如人之有肠胱脉络，以达尾闾乎？七州郡地势，北高而南下，常州则自五堰筑，而胥溪以西之水不下于太湖；嘉兴则自海塘筑，而浙江之潮不及于震泽；东南水患，十杀三四。谭者遂以淞江、东江、娄江为震泽之利害焉。东江委于刘河，而淞江居中，正承太湖咽吭以入海，于利害尤切肤。故单锷、郏亶著书，海瑞、夏原吉兴役，皆详苏、松而略嘉、湖，岂非上游之利害，视下游之壅塞哉！

道光五年，安化陶公抚吴，承三年大涝之后，继以南漕海运之举。七年，遂奏请浚吴淞口，开新道以利其流，去旧闸以畅其壅，江溜大放，敌潮东下，故九年江、镇、淮、扬复大涝，而苏、松之灾少淡焉。又以次浚镇江之练湖、常州之孟渎、太仓之刘河、白茆，以济运溉田。惟杭、嘉、湖三郡，环太湖西南，非部内所辖，且谓下游疏则上游自宣泄，故经画未及也。而乌程凌君渶为《七郡水利书》，则独详于湖州桑梓之利害。

盖自上游潴水之碧浪湖，束水之运塘，分水泄湖之溇港，与自湖入江之长桥，或浅或圮，或淤或狭，以致诸山之水不及稍潴，而径奔于运河诸溇；运河诸溇之水，又不能尽泄于太湖，而既至太湖，又不能遽达于江，徒溃滥四出，患田亩，沈庐舍，故是书于湖州三致意焉。然中路太湖之长桥口不通，而遽治上游，无益也；下游吴淞尾闾不畅，而遽治湖口，尤无益也；下游湖口虽通，而谓上游可不必导水入运，障运入溇，导溇归湖，遽可不疏自治，亦不可尽得也。天下事皆先本后末，惟治水则以末为本。故其利害功效，下游居十之七八，而上游仅十之二三。然则治吴中之水，终须致全力于吴淞，而未可紊其节次，劳其工程，舍尾闾而先肠胃哉！乌乎！岂但治吴水然哉！

此代陶文毅序凌君书也，略改存之，以当水利议。

章教谕强恕斋书序
（1834 年）

醉一石之醪，量石而止矣；引十石之弓，量十石而止矣。以受万石之舟为芥苇之用，量沛乎有余，力盘乎若无，是其尘垢糠秕，犹将陶铸万有者乎？

道光四年秋，总兵官陈公阶平，自江苏崇明移湖南镇箪镇，过常德，访余杨将军署中，酒半，论当世巨人长者，慨然曰："余从东海中来时，江南大潦，逼海之邑曰宝山，泽国之民将为鱼鳖，则有铜陵章叟，以教谕而呼集十万余金，以教谕而部勒十余万户。毕赈八阅月，无哗无馁。大吏发帑金数万至，不受，将奏其最于朝，复不受，可谓当大事者哉！顾不得立朝佐天子任元元忧，徒穷老东海角。"相与喟然太息。

越七载，省亲宝山，遂识叟海上，则绝口不语世事。斗室环以万卷，坐其中，兀然如山。耳聃（遇）〔过〕①面，声中黄钟之宫。指案上《尚书》，为言《召诰》、《洛诰》四篇次第四年时事，二邑营建缘由，明堂位置，各有时日起讫。审其往来踪迹，以察知周、召二公陈诰纳诲心事，于诘曲聱牙中而如闻其告语。宝山城东北角斗入大海，是日，天风鼓潮殷几席，与谭经声应和如雷。语罢出城，循海塘东西炮台眺望一角海，划然长啸，水天寥沉，"前不见古人，后不见来者"，恨恨而归。乌乎！伏生、申公，非经生也；太丘、林宗，非一乡之士也；庞士元、元德秀，非一邑之吏也。"君子得时则驾，不得时则蓬累而行"，虎决而尸默者也，鹰扬而龟息者也。

方仁庙亲政之初，征天下孝廉方正之士，叟以大兴朱文正公荐入都。时廷对百余人，翼日召诣军机处，询川、楚平贼方略者，独湖南溆

---

① 据文意及中华本改。

浦严如熤暨叟二人。严君奉命从军，官至两司，尚未竟其用，天下至今惜之。叟则以老亲年八十辞，遂改所拟保甲折子为上军机大臣书而归，终身不出，浮沉东海上二十余年。

时时出其声响，歌啸先王之道，羽翼群生之命。弟子录其书为《经胜》、《文胜》、《笔胜》各如干卷，读者或震而矜之，以为叟所学在是。乌乎！挹一蠡于大洋，而谓海尽在是，抑岂得谓海必不在是耶？叟名谦存①，铜陵人，今年七十有九，自号强恕老人。

---

① 《古微堂文稿》此下有"原名天育"四字。

海曙楼铭代
（1834 年）

　　中国山川尽于东，而离明则生于东，天地所以成始而成终。故观天地之大于海，观海于日出，观日出于临溟峻极之山。所居高则所见大，大则反其本矣。九能之士，登高能赋，山川能说，可以为大夫。而《礼》仲夏之月，君子则以居高明，远眺望，岂非观圣人之道，必去耳目之近，而反从其朔者哉！云台山距东海中，其脉来自岱宗，故与日观峰对峙，又隔海为成山岛，则登、莱斗入大海，秦、汉所祀日主处，为古青州嵎夷宾日出之所。相望鼎立，故于观日出尤奇。其可无楼？楼其可无铭？铭曰："日出榑桑，圣出东方，万物以昌，永维百谷王。"

三江口宝带桥记代
（1835 年）

　　东南之水，潴于震泽，尾闾于三江，而吴江长桥、元和宝带桥钥其门户。自宋迄清七八百年，代浚代淤，要未尝竟源委、讨积病，一举而大治。道光三载，吴、越大涝，蛙鳖生万灶，蛟鼍嬉千里，东南田赋什不一二，始厪眂于三江之淤塞。五年，兵部侍郎陶公自安徽移抚江苏，承海运之后，始奏疏吴淞江。十二年，陶公总督两江，巡抚林公复与督府会奏，浚刘河、白茆河，旋又通七浦、徐六泾之口，修昆山之至和塘，浚太湖之茆淀，而告成于三江口之宝带桥。三载经营，百废备举，先后糜金钱若干万，而刘河则以元和知县黄冕奉檄总其役，宝带桥又元和所辖也。

　　惟东南水道今昔异形势，今之修浚三江异昔人者有二：吴淞自昔以建闸御潮为首要，今宫保陶公以吴淞为中条正干，非支河汊港比，宜宣不宜节，独去其闸，直其湾，阔其源，深其尾，塞其旁泄，使溜大势专足以敌潮刷沙东下。故道光十一年、十三年江潦连岁横溢，而吴田不告大灾，皆吴淞泄水之力，此其异昔而收效于今者一。

　　刘河、白茆河自昔以通海口为要，今抚部林公与督府会筹，以为三江并行，必淤其一二，今正溜专趋吴淞，则不宜多豁其势，而刘、茆二海口，内外高下平等，旧苦咸潮倒灌，介虫逆上害田稼，尤不宜引寇入户，于是坝其海口，使不通潮，而导蓄清水。十四年太湖发蛟，江水骤涨丈余，急决海口大坝，不三日水骤退，吴田大熟。而海啸风潮时作，亦不致倒侵内地，太仓、常熟、昭文沾溉数万顷，此其异昔而收效于今者二。

　　故三江之役不第今昔相反也，即此江之役与彼江亦相反也。图度于事前，而不旋踵收功于事后，其经费则皆拮据于财赋劳瘵之余，视昔人尤不易。非大府痌心民瘼，断莫之举也。古君子为政有成，则必述其始终经画之本末以诏后人，故《春秋》役民力必书。今斯桥扼三江之要，为诸壑喉，为漕艘冲，后之守土者，道出其间，览泽国之形势，念东南农田之利病，慨然于周、海诸君子之遗烈，洞然于此江与彼江之异形，今江与昔江之共势，因时制宜，举废兴滞，吴民其庶有瘳乎？遂勒石桥右，既以揭各贤牧伯经营数载之用心，且以劝后。

云台山神庙碑铭代
（1835 年）

　　稽之《礼》：山林、川谷、丘陵，能出云、为风雨、见怪物者，皆曰神。及民所取财用者，则祀之；其荒远复奥，人迹阻绝者，不在祀典。故职方氏表九州之山镇，而徐并于青，其山镇曰沂山，其川淮、泗，其浸沂、沭，凡中条之尾没于碣、渤，东逾海为诸岛屿者，皆望祀不及焉。

　　海州云台山者，古在大海中，袤崎三百余里，盖岱宗支脉，度海而来，即《山海经》之郁洲，为十洲之一也。昔秦皇帝东游，由成山放琅邪，并海而南，刻石朐阳界中，以为秦东门；而朐阳对海之郁洲，曾不得陟其巅而铭其代，更何论上古后世哉？

　　皇清奄有四表，东极海隅日出，鲸波未靖，则尝封禁是山，徙民内地，以明王公设险之义。其后开禁利民，仁皇帝亲洒宸翰，以遥镇洪流。于是川渎效灵，鲛鳄遐遁，潮汐逆上，涛去壤留。吴松大江诸尾闾既皆涨千里长沙，黄河云梯关亦东徙数百里，故河臣靳辅遂有不百年将策马上云台之议，至今而皆验焉。陆海桑田，西连朐岸，环错万家，耕山煮卤，炊烟起如海云。远方祈禋，梯航四至。而南北二城，营伍驻防，控扼保障；封疆大吏以时讲武登陟，阅水师，览河、淮之形势。向之十洲、三岛可望不可即者，今且隐然为东海长城。

　　道光五年，予督海运于松江，并檄崇明镇总兵与山东水师会哨于兹山之鹰游门。阅数载，总制两江，筹淮北醝务，亲莅海滨，熬波万灶，积素千里，蒿然轸商民之困。爰陟峻极，盰瞩溟涬，帝闻忾慢其若接，风涛撼庙其欲陨。惧非所以严天翰，祈民福，祇神明，镇边徼，将命吏鼎新之。而庙踞颠顶，庀材千仞，挽输费重；适淮北票盐大兴，岁课五六十万，商贩云增，经营恐后，绪余鸠工，不日告成。堂庑严巩，像设巍峨，祈报孔殷，几埒东岱；又建日观之楼，表丈人之松，山崇海深，气势雄称。

是岁，海不扬波，天无烈风淫雨，濒海数千里，粳稻大熟，鱼盐日王，府海官山，地不爱宝，民咸曰神之庥。不有瑰砥，孰扬景贶？铭曰：

物大则昌，气灵则彭。不有峻岳，孰奠海王？昔焉蓬岛，今则保障；昔谢秦石，今贲天章。畴功盐策，畴司雨旸；畴奠天吴，畴走梯航。成山日主，鸿蒙云将。夕弭蒙汜，朝发扶桑。必有胖牂，以答烝尝。燕、齐迁怪，秦、汉荒唐。不敢渎神，神监孔章。海日煜煜，天风琅琅；庶垂祯祐，永奠淮、黄！此道光十五年代陶文毅作也。文毅未及手书勒石，而谢君元淮修《云台山志》载此文，自署己名，窜易不复成语，故存其原本于此。

据《古微堂文稿》

两淮都转盐运使婺源王君墓表
（1835 年）

士用世于三代以后，难于三代以前者有二：兵刑、农赋不名一方，不专一职，猝然取之而必应，更试为之而不恒；又南朔东西惟朝廷所命，俗不暇渐习，任不及久远；视三代以上之各仕其国、终身一官者难易相百。而国家以此驭天下士，未尝不间收其效，则恃士有诚求覃斐之心力，以贯于纲纪节目之间，随其大小，各有以自见，纵专精不及古人，而心力则视古犹倍之。

今天子御极以来，江、浙知名吏，以平罗俞君、婺源王君称最。二君皆任两淮盐运使，大吏方藉其力以自翼，而相先后卒，上下重有怆焉，故既为俞君铭其幽，而王君之子复求表其墓。

按状：君讳凤生，号竹屿，徽州婺源籍。父友亮，始侨寓江宁。君少治举子业，屡试不第。嘉庆十年，援例以通判试用浙江。二十有五年，补嘉兴府通判。君在浙江日久，屡署知县事，所在有声。所著《保甲事宜册》，浙闽总督汪公志伊刊为程式。其令兰溪仅数月，清积案七百余事。其令平湖，民有数百户诵经茹素传授邪教者。时江南奸民方荣升，以传教兴大狱，在事者咸受上赏，故浙吏亦思以为功。君闵其愚惑，株连无辜，为开谕利害，饮以羊酒，感泣自悔，止拘为首数人，科以军流罪，以白巡抚清安泰公，公揖谢之，大失同官望。

适道光元年，天子用刑部侍郎帅公来抚浙，兼辖鹾政，又有清查通省仓库之议，方难其人，与君语，大说，遂奏君总司其事，奏署知嘉兴府。明年，又拟奏署知杭州府，君力辞不就。是冬，升玉环厅同知。会杭、嘉、湖三府苦雨告潦，议大浚浙西水利。以浙西之水尾闾于吴淞，实在江苏境，乃会奏两省合办，而调君乍浦同知，专治浙水，与江苏道员勘议。君由天目、湖州、嘉兴沿太湖以达松江，所至绘图具说。帅公故负重望，知人善任，能尽君所长，故君政声亦自帅公至始大著。四年，方计费兴工，而帅公以忧去。

是冬，淮南大风，高堰溃决，两江总督魏公元煜、河督严公烺合奏调君南河同知，而浙闽总督赵公慎畛亦密保君才堪大用。于是五年抵工，三月即擢知河南归德府。时永城旱蝗，君斋宿祷庙，果雨；率属捕蝗尤力，民以不灾。又请于巡抚，浚虞城、夏邑、永城之惠民沟、减水沟、巴清河、沈公堤等处以资蓄泄。九月，复擢河北彰卫怀道。

河北属有五厅，岁修险工，糜费巨万。道员多深居简出，不时驻工，春秋防汛，虚应故事。君事必躬亲，细而放淤，抽沟戽水，大而抢险，下埽箱垫、走溜，皆亲率厅营监莅。又以岁修有定例，而另案无定例，在任三年，力删另案，计所请挑之工，惟原武、阳武、延津之文寨、天然二渠，封丘之四渠，其议挑未兴者，安阳之广润渠，并原河故道而已。

旋以疾乞归，家居二载，用两江总督大学士蒋公荐起复原官。入都，蒙召见，即命升署两淮盐运使，时道光九年三月也。以淮鹾极敝，锐意整饬，条陈十八事，如收灶盐，节浮费，浚河道，增屯船，缉场私邻私之出入，禁江船漕船之夹带，以及清查库款，督运淮北，事皆可行；惟求免帑利，而反借藩库、道库银三百万，则事所必不可行者，故蒋公半允半不允。方疏入待施行，而黄玉林之事起。黄玉林者，仪征私枭也，以遣犯私逃回籍。君计招其出首，请于蒋公，奏许随营缉私赎罪。而无识妄议者，或谓两淮从此永无私枭，或又谓将酿东南大患。顾玉林实无能为，皆州县吏张大其势。蒋公虑其叵测，提至江宁狱，科以军流罪。旋得玉林所寄其党私书，意存反复。复密奏请处以重法。上以前后歧议，严谴蒋公，而君及盐政福森亦均降调以去。而陶公澍适奉总督两江之命，朝廷又特遣户部尚书王公鼎、侍郎宝兴公来江查办，合奏留君襄鹾事，逾月而议定，始裁盐政归总督兼辖，大裁浮费，略与君前策相出入。旋又奏以君往查湖广销引情形，及勘议淮北改票事宜，故君卸任而仍与鹾事终始。

道光十二年，湖北大潦，湖督卢公坤奏调赴楚总办堤工，君归自淮北即赴楚。时江堤则有武昌之江夏、蒲圻、咸宁、嘉鱼，荆州之江陵、公安、松滋、监利，黄州之广济、黄梅，汉堤则有汉阳之汉川、沔阳、安陆之钟祥、天门、京山、潜江，袤亘千里，同时告灾。君策缓急，陈利害，往返跋涉，半载告竣。会是秋蛟水复骤至，新堤完溃各半，卢公以天灾非人力所及，仍请以道员留楚补用，奉旨送部引见，君终引咎不安，力乞疾归。

明年，浙江海塘役兴，侍郎赵公盛奎及原任河督严公烺皆驰书促往，君辞不赴。而淮北票盐大畅，陶公以君首议功奏闻，且促君出山，咨部报痊，行有日矣，而病复作。十四年夏四月，君疾寝剧，乃复请假，而竟不起，年五十有九。

君生平以仕为学，尤笃好图志。其在浙江奉勘灾溇，则成《浙西水利图说备考》；在河工，则檄取所属府、州、县地图，各系以利病，成《河北采风录》及《江淮河运各图》；其在湖北，则有《汉江纪程》及《江汉宣防备考》；其在两淮，亦有《淮南北场河运盐走私道路之图》。每吏一方，必能指画其方之形势与所宜兴革，若将寝馈，而旋去之。所至倥偬，讲求日不暇给，左手画圆，右手画方，故士见用于三代后盖难矣。四方大吏，以才难之故，争相奏调，倚君若左右手，刑名、漕赋、水利、鹾政若风雨总至。君朝南暮北，席不暇暖，所试或效或不效，无一竟其用，故无专长特绩可颂当时、传后世，而近日海内谈实用之学必首推重君，则其诚求之心，亹斐之力，足以孚下而信上。士所遇大遂不大遂，固自有命焉，岂以是加损哉！

所著书，未刊者尚有诗集若干卷、《学治体行录》若干卷。其未成书有《读史汇说》若干卷，孜孜矻矻，导原植根，推而放之，充如也。

妻前叶，后丘，皆封淑人。子二：世翰，世□。女四。以某年月日葬某原。

梅郎中曾亮已为志铭，林中丞则徐书丹，故予表其墓，特揭君学行志事之大者于阡。《礼·儒行》有曰："虽危，起居竟信其志，犹将不忘百姓之病也。"君之谓哉，君之谓哉！

明代食兵二政录叙
（1837 年）

以三代之盛，而殷因于夏礼，周因于殷礼，是以《论语》"监二代"，荀卿"法后王"，而王者必敬前代二王之后，岂非以法制因革损益，固前事之师哉！

我朝之胜国曰明代，凡中外官制、律例、赋额、兵额，大都因明制而损益之，故其流极、变迁、得失、切劘之故，莫近于明。

明中叶以后之主，德无足论；论其祖宗朝之制度异今日者，则莫如大兵大役之派民加赋，末年遂以是亡国，而方其盛时，则亦以此不致别筹国用。举天下仕进一出于科目，无他途杂乎其间，无色目人分占其间，无论甲乙一第，未有终身不沾一禄者；内而部曹，外而守令，未有需次数年、十数年始补一缺者。遇铨选乏人，则辄起废田间，旋踵录用，士之得官也易，复官也易，则其视去官也不难。又士自成进士释褐以后，则不复以声律、点画为重，士得以讲求有用之学。故中材之士，往往磨厉奋发，危言危行，无所瞻顾。凡本兵、吏部文武之任，往往有非常豪杰出乎其间，虽佚君乱政屡作，相与维持匡救而不遽亡。使非四方税榷太监扰其下，主兵太监掣其外，司礼太监神丛阿柄倒其上，则虽偶有大兵大役之加派，民不致乱也，虽有北鞑南倭之侵轶，兵不致亡也。是明代之得，在于清仕途，培士气，其失在于大权旁落，而加派练饷，门户党援，则其变证也。

（不）〔无〕① 一岁不虞河患，无一岁不筹河费，前代未之闻焉；江海惟防倭防盗，不防西洋，夷烟蔓宇内，货币漏海外，病漕、病鹾、病吏、病民之患，前代未之闻焉。内外既无两漏卮，仕途又无

---

① 据下文及中华本改。

两滥竽；无漏卮则国储财，无滥竽则士储才。故虽以宗禄、土木、神仙之耗蠹，中珰、廷杖之摧折，而司农、柄兵诸臣，得以随弊随治。病患迭出，人材亦迭出，不至有仰屋呼庚之虞，不至有捬髀乏材之叹。

乌乎！治有余之证，易于治不足之证，明中叶以前之证，其尚有余乎？有下而无上，厥象水；有上而无下，厥象火；明中叶以后之证，其犹水欤？

皇清立国之初，闵民生之困，监胜国之失，首申阉宦重赋之禁；乾隆、嘉庆以来，黄河大工，一切发帑，永免力役之征。而且赐复蠲租之诏，史不绝书，其重民食也如是；北鞑南倭，燧燧不惊，土司改流，万里不警，其靖边患也如是。民生其间，耳不闻苛政，目不见锋镝，而又乾纲亲揽，日见群臣，日日答万几；优礼言官，从不知有廷杖诏狱为何事。其政本肃清，岂独高出明代万万？然而东南之漕运困于输将，中外之仕途困于需滞，沿边之军饷诎于度支者，何哉？

黄河无事，岁修数百万，有事塞决千百万，无一岁不虞河患，无一岁不筹河费，此前代所无也；夷烟蔓宇内，货币漏海外，漕輓以此日敝，官民以此日困，此前代所无也；士之穷而在下者，自科举则以声音诂训相高，达而在上者，翰林则以书艺工敏、部曹则以胥史案例为才，举天下人才尽出于无用之一途，此前代所无也；其他宗禄之繁，养兵之费，亦与前世相出入。是以节用爱民，同符三代，而天下事患常出于所备之外。立乎今日以指往昔，异同黑白，病药相发，亦一代得失之林哉！

少游京师，好咨掌故，曾以道光五载为江苏贺方伯辑《皇朝经世文编》。继又念今昔病药之相沿，常以对治而益著，爰复仿宋臣鉴唐、汉臣过秦之谊，故集有明三百年文章论议，言食政之类十有三：曰理财，曰养民，曰赋、役，曰税课，曰屯政，曰仓储，曰荒政，曰盐法，曰宗禄，曰水利，曰运河，曰河防；兵政之类二十有四：曰兵制，曰京营，曰亲军召募，曰战车，曰屯饷，曰茶马，曰防守九边形势，曰蓟镇、宣、大边防，曰辽东边防，曰西番，曰西南土司，曰朝鲜御倭，曰款贡，曰盗贼；凡为卷七十有八。劳臣荩士，蒿忧瑰画，綮矣，具矣！若夫议礼之聚讼，刑狱之匡救，于今无涉，概不旁录。其辽东边防，事关敌忌，可酌改而不必讳言，则有《钦定明史》旧例在，有纯皇帝褒熊廷弼及赠谥殉节诸臣之诏书在。

附　明代食兵二政录叙
（1837 年）

　　《论语》曰"周监于二代"，荀子曰"为治法后王"，我朝之胜国曰明代，凡中外官制、律例、赋额、兵额，大都因明制而损益之，故其流极、变迁、得失、切劀之故，亦莫近于明。

　　明中叶以后之主德无足论，论其祖宗之制度异今日者，则莫如大兵大役之派民加赋，末年遂以是亡国，而方其盛时，则亦以此不致别筹国用。举天下仕进一出于科目，无他途杂乎其间，无论甲乙一第，未有终身不沾一禄者；内而部曹，外而守令，未有需次数年、十数年始补一缺者。遇铨选乏人，则辄起废田间，旋踵录用，士之得官也易，复官也易，则其视去官也不难。又士自释褐登朝以后，既弃贴括，即不复以声律、点画衡高下，惟采声望，崇器识，故中材之士往往磨厉奋发，危言危行，无所瞻顾。凡本兵、吏部文武之任，往往有非常豪杰出乎其间，虽佚君乱政屡作，相与维持匡救而不遽亡。使非四方税榷太监扰其下，主兵太监掣其外，司礼太监神丛阿柄倒其上，则虽偶有大兵大役之加派，民不致乱也，虽有北虏、南倭之侵轶，兵不致亡也。是明代之得，在于清仕途，培士气，其失在于大权旁落，而加派练饷则其变证也。

　　皇清立国之初，闵民生之困，监胜国之失，首申阉官、加赋之禁；乾隆、嘉庆以来，并黄河大工，一切发帑，永免力役之征。而且赐复蠲租之诏，史不绝书，其重民食也如是；北虏南倭，销烽息爝，万里不警，其靖边患也如是。民生其间，耳不闻苛政，目不见锋镝，而又乾纲亲揽，日见群臣，日答万几，岂独高出明代万万？然而东南之漕运困于输将，中外之仕途困于需滞，沿边之军饷诎于度支者，何哉？

　　黄河无事，岁修数百万，有事塞决千百万，无一岁不虞河患，无一岁不筹河费，此前代所无也。夷烟蔓宇内，货币漏海外，漕醛以此日敝，官民以此日困，视倭患尤剧也。释褐登朝十余年，而试文衡，试言职，试枢密，无非衡书艺之工敏，声律骈偶之巧丽，罔知朝章国故为何物，其部曹观政，无非胥史文例是求，罔知漕、盐、河、兵得失何在；有奋志讲求抱负宏远之人，反群笑为迂阔，此造士储才大巽于昔也。其他宗禄之繁，养兵之费，亦与前世相出入。是以节用爱民，同符三代，而天下事患常出于所备之外。司农多呼癸之求，将材有拊髀之叹。立乎今日以指往昔，异同黑白，病药相发，亦一代得失之林哉！

源前以道光五载为长沙贺方伯辑《皇朝经世文编》。又仿宋臣鉴唐、汉臣过秦之谊，故集有明三百年文章论议，言食政之类十有三，兵政之类二十有四，凡为卷七十有八。劳臣荩士，蒿忧瑰画，粲矣，具矣！若夫礼义之聚讼，刑狱之匡救，无关今鉴，概置筌蹄。其辽东边防，事涉敌忌，可酌改而不必讳书，则有《钦定明史》旧例在，有纯皇帝褒熊廷弼及赠谥殉节诸臣之诏书在，有《钦定四库全书》收明臣奏疏之例在。

道光十有七载，岁次丁酉，邵阳魏源序于江都絜园。

另一本据《古微堂集》抄本

御书印心石屋诗文录叙
（1837 年）

道光十有五载冬，天子御书"印心石屋"，以赐两江总督宫保陶公。公荣君赐，归勒诸石，及所部名胜。中朝士大夫迄吴、楚人士，多为诗文以道扬盛美。公命邵阳魏源编次，为卷十。源谨叙其端曰：

凡国家当创造之初，人心思治，官朴吏愿，士纯工悫，男侗女庞，其君子勤礼而急公，其小人畏威而寡慕，故上常清静休养而天下治。休养日久，生齿炽而机变滋，人心日趋于利，利出于二孔，则不归于上，不归于民。有救时君子欲挢其弊而还其利，势必不得不出于更革。小更革则小效，大更革则大效，于是中饱不便之人辄群起而哗之。豂群哗之难，难于豂积弊，任事者遂动色相戒，以改作为多事，以因仍为持重。

方宋中叶，仁宗之世，韩、范、富、杜诸君子相继立朝，石徂徕作《庆历圣德》之诗。其时开天章阁，置笔墨以询治道，天下矫首望太平。及诸公条对十余事，更张阔大，多不便于时人，谗议四起，卒皆不安其位以去。盖人心之难一如此。

国家承平二百年，视宋庆历时过倍，而漕、盐、河三大政，利弊之所薮，皆萃于江南。公自道光五年移节抚吴，河、漕交困，首创海运有效，次年遂欲举苏、松、太仓三州郡永行之，以省漕艘通仓之弊，以苏吴民之困，而南北交哗；及总制两江，兼绾鹾政，革淮南二百余万之冗费，与江、广各数十万之岸费，而议再哗；严禁数千粮艘之夹私，与漕运长芦为难，而议三哗；改淮北数百年扛坝之道，及四十余州、县之官费而议四哗。每一哗，则公持之愈力，上任之愈专。凡所奏请，朝上夕可。及入觐面陈得失，昼日三接，都俞密勿无间。且举数十载未尝有之旷典，亲御宸翰，一再宠赉，以示一德之咸，以嘿言者之气，且以厉介确不拔之操，垂训臣工，谊并《典》、《诰》。视宋仁宗御书飞白，仅赐侍从文学之臣，光荣翰墨者，既相去辽绝，而公之所以获上，与上之所以知公，勿贰勿疑，视韩、富、范、杜之在庆历中，亦不可同年而语，则徂徕圣主贤臣之颂，作于今日，庶乎称之也。

《大雅》吉甫美中兴之佐，不茹不吐，不畏不侮，而卒之曰"仲山甫永怀"，以慰其心。齐太师作君臣相说之乐，曰"徵招角招，畜君何尤"。盖诗乐之作，所以宣上德而达下情，导其郁懑，作其忠孝，恒与政治相表里，故播之乡党邦国，感人心而天下和平。今公之承上赐，不以夸荣而以感惕，故源之编次是集也，亦不徒取善颂祷而已。见有远近，言有文质，比物连类，指归乎忠爱，言之不足，故长言之，永叹之。其亦有往复低徊于君臣遇合之际，而洒然动、慨然兴者夫！

据《古微堂文稿》

御书印心石屋颂
（1837 年）

　　资水发源都梁，委于洞庭。源家资、邵二水之会，是为上游，距安化不百里。方舟朝发，夕宿石门潭，即宫保少时读书之所。道光十六载，宸翰遥赉，川媚山辉，凡家斯水者，与有景光，瞻斯庥者，可无歌咏！谨集"三百"，献颂六章。盖《下里》之词，不可以颂天章，故取资于《雅》、《诰》云尔。其颂曰：

　　赫赫明明，受天之祜。公侯干城，文武吉甫。万邦之屏，自天子所。维昔之故，于时庐旅。我陵我阿，率西水浒。经营四方，王事靡盬。岂不怀归，不遑启处。

　　右第一章述石屋旧居也。

　　帝省其山，帝度其心；诞先登于岸，有壬有林。此维与宅，居河之麋；夹其皇涧，君子所依。有扁斯石，在河之洲；为章于天，对扬王休。自天申之，中心贶之；虎拜稽首，受言藏之。

　　右第二章颂御书也。

　　乃陟南冈，相其阴阳。取厉取锻，追琢其章。倬彼云汉，为龙为光。如琢如磨，在南山之阳。何天之龙，穆穆皇皇。

　　右第三章颂摩崖也。

　　徂彼北山，亟其乘屋。经之营之，高岸维谷。如翚斯飞，君子攸跻。十月之交，言告言归。方叔莅止，吉甫燕喜。维桑与梓，景行行止。以御于家邦，既受帝祉。

　　右第四章颂重建石屋也。

　　天作高山，维岳降神。媚兹一人，有怀二人。孝思维则，世德作求。尚有典型，似先公酋。维其有之，是以似之。不震不动，邦家之基。我心匪石，日监在兹。

右第五章颂先德也。

滔滔江汉，朝宗于海。四方之纲，南国之纪。文武是宪，令闻不已。如冈如陵，在水中坻。嗟嗟臣工，百辟卿士。对越在天，莫远具迩。相在尔室，瞻言百里。

右第六章颂御书垂训也。

据《御书印心石屋诗文荟》卷三

致宫保老伯大人书
（1838 年）

佴魏源顿首，谨致宫保老伯大人阁下：

敬维起居安善为颂。本月在海州奉到钧示及罗玉田信，万万梦想不到；至文富信中言及云云，犹梦想所不到。此等儿戏之事，市井小人且知不为。况佴之于（有缺页）览，系佴托看务顶山之地，而玉田谓其无穴，且赍不办，与石塘冲全无交涉，老伯览之积然。此系遂良到家以后之事，果佴命其归图石塘冲，何以玉田信中一字不提？佴之不要此地，天日可质。佴所接玉田两次手札，均面呈钧览，何有丝毫疑义，此情理所无者二也。邓湘皋回楚时，佴付以三札，一寄玉田，一寄湖南舍弟，俱言此地让与宫保，甚为好事，并无只字他议。此时湘皋行至何处，乞寄札湘皋，将佴所交渠三信一并取回呈阅，自可冰消冻积，此情理所无者三也。佴先父之地已定于苏州光福，曾经面禀，今冬决计安葬，断不更图，此岂可掩耳盗铃之事。至玉田素有痰气，其所心得之地让与宫保，亦欲一遇知音。去冬来信，屡以人言浮议，谓其形穴不真，深致不服，恐有明珠按剑之惧，则数载心血付之东流。此等书生呆气，大人岂不能容。此次来信，再三阅之，或别有情节激而出此。如谓其地身份何如，则佴未履其形穴，实不敢知。至于恕其呆愚愤激之情，容佴一询，与之往复，渠必感盛德之包容，知疑愤之皆左也。今附呈玉田、湘皋二信，祈便邮寄为祷。石塘前信业已告知停止前议，且石塘不日赴谒金陵，亦可面谕之也。卷契各项，佴断不敢收。俟得玉田回信，再行办理，当亦不迟。

谨此禀复，敬请钧安不庄。愚佴魏源顿首 闰四月初三日。

湖南省博物馆藏

致贺熙龄书
（1838 年）

　　柘农先生左右：违教十载，鄙吝日积。每逢湘中故人，侧闻名山讲席，人材兴起，养苍生之望，储霖雨之本，引领故乡，神驰天末。源自遭大故，全家廿余口，流落无归，因而营葬江南，又无山可买。经营跋涉，于今八载，始于阳羡、邓尉诸处，择有数基。今秋如可成功，即当遣返家乡，为先祖考妣改卜之计。彼时旌从，未审尚在长沙可图一晤否？

　　承别纸俯询淮北票盐情形，此事试行一二载之初，原有倍利。其时源以不谙事之书生，又无将伯之助，且游山相地之日分身，大半未能亲手经理，以致连年负累，几于身家荡尽。两岁以来，始觅一心计之友湖北徐君与之合办，一切交其握算。而源以身往来其间，始有把握。故卜地既成，而宿负亦偿，非真有鸱夷之术，累致千金，亦有亭林之材，囊贮余智也。今春买盐贩多号少，不过三折，受累者居其大半。即使买一号得一号全无折扣而捆运到坝，亦不过三分利息，迥非试行初年之比，况买不足数乎。

　　家乡粮食各项贸易，三分利息者甚多，何必涉险数千里以图此不可必之事。若源则流落江、淮，无可谋生，不得已就近经营，以为免死之计，非择其利厚而为之。

　　徐明府曾在都门晤面，其心地才具，诚如来谕，而福泽气象，尤为远到之器，源夙所倾仰。如使此间有可操券，岂不愿重话旧雨，以图左握右挈，彼此有助？但此事误虚名而受实害者累累有之，是以不敢奉劝。

　　至别纸所询各条，其情事年异月不同，原无一定局面，亦非笔墨所能尽，是以不复缕缕渎陈。总之，谋生一事，视乎人之运命，人弃我取，固不必舍近而求远，舍逸而就劳也。承执事十载旧知，千里下访，不敢不竭诚以对。

藕庚先生久未修候，容今秋南返，当就近通书。又旧东杨果勇驻节辰州，约往一晤，或乘兴为黔中之行，亦未可定。先此布复，即请迩安。不宣。

六月五日魏源叩首

令昆仲诸先生及徐明府均此道候。

据湖南省博物馆藏原件

南村耦耕图记
（1838 年）

　　有士士者，有农士者，有商士者。其静渊渟，其动云征，得时则驾，不得则蓬累而行，泛兮大化之无情，此士士者也，吾不得而见之矣。侃涧其躬，岳砢其容，与世不逢，独宜固穷，谓轩冕者劳而桔橰者充，此农士者也，求之于世，或遇或不遇焉。若夫攫拿夥颐，行尽如驰，在坑满坑，自邻无讥，岂朴散既久，士皆哗而不能静欤？抑非其人不能遇其伦，固有志托丘麻，心耻未耜，而未能自决者欤？

　　夫劳人相竞以知能，野人相忘以天事。独怪予之浮沉于二者之间，而一无所以自处也。以视两邓子不散其朴，奋然于战胜臞肥之间，以辨其志而定其性，此岂易测识者哉！

　　虽然，性刚才拙，与物多忤，自量撄患，亟勉辞世，此渊明之所自命，乃宋苏子暮年而多托之。岂士之所存，固有泓其中不胶于迹，而未可一概论者欤？邓子归，其询诸仲氏，更有得焉，速以语余，当荷锸而相从于寂寞之滨也。

淮南盐法轻本敌私议自序
（1838 年）

从来盐法有缉场私之法，无缉邻私之法。邻法惟有减价敌之而已，减价之要，先减轻其成本而已。

议者动曰："减之又减，安能敌无课之私？"此混邻私于场私，不知场私无课而邻私有课也。议者又曰："淮盐引地受浙、潞、川、粤四面之侵灌，其课皆不及淮南四分之一，减之又减，安能敌轻课之私？"此又不知私盐课轻而费重，关津规例多于课本，故遇官盐减价之年，邻私立阻而不行，提价之年，邻私虽缉而无益，此已事之明效也。或又谓："道光十载以来，力裁浮费，纲课减存四两，加以场价、坝费、改捆费、岸费每引成本十二两，略符乾隆中阿文成公所奏成本之原数，安能再减？"不知乾隆中银价每两兑钱千文，今每两兑钱千七八百余文，是昔时十二两未抵今日八两之价，讵徇名而昧实也？

天下无数百年不敝之法，亦无穷极不变之法，亦无不易简而能变通之法。求诸末者烦而难，反其本者顺而易。利出于三孔者民贫，利出于二孔者国贫，利出于一孔者国与民交利。必曰尽收中饱旁蠹之利权以归于上下，必轻成本以减岸价，减岸价以敌邻私，鹾务终无大廁之时，计臣终无报功之日。故推其本原，核其赢绌，切其事证，著为四议。事期可行，不取乎迂高；效责目前，毋征乎往古；用备秉钧当轴之君子采择焉。

淮北票盐记
（1838年）

国家海府之利，无大两淮。淮北者，淮南之一隅。两淮额行纲盐百六十余万引，而淮北仅三十万引，其产盐共二十三场，而淮北仅三场，然值旺产亦不下五六十万引。《史记·货殖传》：彭城以东，东海、吴、广陵有海盐之饶。东海即淮北，而广陵则淮南也。故淮南之利弊视淮北为盛衰；其敝也淮北最甚，其效也亦惟淮北为速。故道光十一年奏行票盐设局收税之法，必先试行于淮北焉。

票盐者，名见《明史·食货志》。嘉靖中于两浙官商不到之僻邑，立为山商。每百斤纳税银八分，给票行盐，而每年只收银二千余两，即今两浙、山东、四川票引兼行之法，亦即《文献通考》宋时河北卤地土盐每斤量税一钱之法，利皆甚微，羁縻而已；从未闻以数十万引之钱粮，一旦改商运归民贩，而倍销溢额，下令如流水之源如淮北今日者。不明纲盐之所以弊，则不知票盐之所以利，且不知票盐之易简久大可推行于天下。盖官盐之不能敌私，由于成本之过重。淮南成本重于科则、于根窝、于运费。淮北成本则莫重于运道之艰，而银价与岸费次之。所谓弊在运道者，淮南之盐由泰坝至仪征，一水直达。淮北盐河则以中运河为来源，春夏皆闭闸蓄水济漕，而一岁之盐取足于一秋，其阁占运本者一。始由场盐河二百六十里般永丰坝，渡黄河，至老坝，而船再易，牛车运至套河，船行里许，钩扛般过三坝入长河，船十五里抵淮所，而船复再易。又由淮河挈验毕，复钩扛般入剥船，至乌沙河巡检验票，或载入南河大船，运至清江浦，由三闸三坝过洪泽湖，或仍般堤过坝至武家墩，般过湖船。计自场至坝，自坝至所，由所入湖，共般五坝十扛，六易船，劳费之数几倍于盐本，其坐困运本者二。由场至坝，每单引四百二十斤，分贮四袋，过河至老坝，改捆成双并引大包，共八百四十斤。至淮所，复改捆成三并引大包，再加带残，共重千五百斤，又加包绳七十斤。耗撒偷漏，盐仅七折。由所运岸，又将六折。前此商力充，物价贱，船价皆实给，犹可沾利。近日商疲，专夹重斤，虚扣水脚，而扛工得以藉口矣！船户得以售私矣！岸伙得以隐藏矣！关津得以挟制矣！其自耗运本者三。前此，口岸售钱兑银以千易两，近日每两易钱千有六七百，利不敷本，于是搀沙泥，减斤两，愈不足以敌私，而反足增官费，其亏折本利者四。场盐山积，无商收买，不得不逗售于私。岸盐不至，民难淡食，亦不得不仰食于私。于是自正阳关以西，皆占于芦私，以东皆占于场私，北商十存一二，岁运仅数万引，其滞岸则皆弃店罢市，逃避一空，十年无课。地方官虑督销干议，则以缺盐上请。场官苦灶丁呼吁，则又以收盐上请。上官亦惟严檄督催，空文酬复。虽其间亦有筹运道，如乾隆五十一年改滁、庐八岸归江运者，而扛坝之道如故，久则江运之困与湖运等，亦屡议调济，如运库发银，借商收盐，而南商摊征归款者，实则彼此瓜分，欠项至数百万，近则南商之困与北商等。至若仿汉岸之例，设总埠于正阳，革扛坝之弊，移运道于他所，亦屡经筹议，辄以私枭捆工挟制恫喝，筑室道谋，迄无成议。

道光十年秋，天子念东南商民之困，思变通鹾法，与天下更始，特命江苏巡抚陶公澍总督两江，兼管两淮鹾政，会同钦差户部尚书王鼎、侍郎宝兴，议改课归场灶，或设局收税。旋以事体重大，先奏章程十六条，裁浮费二百六十余万，以苏淮南之困，并请俟别筹淮北，先铲除二坝以利运，复发银二十万两，官督商运，以济畅岸，而滞岸额课尚缺大半，乃议试行设局收税之法于淮北。先令两淮盐运使俞德渊会同前淮扬道邹锡醇筹办。十二年五月，陶公复亲赴海州周览场灶，博谘舆论，始定改道不改捆、归局不归商之议，遂奏章程十二条，将淮北纲盐所行四十一州县内，除江运八州县、畅岸十一州县并错壤淮南之天长一县仍留商运外，先将湖运滞岸如安徽之凤阳、怀远、凤台、灵璧、阜阳、颍上、亳州、太和、蒙城、英山、泗州、盱眙、五河，河南之汝阳、正阳、上蔡、新蔡、西平、遂平、息县、确山，又江苏食盐近岸之山阳、清河、桃源、邳州、宿迁、睢宁、赣榆、沭阳、海州、安东共三十一州县，先试行改票，招徕民贩，设局收税，得旨允行。

是时群议朋兴，或谓成法一更将不可复，或谓巨万税课责诸何人，或谓捆工千百失业必嚣，或谓引枭入场沿途必劫。陶公先委员领运，官为倡导，于是人有所恃，远近辐辏，至坝则利倍，至关则利倍，至岸则利又倍。盐船衔尾，蒲包踊贵，不四月请运三十余万引，场盐垛积一空。是岁海州大灾，饥民转移佣值，全活无算。而口岸盐净价贱，其贩芦私者皆转而贩票盐。凤、颍、亳、寿斗夺之案，十省八九，利国利民，利商利灶，为数百年所未有。

次年复奏请推广于安徽之寿州、定远、六安、霍山、霍丘，河南之信阳、罗山、光州、光山、固始、商城十一畅岸尽改票盐，商贩日倍，而场产适缺，多有私自加价，预买明岁之盐，场商贪收其值以修废产而广新池，于是板浦场、中正场各增池五百余面，合之三场修复之池，共四千六百余面。然预售过多，新池未就，盐不偿贩，则逋负者有之，其板浦场外四疃客池，灶价数倍，场商得不偿本，则逋负者亦有之。海州分司童濂严禁私买，截止钱粮，而三场争纳者已五六十万余引，其岁实运出场者四十万引。次年除补旧欠外，一切归局派买，先课后盐，不得私相预售，而淮北之事始定。

十七年开局收税，童濂以税多争先为虞，及挈签挂号，复有无资空号之弊，乃于十八年定验资之法：各贩先将盐价钱粮成本若干引呈验，尽存分司库，倘资浮于盐，银则发还，盐则均摊折扣，每年四十六万引一齐开局；请托争竞，截然不行，而淮北之事大定。盖利之所在，弊即因之，设法除弊，而弊即生于法，不得不复设一法以救之。事既创始，无辙可循，是以数载中随时更革，因病得方，遇弊即除，要归于宜民而尽利，盖图始之艰如此。

其章程大略：初年减课，每引钱粮经费仅征一两二钱，盐价六钱。次年奏复钱粮旧制，并经费共征银一两四钱，其后酌加杂课二钱、盐价驳费三钱。此科则之由轻而渐重也。板浦场设太平、西临二局，临兴场设临浦、青口二局，中正场设花垛、蒿子头二局，择地设员以司称挈。其票三联，一由场大使截缴运司，一存分司，一给民贩；其税始交局商，继交场官，最后总归分司，一手收解，以专责成。此章程之由散而归总也。其船盐出场稽察之地，运河则卡于大伊山，由运入黄则卡于王营、西坝，由黄入湖则卡于顺清河，委员抽验，四百斤一引，十引一票，加钤截角，逾期不缴，作为废纸，以杜回票重捆之弊。其始蔷薇河之房山、沭河之吴家集皆许起驳，继则尽停陆运，并归盐河一路，以杜影射，并增卡于安东之佃湖、新安镇之五丈河，以稽渔船、柴船之私，裁近场食盐小票，核青口渔船腌切，丈量新池，铲除溢额，以稽近场偷漏之私，此防弊之自宽而渐密也。盐船出场出卡以后，所过关津止验票，不查盐，尽革州县岸规。其本岸滞销者，许运他岸，惟不得越出行票四十二州县之外。他若船户之偷搀、匪徒之剽劫、胥役之勒索、牙侩之把持，随觉随治，令行禁止，千里肃然。此数者皆票盐纲领，而尤莫要于改道不改捆之一事。盖纲盐之事，委曲繁重，原以杜弊，其后则足困官引而便私盐，故淮北课则旧额未尝不轻，而运至口岸，每单引成本十有余两，价不偿本，故官不敌私。今票盐不由扛坝淮所旧道，改从王营减坝渡河入湖，且每包百斤，出场更不改捆，直抵口岸，除盐价钱粮外，加运费一两，而至坝再加河、湖船价一两，而至岸成本不过五两有奇，减于纲盐大半，故辗转稗贩皆可减价而敌私，其江运数万引亦仿此一律出场，且向日捆工转移，执事从无失所之人。其后有议于闭闸后复开陆运者，有议移监掣同知于西坝者，大府鉴纲盐旧弊，力持中止。故窃谓鹾务之兴废，将必以此为枢要焉。

票盐以轻课敌私，以畅销溢额，故能以一纲行两纲之盐，即以一纲收两倍之课。每年除奏销外，尚有溢课三十余万协济淮南，兼疏场河，捐义仓、书院，百废具举，为淮北之极盛。及二十一年海夷寇浙，军饷旁午，当事辄再加代认淮南悬课三十万两、报效军需三十万两于一岁，一隅顿增六十万两，合之票额，溢至九十余万，竟以一年收四纲之课，较淮南、江、广纲盐课额更重。二十二年遂将代认悬课增为定额，仅令纳课，不准运盐，以淮南病淮北，几至两败俱伤。夫割蜜病蜂，竭泽病鱼，不知纲盐之所以弊，则不知票盐之所以行，不知票盐将来之所以常保，故窃谓票盐之兴废，与纲盐改票之法戒，又必以轻本不轻本为其枢要焉。《系辞》曰："易则易知，简则易从，易知则可久，易从则可大。"又曰："德行恒易以知险，德行恒简以知阻。"故政不易简者不可以宜民，非深知险阻者亦不能以易简。两淮者，天下盐法之表率；淮北者又淮南之先机者。淮北敝则淮南无可取法，而将来变通宜民之论不可复行。吾是以反复于纲票始终得失之故、易简险阻之理，益慨然于人存政举之不可易焉！

据同治七年《淮北票盐志略》十五卷本

淮北票盐志叙 代
（1838 年）

天下无兴利之法，除其弊则利自兴矣；醝政无缉私之法，化私为官则官自邕矣。欲敌私必先减价，减价必先轻本，轻本必先除弊。弊乎利乎，相倚伏乎？私乎官乎，如转圜乎？弊之难去，其难在仰食于弊之人乎？

淮北票盐创行数载，始而化洪湖以东之场私，继而化正关以西之芦私。且奏销数百万外，其余额犹足以融淮南悬引之不足。夫票盐售价，不及纲盐之半，而纲商岸悬课绌，票商云趋鹜赴者，何哉？纲利尽分于中饱蠹弊之人，坝工、捆夫去其二，湖枭、岸私去其二，场、岸官费去其二，厮伙、浮冒去其二，计利之入商者，什不能一。票盐特尽革中饱蠹弊之利，以归于纳课请运之商，故价减其半而利尚权其赢也。且向日仰食于弊之人，即今日仰食于利之人，昔之利私而今之利公，何谓淮北可行而异地不可行？

疑者或曰：减之又减，安能敌无课之私？不知场私无课而邻私有课。有课之私，减价敌之而有余；无课之私，岂尽价收之而不足乎？或又谓旧票充新，难免再运之虞。无论卡局截角重重稽察，且票可冒，课不可冒。苟票可转运，则请票十余万引外，即应无复请票之人，何以每年数十万引，从无票少于额、盐浮于课之事乎？或又谓湖私改贩，难革鸮音，北盐灌邻，保无藩决。然则枭化为良者，必不许其为良；北受芦侵者，必永为其所侵也？又有谓收税章程，年更岁易，良由以有定之盐，应无定之贩，不如签商认岸，一劳永逸者。不知指商索费，则成本立增，争畅舍滞，则规避竞起。且票盐有百世不易者，改道归局是也。有必与时变易者，钱粮出纳，贩不足则以不足之证治之，贩有余则以有余之证治之。弊不同，防弊亦不同。

总之，弊必出于烦难，而防弊必出于简易；裕课必由于轻本，而绌课必由于重税。此则两淮所同，亦天下盐利所同，亦漕赋关榷一切度支之政所同。方今生齿日繁，生财日狭，司农常憬然盱衡山海，欲筹商课之有余，以裨农赋之不足。然则一隅之得失，固将为四方取则焉。

前于道光十七载，曾刊《票盐初志》，嗣因军饷奏销，斟酌损益，章程屡变，事则倍难于前，功则无改于昔。重加厘订，用垂法戒，以存创始守旧之规模，以明圣天子、贤牧伯制法宜民可久可大之精意。志淮北也，而不专志淮北也。

曾有《淮北票盐记》一篇，约二千言，最为明核。不料失稿于扬州，今欲补之，非得《淮北票盐志》不可，而亦无此心绪矣。自记。

淮北票盐志凡例
（1838 年）

一、《盐法志》各图，多灶煎捆运零散情形，不尽系于经制防维之大。今《票盐志》则以三场疆界及行盐缉私道路各图为重，而新建之税库、义仓、书院形制附焉。皆鹾政利弊所关，非陈椿熬波之比。凡为图十有一。

一、票盐改法，上奉宸断，始则星使会筹两淮归场之议，继则制府先请淮北试行之举。其间指画机宜，招徕商贩，外靖阻挠，内筹通变，惩劝兼施，朝奏夕可，皆由一心一德之咸，用成可大可久之效，谨缉《章奏》二卷。

一、票盐即刘晏收税之法，其要在于以民贩之易简，变纲商之繁重。然繁重而弊愈滋甚，易简而弊无从生，是易简之中严密存焉。故税课征收，始由局商局员，继归场官，又继总归分司，此法之由宽而渐严也。买盐交易，始听池丁自售，继而归局派引，又继而验资派号，此法之由简而趋密也。今缉《章程》二卷，一为招徕之始事，一为归局之近事，而青口一隅附焉。

一、淮北疲累，莫如运道。以一岁之盐取足于秋单，而又三改其包，六易其舟，由河而运、而所、而湖，凡经五坝十扛，每包百斤者改捆至千二百斤，号为三并引，而重斤夹私不与焉。劳费之数，几倍于盐本。前此屡议改革，皆以夫役失业为挟制。宫保制府决计改道，由王营减坝渡河，至束清坝入湖，皆百斤出场，更不改捆，径赴口岸，一革百年之积弊。至十六年，又停止陆运，以防透私。其蔷薇河盐船，亦并归大伊山行走，尤为扼要机宜。今编次为二卷，而以纲盐引数程途附缀于后。

一、票盐化私为官，而无课之私，防缉终不可废。故大伊山、西坝、顺清河，稽查引票，层层截角，所以防夹斤漏课之私也。蔷薇河、吴家集及诸营汛，星罗棋布，所以防场灶无课之私也。编《卡巡事宜》一卷。

一、淮北引积课悬，历年奏销皆藉南纲为挹注。今改法以来，六次奏销二百余万，除带完残引外，且以代融南纲二十万引，为从来所未有。编《奏销引课》一卷，而以新建税库之公牍附于后。

一、北盐壅滞，商逃灶困，场池荒废大半。票盐畅行，积廪一空，贩多盐少，于是争铺池面。计太平、中富二局，新铺之池几倍于旧池。盐多既易透私，产溢且防隐课。于是饬员清丈，按池派引，惟临兴带完中正废引，青口又自为一局，派额较多。其板浦、中正各池，派额画一。编《场池引额》一卷。

一、兴利由于除弊，必知弊之所由，而后知利之所在。北纲积弊之由，一由淮所运本太重，一由口岸钱价太昂，官费太多，以致场私芦私，充斥滞销。知纲盐之弊，而后知票盐之所以利。编《北纲旧牍》一卷，而以江运八岸仍留商运者附其后。

一、古之盐仓以贮盐，非以贮谷备荒。两淮之盐义仓，始于雍正五年。而淮北之义仓凡二，久缺不修，一在海州城内，借贮常平之谷，一在板浦场，亦颓垣仅存。自票引大畅，捐资重建。又三场旧有天池书院，嘉庆中易名郁洲，移于板浦，久为临兴大使借居，今亦择地重新，改名东海书院。此皆王泽之覃敷，富教之新政也。今合编为一卷。今刊本亦窜易非旧，今别存之。

据《古微堂文稿》

太子太保两江总督陶文毅公行状
（1839 年）

　　曾祖崇雅，曾祖妣彭氏。祖孝信，祖妣李氏。考必铨，廪膳生，以名德入祀乡贤祠。妣黄氏，继母张氏。三代皆诰赠荣禄大夫、兵部尚书兼都察院右都御史、江南江西总督。妣皆诰赠一品夫人。

　　公讳澍，字子霖，号云汀，湖南长沙府安化县人。系出晋大司马桓公侃。侃就封长沙，子孙散处吴、楚。后唐同光元年，有讳昇者，由吉州迁安化，支族蕃衍。十五传至公之考乡贤公，生子二，公其长也。少从乡贤公读书资江滨之水月庵。庵俯石门潭，两崖壁立，有方石峙出江心，公所署"印心石屋"也。公少颖异，浩歌山水间，下笔惊人，乡贤公以此忘其贫。乾隆五十五年丁黄太夫人忧。六十年补邑诸生。嘉庆五年中乡试。七年成进士，改翰林院庶吉士。十年散馆授编修，寻闻乡贤公讣归里。服阕入都。十五年充四川乡试副考官。十九年改江南道监察御史，充会试同考官，巡视十城。二十年转掌陕西道，擢户科给事中，巡视淮安漕务。二十一年充顺天乡试内监试官，授吏科掌印给事中。二十二年充会试内监试官。二十三年巡视东城。二十四年授四川川东兵备道。

　　公少负经世志，尤邃史志、舆地之学。所至山川，必登览形势，访察利病。典试四川，著《蜀輶日记》，西南要害，如指诸掌。及为言官，劾部员恋栈忘亲，及吏部重签，河工冒滥，外省吏治积弊，又条陈三急五宜以靖匪徒，屡称旨。巡视中城，半载断八百余案。及巡淮安漕务，尽革陋规。奏筹京口运河。其冬漕艘阻冰高邮，祷于露筋祠，一夕冻解，奏膺封祀，人尤神之。兵备川东，相传道署不利于官，前后无人居者，公独居之无恙，传讹遂息。兵备驻扎重庆，扼大江之冲，估舶鳞集，私枭出没，犷悍繁剧，号称难治。公日坐堂皇视事，有诉立讯，剖决如流，数月滞讼一空。又禁胥役之扰累，饬行旅之宵柝。巴、达各县赈饥，聚众难散，公令先给半月粮，散遣立尽。私盐横行，沿江千百成群。当事议令营汛开铳击遏。公谓是必激变，请减价敌私，计减四分之一，居民尽食官盐，私贩遂绝，数郡安堵，而商销亦倍额，未期年，政声大著。

二十五年，今上登极，四川总督蒋公攸铦奉召入京，奏公治行为四川第一，堪胜大任。是冬即擢山西按察使。阖郡士民攀辕祖钱，夹江两岸十余里不绝。至京，召见三次，钦交三案，令赴任审办，是为公受上知大用之始。道光元年三月至任，兼署布政使。每有京控，多直交臬司，不由巡抚，前此未有也。九月调福建按察使，至京，擢安徽布政使。安徽钱粮亏空辇辖，凡历五次清查，皆不实不尽。前任巡抚李公鸿宾复奏明设局清查。公治丝理棼，钩稽一载，甫有端绪。而三年正月奉擢巡抚之命，督饬益力，分别应参应补应豁，于是三十年库款之纠结豁然一清，以为吏治绵惙。由于赔累牵掣，不克自拔，故清查后奏定章程十条，严交代，禁流摊，裁捐款，俾官得自立，专力治民，而吏治日起。太平、宁国、旌德三县不通水道，漕米例由民折官办，乃奏仿江苏嘉定等县例，由司库领银采办，立限征还，以杜借垫之弊。是年江水大涨，濒江三十余州县堤圩皆破，田庐荡没。公乘舟遍勘，而以芜湖为总汇，羽檄交驰，寝食俱废。委员分赴上游买米十万石，劝捐数十万金，区处条画，纤悉周至，流移、老疾、孩稚皆有所养，殍殣者有所瘗，民不知灾。芜湖绅士建"旬宣康保"之坊。明年，宿州、怀远大蝗，公率属虔祷于省城刘猛将军庙。未几，宿州报青蛙无数，怀远报鸟鹊无数，一日食蝗殆尽。奏闻，特颁御书"神参秉畀"之额。公以水灾既退，水利宜兴，亲登涂山、八公山绝顶，以览全淮形势，兼勘寿州之芍陂、城西湖，怀远县之郭塘陂、荆山口，凤阳县之花源湖，凤台县之蕉冈湖，以及濒江各圩、垸、堤、坝，次第筹浚。又以备荒宜豫，而社仓春借秋还，积弊已久，惟有每乡、每村设仓，于秋收后量力各捐，不经吏役，不减籴，不出易，不借贷，歉岁即全散之，乐岁再捐，以数岁救一岁之荒，名曰丰备仓，奏定章程十条行之。购缴凤、颍刀械，以靖斗杀之源；裁汰亳州里书，以杜催科之弊；旌表忠烈，上及元、明，以敦风俗；创修省志，以备文献掌故，尽心教养者如此。其后复于江苏仿捐丰备仓谷各数万石；严惩邳、徐、海属带刀之风；搜查粮艘水手枪械之禁；又阳湖、武进、上元等县以一次而题旌节孝三千余人，或五百余人，创建总坊，皆治皖之政所推广也。

五年夏，江苏河、淮交病，漕运中阻。协办大学士英公奏筹海运及折漕之策，迁延半载，终无成议。诏移公抚江苏，与两江总督琦公善会议。公奏言海运虽属创行，海船实所熟习，目前筹运急策，无逾于此。惟折漕变价数百万，势必银涌贵而谷陡贱，恐官民交困，来年当以河、海并运为宜，以苏、淞、常、镇、太仓之漕百六十万石归海运，其江、广之漕仍由河运。遂亲赴上海，筹商船，访道路，定价值。六年春，海舶云集，复亲往弹压，重申约束，号令严明，各州县之米，衔尾鱼贯，以次验兑，并檄崇明、狼山与山东登、莱诸镇总兵，会哨海口，以壮声威。初运百余万石，次运六十余万石，由吴淞口出崇明十滧，转成山，入直沽口，水程四千余里，皆旬月直抵天津，不损一船。上命重臣尚书穆公彰阿赴验，米色率莹洁，过河运数倍。海商运漕而北，载豆而南，两次得价，且由部发帑收买海船耗米十余万石。其出力之商，优给顶戴，皆踊跃过望。先后共用银百余万两，不请一帑，而漕项银米自解京应用，及调剂旗丁外，尚节省银米各十余万。其海关免税不过万余，视河运又省费过倍。奉旨以公亲驻督办，深协机宜，赏孔雀翎。盖国家承平二百载，自康熙开海禁以来，商舶往还关东、天津，习以为常。凡驾驶之技，趋向之方，靡不渐推渐准，愈久愈精。而春夏东南风顺，于漕运北上尤利，且无闸河冗费、仓胥勒索，故费半而功倍。明年，公复与总督蒋公陈海运章程八条，又议复尚书穆公海运事宜五条，欲以永苏三吴之漕困，会议中止而未竟也。

自道光三年以来，吴中连岁告潦，由太湖入海之路不畅。吴淞、黄浦、浏河，即《禹贡》三江遗迹。自黄浦夺溜，而吴淞中干日微，浏河则几全淤，是以水无所泄。当事屡议修浚，不果。其言治吴淞者，又专以建闸御潮为首务。公奏言治水宜扼其要，欲举全省之汹浦港汊一一排之浚之，不但无此工力，且太湖来源有限，一泄无余，亦非所以兼蓄泄、防旱涝之计。其弊一由民田争占，致隘江流；一由多开旁汊，致分正溜。至于吴淞建闸启闭，欲以抵御潮沙，不知长江大河，天所以吞吐阴阳之气，非如无源港汊，可扼其吭而节制之也。海潮既能挟沙而来，即能刷沙而去。黄浦从来无闸，而海潮鼓荡，江面阔深。今日治水以吴淞为最要，治吴淞以通海口为最要，请以海运节省漕项二十余万两兴工，得旨允行。于是相度地势，径其纤曲。八年三月竣工，海潮直过昆山而西，水深二丈以外，其拦潮大坝内外，刮刷淤泥立尽。公赋《放水》长歌，吴中绅士和者数百。公复请借带征缓漕十余万石，变价为浚浏河之用。部议未允。及迁总督，复与巡抚林公则徐奏言浏河与吴淞分流，东达太仓，为元时海运出口之路。其分支为白茆，受常州诸水，由常熟、昭文入海，近皆淤塞不通，关数州县田赋之命。惟二河尾闾皆有拦沙高仰，内水低平，与吴淞地势悬殊，若开通海口，则潮沙必致倒灌。本朝大浚几次，皆旋即淤塞。莫若挑成清水长河，工省而利久。其海口各建石坝，多置涵洞，平时筑闭以御浑潮，潦时放水归海。共估浏河工十六万余两，借帑摊征，白茆工十一万两，官民捐办。十四年五月工竣，公与林公分路验收，父老夹岸欢迎，咸言百余年来所未有。论者谓：吴中近年水潦频告，幸免沉灾者，皆吴淞宣泄之力。及是年太湖蛟水陡涨，急檄太仓、镇洋，尽启浏河、白茆海口各坝，不三日，水消数尺，岁仍丰收。盖自前明夏忠靖、周文襄、海忠介后，修举水利之效，未有如公者。

吴中运道，莫要于徒阳运河，而练湖为其上游，孟渎则其旁支。公自巡漕时即已条奏利害。及抚江苏，益事讲求，于六年大挑时，首将猪婆滩之古浅展宽浚深，以除漕艘咽喉之梗。惟运河全藉江潮灌注，而地势陡溜，水去沙留，冬月潮枯，运艘尤滞。练湖上起丹徒，下抵丹阳，周围百余里，古称放湖水一寸，即为运河一尺。近年上练湖已改田升科，仅存下练湖四十里，浅涸不复济运。公勘知练湖居高临下，止须堰蓄，无烦疏浚，遇冬月需水时，坚闭运河下游吕城各闸，使水无所泄，则但决湖水，亦足以助潮灌运。惟两湖地势相平，下湖蓄至七八尺，则上湖田亦淹至二三尺，故上湖居民遇春夏水涨，辄决闸放水，不待秋冬而已涸。于是筹款二万金，先复黄金一闸，为练湖关键，并改建丹阳运河之黄泥闸，以蓄全湖之水，而运河之上游治矣。其常州孟渎河，旱则引江潮以灌田，潦则宣泄入江，每遇运河冬月筑坝挑浚时，尤为商船出入要路，与附近之德胜、澡港二河均久淤废。公前请缓漕余米十余万石，截留变价为浏河、孟渎工程。至是先挑孟渎，而雨雪不时，淤沙屡积，迨十三年冬始竣，而运河之下游亦治矣！明代漕艘由孟渎河逆江而上，以至瓜洲，原不专出京口，而丹徒之横闸、越闸皆可出江，较孟河近十之八。议者止以焦山下石礁为疑，不知两岸皆有纤道。惟象山岩脚里许风顺，一帆可过。八年冬，粮艘空回京口，潮枯难济。公先令江船引导，饬松江帮数十艘，沿京口南岸入闸，复饬浙江帮千余艘，由北岸对渡入闸，连樯安渡，扫数归次，遂开运河之捷径。十年秋，捕获户部假照要犯任开宇、刘东升解京，诏加太子少保衔，寻署理两江总督。是年十月实授。

公之受总督事也，值私枭黄玉林伏法。前督臣大学士蒋公及盐政运司皆获谴。天子廑念淮鹾，钦差户部尚书王公鼎、侍郎宝公兴赴两淮会筹改法，为课归场灶之计。公奏言两淮岁征正杂课及帑利银共四百余万两，繁重甲天下，近年以来，侵亏那垫，积久如山，势已穷而无所复之。今议者言改法有三：一灶丁起科，一垣商纳课，一场官收税，皆有散而难稽之势。且试行之初，清灶、招商、改官、变法，非一二年规模不能粗定，额课民食岂能悬待？国家盐法，本来美备，止因事久弊生，有名无实，非法病人，人自废法。今惟有申明旧章，大加厘剔，则除弊即所以兴利。因奏章程十有五条，而钦差复密请裁盐政，归总督管理，以一事权。公于是专心一力，厘除积弊，其大端著有成效者四：

一曰裁浮费以轻成本。两淮盐务，自正课外，有扬商之公费、岸商之匦费。公费旧定七十万两外，总商复浮用数十万两；匦费则湖广汉岸每引征至一两二钱，亦百余万两，二项已与正额相垺。又有根窝，每引价银一两，按全引亦须百余万两，其利皆不归于纳课行盐之商，故成本日重。公奏请裁定公费、匦费，每引止征四钱。扬州每年开支三十万，湖广、江西亦委员查汰，革去总埠，共裁公费、岸费百有十余万两，而窝价每引给一钱二分，亦省费百四十余万两。嗣因湖广支用浮滥，奏请提质，而公复裁盐政衙门陋规十六万余两，并缴还盐政养廉银五千两，端本澄源，浮冒胥绝。

二曰慎出纳以重库款。盐课入库，从前不分正杂，遇有紧解，百计那应，始则以帑本抵额课，迨帑本罄，则令商豫纳减纳，而以豫给印本抵课，迨商垫复穷，则又令其以印本帖息质贷，而以减帖额数，摊于后数纲，辗转葛藤，莫可究诘。又有总商管库，不行盐而专领费，甚至报效皆出库垫，冒支从不报销。公奏分二库，以正项贮内库，专候部拨，以杂项贮外库，不许以正项那垫。革去总商管库，以杜侵渔，永禁印本减帖，以截虚抵，俾勿贻后患。

三曰严粮私船私以清纲销。向日粮艘回空，夹带芦私，每占正纲三月额销。公分派弁兵，力行稽查，自入境渡黄、渡淮、过关，层层搜查，令行禁止。十三年，漕督奏请漕舟许带芦盐，仍完淮课，以剂穷丁，御史亦以为言。公三奏驳之，谓不但病鹾，亦且滞漕，坚持定议，芦私遂绝。至仪征江船，装载商盐，重斤夹带，虚报淹消，借官行私，尤为腹心之患。公令计船装盐，不留空舱，实发水脚，毋许克扣，严查水程，销数有准，而江船之私亦绝。又力主散轮随到随售，而久滞报淹之弊亦少。

四曰革五坝十杠以省淮北。北盐十载无课，遍地皆私，店闭商逃，岸悬引绌，皆由运道迂而成本重。公始则试行官运，继则决计改票，遂创改道不改捆之计，定归局不归场之制，减税裁费，招商请票。不数月，商贩辐辏，场盐一空，数载以来，奏销数百万两，皆一年行两纲之盐，尽完从前之带残，且剂淮南之悬引，易简严密，化私为官，皆从来所未有也。公未受任以前，淮南以十载而行六纲，淮北以十载而行三纲，其每年奏销报解之银，一则全亏帑本七百余万，而以帑利贻患后来纳课之商；一则设立豫纳、减纳、帖息名色，寅支卯粮，以数十年后之课，豫亏之于数十年之前，以致旧商累倒，新商裹足。及至道光八年十年间，则已无可那垫，无可借贷，遇报解则库如悬磬，遇开纲则止收空本。公承极弊之后，自道光十一年辛卯开纲，至戊戌卸任，两淮八载完正杂银二千六百四十余万两，而在岸缓纳之课，尚不在其内，从无铳纲借帑之事，库贮常实存三百余万两，几于年清年款。惟带销辛卯以前滞盐残引一百三十余万，又带征还未销印本积欠参价铳引残课三百数十万，皆以今日代偿前人之欠，共占一纲引课之正额，加以引地寥阔，邻私四侵，事权非尽两江所辖，而银价日昂，售课势难再贱，价不减则不能敌私，而缓纳之课与积压之引不能畅速提行，故商力不无前却。幸近年两湖总督林公则徐、周公天爵相继整饬，汉岸销数渐有起色，而公则已病矣！

公自任督抚以来，如漕务之创海运，三江三修水利，淮南之裁浮费、截粮私，淮北之裁坝杠、改票税，皆恒情所动色相戒，公奋不顾身，力排群议，卒能创始善终，可久可大，而海运、票盐尤百世之利，后之筹国者必将取法焉，皆由圣天子明目达聪，任贤无贰。每述职入觐，召见十余次，造膝密陈，言无不尽。十二年捕获枭匪巨案，奉朱谕："卿为干国良臣，即朕亦获知人善任之名。"十四年京察则有"办事实心，艖务亦有起色"之谕。十七年京察则有"任事勇敢"之谕。及本年二月告病，奉上谕："两江总督陶澍勇于任事，不避嫌怨。上年染患手足痿弛之证，叠经赏假，俾得安心调理，冀可速痊。本日复奏办公竭蹶，吁请开缺，察其情词恳切，朕亦只得勉从所请，准其开缺调理。一俟痊愈，即行来京，以慰廑念。"六月病革，遗折奏上，复奉旨赏加太子太保，入祀贤良祠，予谥文毅。子桄赏给主事，俟年及岁时，入京引见，并饬灵柩回籍时，沿途地方官照料，以示优恤荩臣至意。呜呼！上之所以任公，一德一心，始终无二。天下后世三复于蹇蹇匪躬之际，益以思明良遇合之难，其将有洒然而流涕者矣！

公所辖三省河漕、兵农、吏治、水利、海塘，繁剧甲天下，又兼管盐政，案牍如山，数载以来，心血耗罄。曾于十五年入觐，面奏以盐务已有起色，总督事务殷繁，恳请复设盐政，以专责成。奉上谕："连日召对陶澍，见其精神才具结实周到，正当乘此盐务日有起色之时，实力整顿，悉心经理，无负委任，方不愧为国宣力之大臣，毋庸复设盐政。"公自是不敢渎陈，执掌尽瘁，日不暇给，气血日匮，积劳成病，每遇夏秋，足疾辄发。十七年十一月，公六旬生日，御书"绥疆锡祜"之额，御书"福寿"字并寿品十六种以赐。十八年四月，左手右足忽中风痹，神明未衰而起居不便，请旨赏假两月，其日行事件，交藩司代拆代行。期满，复赴清江防汛，力疾视事。至冬，复请假两月，终未全愈。本年二月，遂请开缺调理。奉朱谕："卿之体质，本非不足，缘费心太甚，气血保无消耗。然参苓可用，热燥之药，必不相宜，宜慎之。惟望卿不日全愈，来京面晤，以副眷注委任之衷情也。卿其善体之。"公感激天恩，日思病起入觐，而喀血间作，多汗不寐，精神益顿，至六月初二遂不起矣。痛哉！讣音所至，寮吏军民莫不陨涕，两淮鹾商感公德惠，醵金赙奠。德配黄夫人述公生平之言，毅然却之。呜呼！公之清节孚于家人，见于身后，非苟然也。

公虬髯山立，尊严若神，饮酒数斗不乱，洪音瑰辩，上下古今，往复曲折，无不达之意。接见寮属，自辰至午，指麾区处，不遗巨细。遇事奋发，义形于色，而胸怀洞无城府，待人表里如一。初督两江，时值水灾，奏请河南藩司林公调江宁办赈。及林公由东河帅移抚江苏，与公益志同道合，相得无间。而河事则与先后河帅张公井、麟公庆和衷共济，皆前此所罕有。道光十二年，宝应朱尚书士彦奏安东改河之策，诏公会同河帅张公勘议。前此张公亦力主改河。及是，公谓不可行，虚衷商议，二公亦释然无忤。用人必尽其所长，凡拔举至方面节钺者，皆有名于时。服官数十年，起居如寒素。公余手不释卷，奏议下笔千言，无能代具草者。诗宗杜、韩，尤工长句。书法李北海，尝书余忠宣公墓碑，勒石大观亭，于洪泽湖、老子山、海州云台山搜幽穷胜，磨厓题名殆遍。爱才好士，讲论文艺无倦。建惜阴书舍于江宁，专以经史古文课士。建震川书院于嘉定，并求归太仆后人为奉祀生，建敦善书院于海州以造士。访求湘潭陈恪勤公后裔，为置祭田。其他如巡城时则倡建悦生堂，以赡京师穷民；回籍时则捐渔税，议禁罟簖，以利资江之行旅，无时不以济人利物为志。孝友纯笃，自乡贤公弃养，每念先泽，辄哽咽涕零，特建乡贤专祠，复推先志，倡修宗祠，捐义学田、考试田、书院膏火田。又建藏书阁以津逮穷乡之士。乙未冬入觐，请假修墓，上垂询里居山水，御书"印心石屋"四大字，俾归磨厓，以宠其行，尤为未有旷典。

弟潜，诸生，早世，抚从子亲贤如己子。公生于乾隆四十三年十一月三十日，享年六十有二。配黄夫人，侧室贺、张、刘、卢、杨、张。子八：春福、曼珠、普陀保、葆贤，贺孺人出；育麟，刘孺人出；恩寿、佑元，卢孺人出，均殇；桃，张孺人出，赐主事。孙文熊，葆贤嗣子。曾孙应峤。女七，湘潭周诒朴、安化王育燿、长沙彭申甫、善化贺戳、益阳胡林翼、衡山聂有湖、善化陈庚泽，其婿也。

公所著，有《印心石屋诗文集》五十六卷，《奏议》七十六卷，《蜀辀日记》四卷，《陶桓公年谱》四卷，《陶渊明集辑注》十卷，《靖节年谱考异》二卷，《陶氏世谱》若干卷。又校刊《资江耆旧集》六十卷。

公事业恢闳，巨细万端。遗孤幼稚，未克撰次。源自弱冠入京师，及来江左，受公知数十载，曾命编次奏稿，并托以后身志状，言犹在耳，后死之责，其曷敢辞！爰代述行事，备史馆采择。

通家子内阁中书舍人邵阳魏源谨状。

据《陶文毅公全集》卷末

太子太保两江总督祀贤良祠陶文毅公墓志铭（1839 年）

　　道光十有九年夏六月，□□朔，哉生明，太子少保两江总督陶公薨于位，敕加太子太保，祀京师贤良祠，予谥文毅。公之孤桄，方八岁，奉公遗梓归葬湖南。源辱公知，既代状公行事，上之史馆，明年冬葬有日，桄幼，未能乞铭于巨公，乃寄铭其幽。

　　维公系出晋大司马长沙桓公。唐同光中，讳昇者始家安化。十三传至公曾祖崇雅，崇雅生孝信，孝信生必铨，是为公考乡贤公，三代皆赠如公官。曾祖妣彭，祖妣李，妣黄，皆赠一品太夫人。乡贤公子二，公其长也。嘉庆五年，举乡试。七年，成进士，改翰林院庶吉士。十年，散馆授编修。寻丁父忧，服阕补官。十五年，充四川乡试副考官。十九年，改江西道监察御史，巡视中城。二十年，授户科给事中，巡视南漕。二十一年，转吏科掌印给事中。二十四年，授四川川东兵备道。二十五年，今上登极，擢山西按察使。道光元年，兼署布政使，九月，移福建，至京，旋擢安徽布政使。三年正月，擢巡抚。五年夏，移抚江苏。十年秋，加太子少保，署两江总督，十月，实授总督。十一年春，兼管两淮盐政。十九年二月，以病乞假，开缺调理。六月，薨于两江节署。

　　公为翰林能诗，为御史能言，及备兵川东，摘伏发奸，又为能吏。值今上新政，首受知遇；二载，历两司至巡抚。其抚安徽，厘库项亏空，以豁三十年之吏敝；举义仓、水利，以拯三十州、县之灾黎。其抚江苏，创行海运，以苏苏、松、常、镇、太仓之漕困；大疏吴淞、浏河、白茆、孟渎，以酾三吴之积潦。其督两江，兼司鹾政，汰浮费二百余万，以剂淮南；去坝费、岸费各数十万，改行票盐，以苏淮北。凡所施设，不任独、不任同，朋是勿壅，朋挠勿从，群疑朋丧，豁郡君开，驱庸走智，康衢王路，天定民诚。吁！可谓智不惑、勇不惧者也。悬河之辩，不可复闻；骋古今之学，剸繁剧之才，不可复见。漕醝边防，日棘一日，朝廷拊髀之思，无可复慰。乌乎！匪公之功，维斯民之恫！

公讳澍，字子霖，号云汀，生乾隆四十三年十一月三十日，年六十有二。配黄夫人，侧室贺、张、刘、卢、杨、张。子二：长葆贤，殇，以孙文熊嗣；次桄，恩赏主事。曾孙应嶤。女七。所著有奏疏七十六卷，诗文集五十六卷，《蜀辀日记》、《陶靖节集注》各如干卷。桄奉遗椟归湖南，以某年月日葬安化资江某原，即御书"印心石屋"摩崖之所也。铭曰：

沅、湘、资、澧楚四望，并注洞庭资弗章。山回水复郁乃昌，公奋神斧劙大荒。力振群靡创非常，如彼砥石江中央。石不裂兮名不僵，矢为臣极为民纲。天铭所勒公所藏，千秋万岁依帝旁。

据《古微堂文稿》

太子太保两江总督陶文毅公神道碑铭
（1839 年）

维道光十有九年夏六月二日，太子少保、两江总督陶公薨于位。天子震悼，诏以公任事勇敢，不避嫌怨，堪式百辟。加太子太保，入祀贤良祠，予谥文毅，并允淮北士民之请，建专祠海州。明年，又特允入江苏名宦祠，不交部议。呜呼！朝廷所以劝臣工、风中外者，博矣哉！

国家承明制，挢明弊，以内政归六部，外政归十七省总督、巡抚，而天子亲览万幾，一切取裁于上，百执事拱手受成。上无权臣方镇之擅命，下无刺史守令之专制，虽嵬琐中材，皆得容身养拙于其间。渐摩既久，以推诿为明哲，以因袭为老成，以奉行虚文故事为得体。恶肩荷，恶更张，恶综核名实。若靳文襄之创中河，鄂文端之改土归流，皆力战群议，屡踬屡奋而后胜之；以怡贤亲王之畿辅水利，犹不旋踵而泯荡。故便文畏事窭陋之臣，遇大利大害则动色相戒，却步徐视而不肯身预。自仁庙末年，屡以因循泄沓申戒中外，而优游成习，卒莫之反也。

东南大计，无如漕、盐，二百载来，文法委曲烦重，致利不归下，不归上，而尽归中饱，官民交困。间有讲求刷剔，芟薙更革者，则中饱蠹蚀之人轰起而交持之。道光五年夏，漕河大梗，万樯林束，诏江南大吏筹海运。维时上海关偝挢于南，通仓胥吏挢于北，屯船丁役挢于中，不曰风涛，则曰盗贼，不曰霉变，则曰繁费。天子移公自安徽抚江苏，公侃然一疏任之。明年春，海艘数千，米百六十万石，倏抵天津，不损一人一舟。每百石费仅数十金，视河运省费固倍，视前抚臣章煦所奏海运每百石价三百两之数且省数倍。明年，公遂拟改苏、松、太仓三属之漕永归海运，以大苏官民之困，先后陈章程六条、八条。虽事格未竟行，而人知海漕利国、利民、利官，为东南拯敝第一策者自此始。

道光十年冬，公督两江，兼管盐政，承蛊坏之后，如淮南之窝价，淮北之坝杠，两淮之岸费，皆浮糜数百万，仰食其间者千亿计，当事熟视其弊不敢动。公谓非减价不能敌私，非轻本不能减价，非裁冗费不能轻本，遂奏裁淮南窝价百余万，江西、湖广、扬州各官费百余万，又三疏奏驳粮艘夹带，岁少芦私十数万引。而淮北则创改道不改捆、归局不归商之制，每岁畅行，倍额溢课数十万，尽偿淮北之积逋，且剂淮南之悬引。末年，并欲推淮北之法于淮南，条举规画甫定而公已病，然天下皆知刘晏旧法为澄源上计，不为纲法所缚持者自此始。

方公初议海运，则南漕、北仓挠之；议裁醦费，则窝商、蠹吏挠之；议截粮私，则长芦、总漕挠之；议改票盐，则坝夫、岸吏挠之；群议沸腾，奏牍盈尺。使公之仔肩稍不力，天子之倚任稍不坚，必不能善其后。故敬揭公之力犯群忌，而事未尝不举，恩礼未尝不卒者于碑，以为封疆大吏劝。又以谓今日东南民计国计，莫困如漕盐，公所排决疏导可垂久大者，亦莫如海运与票盐。后有来者，欲大苏东南之困，为国家筹百世利，非赓其绪而恢之不可也。

公讳澍，字子霖，云汀其自号也，湖南安化人。嘉庆七年进士，由翰林院编修改御史，历户科、吏科给事中，巡中城、巡南漕，出为川东兵备道。道光元年，擢山西按察使、安徽布政使。三年，巡抚安徽。五年，移抚江苏。十年，加太子少保，总督两江，兼管盐政。卒年六十有二。

生平所至兴革，务挈大纲，导大窾，若治安徽之荒政、之水利、之清厘库帑，治江苏之松江、娄江、白茆河、孟渎河，他人得其一皆足名世，而于公则为绪余，故不悉书。

系出晋大司马侃。曾祖崇雅，祖孝信，皆赠如公官。考必铨，邑诸生，祀乡贤祠。曾祖妣彭、祖妣李、妣黄，皆赠一品太夫人。妻黄夫人，侧室贺、张、刘、卢、杨、张。子桄，方八岁，恩赏主事。女七。所著奏议诗文集、《蜀辅日记》、《陶靖节集注》各如干卷。以二十年某月日，葬安化某原。

源自弱冠识公京师，中岁栖迟江左，受知至恳以笃，曾预托以身后乐石之文，用敢删举其大者，揭诸丽牲以饷来世。铭曰：

万生芸芸，以利相群，如虮萃身。有奋其除，必爬与梳，万众噩呼。郑有国侨，唐有文饶，始谤终谣。我洞其原，必挢其偏，以对乎天。我导其始，人竟其委，以俟君子。万夫之特，兼人之力，执干王国？勋在三江，魂反九江，执干王邦？如旸如月，如霜如雪，维臣心是泐。如雪如霜，如月如旸，维帝心是傍。

筹醝篇
（1839 年）

利出三孔者民贫，利出二孔者国贫。曷以便国而便民，作《筹醝篇》。

自昔管山海之利以归国家者，必出其阳而闭其阴。有阴阳即有官私，故醝政之要，不出化私为官，而缉私不与焉。自古有缉场私之法，无缉邻私之法。邻私惟有减价敌之而已，减价之要，先减轻其商本而已。

议者动曰：减之又减，安能敌无课之私？此混邻私于场私。场私无课，而邻私有课。

议者又曰：淮盐引地，受浙、潞、川、粤之四灌，其课或不及淮南三之一，安能减三分以敌一分？此又不知私盐课轻而费重，关津规例多于课本，故遇官盐减价之年，邻私立阻而不行；提价之年，邻私虽缉而无益。此已事之明效。

或又谓道光十载，奏裁浮费以来，淮课减存四两，食岸每引三两，加以场价坝费改捆费每引成本十二两，略符乾隆中阿文成公所奏之数，安能再减？不知乾隆中银钱之价，以两兑千，是昔时十二两仅抵今日六两之价，讵可以名而例实？淮盐十载以来，江南、湖广大吏整饬又整饬，弥缝又弥缝，而银价愈昂，私充愈甚，官销愈滞。场岸复积存三纲之盐，去冬甫请对折行盐，今冬复请两纲展缓。如窭夫之患债，如逋户之畏赋，如垂病之日延一日，如穷邻之月攘以待来年。

天下无数百年不弊之法，无穷极不变之法，无不除弊而能兴利之法，无不易简而能变通之法。与其使利出三孔二孔病国病民，曷若尽收中饱蠹蚀之权使利出于一孔？出一孔之法如何？曰：非减价曷以敌私？非轻本曷以减价？非裁费曷以轻本？非变法曷以裁费？夫推其本以齐其末，君子穷原之学也。宜民者无迁途，实效者无虚议，大人化裁通变之事也。欲出一孔，无外四端：

一曰额课减而不减。淮南盐课正杂钱粮，旧不过三百数十万两，以额引百四十万计，引止二两数钱。自帑利、匦费并入引课，又加外支杂费，遂引至四两有奇。今淮北既岁拨溢课协贴七十万，是南引可缩至三两有奇。淮南盐课号甲天下，其实每年何曾运足百四十万引之盐，征足四五百万之课。杂款缓纳，动欠数纲，奏销虚报，并欠正课，计一纲之全课，数年尚未完清，是无减额之名而有减额之实也。计淮南纲食盐共完入奏销正杂银二百万两外，加帑利、盐规、匦费、院司节省办贡、办公、外支、杂费外，加参价十六万两，仓谷八万余两，共每纲银四百七十七万两。除淮北代纳协贴七十余万外，每纲计三百九十余万两。额行百四十万引，计每引征银二两九钱，应请作为定额。每年一纲以外，无论提行溢销若干，摊课而不增课。假如溢销至四分之一，即每引钱粮可摊减至二两有奇。若谓邻省川、粤、浙、潞课额悬殊，恐减价仍难敌销，则请征以二事：

道光十一年三月，汉岸跌价，即销九万五六千引，每月额销只六万引，及四月提价，即仅销五万引。使尽如季春一月内减价之销数，每年当销百有十万余引，川、粤、潞私全行敌退。即一楚岸已应溢销三十余万引，何况江西、安徽皆同各岸，私盐尽退，岂有引不溢额、课不足额之理？是有减课之名而有溢课之实者一。

又若淮北试行票盐之初，亦惟恐不逮额，乃每年皆行两纲之盐，收再倍之课，岁贴淮南七十余万，是名为每引征课二两，实已每引摊足三四两之额。此又有减课之名而有溢课之实者二，故曰额课减而不减。

二曰场价平而不平。淮南各场，有商亭、灶亭、半商、半灶之别，又有盐色售价高下之差。商亭产皆商置，丁皆商招。其所煎之盐，照镪计火归垣，每桶二百斤，两桶成引，每桶给价钱百文至八百文止，盐价例无长落。即有灶丁借欠调剂，通计每桶约加百文而止。半商半灶者，穷灶借垣商工本煎盐，桶价与商亭等，此皆利在场商垣商者。灶亭则产镪皆灶丁自置，其盐任售各垣，其价随时长落，每桶贱则五六百文，贵则二千余文不等，此利在灶亭丁者。大抵场商十居五六，垣商与灶亭各居十二。其盐色上白者销湖广，次者湖广、江西通行，惟极下之市盐，销江西、安庆，不销湖广，故桶价高下迥异。又有堆贮捆运之费，暨官私规草价长落之异，每引盐本至少约九钱、一两，多者一两四五钱。及售与运商，均送泰坝交易，总视岸销畅滞为高下。每遇岸盐获利，则场价预提，由场至坝，仅数百里，一季往返数次，而场商每引得二三两之利，运商即每引暗增二三两之本。故变法而不先定场价，则只供场商之垄断。

若道光十三年至十六年，南盐场价大长，上盐每引至六两有奇，中盐五两有奇，下盐亦四两有奇，再加百斤带残复一两有余，较之目前平市每引相去二三两。夫行盐原欲使商获利，特未可使不纳一课、不行一引之场商坐收倍利。淮北先定场价，始能改票，南盐何独不同？如欲变法轻本，应就目前平市，定为永制，再裁规费，平草价，以轻场商之成本。或仿淮北官局派买，或兼许各食岸融运北盐，则南场自不居奇。且畅销提行场盐，尽煎尽售，有溢无壅，则商灶亦将倍利。故曰场价平而不平。

三曰坝工、捆工裁而不裁。南场分通州、泰州两路，通属之盐，由场一水过坝，无须转般换船，费省期速。泰属则场运二河，中隔一坝，般剥偷撒，其弊甚大。近年运商愿仿通属之例，津贴场商银两，改出孔家涵口，直达运河，终为坝工役所格。其累运本者一。

南盐五百斤，出场到仪征，改捆子包，江西七斤四两，湖广八斤四两，其耗斤糜费、透私济匪，更数倍泰坝。若谓岸销小包始便，何以邻私皆百斤大包畅行无阻，而官盐反为壅滞？可见子包改捆，并无益于岸销，只足为官役把持偷耗之地。其累运本者二。

从前淮北纲盐，则三次捆成大包，千有三四百斤，淮南纲盐，复改捆子包七斤、八斤，其大无外，其小无内，皆绝不可解之制。今欲轻运本，速运期，应照食盐百斤出场之例，分场设局，逐包掣定。无论通、泰，皆一水直达运河，及至仪征，但有掣验而无改捆。其仪征捆工仍令扛舁，船行仍令揽载，市不易肆，人不失业。而泰坝距扬伊迩，转移执事，所在需人，何患安置之无地？泰坝委员移驻孔家涵，仿淮北大伊山抽验之法，仪征监掣同知，仿淮北西坝过载查验之法，仍令总掣全纲，但无改捆偷漏，何患稽察之不周？故曰坝工、捆工裁而不裁。

四曰各岸浮费不裁而裁。盐为利薮，官为盐蠹，而其蠹之尤甚者，为江西、湖广。方其赴场重盐也，每票千引，需七屯船，前后牵制，不能分拆。且钱粮分四次完纳，又有窝单、有请单、有照票、有引目、有护照、有椇封、有水程、有院司监掣批验子盐五次公文，委曲烦重，徒稽守候，而滋规费，大弊一。

及商盐到岸也，有各衙投文之费，有委员盘包较砠之费，有查河烙印编号之费，守候经年，然后请旗开封。又有南北两局员换给水程之费，三关委员截票放行之费，名色百出，不可胜胪。例费岁七十万，每引约计一两。江西则不问盐之多寡，例费四十余万。安徽三府食盐官费亦三十余万两，每引皆摊二两。屡奏裁汰，有名无实，大弊二。

今为变通易简计，移湖广埠岸，九江奏委总办大员专司其事，扼三省运道之枢，且为江督所节制之地。其钱粮一次总纳，以百引起票。其票先盖院司之印，持票赴场捆盐，过局过坝，抵仪过挈，皆止加印截角，而无改给。自仪开江沿途过关，亦止加印加钤，而无改给。湖广、江西专设盐道之由，由纲盐均在省埠发卖。凡定价值、报销数、催补缓纳课银、改给民贩水程，皆盐道专责。今轻本减售，则不烦定价；以到数为销数，则不责考成；钱粮在扬全纳，则不烦提课。盐票既指明口岸，票商在楚发贩者，亦可将百引之票转给水贩，毋庸改给水程，到岸销竣缴票。亦仿淮北之法，听其自便，毋庸州县催缴勒索。

且九江既设总局司每纲奏销考成，则江、广盐道可改地方巡道。淮南课重地广，纵使减价畅销，亦止能恢复引地，断无侵越川、粤、潞、浙之理，亦断无转灌淮北之事。应请令江运八岸，仍运北盐外，其江、甘食盐不许过江，安、池、太食盐不许赴湖广、江西，湖广、江西岸盐不许售于食岸，共分四大界。其在四界内者，如所指州县盐过壅滞，许其就地呈明，改运邻岸。尽荡烦苛，与时消息，而盐如百货之通流矣。江西、湖广粮船货船回空，皆可买载有课之盐，千金数百金皆可办百引之票，云趋雾集，而船私皆变正课矣。

夫以十余疲乏之纲商，勉支全局，何如合十数省散商之财力，众擎易举？以一纲商任百十厮伙船户之侵蚀，何如众散商各自经理之核实？以纲埠店设口岸而规费无从遥制，何如散商势涣无可指索？以纲商本重势重，力不敌邻私，而反增夹带之私，何如散商本轻费轻，力足胜邻私，且化本省之私？此皆淮北已事，无劳多喙。至地方吏既无行销之责，又无私枭之虞，考成轻，案牍省，阴受化私为官之益，如淮北、皖、豫行票各州县之成效，小损而大益，何顾口岸之阻挠？故曰各岸浮费不裁而裁。

以上四条，计省科则四十余万，场坝浮费百余万，在场在岸官费二百余万，共计减轻成本约四百万。然后就其所轻之本，核其所减之价，约其所余之利，而通计之。湖广盐每引四百斤，钱粮三两，盐价二两七钱，此据上色真梁盐价。其次色盐价递减，自场至仪船价八钱，在仪栈费及扛包关钞共六钱四分，抵岸船价七钱，各处辛工店用八钱，计每引盐四百斤，需成本银八两四钱四分。江西盐价更少一两，惟加到省驳费一钱五分，共成本银七两五钱九分。较目前湖广、江西盐本十二两有余者，已减省四两数钱，轻重相去远矣。计减去钱粮一两一钱，盐价一两一钱，扬费仪河等费二钱五分，岸费九钱。又江船随到随售，无烦守住一年，省椓封加戳等费，亦减去八钱，共约减四两几钱。若提行溢销钱粮摊减近二两，则成本不过七两有奇。目前子包岸价，楚盐上者售银二钱八分，江西二钱五分，今但依道光辛卯春减售之价，已可招贩敌私。然辛卯减岸价而未大轻盐本，故运商无利，不久即提价滞销。今成本减轻，随到随销，一岁往返二三次，则每包再酌减数分，而仍有数分之余利，岂尚不敌川、粤之私？此犹仅据定额而言。若试行之始，即并提行溢销而计之，将钱粮摊减至二两以外，使本更轻，销更速，其效尚有不仅如是者。而其扼要则在以九江总局夺江、广岸吏挟制需索之权，故可庆十全而无一患。淮鹾明而浙、粤、芦、潞之利害皆明；淮鹾效而浙、粤、芦、潞之推行皆效。故曰：天下无兴利之法，去其弊则利自兴矣；鹾政无缉私之法，化私为官则官自畅矣。衣垢必浣，身垢必浴，畴不知之！为千金之裘而必与狐谋其皮，为百金之馔而必与兔谋其羞，何待挠格而始疑之！故法必可行者，其事必不果行。

此道光中陶云汀宫保弃世时所草也，呈之后任李公星沅，未行。至陆公当汉岸火灾之后，始力主行之。甫奏新猷，即遭上游粤贼之难，楚、豫漕鹾皆不可复问。盖运数所乘，非尽关人事也。咸丰二年记于兴化西寺。

地理纲目序
（1839 年）

　　形家阴阳之用，其大者建都立邑，其次立宫室，其次营兆域；见于经者，《公刘》、《楚丘》之诗，《孝经》"卜其宅兆而安厝"之文，其大较也。《周礼》墓大夫之职，"〔掌〕① 凡邦墓之地域，为之图。令国民族葬，而掌其（政）〔禁〕② 令"。冢人以昭穆定位次而为图，死者则授之兆，其于《孝经》卜地之谊若不相符焉。盖古者卿大夫之始祖，其兆域已卜于先世。而西北土厚水深，高燥平旷，可容数世、十数世，故必其土满无以容而后改卜焉，又或异国始迁别子为祖而后新卜焉。此西北族葬之法，非所语于水土浅薄之区，而形家之学独盛于东南，亦其势然哉！

　　且夫葬者藏也，鬼者归藏之义，抄本"鬼者"下有"归也"二字。主于全体魄，妥先灵，非图以利后嗣。自术士祸福之说兴，始见摈于儒术，第不知其嗣昌者，其体魄果不宁乎？其嗣悴者，其体魄反宁乎？抑株荄枝叶，菀必同菀，枯必同枯，而未必二之乎？

　　文王葬王季于楚山之尾，栾水啮其墓，见棺之前和，乃改葬于毕。宋贤周子以先墓患水改葬，朱文公母墓再迁而后定，王文成公葬父地不善亦卒迁之，黄石斋先生葬亲，负土成茔，穴高右臂受风，梦先灵不安，上书唐王求归改葬。国朝桐城方灵皋侍郎，山东阎怀庭工部，皆醇笃之儒，力斥形家之说。后方公葬兄百川，家罹大祸，梦兄跃大水而沈，始启棺见水而改厝；阎公父墓洿下，每雨潦，绕墓而号，其友韩梦周为书力争，以为必迁；始则执一隅之臆见，卒不能易通方之大涂也。

　　周公制礼，有"改葬服缌"之文，与《孝经》卜兆安厝同义。而程

---

① ② 据《周礼·春官宗伯第三》"墓大夫"条补改。

子论葬地，则必形势环绕，土润卉茂，五患不侵，岂非以丧礼慎终莫大之事，附于棺者必诚必信，勿之有悔焉。苟奉先人之体魄，委之蝼蚁沟壑、五患六害之区，揆诸亲病不尝药之谊，得毋有皇然怵然其不安者乎？

古者举大事必谋诸卜筮，后世卜筮之学，儒者既皆不习，而相阴阳，观流泉，则又执"山川不能语"之说以排之，岂知《易》曰"俯以察于地理"，《记》曰"毋绝地之理"，地理即地脉也。丘原高下向背，人人可察而知也；土色之枯润、燥湿、坚散，人人可察而知也。而又瘗帛窖粟以验之，卜筮梦寐以符之，心诚求之不中不远，故吉地之得可必于仁人孝子之心，而不藉夫葬师术士之说也。

近世葬师言地理者，往往好奇而不轨于经，索隐而不求之近，其书虽一时盛行，不免贻误后人。故语道不可以觉童蒙者非至道，立德不可以明征验者非至德，此新化罗子《地理纲目》所为作也。罗子尝为《地理乘气论》四卷以抒一家之心得，惧未足以启初学，故复辑为是编云。

支陇承气论序
（1839 年）

形家之要，阴阳而已；阴阳之要，乘生气而已。《老子》曰"万物负阴而抱阳，冲气以为和"，《诗传》"山南曰阳，山北曰阴"，是则生气者，阳气也，背阴而向阳，去杀而就生也。《易》曰"地势坤"，凡高山、大陇、平原、广隰，尽大地一纯阴之象，惟天阳之气流行于大地之中，而人物以生。是地之有生气者为阳，无生气者为阴。

后人之言阴阳也则异于是。杨氏以冈陇凸迤者为阴，平原凹仰者为阳。夫乾静专而动直，是凸迤不可独为阴也；夫坤静翕而动辟，是凹仰不可概为阳也；即反之而谓凸迤为阳，凹仰为阴，其偏亦从是；即互之而谓阴中求阳，阳中求阴，其支亦从是；是皆知言形而不知言气者也。语地而至于乘气，则但有阴中求阳之一法，又安有阳中求阴之法哉！

山陇者，阴之奔峙，其势动，动近杀，则以静为阳；原隰者，阴之漫衍，其势静，静近死，则以动为阳。山宅其静，是避杀气而取生；原宅其动，是舍死气而取生。生气者，阳气也。人之生，魂阳而魄阴，阳气附之则生，阳气去之则死。道家修命，炼纯阳以销阴翳，故长生不死；形家造命，返生气以荫根荄，则死者仍生；造化之所枢机，鬼神之所缄秘，道家、形家皆言之而不尽言之。言其当然，以籥下学也；不言其所以然，以待饮深契微之子也。

而罗子著形家书，不惟言形且言气，且察察焉以尽泄造化之藏，不已凿欤？罗子曰：夫何凿哉！人身，一小天地也，天地，一人身也。地气有枝干脉络者，不犹人身之有脉理经络乎？地气有起伏敛放，不犹人身之有呼吸乎？地气有环拱、向背、止聚，不犹人身之有气海孔窍乎？地有生气者，验以土之外晕，抄本"外晕"下有"内晕"二字。冷暖枯润美恶，灼然可目验而指示，不犹人身之有肌血华色乎？民生天地之间，广

谷大川异势，刚柔燥湿风气异宜。"歌于斯，哭于斯，聚国族于斯"，得
山气者崛以特，得泽气者圆以折，得平原气者疏以达。气大聚则建都立
邑，生人以托命焉；气小聚则卜兆归藏，死人以复命焉。呴之吹之，笃
之薄之，窳之粹之，衰之盛之，皆一气所埏埴而已。虱处发而黑，处汗
而腴，生长老死于人身，而莫知所以然也；号万物之灵者当不若是。于
是著形家言，不专言形而言气，气乎气乎，其形之所以形乎！

陶澍御书印心石屋恭记手批
（1840 年）

　　此记，文毅自言过于详琐，故不肯刷印送人。今谨遵公遗意，节去两段，可入文集中记类矣。

据《陶文毅公遗稿》

与童石塘司马书
（1840 年）

前月所定《陶文毅公文集》凡例目录，贺谢称表，论事称疏，近见刊本皆不从之，而改称折，且谓靳文襄、孙文定诸奏稿，均系国初有题本无折子时款式，不可援为今例，此则大可诧也。孙文定在雍正元年尚止检讨，末年始为九卿，乾隆间始外任总督，入赞揆席，十七年始卒，故文定诸疏皆雍正以后折子，与阁下述某君所云题本可称疏、折子不可称疏之说，已凿枘不入。然犹可曰疏刊于文定身后，何难斥为门生子弟不学者所为。至国史馆满、汉《大臣传》，则总裁总纂所定官书，进呈御览，颁行天下后世，以垂久远，非私家著述之比，而雍正以至嘉庆列传数百篇，传中所载奏折千余事，无不谓之疏，并无一称折者，又何说耶？

列传如此，则本纪可知。国史中止有疏而无折，明如星日。此正犹满臣武臣奏折皆称奴才，及国史馆方略馆纪载，则皆有臣而无奴才。《论语》曰："文胜质则史。"史之宜文不宜质，明矣。折与奴才，质称也；疏与臣，文称也。文集亦然。"言之无文，行而不远。"彼刊奏草奏稿者，尚不曰折曰本而多曰疏，乃刊文集者必不从国史而从案牍，以奴才、折子垂之百世，何异虎豹之鞟乎？

论事之折既称疏，则贺谢之折必称表，明矣。近人文集中如贺平金川、平准部表，皆乾隆中之贺折，与文毅之贺平张格尔有何异同？亦将曰乾隆中贺谢可称表，道光中贺谢不得称表乎？

源前选《经世文编》时，所阅雍正以后奏疏文集以百十计，其称疏、称表者不一而足，皆随借随还，不在左右，然总不如史馆官书之可定案也。如曰官书亦不可遵，必当称折，则乞于文集凡例中，发明国史所以不可为训之故，与文定诸疏非雍正、乾隆折子之实据，明白直捷，告之天下后世，以定此案，幸甚！

据《古微堂文稿》

荆溪周君保绪传
（1840 年）

君讳济，字保绪，一字介存，荆溪人。荆溪周氏，皆晋孝侯周处之裔也。君自祖父以上无达者，及君生而敏悟绝人，嘉庆十年举于乡，明年成进士。廷对纵言天下事，字数逾格，以三甲归班，铨选知县，改就淮安府学教授。

岁余，淮安府知府王毂丁祭至学宫，礼毕，将就殿门外升舆，君力拒之，毂不怿去，君即日移病去。是秋，淮安府山阳县知县王伸汉冒赈事发，王毂大辟，所属吏及委员皆诖误，惟君先幾得免。

君少与同郡李君兆洛、张君琦、泾县包君世臣以经世学相切劘，兼习兵家言，习击刺骑射；至是益交江、淮豪士，互较所长，尽通其术，并详训练营阵之制。

时海贼蔡牵出没江、浙，宝山知县田□延君往商海防，因客宝山数载。癸酉春，田君丁母忧，而河南、山东教匪叛，田君巨野人，以母丧在家未葬，邻曹县贼境，身牵官累弗克归，日夜忧泣。君慨然请代行，约四川武举任子田同往。七昼夜驰二千里至巨野，知田君家无恙，乃往来曹、济间，行视郡邑战守之术。途遇曹州贼数百人突至，君与任子田下车，各持一枪，仆其前二人，创其党数十人，众悉遁去。山东盐运使刘清，剿贼有名，与君语甚契，欲留君幕下，君以事平谢归，作《山东新乐府》数十章，以代诗史。

回至吴门，则田君尚亏官帑四千余两，檄追甚急。君乃请以己庐十余间及田五十亩禀官代抵，事始释。

尝过京口，丹徒令屠君倬，患居民讼洲田莫得其实，久不决。君曰："明日可具鞍马夫役，为君行视之。"晨起至洲，先丈量一处，计其步数，乃令役前行，凡若干步即止，马至止所，又令一役前行。自晨至日晡，纵横环绕皆如之，凡八十余里。还至署，令束取所记，用开方法各乘除之，谓屠君曰："此特以测远法用之方田耳。"诸幕友如言覆核之，尽得其实，遂申报定案。其学有实用如是。

自山左归，寓扬州，两江总督、大学士孙公闻其名，过扬州，邀见舟中，纵谈兵事，曰："君，将才也，承平无所试，可姑试诸两淮私枭乎？"君笑曰："诺。"孙公令淮北各营伍及州县听君号令。时淮北枭徒千百为群，器械精锐。君则招诸豪士数十辈，兼募巡卒，教以击刺。月余，皆可用。侦击其大队于安东，屡败禽之，淮北敛迹。然君遂谢事，曰："盐务不治其本而徒缉私，私不可胜缉也。"

淮南诸商争延重君，遂措资数万金托君办盐淮北。君则以其资购妖姬，养豪客剑士，过酒楼酣歌恒舞，裙屐杂沓。间填小乐府，倚声度曲，悲歌慷慨。醉持丈八矛，挥霍如飞，满堂风雨；醒则磨墨数斗，狂草淋漓，或放笔为数丈山水，云垂海立。见者毛发竖，人皆莫测君何许人。尝言"愿得十万金，当置义仓、义学，赡诸族姻，并置书数万卷，招东南士友之不得志者，分治经史，各尽所长，不令旅食干谒废学"。所志皆恢阔难就。

一日，翻然悔曰："吾数年一念所误乃至此！"尽散其资，谢其党，因自号止安，作五言诗自讼，讼其兵农杂进负初心，遂去扬州，寓金陵之春水园。时道光八年也，年四十七。尽屏豪荡技艺，复理故业。先成《说文字系》四卷、《韵原》四卷，辑平日古今体诗二卷、词二卷、杂文二卷。最后乃成《晋略》十册，则以寓平生经世之学，借史事发挥之。遒识渺虑，非徒考订，笔力过人。深坐斗室，前此豪士过门，概谢不见，前后如两人。

然食贫日甚，遂复就淮安府学教授。适漕运总督周公天爵驻节淮安，亦好讲武，相得欢甚。及擢两湖总督，强同往，许为尽刊所著书。遂以七月三日卒武昌，年五十有九。周制府使人归其丧，葬于荆溪。

君无子，嗣其兄弟子二人，皆不能读书。晚年，姜苏氏有遗腹子云。

魏源曰：予晚晤君金陵、淮安，冲夷如也，无复少壮时态。然以君所禀受，苟见诸用，庶几周孝侯、卢忠烈之风。即使中年专力学问，不耗于诡奇，所就亦不当止是。君没次年，海氛讧炽，朝廷诏求奇才之士欲如君者，海内不可复得。天之生材不易，生之而得尽其用又十不一二，亦独何哉！

诗古微序 二十卷本初稿
（1840 年）

  《诗古微》凡二十有二卷①：上编六卷，并卷首一卷，通语全经大谊；中编十卷，答问逐章疑难；下编五卷，其一辑古序，其二演外传。《诗古微》何以名？曰：所以发挥齐、鲁、韩三家《诗》之微言大谊，补苴其罅漏，张皇其幽渺，以豁除《毛诗》美、刺、正、变之滞例，而揭周公、孔子制礼正乐之用心于来世也。

  盖自"四始"之例明，而后周公制礼作乐之情得，明乎礼、乐，而后可以读《雅》、《颂》；自迹熄《诗》亡之谊明，而后夫子《春秋》继《诗》之谊章，明乎《春秋》，而后可以读《国风》。正、变之例不破，则《雅》、《颂》之得所不著，而礼乐为无用也；美、刺之例不破，则《国风》之无邪不章，而《春秋》可不作也。礼、乐者，治平防乱，自质而之文；《春秋》者，拨乱返治，由文而返质。故《诗》之道，必上明乎礼、乐，下明乎《春秋》，而后古圣忧患天下来世之心，不绝于天下。

  学问之道，"不愤不启，不悱不发，不以一隅反三隅则不复"。余初治《诗》，于齐、鲁、韩、毛之说初无所宾主；顾入之既久，碍于此者通于彼，势不得不趋于三家；始于碍者卒于通，三家实则一家。积久豁然，全经一贯，朋亡部祛，若牖若告，愤、悱、启、发之功也，举一反三之功也；学问之道，固不可浅遇而可深逢者也。

  虽然，《诗》教止于斯而已乎？《韩诗外传》言昔者子夏"弹琴以咏先王之风，有人亦乐之，无人亦乐之"，至于发愤忘食。然夫子犹造然

---

  ① 据复旦大学珍藏清道光庚子刊本，目录及《序》中均为二十二卷，而正文实只二十卷。该本有魏源就刻本手改为二十卷之墨迹，即：下编原刻"五"改为"三"，"其四演外传"之"四"改为"二"，"凡廿有二卷"改为"凡为卷二十"。

变容曰："子已见其表，未见其里，窥其门，不入其中，安知其奥藏之所在乎？丘尝冥心①以入其中，前有高岸，后有深谷，填填正②立而已。"此所谓深微者也。深微者何？无声之礼乐志气塞乎天地，此所谓兴、观、群、怨可以起之《诗》，而非徒章句之《诗》也。故夫溯流频则涵泳少矣，鼓弦急则适志微矣。《诗》之道可尽于是乎？乌呼！以俟假年，以待来哲。

---

① "冥心"，道光二十年庚子刊本作"悉心尽志"。
② "填填正"，道光二十年庚子刊本作"泠泠然如此既"。

书明史稿一
（1840 年）

　　尝闻杨椿之言曰："《明史》成于国初遗老之手，而万季野功尤多。纪、传长于表、志，而万历以后各传，又长于中叶以前。袁崇焕、左良玉、李自成传，原稿皆二巨册，删述融汰，结构宏肃，远在宋、元诸史上，是则是矣。"以上杨氏原文。

　　然《宋史》以来，人人立传之弊，仍不能革，即如太祖功臣十八侯，人各一传，或同一事，而既见于此，复见于彼。使以此例施之《史记》、《汉书》，则《列传》当多数倍，有是史例乎？如平云南事，止宜见于《（沐）〔沐①英传》，其从征诸将，附于《（沐）〔沐〕英传》后足矣；平夏、平朔漠，以李文忠、蓝玉为主，其从征诸将，附二人传末足矣。

　　至于《外国传》，止宜择其二三岛夷之大者立传，其余止附见国名，汇书本传之后，乃岛不过数十里，人不过数百家，渔村蛋户，动列蕃国，何与共球！仅据三宝太监下西洋归奏铺张之词，毫无蒬择，史法安存？以此例之，则列传可删去十分之三。

　　至于食货、兵政诸《志》，随文钞录，全不贯串，或一事有前无后，或一事有后无前，其疏略更非列传之比。

　　且列传虽详，而于明末诸臣尚多疏略。即黄得功、李定国二人，予所见野史，述其战功事迹，数倍本传。此略所不当略与前之详所不当详，均失之焉。

---

　　①　据《明史》卷一百二十六改。下同。

书明史稿二
（1840 年）

　　尝读故礼亲王《啸亭杂录》曰："康熙中，王鸿绪、揆叙辈党于廉亲王而力陷故理邸，故其所撰《明史稿》，于建文君臣指摘无完肤，而于永乐及靖难诸臣每多恕辞。盖心所阴蓄，不觉流于笔端。从古金壬不可修史，王司徒言未可非也。"又闻安化陶文毅公之言曰："王鸿绪《史稿》于吴人每得佳传，于太仓人尤甚，而于他省人辄多否少可。张居正一传，尽没其功绩，且谤以权奸叛逆，尤几无是非之心。幸乾隆中重修《明史》，略为平反。"善哉二公之言！

　　或谓《明史稿》出万季野名儒之手，其是非不应舛戾，折之曰：《史稿》于《王之寀列传》后附采夏允彝《幸存录》数百言，以折衷东林、魏党之曲直。夫《幸存录》，黄南雷诋为"不幸存录"，又作《汰存录》以驳之，故其前录则巢氏序谓"出夏公身后，冒托其名"，后录称夏淳古撰，全谢山驳其中"先人备位小宰"一语，其时小宰乃吕大器，而淳古父允彝仅官考功，岂有子诬其父之理？淳古十五从戎，十七授命，孝烈贯金石，视匪党如粪壤，岂有堪挂其齿之理？盖马、阮邪党所伪撰，而窜允彝父子之名以求信于世。其书专以扶邪抑正为事，虽以孙承宗、熊廷弼之功业忠烈，皆曲加污蔑，一则曰"闻其不能无欲"，一则曰"惟知善骂以避封疆之责"，而于邪党杨维桓、张捷、马、阮皆曲为解脱，乃南雷所深恶。岂有季野为南雷高弟，反采录其言以入正史？其为王鸿绪之增窜无疑。

　　且明太祖平张士诚，恶苏民为士诚守城不下，命苏、松田亩悉照私租起赋。凡淮张文武亲戚及后日籍没富民之田，悉为官田。建文二年，降诏减免，每亩止输一斗，可谓千盅之仁政。乃成祖篡立，仍复洪武旧额，至今流毒数百年未已。此事建文是而永乐非，比户皆知。今《史稿》止载成祖杀齐泰、黄子澄、方孝孺，夷其族，执铁铉于山东，至京杀之。其余屠戮忠臣数百人，株连夷灭亲戚十余家，妻女发象奴及教坊为倡，皆讳不书；即苏、松浮粮复额殃民之政，亦为之讳。考宋时苏州田租三十万，水田每亩租六升，至洪武中而苏田十六分，仅一分为民田，余十五分皆官田，所以苏、松浮粮至三百七十余万。宣德中况钟为知府，正统中周忱为巡抚，先后奏减十分之三，尚存一百七十万，而岁岁逋负，不能足额，万历中，始有岁纳至八分之令。我朝康熙、雍正又豁免其半，改折其半，始定今额。鸿绪身为吴人，岂有不知，而曲笔深讳？若非礼亲王诛心之论，乌能洞史臣之肺腑哉！

鸿绪身后，其子孙镂板进呈，以板心雕"横云山人史稿"，遂碍颁发。攘善而不遂其攘，盗名而适阻其名，岂非天哉！

《幸存录》处处以东林与攻东林者对勘，夫攻东林者何人？何以毫无称谓？盖去"攻东林者"四字，则必称阉党，将如何下笔？故为此蒙头盖面掩耳盗铃之计，不言何人，可谓心劳日拙，欲盖弥彰矣。其先谓"马士英是小人中君子，阮大（铖）〔铖〕①是小人中小人"，其后又谓"某某等不如阮大（铖）〔铖〕尚有伉爽之气，可与言大谊"，明出马、阮余党。于国亡之后尚怀余毒，含沙阴射，不得已嫁名于忠烈之夏允彝父子。呜呼！麟豸而为桀犬之吠乎！

---

① 据《明史》改。下同。

英吉利小记
（1841 年）

　　英吉利在荷兰、佛郎机两国西界，斗入海中。西、南、北三面皆大海，惟东面近陆，亦隔海港。东西长千六百里，南北横广六七百里，略肖中国台湾、琼州形势，本欧罗巴州之小国也。国中产豆、麦，少稻，不给于食，皆仰给邻国。以濒海，专事贸易，故船炮讲求至精，与荷兰、佛郎机相等。于是凡商舶所至之国，视其守御不严者，辄以兵压其境，破其城，或降服为属藩，或夺踞为分国。若西海之亚默利加边地；若西南海之亚非利加边地之甲城、之孟迈、之孟塔拉，皆其属藩；若南海之新嘉坡、之新埠、之美洛居、之三佛齐，皆其分岛也。其所属之国，地往往大于英吉利；其海道，或距本国十余日，或一二月，三四月，五六月，皆筑城据其险要，驻兵防守，设官收税；其中间以他国土地，不相联属，全以兵船往来联络之。国中无地丁钱粮，凡兵饷官禄，皆取给于关税。本国海口共五关，凡货出洋回国者，值番银千圆之货上税五十圆，每年计二百五十余万。其各属国之关税，则随处支用报销，不解回本国，每年计千二百余万，而孟塔拉地居六百万，孟迈地居三四百万。以鸦片烟土惟产二国，孟塔拉产大土，孟迈产小土，其行销中国最广，故其税最多。余各属国，合计每年不过二百余万而已。英吉利不产鸦片，亦不食鸦片，而坐享鸦片烟之利，富强甲西域。养兵十有九万，每兵岁饷番银七十二圆。武官以火器考试入伍，月俸多者番银三百圆，次二百六十圆，以次递减。其每月俸番银二千五百圆者六人，千五百者三十余人。今在舟山之伯麦，即月俸二千五百，布尔利月俸千有五百，一如中国之将军，一如中国之总兵也。文官则皆无论大小，皆先纳赀而后试之。得官后，不能称职，乃黜降之。国都地名伦墩，距海口二百里，有河通海，河广三十丈。王宫皆在城外，示守在四方之意。若环以城垣，则四方不畏服，以为示弱。其山后为旧王宫，山前面建者为新王宫。旧宫方四里，为朝贺之所；新宫甫营四十余年，方二里，为游幸之所。左隔河为城，距宫十五里。城外为太医院，医官数十，国中就医者以千计。右三十里则先王之墓在焉。河桥五道，河中多火轮舟，过桥则倒其樯而过。火轮舟行最速，所以通文报。盖王宫依山阻水，山上有炮台，以师兵为营卫，故不必城中而后固也。英吉利与荷兰、佛兰西，其发皆卷而微红，不剃、不髻、不辫，惟剪留寸余，不使长。其长发者，惟妇人耳。故中国"红毛"呼之。佛兰西即佛郎机，与荷兰、吕宋皆英吉利之邻国，富强亚之，未尝为所灭。惟东南海中，有葛留巴洲，方数千里，荷兰据之，名新荷兰。又有洲方千余里，吕宋据之，名小吕宋，曾为英吉利所争，分其税饷，旋亦不果。然距西洋之荷兰、吕宋祖国，水程四月有余。而华人妄谓荷兰、吕宋灭于英吉利云。西洋国皆奉天主教，故其纪年，以天主耶稣生于如德亚，当汉哀帝元寿二年庚申为托始。今英吉利辟天主教，不供十字架，而其书称一千八百四十年九月二十日，即道光二十年八月二十五日者，以旧为欧罗巴属国，犹随欧罗巴之称也。其国所宗教主曰葛尼，其神名曰巴底行，距今千有六百二十六年。神有须发，一为立而合掌仰天之像，一为跪而合掌仰天之像，在家人奉之；亦有佛像曰巴底利，出家僧供之。僧尼缁衣大袖，无发。以三月九日祭先，无木主，惟入庙诵经追荐而已。尊卑相见，重则免冠，轻则以手加额而扩之，皆立不跪。惟祭神乃跪，亦无拜礼。嫁娶择配，皆女自主之。如男女有成议，则及期会亲族，入巴底行庙，男女皆跽神前，僧为诵经，问男问女愿否？皆以愿对，则与二烛，各执其一，男授女，女授男，而吹熄之。复听诵经毕而归男家。女束发，左右各为小辫而挽之，略如总角。尚细腰，故带束甚固。衣长袍，而腰襯百结，两袖臂间亦各细襯如腰襯之状。国中女子之权胜于男子。宝贵贫贱，皆一妻无妾。妻死乃得继娶，虽国王亦止一妃。女官有妊者，生子亦归正嫡，止可谓私幸，不得有嫔妾名号，其子亦不得称庶母也。今国王乃女主，名域多喇通译维多利亚，年二十有一，登位二载余，前所赘夫已死，去冬复赘所属邻国之二王子为婿。其国名乍密，在海中，距英〔吉〕利国都五百里。王子名雅那博，年与女主同。左右侍从皆宫女，无男子。每临朝听政，二王子亦坐女主之后，国中宗室大臣皆坐而议政。凡国王临朝，手执金镶象牙杖，群臣进谒，屈一膝，以手执国王手而嗅之，是为其国中见君父最敬之礼。初，前王名乌连，没后无子，有一侄而不及侄女之才，故遗命以国传侄女。他日女主有子传子，有女传女，如子女俱无，则大臣公择亲族中有才者嗣位。今女主生母尚在。此道光二十年秋，浙江宁波府获白夷安突德所供也。

道光十九年正月初八日子时，女王与色西哥麦国俄达王之子阿尔墨成婚，于罗压尔先占士庙内行礼，邻国哈那洼国王执柯，其邻近国王之姑姊亦有特来观礼者。各官议送王子礼银三十万棒，每棒五员，凡百五十万员。宫中女官，第一等八人，曰"麻左尼士"者三，曰"加隐底士"者五，皆各承行一大部落之事。盖英国旧分七大部落，并邻部塞循而八也；其次等女官十五，有人名，无官名，殆专理王宫事欤？一等女官，每人俸银三千五百圆，次等千五百圆，王宫女官俸银共四万一千五百圆，此皆见于《澳门月报》者。其女王之出，戴金丝冠，四面缀珠；身衣红色多罗呢长袍，或羽毛为之；胸前系金珠为饰。出则乘车，或乘大马，上用平鞍，后有倚背，左右有扶栏，从骑则皆跨鞍，以此别等威。国人见王不跪，惟免冠，手拔额毛数茎，投地为敬。其国人白肌，猫睛，高鼻，类在京之俄罗斯，而发拳黄，故称"红毛"。亦有肌白而发黑者，不贵也。其在粤、在浙，皆有"马礼逊"，乃官名，非人名。初奉佛教，后奉天主教，净髭须。此台湾擒获白夷颠林等所供者。初二十年，钦差大臣伊里布视师宁波时，源为友人邀至军中，亲询夷俘安突德，爰录梗概，而旁采他闻以附其后。

录自百卷本《海国图志》卷五十三

武进李申耆先生传
（1841 年）

自乾隆中叶后，海内士大夫兴汉学，而大江南北尤盛。苏州惠氏、江氏，常州臧氏、孙氏，嘉定钱氏，金坛段氏，高邮王氏，徽州戴氏、程氏，争治诂训音声，爪剖釽析，视国初昆山、常熟二顾及四明黄南雷、万季野、全（榭）〔谢〕山①诸公，即皆摈为史学非经学，或谓宋学非汉学，锢天下聪明知慧使尽出于无用之一途。武进李申耆先生生于其乡，独治《通鉴》、《通典》、《通考》之学，疏通知远，不囿小近，不趋声气，年甫三十而学大成，兼有同辈所长，而先生自视嗛然如弗及。

嘉庆甲子，以第一人举于乡。明年，成进士，授翰林院庶吉士，散馆改知县，挈选四川某县，以亲老告近，改安徽凤台县。

县治与寿州同城，为古南北用武地。濒淮、汝，时患水。西北界蒙城、阜阳，远者百八十里，土旷而民悍惰，喜剽夺，党羽至千人，各有头目，杀伤人日或数起，号难治。前令或不越岁辄谢事去，故治率苟简。君下车即周历县境，审地形，察水道，并出教与绅士商兴修事宜，首从事于田赋、保甲。前代淮南、北屯垦甲天下，陂渠久废，君先治丰湖、焦冈湖，建闸、筑堤、浚沟十余所，民有蓄泄，屡岁告收。遂以其余力葺学宫、廨舍、祠庙、津梁，百废备举，积年，巨盗悉就禽。

有周清者，盗魁也，一日忽自投阶下，愿效驱使，且尽散其党归农；君劳以酒食，使充捕首。于是境不闭户。

寿春镇总兵标兵多挠治，独惮君威望。城西湖洼下，旧免租赋，为兵民樵牧之所。相传兵四民六，而无畛界，营马纵践民田，民争屡不胜，且分隶寿州、凤台，事权不一。至是民复共诉，君念此非可口舌

① "谢山"，系清史学家全祖望之别称，国学扶轮社石印本作"榭"，误，今据改。

争，命尽驱其马，兵噪汹汹，不为动。总兵多隆武愤，白于总督巡抚，乃檄庐凤道、凤阳府会勘丈量，以十四里归兵，十七里归民，掘沟界之，兵民争永息。

君晨夜治事，数年，县大治。以其暇辑志乘，访名胜，登八公山置酒赋诗。先后在县七年，中署寿州事三年，丁父忧归。服阕，当赴选四川，而恬退不复出山。巡抚康绍镛固请往广东教其子，偕回扬州，先后为君刊书数十余种，时道光元、二年也。

君既倦游，适当事聘主江阴暨阳书院，遂不出矣。家有藏书，弟子日众，择其尤者分治天文、舆地二业。

康熙、乾隆《皇舆一统图》，板存内府，海内无从购求。阳湖董君祐诚有模本，惟分四十一图，大小瓜离，不便披览，且无历代沿革。乃改为总图，每方百里，而以虚线存天度之经纬。先用朱印数十部，墨注古地名其上，起三代、两汉、魏、晋、南北朝、唐、宋、元、明，略依《皇舆表》及《一统志》，每代各注一图，号曰《历代沿革图》，皆以朱图为本而墨图纬之。但朱图可印，而墨图则在人自加，故未能广布也。

元和李君锐有《三统四分乾象三术注》，君欲推广之，取历代史中《律历志》，尽通其法，因事体重大，未能究业，乃先成天地球及天文图。地球以铜与木为之，各一，惧学者不能明，乃为文以释之。星图则依《大清会典·天文图》，以视法变赤道为直线，分十二宫为十二图，而别绘近南北极星为圆图，列于前后，较之赤道南北分图尤便览，且较原图补入增星推准度分，以便占天者之考览焉。

君家居不预官事，惟兴水利、表忠节则陈诸当事。孟渎河久塞，君言于巡抚陶公重浚之；芙蓉诸圩田被潦，则倡率修复之。

所自著书率未就，而刊布前人遗书、遗集、金石、翰墨至数十种。见人一技一善，欣然若己有。其论学无汉、宋，惟以心得为主，而恶夫以恒饤为汉、空腐为宋也，故以《通鉴》、《通考》二书为学之门户。弟子蒋彤录其平生绪论为《暨阳答问》，又记其言动为《先师小德录》，可兴可观，与陆桴亭《思辨录》可相表里。近代通儒，一人而已。

魏源曰：乾隆间经师有武进庄方耕侍郎，其学能通于经之大谊，西汉董、伏诸老先生之微渺，而不落东汉以下。至嘉庆、道光间而李先生出，学无不窥，而不以一艺自名，醰然粹然，莫测其际也。并世两通儒皆出武进，盛矣哉！余于庄先生不及见，见李先生，故论其大旨于篇。

致贺熙龄书
（1841 年）

柘农先生侍御阁下：

都门握别，不觉二载。去冬正与黄南坡太守商议，《江浙边务》一稿拟寄都中，以备刍献。旋闻台驾已赋遂初，怅然久之。源去年从伊节相至浙江，今春又应裕制军招往海上，襄筹军务。二月因老亲抱恙，辞归。三月晤裕制军于吴淞，出定海修城图，与源所拟初稿全不相符，从古但有四面之城，未闻有一面之城，乃竟以土塘为土城，可怪也。知贼至，城必不守。曾向南坡太守力言之，而成事不可更张，是以七月力辞再招同往之约。有两书复南坡，极言定海城工可为寒心，请乘夷船在厦门攻犯之时，赶筑夹城，接联声势。及弟书至旬日，而定海败报至矣。实由人事，岂尽天运！两载以来，惟知言战言和而不言守。窃谓先为不可胜以待敌之可胜，惟守而后可以战，可以和。其守之之法，不出坚壁清海四字。坚壁莫要于修城，清海莫要于收渔船及盐犯。弟往来海上，所得惟此数语。乃广东兵退，而省城仍不修，厦门请饷百五十万，而竟无城池，定海筑一土塘为外城，而与内城不接，贼一翻山即入外城之内，此皆粤、闽、浙三省失守之由。而渔盐之徒尽变汉奸，我不知以夷攻夷，而贼反能以汉攻汉！皆承平日久，人不知兵之大弊也。闻阁下与果堂太守札，屡询近况，谨陈大概。弟所述明代掌故及武功记略，有成书，而少穆先生此公不起用，边事终无了局。又属编《外国地里志》，亦须今冬脱稿，容续寄求教。此外，有"节略"一纸，系家乡民瘼，利害切肤，倘能转呈瀹斋先生施行，其造福于楚民不小，语详别纸，不复赘陈。敬请

近安，不庄

魏源顿首　十月初四日扬州寄

据湖南图书馆藏原件

定盦文录叙
（1842 年）

　　道光二十有一载，礼部仪制司主事仁和龚君卒于丹阳。越明年夏，其孤橙抱其遗书来扬州，就正于其执友邵阳魏源。源既论定其中程者，校正其章句违合者，凡得文若干篇，为十有二卷，题曰《定盦文录》；又辑其考证、杂著、诗词十有二卷，题曰《定盦外录》，皆可杀青付缮写。

　　昔越女之论剑，曰："臣非有所受于人也，而忽然得之。"夫忽然得之者，地不能囿，天不能嬗，父兄师友不能佑。其道常主于逆，小者逆谣俗，逆风土，大者逆运会，所逆愈甚，则所复愈大。大则复于古，古则复于本。若君之学，谓能复于本乎？所不敢知，要其复于古也决矣。

　　阴阳之道，偏胜者强。自孔门七十子之徒，德行、言语、政事、文学已不能兼诣；其后分散诸国，言语家流为宋玉、唐勒、景差，益与道分裂。荀况氏、扬雄氏亦皆从词赋入经术，因文见道，或毗阳则驳于质，或毗阴则惯于事，徒以去圣未远，为圣舌人，故至今其言犹立。矧生百世之下，能为百世以上之语言，能驱宕百世以下之魂魄，春如古春，秋如古秋，与圣诏告，与王献酬，蹖勒、差而出入况、雄，其所复讵不大哉！

　　火日外景则内暗，金水内景则外暗，外暗斯内照愈专。君惯于外事，而文字奥奥洞辟，自成宇宙，其金水内景者欤？虽锢之深渊，缄以铁石，土花绣蚀，千百载后发硎出之，相对犹如坐三代上。

　　君名自珍，更名巩祚，字璱人，浙之仁和人。于经通《公羊春秋》，于史长西北舆地。其文以六书、小学为入门，以周、秦诸子、吉金、乐石为崖郭，以朝章、国故、世情、民隐为质干。晚犹好西方之书，自谓造深微云。自其先世祖父至君，三世皆以进士官礼曹。君二子，长子橙，以文学世其家。

圣武记叙
（1842 年）

荆楚以南，有积感之民焉。距生于乾隆征楚苗之前一岁，中更嘉庆征教匪、征海寇之岁，迄十八载畿辅靖贼之岁始贡京师，又迄道光征回疆之岁，始筮仕京师。京师，掌故海也，得借观史馆秘阁官书及士大夫私家著述、故老传说，于是我生以后数大事及我生以前上讫国初数十大事，磊落乎耳目，旁薄乎胸臆。因以溯洄于民力物力之盛衰，人材风俗进退消息之本末。晚侨江淮，海警飙忽，军问沓至，忾然触其中之所积，乃尽发其椟藏，排比经纬，驰骋往复，先取其涉兵事及所论议若干篇，为十有四卷，统四十余万言，告成于海夷就款江宁之月。

乃敬叙其端曰：天地以五行战阴阳，圣人饬五官，则战胜于庙堂。战胜庙堂者如之何？曰圣清尚矣。请言圣清以前之世：今夫财用不足，国非贫，人材不竞之谓贫；令不行于海外，国非羸，令不行于境内之谓羸。故先王不患财用而惟亟人材，不忧不逞志于四夷，而忧不逞志于四境。官无不材，则国桢富；境无废令，则国柄强。桢富柄强，则以之诘奸，奸不处；以之治财，财不蠹；以之搜器，器不窳；以之练士，士无虚伍。如是，何患于四夷，何忧乎御侮！斯之谓折冲于尊俎。

尝观周、汉、唐、宋、金、元、明之中叶矣，瞻其阙，夫岂无悬令？询其廷，夫岂无充位？人见其令雷行于九服，而不知其令未出阶闼也；人见其材云布乎九列十二牧，而不知其槁伏于灌莽也。无一政能申军法，则佚民玩；无一材堪充军吏，则敖民狂；无一事非耗军实，则四民皆荒。佚民玩则画棰不能令一羊，敖民狂则蛰雷不能破一墙，四民皆荒，然且今日揖于堂，明日觞于隍，后日胏于藏，以节制轻桓、文，以富强归管、商，以火烈金肃议成、汤，奚必更问其胜负于疆场矣。

《记》曰："物耻足以振之，国耻足以兴之。"故昔帝王处蒙业久安之世，当涣汗大号之日，必皥然以军令饰天下之人心，皇然以军食延天下之人材。人材进则军政修，人心肃则国威遒，一喜四海春，一怒四海秋。五官强，五兵昌，禁止令行，四夷来王，是之谓战胜于庙堂。是以后圣师前圣，后王师前王，师前圣前王，莫近于我烈祖神宗矣。《书》曰："其克诘尔戎兵，以陟禹之迹，方行天下，至于海表，以觐文王之耿光，以扬武王之大烈。"用敢拜手稽首作《圣武记》。

元史大理传叙
（1842 年）

顾祖禹《方舆纪要》，谓"历代行军地利皆有格式，惟蒙古之兵，任臆出奇，出没不测，为从古所未有"，盖指大理之役言也。元宪宗兵顿合州之钓鱼山，一载不下，乃思绕出西蜀上游，遂令皇弟忽必烈绕乌斯藏，穿蚕丛数千里而至大理，士马死者十余万。然皇弟两次皆由大理反，以未能遂夹攻之效，虽留乌良合台在后，绕至湖南，而已属强弩之末。（此）〔比〕① 其即位后，即遣国信使郝经渡江往聘者，亦诚见其难也。遇贾似道幽信使于仪征，经年不报，于是世祖怒，用刘整之谋，舍蜀而攻襄阳，图夺其咽喉。吕文焕固守，力战三载，贾似道不遣一旅之援，文焕力竭始降。使似道亲赴襄阳，内外援应，不知世祖又将何以制之？

吾以为宪宗之攻蜀，东川、西川已皆为元有，区区一合州钓鱼山不下，何阻于大事？曷不敛内江、外江之船，乘春水直出巫峡，攻鄂攻金陵，直走吴、越？则不待师抵钱塘而杭州失矣，乌用合州之蚌鹬相持哉！襄阳之城不下，何不舍之而赴上游汉中，造船直下，过襄阳不攻，直出汉阳，顺长江而下？则亦破竹之势，胜襄阳之顿兵老师，其巧拙劳佚天渊矣。

更有奇于是者，日本、爪哇之役，均为孟浪，自取颠沛。至元兵攻襄阳时，宋人金履祥曾上书献海道图并策，请以重兵由四明出海，直抵天津，捣燕、云，则襄、樊之围自解，似道不报。及伯颜下临安，收图籍，得此图及策，乃奏筹海运，招海盗张清、朱瑄，封以二侯，专主其事，由海运历年益增益多，运漕至三百万。是天津之至吴、越，海道直

---

① 据淮南本及文意改。

捷，苟当其未破襄阳之前，闻执使之信，即以其征日本、爪哇之力，移海艘数十舰，由天津直抵江东，一由扬子江直取江陵，一由钱塘江直捣临安，岂非天降之师，事半而功百哉！此之谓奇师，视大理、日本之役何如耶？故顾祖禹所谓元人用兵之奇，不知皆拙谋下策也。

邵阳金滩魏氏二修谱序
（1842年）

吾族元末自江右吉安来长沙府善化，明永乐间万一公兄弟徙邵阳之隆回，四百余载，子孙数千计。前谱修于乾隆甲辰，近六十载。道光十九年，源归省墓，与族中父老子弟议谱事。不二年，将告成，以书来吴，命源为叙。源羁旅飘泊之人也，何敢言谱事哉！

凡民之生，以义群，以群强；凡民之群，以利争，以争弱。故先王为宗法，以联之为酒食，以合之为井田之法，死徙无出乡。至汉始有徙民之令，若楚屈景、齐田之属，动辄徙十数万户以实关中。其徙也，亦令尽旅以行，其不欲民之涣而欲其群也如是。故凡去国三世后，其有贯籍于他处者，则各别为之宗，以统族；其无贯籍者，若吉丧皆反告于宗，后此成乎迁未成迁之别也。

吾先考室山主簿公卒于任，贫不克归，遗命留窆。初无所择于何地也。越十年，而源卜地于阳羡山中，则张渚之民来言曰：昔魏公分司吾镇，有惠政，吾等已上其事于邑，载入《荆溪名宦志》矣。今闻魏公葬地未卜，曷彷朱邑啬夫葬桐乡故事乎？于是举其大贤山之吉地以赠以葬，是故见吴民之厚，而先考所以去乡之故，其可告无罪于祖宗矣。源即今侨寓广陵，尚无定所。《诗》曰："维桑与梓，必恭敬止。"是以欣谱事之告竣，而为之惓惓致意也。

吾始祖自善化徙邵，不过兄弟二人，而颐衍至今日，其必非无以致之。金滩山水环绕，原隰广平，加以前人德泽之所以掇一科、利一邑之荣已也，将必有忠信材德奇伟之士出乎其间，以亢宗而起家。譬如泉然，勿堙其原，在浚之而已；如墙然，勿损其基，在培之而已。子舆氏言：父子兄弟，去利怀仁义，相接无不兴；去仁义怀利，相接无不亡。

是则吾祖宗以来所世守之训，尚期一族之中，父诏兄勉，相与型仁讲让，则吾宗之兴也可俟矣。道光二十二年仲秋月十五世孙源谨书于广陵絜园。

据邵阳李柏荣存本

筹河篇上
（1842 年）

我生以来，河十数决。岂河难治？抑治河之拙？抑食河之饕？作《筹河篇》。

但言防河，不言治河，故河成今日之患；但筹河用，不筹国用，故财成今日之匮。以今日之财额，应今日之河患，虽管、桑不能为计；由今之河，无变今之道，虽神禹不能为功。故今日筹河，而但问决口塞不塞与塞口之开不开，此其人均不足与言治河者也。无论塞于南难保不溃于北，塞于下难保不溃于上，塞于今岁难保不溃于来岁；即使一塞之后，十岁、数十岁不溃决，而岁费五六百万，竭天下之财赋以事河，古今有此漏卮填壑之政乎？吾今将言改河，请先言今日病河病财之由，而后效其说。

人知国朝以来，无一岁不治河，抑知乾隆四十七年以后之河费，既数倍于国初；而嘉庆十一年之河费，又大倍于乾隆；至今日而底高淤厚，日险一日，其费又浮于嘉庆，远在宗禄、名粮、民欠之上。其事有由于上者，有由于下者。

何谓由上？国初靳文襄承明季溃败决裂之河，八载修复，用帑不过数百万；康熙中，堵合中牟杨桥大工，不过三十六万。其时全河岁修不过数十万金，盖由河槽深通，而又力役之征，沿河协贴物料方价皆贱，工员实用实销，故工大而费省。乾隆元年，虽诏豁各省海塘河堤派民之工十余万，而例价不敷者，尚摊征归款。至四十七年，兰阳青龙冈大工，三载堵闭，除动帑千余万外，尚有夫料加价银千有一百万，应分年摊征。其时帑藏充溢，破格豁免，而自后遂沿为例，摊征仅属空名。每逢决口，则沿河商民，且预囤柴苇，倍昂钱值，乘官急以取利，是为河费一大窦。然乾隆末，大工虽不派夫，而岁修、抢修、另案，两河尚不过二百万。及嘉庆十一年，大庾戴公督南河，奏请工料照时价开销，其所藉口不过一二端，而摊及全局。于是岁修、抢修顿倍，岁修增，而另案从之，名为从实开销，而司农之度支益匮，是为河费二大窦。计自嘉庆十一年至今，凡三十八载，姑以岁增三百万计之，已浮旧额万万，况意外大工之费，自乾隆四十五年至今，更不可数计耶？此之谓费浮自上。

其浮自下者，自靳文襄以后，河臣不治海口，而惟务泄涨，涨愈泄，溜愈缓，海口渐淤，河底亦渐高，则又惟事增堤。自下而上，自一二岁以至十岁、数十岁，河高而堤与俱高。起海口，至荥泽、武陟两堤，亘二千余里，各增至五六丈。束水于堵，隆堤于天。试以每岁加堤丈尺，案册计之，必有二三十丈。其实今堤不及十分之二，不曰汛水淤垫，则曰风日削剥，以盖其偷减。其实汛水仅能淤堤中之河身，不能淤堤外之官地。试以堤外平地高低丈尺诘之，则词穷矣。即此加堤之费，已不下三万万。河身既淤，大溜偶湾，即成新险，于是又增另案之费；河堤既高，清水不出，高堰石堤，亦逐年加高，于是又增湖堰之费，亦不下三五万万。是以每汛必涨，每涨必险，无岁不称异涨。每岁两河另案岁修，南河计四百万，东河二三百万。溃决（堵）〔堵〕① 合之费，人能知之，能患之，其不溃决而虚糜之费，则习以为常，且不知之，且不能患之也。堤日增，工日险，一河督不能兼顾，于是分设东、南两河，置两河督，增设各道、各厅。康熙初，东河止四厅，南河止六厅者，今则东河十五厅、南河二十二厅。凡南岸北岸，皆析一为两，厅设而营从之，文武数百员，河兵万数千，皆数倍其旧。其不肖者，甚至以有险工有另案为己幸。若黎襄勤之石工、栗恪勤之砖工，即已有"糜费罪小，节省罪大"之谤。此之谓费增自下。是以国家全盛财赋，四千万之出入，无异乾隆中叶之前，巡幸土木普免之费，且倍省于乾隆之旧；而昔则浩浩出之而不穷，今则斤斤搏之而不足。是夷烟者，民财之大漏卮，而河工者，国帑之大漏卮也。

然则今日舍防河而言治河可乎？惩糜费而言节用可乎？曰无及矣！南河十载前，淤垫尚不过安东上下百余里，今则自徐州、归德以上无不淤。前此淤高于嘉庆以前之河丈有三四尺，故御黄坝不启，今则淤高二丈以外。前此议者尚拟改安东上下绕湾避淤，或拟接筑海口长堤，对坝

---

① 据淮南本改。

逼溜，以期掣通上游之效；今则中满倒灌，愈坚愈厚愈长，两堤中间，高于堤外四五丈，即使尽力海口，亦不能掣通千里长河于期月之间，下游固守，则溃于上，上游固守，则溃于下。故曰：由今之河，无变今之道，虽神禹复生不能治，断非改道不为功。人力预改之者，上也，否则待天意自改之，虽非下士所敢议，而亦乌忍不议？

筹河篇中
（1842 年）

河决南岸与决北岸孰胜？则必金曰：南决祸轻，北决祸重。北决而在上游，其祸尤重。决北岸上游者，若乾隆青龙冈之决，历时三载，用帑二千万，又改仪封、考城而后塞。嘉庆封丘荆隆工之决，历时六载，后因暴风而后塞。武陟之决，用帑千数百万，亦幸坝口壅淤而后塞。南岸则虽在上游，亦不过数百万可塞。是地势北岸下而南岸高，河流北趋顺而南趋逆。故挽复故道，北难而南易。上游北决，则较下游其挽回尤不易。

问曰：然则河之北决，非就下之性乎？每上游豫省北决，必贯张秋运河，张秋即今寿张县。趋大清河入海，非天然河槽乎？挽回南道既逆而难，何不因其就下之性使顺而且易，奈何反难其易而易其难，祸其福而福其祸？则必曰：恐妨运道。乌乎！今之南运河，果能不灌塘而启坝通运乎？既可灌塘于南运河，独不可灌塘于北运河乎？明知顺逆难易，利害相百，乃必不肯舍逆而就顺，舍难而就易，岂地势水性使然乎？审地势水性如之何？曰：莫如南条行南，北条行北而已。近日黄河屡决，皆在南岸，诚为无益，即北决，而仅在下游徐、沛、归德之间亦无益，惟北决于开封以上则大益。何则？河、济北渎也，而泰山之伏脉介其中，故自封丘以东，地势中隆高起，而运河分水龙王庙，遏汶成湖，分流南北以济运。是河本在中干之北，自有天然归海之壑。强使冒干脊而南，其利北不利南者，势也。北条有二道：一为冀河故渎，《史记》所谓禹载之高地者，今不可用。上游即漳水，下游至天津静海县入海，皆禹河故道，其地亦高，故不可用。一为山东武定府之大清河即济水、小清河即漯水，皆绕泰山东北，起东阿，经济南，至武定府利津县入海，即禹厮河为二渠，一行冀州，一行漯川者也。

自周定王时，黄河失冀故道，即夺济入海，东行漯川，故后汉明帝
永平中，王景治河，塞汴归济，筑堤修渠，自荥阳至千乘海口千余里，
汉千乘即今武定府利津县。行之千年。阅魏、晋、南北朝，迨唐、五代，
犹无河患，是禹后一大治，盖不用禹冀州漳、卫之故道，而用禹兖州漯
川之故道。以地势，则上游在怀庆界，有广武山障其南，大伾山障其
北；既出，即奔放直向东北，下游有泰山支麓界之，起兖州东阿以东，
至青州入海，其道皆亘古不变不（壤）〔坏〕①，其善一。以水性，则借
至清沉驶之济，涤至浊淤之河，药对证而力相敌，非淮、泗恒流不足刷
黄者比，其善二。

北宋河益北徙，几复故道，宋人恐河入契丹境，则南朝失险，故兴
六塔二股河，欲挽之使东，又不知讲求漯川故道，其弊在于以河界敌，
志不在治河也。

及南宋绍熙、金明昌之际，河遂自阳武而东，至寿张，注梁山泺分
二派，北派由北清河入海，南派由南清河入海，南清河即泗水入淮之
道，今会通河起汶上县至淮安府清河县是也。北清河即济漯川。今大清河自运
河滚水坝历东阿、平阴、济阳、齐东、武定、青城、滨州、蒲台至利津海口。其
时，金人以邻为壑，故纵河南下，与北清河并行，其弊又在于以河病
敌，亦无志治河也。

及元世祖至正中，开会通河，尽断北流，专以一淮受全河，而河患
始亟。元末至正中又北决。贾鲁初献二策：一议修筑北堤以制横溃，其
用功省；一议浚塞并举，挽河南行，复故道，其功费甚大。脱脱竟用后
议，挽之使南。其时，余阙即言河在宋、卫之郊，地势南高于北，河之
南徙难而北徙易。议者虑河之北，则碍会通之漕，不知河即北，而会通
之漕不废。何则？漕以汶，不以黄也。贾鲁不能坚持初议，其识尚出余
阙之下。明以来，如潘印川、靳文襄，但用力于清口，而不知徙清口于
兖、豫，其所见又出贾鲁之下。诸臣修复之河，皆不数年、十余年随决
随塞，从无王景河千年无患之事。岂诸臣之才，皆不如景，何以所因之
地势水性，皆不如景？其弊在于以河通漕，故不暇以河治河也。

今日视康熙时之河，又不可道里计。海口旧深七八丈者，今不二三
丈；河堤内外滩地相平者，今淤高三四五丈，而堤外平地亦屡漫屡淤，
如徐州、开封城外地，今皆与雉堞等，则河底较国初必淤至数丈以外。

———————————

　① 据淮南本改。

洪泽湖水，在康熙时止有中泓一河，宽十余丈，深一丈外，即能畅出刷黄，今则汪洋数百里，蓄深至二丈余，尚不出口，何怪湖岁淹，河岁决。然自来决北岸者，其挽复之难，皆事倍功半，是河势利北不利南，明如星日。河之北决，必冲张秋，贯运河，归大清河入海，是大清河足容纳全河，又明如星日。使当时河臣明古今，审地势，移开渠塞决之费，为因势利导之谋，真千载一时之机会。乃河再三欲东入济，人必再三强使南入淮，强之而河不受制，则曰："治河无善策，治河兼治运尤无善策。"乌乎！运河之贯黄河，南北一也，黄河之贯运河，亦南北一也。汶水自南旺湖北行百三十余里，至张秋入大清河，建瓴而下，是南岸通漕甚易，所宜筹。惟北岸但自寿张至临清二百余里，尽塞减水坝倒塘济运，而筑石闸于寿张黄、运之交，是北岸通运，亦视南河御黄坝倍易，何虞乎运道？且今日之河，亦不患其不改而北也。使南河尚有一线之可治，十余岁之不决，尚可迁延日月。今则无岁不溃，无药可治，人力纵不改，河亦必自改也。然改之不可于南岸，亦不可于下游徐、沛之北岸。何也？上游河身高于平地，仍可决而南也。惟一旦决上游北岸，夺溜入济，如兰阳、封丘之已事，则大善，若更上游而决于武陟，则尤善之善。河已挽之不南，费又筹之无出，自非因败为功，计将安出？

　　因败为功如之何？曰：乘冬水归壑之月，筑堤束河，导之东北，计张秋以西，上自阳武，中有沙河、赵王河，经长垣、东明二县，上承延津，下归运河，即汉、唐旧河故道。但创遥堤以节制之，即天然河槽。张秋以东，下至利津，则就大清河两岸展宽，或开创遥堤，即如王景用钱百亿，共一千万贯，合银五百万两。尚不及兰阳、武陟之半。河既由地中行，无高仰，自无冲决。即使盛涨偶溢，而堤内堤外相平，一堵即闭，不过如永定河塞决之费一二十万而止。新河北不驾太行之脉，南不驾泰山之脉，介两脉之间，所刷皆尘沙浮土，日益深通。且南岸有旧河淤身千余里，高五六丈，宽数百丈，以北岸为南岸，新河断不能再侵轶而南。虽自考城以下，旧河迤逦益南，距新河渐远，难尽借北堤为南堤，而河如南决，则断不能冒截而过北岸。自卫辉以上，西薄大伾山，自卫辉以东，有平衍，无洼下，加用砖工护堤，以御大溜，河必不舍深就高，侵轶而北。禹河由冀州入海，史言载之高地，是冀北不洼下之证。即使数百年后，河流偶北，如北宋之复禹迹，亦无庸挽之使南矣。姑毋侈王景河千年之远效，而数百载间大工费必可省矣。

　　其平时岁修，则姑复国初之旧，以一河道驻张秋，督南岸、北岸、上游、下游数厅官，及河标武职数十员而止，可裁冗员大半矣。每厅辖境不能过百里，缘盛涨时鞭长莫及也。若水由地中行，则无险工可抢，故无用多官。岁修及倒塘济运，至多以数十万计，如国初旧额，岁可省五百万，十数年可渐复乾隆库藏之旧，大利一。河北自卫辉南境，凡沙河所经，如原武、阳武、延津、封丘、考城，直走山东，皆历年河决正溜所冲之地，非沙压，即斥卤，皆土旷人稀，无辐辏阛阓，而南自开封，下至淮海，旧河涸出淤地千余里，以迁河北失业之民，舍硗瘠，得膏腴，不烦给价买地，大利二。洪泽湖畅出入海，高堰可不蓄水，涸出淮西上游民田数万顷，大利三。五坝不启，下河不灾，淮、扬化为乐国，大利四。河不常患，帑不虚糜，而后国家得以全力饬边防，兴水利，尽除一切苟简权宜之政，大利五。其新河岁修数十万金，但取诸旧河、旧湖涸出淤地升科之项而有余，国家更不费一钱以治河，大利六。

此六利者，天造地设，自然之利，非非常之事也，亦不必需非常之人也。但须廷议决计于上，数晓事吏承宣于下，晓谕河北州县，当水冲数十里内之民，以兰阳、武陟之已事，令其徙危就安，徙害就利，舍硗瘠，就膏腴，天下无不知利害之人，断无甘心危地以待沦胥之事，岂非因势利导至易之策？然而事必不成者，何也？河员惧其裁缺裁费，必哗然阻；畏事规避之臣，惧以不效肩责，必持旧例，哗然阻。一人倡议，众人侧目，未兴天下之大利，而身先犯天下之大忌。盘庚迁殷，浮言聒聒，故塞泽洞之口易，塞道谋之口难。自非一旦河自北决于开封以上，国家无力以挽回淤高之故道，浮议亦无术以阻挠建瓴之新道，岂能因败为功，邀此不幸中之大幸哉！

吁！国家大利大害，当改者岂惟一河！当改而不改者，亦岂惟一河！

此山东济南府武定府之大清河，非直隶天津直沽口之大清河也。南北相距五六百里，一系济水，一系卫水，判然不同。虽二道皆禹河故道，而燕、蓟之水皆南流，此北道地高之明证；且密迩京师，断不可用。惟东道天然大壑深通，且为历年北决之正溜，天造地设，更无善于此者。胡氏渭尚责王景不知复禹河冀州故道，未能尽善，岂殷室五迁为患之河，反胜于汉、唐千年无患之河乎？但慕师古，无裨实用，斯则书生之通蔽已。

筹河篇下
（1842 年）

　　或曰：史称王景治河，发卒数十万，修渠筑堤，自荥阳东至千乘海口千余里，千乘，今利津县。商度地势，凿山阜，破砥绩，原注：砥绩，山名。按：绩当作碛，盖山麓石矶插入水中者，必破去方免碍水道。直截沟涧，逢湾取直。防遏冲要，即今扫坝、挑溜、御险。疏决壅积，旧无河槽处，别开引河。十里立一水门，令更相洄注，无溃漏之患。说详下文。简省役费，然犹以百亿计。十万曰亿。凡用钱千万贯。明年夏，渠成。兴工于先年霜降后，逾春毕工。诏滨河郡国置河堤员吏如西京旧制，原注引《十三州志》曰成帝时，河堤大坏，泛滥青、徐、兖、豫四州，乃以校尉王延代领河堤谒者，秩千石。或名其官为护都水使者。中兴以三府掾属为之。其法皆与后世治河相仿。惟十里立一水门，得无分泄水力？溜缓沙停，蹈贾让多开渠门之失，违潘、靳束水攻沙之议！

　　曰：潘季驯治河，亦有闸坝涵洞以杀盛涨而淤洼地。景之水门，即潘氏之闸洞也。更相洄注，使无溃漏，则水门外必仍有遥堤以范围之，即汉人所谓金堤，又谓之石堤者。潘氏遥堤，相去千丈，内有缕堤，相去三百丈。河槽常行缕堤之中，日夜攻沙，若水门不在缕堤外遥内，则一泄不返，安能更相注而无溃漏耶？计王景新河，初年渠身尚浅，伏秋二汛，往往溢出内堤，漾至大堤，故立水门，使游波有所休息，不过三四日，即退归河槽，故言更相洄注。若数年后，新河涤深至五六丈，则大汛不复溢过内堤，而水门可等虚设，故能千年无患。然则十里一水门者，盖其开放新河时，使皆洄注于内堤左右，而非泄水于外堤乎？用钱千万贯，不及近世兰阳、武陟大工之半，而遂建千载之绩，何惮而不为？曰：王景筑堤千余里，用钱千万贯，其时物力，视今贵贱悬绝，果能以今日银价合古时钱价耶？曰：王景之费，一由于初创新道，故有凿阜破砥，直截沟涧之劳；二由于十里立一水门更相洞注也。今则因其故道，无复凿阜破砥之功，是费可省于旧者一。水门石工，视缕堤土工费倍，盖其时荥阳以东，无高厚南岸为之节制，恐河南侵，故堤防用力若是，今则有高厚旧河身以为南岸，即不必立水门，不必用缕堤，而但筑遥堤；其北岸亦止须间抛砖工以护堤御涨，费可省于旧者二。是今日之事，师景而逸于景。考河堤土工，每方例给银一钱九分，或二钱一分。今欲改道，必筑新堤高丈五尺，顶厚三丈，底宽十丈五尺，计堤长每丈需土百方，为银二十两，每堤一里，需银二千六百两。除旧河上游，即以北堤作南堤，毋庸新筑，及下游大清河两岸遥堤，高广减半，其费较省外，统计新河千余里，不过费帑金五六百万，止需目前今河例修一岁之费，即可一劳永逸；以今之银五百万，抵汉世之钱千万贯有余矣。至东汉滨河员吏，秩不过千石，且隶于郡国，等于掾属，视今日两总督、八道员、数十厅营，相去悬绝，则其岁修工程之无多又可知。不独险工减于后世什九，其浮费亦必不及后世什一。险工减，故官可大裁；浮费核，则工归实用。故古河员之多寡，恒视河务为盛衰。员愈多，费愈冗者，河必愈坏；员愈少，费愈节者，其河必愈深。如曰不然，近请视国初，远请视前史。

或曰：国朝孙文定、裴文达，皆曾主北流之议。然孙公之议，则欲于漕舟抵临清后，即由大清河入海，转运天津，所经海道仅四百余里，皆平恬内海，而非大洋，并以乾隆三年运登、莱米三十万石，由利津至天津，一日即至为证；裴公则谓汉明帝时，德、棣之间，河播为八，王景因以成功。今八河湮塞难浚，不若改由六塘河之省力。然耶，否耶？

曰：自元、明以来，知北流之利者，如余阙、胡世宁，及近日胡渭、孙星衍，不一其人，皆无如漕舟直达之无策。若言盘堤、言海运，终不能不两易其舟，即无以杜阻挠之口。由其时尚未有灌塘济运之法，故言改河北流，必至道光间行之，始万全无失。亦事穷则变，千载一时。至《后汉·王景传》，但言修渠筑堤千余里至海口，并无播河为八之说。《明帝纪》言汴渠决坏六十余岁，王景治之，河、汴分流，是其时河决为二，一由汴，一由济，王景塞汴归济，并不北经德州，亦无德、棣间先决为八之事，不知裴文达何自得此无稽之语。盖误认德州之老黄河九河故渎者，以为王景之河，且欲广其尾闾宽五六十里，恣河泛溢，与潘、靳之长堤束水议正相反。地理方向之未辨，更何暇与议方略！德州之老黄河，乃所谓王莽河也。

问曰：兖州大清河为王景故道，既可千年无患，何以禹河不专行漯川，而必兼行故渎，致殷都五迁之患，岂禹之智不及景耶？

曰：史言禹以河所从来者高，行平地，数为败，乃自冀州引河北行，载之高地。则是浇水方割之时，兖州一望汪洋，水中无可施功，故从大陆开凿北行，载之高地。既称高地，明非天然之壑。及兖州水退，降丘宅土之后，河槽涸出，始知济渎地势胜于冀州，故别厮二渠，兼行漯川，实则以漯川为正流，而姑留冀州故道为分派。其后冀州高地之九河日淤，正溜日趋卑地，故殷室有五迁之患。及周定王后，九河故道全塞，遂专趋济渎，后汉王景始因禹迹以成功，非景之智过于禹，所值之时，所因之时，过于禹也。是大禹初引河北载诸高地者，洪水时未竟之功，继又厮渠引河东趋漯川者，洪水后讲求尽善，而王景始成禹之志。师景即所以师禹，非一时之功，实百世之功也。

问：明人有沁水通运之议，以沁水由河南武陟入黄河，北与卫河相近，其水冬春清而夏秋浊，欲于木栾店修分水闸坝，冬春引清水入运河，夏秋放浊水入黄河，是沁水可兼通南北。今议改河北岸，曷不令漕舟溯黄而上，由沁入卫，通黄、运南北之枢，可免灌塘济运之功乎？

曰：沁水浊悍冲决，使北行入运，则卫辉必有昏垫之虞。无论七分入黄、三分济运之闸坝未必成，即使可成，而漕艘既至张秋以后，乃不直赴临清，而令逆溯黄河数百里而上，迁道千余里，以觊不可必之功，视临清灌塘济运，劳逸迂直相百也。智恶其凿，非利导之所尚也。

问：两汉、晋、唐，河行东北；其时长安、洛阳，帝都皆在河南；金、元、明、本朝，河行东南，则燕都在河北。或谓冀北建都之形势，其河宜南不宜北，然乎，否乎？

曰：治莫盛于唐、虞，其时河北由冀州入海，而平阳、蒲坂、安邑之都，河南耶，河北耶？汴宋时，河北决而金源以兴，明昌间，河南徙而金室日蹙，河之宜南流者安在？元末，贾鲁复河南流，而明太祖兴凤阳，都金陵，其时元正都燕，其利于北都者安在？且以形势言之：河北流，则于燕都为环拱；南流，则于燕都为反弓。以符瑞言之：我朝国号大清，而河工奏疏，动以黄强清弱，清不敌黄为言，毫无忌讳。惟改归大清河，则黄流受大清之约束，以大清为会归朝宗之地，其祥不祥又孰胜？

总之，仰食河工之人，惧河北徙，由地中行，则南河东河数十百冗员，数百万冗费，数百年巢窟，一朝扫荡，故簧鼓箕张，恐喝挟制，使人口慑而不敢议。昔汉武时，河决瓠子，东南注巨野，通于淮、泗。丞相田蚡奉邑食鄃，在河北岸，河决而南，则鄃无水灾，邑收多，蚡乃言于上曰："河决皆天意，未易以人力强塞。"故决久不塞。乌乎！利国家之公，则妨臣下之私，固古今通患哉！

筹海篇*一议守上
（1842 年）

自夷变以来，帏幄所擘画，疆埸所经营，非战即款，非款即战，未有专主守者，未有善言守者。不能守，何以战？不能守，何以款？以守为战，而后外夷服我调度，是谓以夷攻夷；以守为款，而后外夷范我驰驱，是谓以夷款夷。自守之策二：一曰守外洋不如守海口，守海口不如守内河；二曰调客兵不如练土兵，调水师不如练水勇。攻夷之策二：曰调夷之仇国以攻夷，师夷之长技以制夷。款夷之策二：曰听互市各国以款夷；持鸦片初约以通市。今请先言守。

今议防堵者，莫不曰："御诸内河不若御诸海口，御诸海口不若御诸外洋。"不知此适得其反也。制敌者，必使敌失其所长。夷艘所长者，外洋乎？内河乎？吾之所御贼者，不过二端：一曰炮击，一曰火攻。夷之兵船，大者长十丈，阔数丈，联以坚木，浇以厚铅，旁列大炮二层，我炮若仅中其舷旁，则船在大洋，乘水力活，不过退却摇荡，不破不沉。必中其桅与头鼻，方不能行驶，即有火轮舟牵往别港，连夜修治。惟中其火药舱，始轰发翻沉，绝无泅底凿沉之说。其难一。若以火舟出洋焚之，则底质坚厚，焚不能然。必以火箭、喷筒焚其帆索、油薪，火药轰其桅尾头鼻。而夷船桅斗上，常有夷兵远镜瞭望，我火舟未至，早已弃碇驶避。其难二。夷船起碇，必须一时之久，故遇急，则斩缆弃碇而遁。夷舶三五为帮，分泊深洋，四面棋布，并非连樯排列。我火船攻其一船，则各船之炮皆可环击，并分遣杉船小舟救援。纵使晦夜乘潮，能突伤其一二艘，终不能使之大创。而我海岸绵长，处处防其闯突，贼逸我

---

* 按：《海国图志》的《筹海篇》一、二、三、四，在道光二十二年五十卷本和道光二十七年六十卷本均为卷一，咸丰二年百卷本则改为两卷（即《筹海篇》一、二在卷一，《筹海篇》三、四在卷二），且文字稍有厘与增删。今为方便读者使用，采用的是通行的百卷本文字。

劳，贼合我分。其难三。海战在乘上风，如使风潮皆顺，则即雇闽、广之大梭船、大米艇，外裹糖包，亦可得胜。郑成功之破荷兰，明汪铉之破佛郎机①，皆偶乘风潮，出其不意。若久与交战，则海洋极寥阔，夷船善驾驶，往往转下风为上风，我舟即不能敌。即水勇、水雷，亦止能泅攻内河淡水，不能泅伏咸洋。其难四。观于安南②两次创夷，片帆不返，皆诱其深入内河而后大创之，则知欲奏奇功，断无舍内河而御大洋之理。贼入内河，则止能鱼贯，不能棋错四布。我止御上游一面，先择浅狭要隘，沉舟絙筏以遏其前，沙垣大炮以守其侧，再备下游桩筏以断其后，而后乘风潮，选水勇，或驾火舟，首尾而攻之。沉舟塞港之处，必留洪路，以出火舟。或仿粤中所造西洋水雷，黑夜泅送船底，出其不意，一举而轰裂之。夷船尚能如大洋之随意驶避，互相救应乎？倘夷分兵登陆，绕我后路，则预掘暗沟以截其前，层伏地雷以夺其魄。夷船尚能纵横进退自如乎？两岸兵炮，水陆夹攻，夷炮不能透垣，我炮可以及船，风涛四起，草木皆兵。夷船自救不暇，尚能回炮攻我乎？即使向下游沉筏之地，豕突冲窜，而稽留片时之间，我火箭、喷筒已烬其帆，火罐、火斗已伤其人，水勇已登其舱，岸上步兵又扛炮以攻其后，乘上风，纵毒烟，播沙灰，以眯其目，有不聚而歼旃者乎？是口门以内，守急而战缓，守正而战奇，口门以外，则战守俱难为力。一要既操，四难俱释矣。

或曰：门户失守，则民心惊惶；纵贼入庭，则必干罪戾。倘贼方入口，即分夷兵登岸，夹攻我后，或进攻我城，则如之何？曰：所谓诱贼入内河者，谓兵、炮、地雷，水陆埋伏，如设阱以待虎，设罶以待鱼，必能制其死命而后纵其入险，非开门延盗之谓也。奏明兵机，以纵为擒，何失守之有？贼虽入口，尚未至我所扼守之地，何惊惶之有？然海口全无一兵，尚恐贼疑，未敢长驱深入，必兼以废炮羸师，佯与相持，而后弃走，引入死地。即如粤之三元里，非内地乎？若非夷兵登岸肆扰，安能成围酋截敌之举？松江府城，非内河乎？尤提军于上海失守之后，整兵二（十）〔千〕，以待夷船驶入，放炮相持，二日而退。使先备火攻，塞去路，安在不可奏安南殄敌之功？《传》曰："不备不虞，不可以师。"《易》曰："王公设险，以守其国。"夫险者，非徒据口拒守，敌

---

① 佛郎机，指葡萄牙（Portugal）。

② 安南，今越南。

不能入之谓，谓其口内四路可以设伏，口门要害可截其走，寇能入而不能出也。自用兵以来，寇入粤东珠江者一，入宁波甬江者一，入黄（埔）〔浦〕松江者一，皆惟全力拒口外，而堂奥门庭荡然无备。及门庭一失，而腹地皆溃，使舍守口外之力以守内河，守口外兵六七千者，守口内兵不过三千，得以其余为犄角奇伏之用，猾贼知兵，必不肯入。如果深入送死，一处受创，处处戒心，断不敢东闯西突，而长江高枕矣。何至鲸驶石头之矶，霆震金焦之下哉？故曰守远不若守近，守多不若守约，守正不若守奇，守阔不若守狭，守深不若守浅。

请纵言浙江：浙海岛屿林立，而舟山居其一，以险则非门户，以富则非沃壤，以大则仅弹丸，明汤和经理沿海，并未收入内地。明之定海，今之镇海县也。康熙初，始移定海于舟山，而改旧卫称镇海。顺治八年，议政王大臣奏言："舟山乃本朝弃地，守亦无益，其令副都统率驻防满兵回京。"此皆开国老成，瞻言百里。故康熙以前，皆弃化外。盖城逼海滨，船抵城外，炮及城内，迥非台湾、琼州、崇明之比。崇明虽最小，而四面沙滩，两港曲折数十里，非小舟不能入。乃宁波濒海连岸之南田山，垦成沃壤者，反禁不许开，而重兵以守孤悬之岛，使外夷得以挟制，此不得地利者一。然则如之何？曰：弃定海，移其兵民于南田，严守宁波，佯退镇海招宝山，以诱入之，而后于甬江下游狭港塞其去路，乘风火攻者，上策；专守镇海，不使入者，次之；分守定海者为下。

请纵言广东：香港与尖沙嘴、裙带路三屿相连，周百余里，堪避风浪，而孤悬海面，亦粤之舟山耳。夷与我通商，则必入虎门方能贸易，不与通商，则夷虽孤处香港无益。其地距广州四百余里，距虎门二百余里，何预咽喉利害。次则沙角、大角炮台，远隔虎门之外，江面寥阔，大炮仅及中泓，不足遏夷艘，适足招夷炮，何必守？所宜守者，虎门之横档、三门与虎门内乌涌，再进曰猎得，曰大黄滘。盖广东外城卑薄，而城外市廛鳞次，必应扼其要口，以为外障。至四方炮台，踞省城后山，俯视全城，乃国初王师破城所设，是攻城之要，非守城之要也。事平后早宜毁拆，而阻其上山之径。乃不严守省河要口，而反守四方炮台，即使不失守，其炮能遥击夷船乎？抑将俯击城中之人乎？其失地利者二。然则如之何？曰：拆去四方炮台，增修外城，沉舟筏于猎得、大黄滘，倚山近水，坚筑土城，守以兵炮，使夷兵断不能闯省城，而后潜遣人桩塞乌涌上下，火舟乘夜夹攻者，上策；弃沙角、大角，固守虎门者，次之；弛内备而徒争香港者为下。

请纵言福建：福州、泉州，诸河溜急，皆潮至通舟，潮退浅阁，则一潮不能直达，故贼大艘不敢闯入。所守者，惟厦门。厦门有鼓浪屿障其外，大舟进港可至虎头关，小舟可至税关。旧设炮台于口门，不足制贼，仅足自守。上年反于口外大档、小档、崏屿、青屿等纷增炮台，备多力分，故为夷所破。其失地利者三。然则当如之何？曰：以精兵重炮内伏虎头关，尽藏火舟于内港，佯以废炮疲兵守口弃走，诱入内港，而后水勇火具四面歼之者，上策；固守口门旧炮台不使入者，次之；纷增多台自相牵制者为下。

请纵言江苏：宝山城逼海塘，三面寥阔，潮头浪花，高溅雉堞，故国初李成栋军至此，惊为绝地。见《宝山县续志》。且以财赋文学之邦，而城中无千金之产，无一命之士，即承平尚宜内移于江湾、罗店，或与嘉定、上海同城。乃以重兵多炮守洋面，即使不失守，亦何能出奇制胜？此失地利者四。然则当如之何？曰：弃宝山专守上海，沉舟筏，阻江湾，而后诱其入江，潜以桩筏塞东沟下游，而火舟水勇攻歼之者，上策；固守东沟毋使深入者，次之；守宝山海塘者为下。

请并言天津：天津府城直沽河，距海口二百里，潮退浅阁，且外有沙洪为门户，中通大艘，可以舟筏沉塞。倘夷艘敢北犯，但内徙炮台于近城，纵其深入，截其出口，而火舟水雷夹攻之者，上策；设兵炮于沙洪，伏地雷于近岸者，次之；远设炮台于口外者为下。

然则浙之钱塘江，苏之扬子江，广阔浩瀚，既不能沉舟筏以截其前后，而火攻又易于驶避，若何？曰：钱塘江西岸，潮落沙滩十余里，夷船即入，止能东扰萧山，断不能西犯杭城。且海口龛、赭二山，近皆涨浅，猾夷早已探明，故不肯驶入。扬子江口外有君山、圌山两重门户，江阴鹅鼻嘴，即君山之麓也，斗入江中，与对江之刘文沙相距四五里，圌山与对江之东新河相去二三里，国初张名振、郑成功动辄闯入，大炮远则无力，本难恃为门户。故凡言守圌山者，皆道听耳食之谭也。若既闯入以后，非北窥扬州，即西犯江宁。扬州宝塔湾，回肠曲折，最便于伏火舟，断去路。惟运河浅狭，夷大舰不能入，其入者，不过火轮、杉板四五舟，夷兵六七百人，即烬之亦无能大创。惟江宁省会，则大兵艘环集于石头城，即下关也。其外界沙洲数十里，江面极狭，而城内秦淮可藏火舟，可出火舟。夷船惟火轮无风能行，其兵船、货船则无风不能动。攻之法，宜乘无风之夜，潮退之时，以火舟水勇出水西门，顺流而下，以数小舟攻一舟。夷船首尾无炮，其同帮各船之炮，恐自击其邻舟，则不敢开。火烈具举，船各自救，亦不暇开。我兵或泅或伏，出没如意，亦不畏其开。其尾大不掉之兵舰，有不帆焚、索断、柁烬、鼻坏者乎？四者去，则船不能行，人船可以并获。其奏功之小大，则视火舟之多不多，水勇之练不练。火舟多，水勇练，以数百火舟攻数十兵艘，即有散碇于下游他岸者，亦有下游火艇由运河出，由瓜洲出，由中闸出，各攻各舰。但使一夕无风，夷艘必无噍类。若得粤中水雷百具，水勇黑夜泅送各艘之底，一举而烬之，尤万全策。若弥旬连日大风，竟无风息之时，则以火舟攻其上风，而以石油、江豚油之火箭喷筒，从下风夹攻之，专攻帆索，亦必可焚其半。夷若乘东风驶往上游，则不能出海，仍是槛笼中物。若乘西风驶往下游，则驱逼出海，纵不可歼敌，而可以走敌，永不敢再窥内江矣。

或曰：此皆谋之在预，备之于先，若既不能拒之口外，又未尝备诸口内，一朝夷艘闯入，仓卒风鹤，无火具可购，无小舟可雇，无水勇可募，其若之何？曰：调度不得其人，虽谋之期年，亦溃之一旦。若调度有人，则龙关六闸乃木簰所集，沿江洲地为薪荻所薮，上海之闽、广水手，仪征下河之私枭匪艇，出没风涛，亡命鹜利，视死如归，一呼数千可集。至火药、火球、火箭、奇油、毒药，军兴防堵局购办，所费巨万。夷自六月①初破宝山后，七月朔日②始抵江宁，九月始出江口，前后将及三月③。但一面羁縻，一面备战，何事不可立办？顺治十七年，海寇郑成功百万之众破瓜洲，破镇江，沿江郡县，望风纳款。其时江宁防兵调征云贵，守备空虚，东南全局皆震，其岌岌岂但今日。而梁化凤且款且守，突出陆战以挫之，火其百艘以走之，彼岂备之于先，谋之于豫哉？千兵易得，一将难求。粤东初年有歼夷之备，而无其机，近日江、浙有歼夷之机，而无其备，机与才会，事功乃出。

或曰：圌山、君山之隘，说者皆谓可沉舟以断其去路，子何独谓其不能？火攻必乘顺风，子何以必待无风？若夷舟不能动，则大洋无风亦可攻之，无风何又患其驶避？岂夷船能无风驶动于大洋，而不能驶动于长江耶？曰：沉舟塞江之事，即使施诸珠江、甬江、黄浦江浅狭之处，尚必深下木桩，厚联竹缆，加以大树、大石，始可御潮汐而免漂散。况长江近海之处，至狭亦必数里，江愈狭则洪愈深、溜愈急，又桩不能

---

① "六月"，应作"五月"。

② "七月朔日"，应作"六月杪"。

③ "三月"，应作"四月"。

下，缆不能联，如以无桩无缆，高仅丈许之舟，深沉于数丈之底，横亘于数里大溜之间，以当千里潮汐之冲，何异以朽株遏奔驷？荷兰沉二甲板船于鹿耳门，有浑潮而无内水，故淤沙愈涨愈积，足以纡束港口。若内水与外潮互相撞击，即尽沉夷舶百十，尚不足填天堑，况能截其去路？是沉舟之策，断不可施诸长江。我顺风而火之，夷亦顺风而避之，惟有无风则大艘寸步难动，而小舟桨橹如飞，此安南札船所以制胜也。夷艘虽称能转风势，然亦止能驶三面之风，而不能驶迎面猛烈之风，尤不能驶行无风。观上年夷帅士密之兵船，自澳门至虎门五日方至，其证一。穰西之兵船，在闽洋南澳为我水勇所攻①，以无风不能开动，良久风起始起碇，其证二。均见新闻纸。韩世忠以海舟邀金师于黄天荡，使船如使马；兀术蓦破海舟之策，以小舟载土铺板，乘无风火其帆索，海舟不能避，烟焰涨天，其证三。盖赤壁、鄱湖之役，千艘缒联，万樯林立，故顺风一火，势若燎原。若夷船不过数十艘，分泊各岸，无所牵制，乘风弃碇，谁执惊鸥？若非沉舟截之，则必以无风蹙之，但大洋无风无浪之时极少。盖无论顺风、逆风、微风皆难制者，大洋；无论顺风、逆风、无风皆可攻者，内河。长江形势比之内河则不足，比之大洋则有余。故有风不可攻，而无风则可攻。

英吉利夷艘两碎于安南，人遂以为安南水战无敌于西洋，札船且胜于洋舶。请试诘之曰：安南船炮果无敌也？则嘉庆入寇闽、浙之艇匪，即阮光平所遣乌艚船百余艘，宜乎横行海外，何以敢劫商船而不敢劫夷艘？又何以屡被挫于闽、粤，被飓碎于浙江乎？殊不知安南胜英夷者，在纵其深入内河，而非驰逐于外洋，拒守于海口也。其所用札船，狭长多桨，进退捷速，如竞渡之龙舟，如粤东之快蟹艇、蜈蚣艇，特多一尖皮顶及左右障板以避铳炮，以小胜大，以速胜迟。若大洋则不能使桨，是斗舰火攻之具，非楼船水犀之军也。富良江②、广南港③，江面广阔，与钱唐江、扬子江等，一则诱至滩浅潮落而阁之，一则预备火舟晦夜而乘之，以驰骋大洋则不足，以犄角内河则有余，斗智不斗力也。夷船横行大洋则有余，深入堂奥则不足，为客不如为主也。安南界连闽、粤，民习水战，同于漳、泉、惠、潮。故夷船始至，则畏闽、粤而不敢攻，继则两次闯入虎门、厦门，皆弃之不守，而惟滋扰于江、浙。使得调度

---

① 所记"南澳战事"不确。
② 富良江，今越南河内附近的红河主流。
③ 广南港，指今越南广南—岘港省的会安。

闽、粤水勇之人，则夷船凡入粤河、入浙河、入吴淞、入长江，同于安南可乘之机者，凡四。交臂束手，而惟归咎于船炮之不如。夫安南之创夷，其为洋舶、洋炮者安在？惠、潮、漳、泉间其为安南之人何限？其为札船之技何限？或又谓倭寇专骚内地，故舍外洋御海岸、舍海岸御城外者，御倭寇之法，非御英夷之法，不知此又适得其反也。倭寇长于陆战，短于水战，由其入寇皆穷岛亡命，无力置大艘大炮，惟恃其胆力渡洋，恃其刀枪豕突，故登陆则不可敌。使以倭船遇闽、粤之船，则如石碾米也。使其倭船遇大炮火器，则如狼驱羊也。明代剿倭名将，亦惟知角诸陆战，虽间或击其惰归，亦已伤深疮痏，惟唐顺之、俞大猷始惓惓于击贼海中，且谓击归船不若击来船，深得治倭要领，而戈船水犀之备，亦未及见施行。夫倭之所长在陆，击之外海，在攻其所短。英夷所长在海，待诸内河，待诸陆岸，则失其所长。乃明人御倭者不知御之于外，而今日御英者，又不设伏于内，故天下实效之事，必与庸众之议论相反。

或曰：专守内河，诚可制夷艘之横突，而不能制夷炮之猛烈，则我兵犹慑虚声，夺锐气，其若之何？曰：大炮者，水战之用，非陆战之用也。即水战，亦我师击沉敌舟之用，非敌舟击伤我兵之用也。且沉舟亦攻海面远舟之用，非内河近岸近舟之用也。西北平原大碛，陆战用炮，必先立战车以制敌骑，然后驾炮于车以破敌阵。东南江滨海澨，夷若以轮推炮上岸，则有滩涂沮洳之险，有塘陉岸峭之险，有港汊横纵之险，大船不能近岸，小舟不能载大炮。故自用兵以来，夷兵之伤我者，皆以鸟枪、火箭，从无携炮岸战之事。惟我兵之扛炮、扛铳，则跋涉奔驰，所至可用，且较彼鸟枪、火箭更远更烈。其可无惧者一。若夷从船上开炮，则无论数千斤之炮，数十斤之弹，遇沙即止，而我兵得于沙垣中炮击其舟。故厦门、定海、宝山屡为我炮击破夷船，而厦门、定海之土城，宝山之土塘，皆未尝为炮破。即镇海、镇江之城墙，亦未尝为炮破。松江夷船开炮两日，我兵列阵城外，伏而避之，炮过后起，毕竟未伤一人。其破城者，皆小舟渡贼登岸，攻我背后，我兵望风辄溃，及夷至，则城中已无一人，何尝与炮事哉？但使近塘近城之地，兼伏地雷，则我炮可伤夷，夷炮不能伤我。其可无惧者二。夷船在大洋，去岸数里，枪箭所不能及，故非数千斤大炮不能遥击，闯入内河，则舟岸相去不过半里数丈，而我之扛炮必可及半里，火箭喷筒可及十数丈，但沿岸先筑土垣，则我之火器可及夷，夷炮不能及我。其可无惧者三。或谓内河上游要隘，我可预沉舟筏，筑炮城，备兵勇，其下游纵敌入隘之处，预设之则敌疑不前，不备之则仓卒无及。不知惟大炮笨重难运，至桩木筏材，可伏近村，囊沙涂泥，散乱堆野，敌一望无可疑。俟敌舟已过之后，分遣兵勇一面运筏下桩，一面垒沙成垣，顷刻可就；而我扛炮之兵亦顷刻可集。不恃大炮而用扛炮，出奇设伏，其利无穷。可无惧者四。然有一宜防者，则曰飞炮，非谓悬桅上之号炮，而谓仰空堕弹之炸炮也。我之炮台虽坚，而彼以飞炮注攻，炸裂四出，迸射数丈，我将士往往扰乱。虽攻粤城时所放飞炮、火箭，非堕空地，则飘池塘，以隔城而不能有准，见章奏。而厦门则以飞炮而众溃。宝山则又以飞炮而众溃。惟是内河水势深浅不能一律，即使夷船冒险驶入，必须时时测量以防浅搁，断不能数十艘一齐拥进；其飞炮能及垣内者，不过逼近塘岸之数艘，急用大炮、扛炮注攻其火药之舱，拉篷索、扶头鼻之人，是为急策。更有预备之策，先于土垣内横挖浅田，铺砖贮水，我兵可以往来，飞炮、火箭，堕水即熄；或为斜坡，前高后低，使飞炮转落深坑。此须预先历试，不可临时侥幸。由此观之，夷之长技曰飞炮，我之长技曰扛炮。扛炮又不如扛铳，若能讲求益精，于轻炮中藏用炸弹，则且兼有飞炮之长。详五十五卷。诚能出奇设伏，则多造大炮不如多造扛炮、轻炮，铸制易，演练易，运负易，挟攻追剿易，横放直透，可伤数十人，可及百余丈，视笨重不灵之大炮，得力十倍。乃张夷者竞曰夷炮之利，御夷者亦曰铸大炮之利，曾不问所施何地。试问用兵以来，定海总兵以扛炮连战数日，歼夷千计。而大炮则击破一舟之外，无他效也。大宝山以扛铳三十击死夷兵四百，而招宝山所列大炮不曾一用。至去冬以来，浙江铸炮，益工益巧，光滑灵动，不下西洋，而效安在也？甚至沙角、大角之战，陈连升以地雷、扛铳击死夷兵三四百，而虎门左右所购列西洋夷炮二百余，未闻足以拒敌，而适以资敌也。不讲求用炮之人，施炮之地，与攻炮、守炮之别，陆炮、水炮之宜，纷纷惟以畏炮为词，铸炮为事，不过只藉兵而资寇。故曰：城非不高也，池非不深也，兵甲非不坚利也，委而去之，是器利不如人和也。

兵无利器与徒手同，器不命中与徒器同。自军兴以来，各省铸大炮不下二千门。虎门、厦门、定海、镇海之陷，宝山、镇江之陷，每省失炮约四百余。此皆重八千斤至一千斤，先后遗敌者千五六百门。夷初攻厦门之役，我军开炮二百余，仅一炮中其火药舱，大艘轰裂沉海，夷船遂退，是数百炮仅得一炮之力也。再攻定海时，葛总兵开炮，数日相持,仅一次击中其火轮头桅,即欹侧退窜,是数百炮仅得一炮之力也。攻广东省城时,惟中其一火轮、一兵船头桅及杉板数舟。攻宝山时,陈提军炮中其火药舱,沉翻者二,击破其头鼻、头桅者二,夷遂绕攻小沙背,是亦仅各得数炮之力也。使发而能中,则我炮亦足以破夷船;发而不中,即夷炮亦成虚器。中则一炮亦足威敌,不中则千炮徒费火药。其至,炮力也;其中,非炮力也。夷兵艘五十,火轮艘十,大小杉板舟数十,但使我军开数百炮,内有数十炮命中,即可伤其数十舟,大者翻沉,次者损折,沉一船可歼数百人,伤一船可伤数十人,尚何敌之不摧?如发而不中,则虎门所购西洋夷炮二百位,其大有九千斤者,何以一船未破,一炮未中?是知炮不在大,不在多,并不专在仿洋炮之式,惟在能中与不能中。不能中之弊有三:炮台依山者,前低后高,依水者四面受敌,皆易受飞炮,是建置不得地,难中一;山炮陷于石洞,台炮陷于垣眼,陆炮木架不能运转左右,是以呆炮击活船,难中二;兵士施放不熟,测量不准,临时仓皇,心手不定,难中三;夷船大炮不过重三千斤,我守城守岸之八千斤大炮,本夷船所极畏,止以蹈前三弊,故夷船得以先避我炮路,施其炸弹。诚使台得地势,垣可藏身,架可拨转,别伏奇兵以防后路;炮眼分作两层,高者准夷之中舱,低者准夷之舷底,测以仪器,演以标的,临时手眼合一,心胆俱壮,夷船虽坚,桅虽大,能当一二千斤炮,不能当八千斤之大炮,乌有中而不裂者?其火轮船、杉板船,则二三千斤炮亦足以破之;其船面拉篷索、扶头鼻之人,则千斤炮亦足以歼之。乌有中而不摧者?至夷之炮架,均用车轮,裹以铁叶,其数百斤及千斤之炮,亦可推挽登岸。然泥涂坡坎,即不能行放。定海、慈溪两次陆战,均无推炮;镇江曾推数炮上岸,以地势不便而退。英夷又有马炮军、骆驼炮军,惟用于西洋本国。去冬粤东奏夷船四艘,其载马二百匹,皆高大于内地之马,曾至定海,盖将为陆战之用。然安南、缅甸皆以象负炮,而战伤其象鼻则反奔,况马与骆驼乎?

自用兵以来,中外朋议,不出二端:非苟且,即虚骄。虚骄之议,如雇商艘以战大海,沉舟筏以截大江,人皆知其难行。然遂欲以苟且为苟安,信下策为上策,则其谬尤不可不破。说者曰:我兵皆立船上,而夷兵皆藏船中;我以血肉之躯当炮,而夷以坚厚之舟当炮,况我军炮不如,火药不如,炮手更万万不如,奈何误信稗史周郎江上之火,鄂王湖中之草,施诸浩瀚大洋,欲以烬夷舰而胶火轮,岂非儿戏?应之曰:自用兵以来，我兵未尝与夷一战于海中也，安有立船上以受夷炮之事？夷攻岸，则我兵伏土塘中矣；夷攻炮台，则我兵伏沙垣中矣；夷攻城，则我兵又伏女墙中矣。又安有立露地以当夷炮之事？且大炮弹重者数十斤，小者十余斤，若果能以大炮陆战，则无论我炮夷炮，横放直透，当者皆必决成血渠，死伤百计。试问夷寇粤、闽，寇江、浙，曾有大炮陆战之事乎？且夷兵虽藏舱中，而其拉篷索、扶头鼻之兵数十人，则皆立舱面，故我炮能从垣出击夷船，而夷炮不能隔垣以伤我。是我以沙土当夷炮，而夷以血肉当我炮，其证一。夷船一面攻炮台，一面以小舟渡兵，绕攻旁岸。夫夷兵涉滩涂，爬峭岸；我兵守岸上，得以扛铳、矢石俯击，一可当百。其船上大炮，恐自伤其攻岸之夷，亦不敢遥击。是夷兵又以血肉当我火器，而我兵以土岸当彼夷炮，其证二。乃夷兵抵岸后，贼即撤去其舟，使绝反顾，故能冒死突前；而我兵立于万全之地，进退自由，反为一二飞炮惊走。既走之后，溃兵逃将，既张皇敌炮以逭诛；缙绅耳食，复神奇敌军以胁款。甚至以周瑜江上、岳王湖中之火攻水战，皆不足信。不知江上、湖中，皆内河，非大洋也。安南、广南①两烧夷舶，片帆不返，非内河火攻乎？余姚之艘陷软泥，台湾之艘阁浅礁，皆人船并获。其浅阁而我师不攻者，定海郭士利之舟。辛丑春议款，夷兵退出定海，郭士利三桅大舟陷浅，旁有二舟救护，兼雇远近乡民，拨载二日始动。粤东天字炮台下之舟，粤东款后，夷兵退出，大舟阁于炮台，粤民欲火之，义律移文大吏，出示禁止。皆数日始能移动，非明证乎？迩者，夷破吴淞后欲闯苏州，遣火轮舟测水至泖湖，轮胶于水草而返，又非岳湖故辙乎？况火轮非战舰，不过哨探之用，炮伤其一轮，则全舟欹侧，不能行。方火轮窥松江，窥余姚、慈溪，窥扬州时，其河横不过三四丈，深不过丈许，有何浩瀚汪洋之处？沉筏、沉舟、沉大树皆可塞其走路，火轮不能闯过，稽延片时，而两岸伏兵、追兵，伏炮、扛炮、火舟、火器齐发，何难收岳王湖上之功？乃不但战舰不能制，并火轮杉板皆不能制，且故危其词，如鬼神雷电，例内河于大洋，诬正史为稗史，悲夫！悲夫！

方夷寇初兴，人皆谓其仅长舟战，一登岸则无用。及浙、粤屡北，则又谓夷兵陆战亦不可敌。陆兵败矣，而所以致败之由，终未明于天下。夫沙角炮台之战，副将陈连升以兵六百当夷数千，歼夷数百，以无

---

① 广南，指今越南中部，即顺化、广南一带。

援救而败。大宝山之战，副将朱（桂）〔贵〕以兵六百，当夷二千，歼夷数百，以无策应而败。三元里之战，以区区义兵，围夷酋，斩夷帅，歼夷兵，以款后开网纵之而逸。孰谓我兵陆战之不如夷者？至定海之守甚严，战甚力，何亦败陷？其所以败陷之由，则亦至今未明于天下。方夷寇之未逼定海也，三镇以兵五千，往防堵善后，首议修城。其地三面环山，前面濒海，城外二三里为红毛道头，市长里许。三镇议筑外城，包道头街于城内，左右抵山，其三面则以山为城。有诤者曰：天下无一面之城？此海塘，非外城也，贼一翻山入，即在城内矣。备多则力分，山峻则守劳。请前勿包埠，左右勿倚山，但环旧城再筑外郭，庶城足卫兵，兵足守城。而议者皆谓市埠不可弃，且左右高山，我兵踞高临下，仰攻不入。时主兵者未渡海，但据图指挥，遂从之。呜呼！山虽高峻，而外非峭壁，径路坡陀可上，但知白日晴明之可守，而不知晦冥风雨之难守也；但知一二日之可守，而不知旬久师疲之难守也。夷兵攻城退后，回舟安息，我无舟师水勇以扰之。而我兵则时时处处，昼夜设防，山高岭峻，寝食无所，天下有此守城之法乎？是秋夷艘至，果乘大风雨昼夜攻扰。至第五日，乘我守疲，兼值风逆，遂以小舟渡兵，撤舟死战，火气炎上，下击无力，遂登山入，陷之。呜呼！定海本不必守之地，而所修筑者又必不可守之城。城陷久矣，而所以致陷者，终未明于天下。不戒前车，仍蹈覆辙，恐将来倒柄授敌者，未有已也。然则当如之何？曰：兵无常形，地无定势。要之，凡战者必先谋敌之所以败我至于六七，竭智共攻，其无可败也，乃可以行；凡守者，必先谋敌之所以攻我至于六七，竭智共攻，其无可入也，乃可以守。

孰为正？孰为奇？节制纪律不可败，坚壁清野不可犯，正也；出奇设伏，多方误敌，使不可测，奇也。今御外夷，请先言外夷之兵法：缅甸用兵，遇强敌，则专用大木树栅，为不可拔，有时守御坚固，虽英吉利军亦为所拒。《四洲志》。故李定国攻阿瓦①都城之役，其城三面环水，缅于一面陆地，复凿为湖，而树木城于其前，出兵守之；俄于木城外，复立一木城，亦出兵守之。如此，渐逼定国营，始出兵大战。虽因象阵被伤反走，而据栅为固，终不可败。刘健《庭闻录》。乾隆征缅之役，缅守老官屯②，先据高坡坚立木栅，栅外三壕，壕外列鹿角。官

---

① 阿瓦，即今缅甸中部的阿瓦。
② 老官屯，指今缅甸八莫附近的恭屯。

兵大炮、火箭、地雷百道攻之，终不可拔。此即步步为营，以守为战之法。暹罗①军栅亦然，所谓正也。英吉利康熙中以兵船由地中海攻俄罗斯，俄罗斯敛兵，纵其登岸，而奇兵绝其归路，天大风雪，英军饥冻，不战自溃，此一奇也。佛兰西②，嘉庆初合列国兵数十万，由陆地攻俄罗斯，俄罗斯倾国迁避，佛兰西兵长驱入其国都，俄罗斯兵乘大风雪夜，潜回纵火，佛兰西兵焚冻死各半，败绩而遁，此二奇也。准噶尔康熙中以兵三万由色棱格河攻俄罗斯，两岸高山，中通一峡，深入六七百里，不见一人。准噶尔疑其设伏诱陷，急班师遁去，此三奇也。俄罗斯之待强敌，与安南之待英夷，如出一辙。夫缅甸、安南之待英军，岂皆有洋艘洋炮，而一胜以陆兵之节制，一胜以水战之诱伏。今师出无律，是不知有正也；临出无谋，是不知有奇也。以无律无谋之兵，即尽得夷炮夷艘，遂可大洋角逐乎？不知自反，而惟归咎于船炮之不若，是疾误庸医，不咎方而咎药材之无力也。噫！

---

① 暹罗，即今泰国。
② 佛兰西，即法国。

筹海篇二——议守下
（1842 年）

　　夷事无所谓用兵也，但闻调兵而已，但闻调邻省之兵而已。夷攻粤，则调各省之兵以赴粤；夷攻浙，则调各省之兵以赴浙；夷攻江苏，则又调各省之兵以赴江苏。兵至而夷已就抚，则供客兵者又逆归兵；兵甫旋，而夷或败盟，则又调归兵以为战兵。夫国家各省养兵，原以备各省缓急之用，而沿海尤重兵所在，江苏五万，浙江逾四万，福建六万，广东将及七万。若谓本省不皆精锐，而选调客兵必皆精锐乎？则何以夷初至闽、粤时，未尝调他省一兵，而守御屹然？及征兵半天下，重集于粤，而粤败涂地；重集于浙于江，而江浙又败涂地。若谓英夷强寇，非一省所能抵御乎？则夷兵舰大小不过五十艘，其攻城上岸，不过二三千人。岂一省养兵数万，无数千可用之兵？沿海民风强悍，岂无数千可团之义勇？若谓闽、粤民兵虽可用而多通外夷，江、浙虽无汉奸而民多柔弱，则何以广东之斩夷酋、捐战舰者皆义民，两禽夷舶于台湾、火攻夷船于南澳者亦义民？而明人平倭寇皆处州、义乌之兵，近日战定海、保松江者皆寿春之兵，然则各省之勇民，原足充各省之精兵；练一省之精兵，原足捍一省之疆圉。所要者，止在募练之得法；所难者，止在调度之得人，不在纷纷多调客兵也。

　　前代钱氏有吴越，王氏有闽，刘氏有粤，各通番舶。倘有海警，岂能借助于邻援？又岂能合从以御侮？况防海宜习水战，而多调陆兵，舍长用短，以短攻长，不利一。在籍有安家，在途有传食，事竣有回递，县县传送，驿驿供张，则累在官；来如乳虎，败如鸟散，则骚在民。每土兵四五而赡一客兵，曷若省客兵之费以练土著？不利二。故曰：调兵者，选调本省之兵而已；募兵者，选练本省之人而已。远调不如近调，远募不如近募。

或曰：贼如舍沿海而专攻一省，他省有兵无贼，此省贼多兵少，则如之何？承平恬嬉，水陆弛懈，即有可用之兵而无训练，有可募之勇而无纪律，安能俟数月训练之成，以应仓卒之敌，则如之何？曰：一巡抚提督所辖，则本省之兵也；一总督所辖，则近省之兵也。贼少专用本省，贼多兼用近省。如寇攻粤，则募本省水勇为水师，而广西出陆兵以佐之；贼攻浙，则练金、处、温、台劲兵备陆战，而福建选水勇以佐之；夷攻苏，则练淮、扬、松江水勇与徐州兵备战，而安徽寿春兵佐之。合两省之兵勇，岂尚不足御一面之贼？故曰：要在募练之得法，难在调度之得人，不在纷纷多调客兵为也。

问曰：远调不如近调，则然矣。至募勇，则当纠合四方精锐，而曰远募不如近募，何耶？曰：挑选土著之利有三：一曰服水土，二曰熟道路，三曰顾身家。计调兵一，而当募勇之费十，当土著之兵五。以十丁之费募一丁，以五兵之费养一兵；练益精，则调益寡；调益寡，则费益省。以所省者练兵，兵何患不精？费何患不给？或曰：戚继光论选兵之法，除城市柔猾奸巧之人必不可用外，必选气力，选武艺，选身躯，选灵警，而尤必以胆为主。无胆则气力、武艺、伟岸、灵警皆无所用。又曰：选浙兵，处州为上，义乌次之，台州次之，绍兴又次之。此外虽韩、白复生，不可用。选兵若是之难，曩相之圃几何人乎？曰：此言专为杭、嘉、湖、苏、松之人而发，又为福建上四府而发。至漳、泉、惠、潮之民，械斗则争先赴敌，顶凶则视死如归矣，舟战则出没风涛如履平地矣。江北颍、亳、寿、泗、徐、沛之民，家家延教师，人人佩刀剑，或一人能负放大炮矣。仪征下河贩盐小舟（入捍）〔八杆〕舟，持械冒险，莫敢谁何矣。此其胆何待选？武艺何待教？故选精兵于杭、嘉、苏、松，是求鱼于山，求鹿于原也。选精兵于海南，于江北，则求柴胡、桔梗于沮泽也，不可以胜收也。一省且有可调不可调，可募不可募，况纷然征调于数千里外哉？故选兵先在选地。

募水勇之事，天津、山东不如江、浙，江、浙不如闽、广。以福建言之，当夷艘初犯厦门，大吏激厉水勇，人人思奋，故出洋立功。及款议兴，俘夷释，军赏迁延，而气一挫。是秋所募赴浙水勇八百，皆人人精悍，及至浙而定海款议成，水勇空往空返，而气再挫。次年又募精锐千人赴粤，及至粤而前数日款议成，水勇空往空返，而气三挫。颜制军召募本省水勇八千，闻粤东款议，漫然散遣，不择其精锐拨补水师，而气四挫。自是水勇人人离心，及夷船再至，无暇号召，其猾者甚且内应，而厦门不守矣。广东初年，水勇五千，前后出洋，烧夷艇、匪艇，逆夷望风畏窜，及款议兴，一朝散遣，而气一挫。新至诸帅，误疑粤民尽汉奸，无一可信，又不约束客兵骚扰居民，而气再挫。于是虎门不守，而省城累卵矣。及夷兵淫掠激民之怒，于是一战于三元里，而夷酋大困；一截烧于虎门横档，而夷艘煨烬。可见闽、粤民风之劲悍，各省所无，外夷所慑，而水战火攻，尤其绝技，断不可望于山东、天津渔盐之户。盖东南长水，西北长陆，迁地弗良，得人者昌。

今日沿海所患安在乎？必曰：械斗之民也，烟盐私贩也，海盗也，渔艇疍户也。今日陆地所患安在？必曰：回匪也，盐匪也，捻匪、红湖匪、曳刀匪也。官吏切齿为乱民，有事则目为汉奸。其中有一二人能号召数百二三千人者，非有乌获之力，猗顿之财，而信义意气，能豪一方。其人皆偏裨将才，其所属皆精兵。而自文法之吏视之，则且谓乱民之首也。夫兵者毒药，药不毒则不能攻毒，故《易》之《师》曰："以此毒天下而民从之。"《华事夷言》英夷所著书曰："中国之兵若善调度，即为第一精兵。现在广东岸上力作之人与水中渔贩之人，其技勇皆欧罗巴人所不及，若挑练此等人为兵卒，可谓一等勇壮之兵。"雍正中西虏未靖，诏各省选技勇送京师，得数千人，其最者能挽铁弓及二十力弓，以鸣镝射其胸，铿然而堕，举巨石千百斤，号勇健军。总督命史贻直领之，屯巴里坤，故一时北省盗贼绝踪，此先朝牢笼猛士之成效。道光回疆之役，伊犁将军奏选南北路遣犯二千为死士，屡挫贼锋，惜事平尽赦回籍，未能收入营伍，如雍正故事，尚有待于推广焉。嘉庆中海贼蔡牵犯闽，诏安有知县某者，传四乡总〔理〕四人，各予银千圆，令团乡勇，日甫夕而每总理各以二千五百人至，枪械藤牌毕具，一日而得精兵万，贼望风遁，其人即皆械斗之民也。蔡牵又与朱渍窥台湾后山，地本化外，有泉人吴沙者，集四社棚民与熟番拒之，一战其前，一攻其后，牵大败走。事闻，始诏即其地立葛玛兰厅。捍贼不烦官兵，何以文法吏不肯收以为用？然此辈亦不肯为用，盖绿营之饷不足以赡其身家也。英夷攻粤东时，募汉奸三千人，每人给安家银三十圆，每月工食银十圆。而我守虎门兵，月饷不及三两，提督关天培悯兵之穷苦，自捐赏恤，每兵银二圆，而议者且劾水师兵挟制提督要赏，尚望其出死力乎？闽、广水师，每省三万有奇，江、浙水师，每省二万有奇，虚冒半之，老弱半之，未必有数千之可用。诚能汰虚冒冗滥之缺，并两兵以养一兵，广东约万五千，福建约万五千，专选惠、潮、漳、泉四府，精训练而严节制之。以此推诸浙东、江北，岂但国家增无数之精兵，而且沿海销无数之械斗，中原收无数之枭匪。精气化痰，痰化精气，岂二物耶？乌喙、附子，以毒攻毒，毒去而药力亦销，顾用之者何如耳？精兵出其中，李长庚、罗思举之骁将，亦出其中。不此之图，而惟窃窃然曰无将无兵，古人讵借才于异地哉？

言调兵言筹饷者，动虞兵单费绌。而今言并兵并饷，则兵不愈少，饷不愈费乎？不知一省之兵，本足守一省之地；一省之饷，本足养一省之兵。即有军兴一切格外之费，而一省之财亦总足供一省之用。请详破其惑：夫兵之多少，视其实不视其名。养兵数万而无数千之可用，视一千有一千之用者，则不伴矣；视一千可当数千之用者，更不伴矣。调外省之兵，而置本省之兵于不练，则本省之饷皆滥饷，外调之费皆冗费。今以额饷养额兵，而不增一饷；以全饷养半兵，亦不裁一饷。兵减而实多，饷增而实省，其可无惑者一。戚继光鸳鸯阵法，或谓其止可驭三千，不可驭十万。夫十万皆三千所积也，一镇练三千，十镇即练三万，大阵包小阵，大营包小营，岂数万人之节制，有异于三千人之节制？且连大阵、辟战场、决胜负者，惟开创草昧之时，及西北平原之地。若承平东南剿寇，沟洫纵横，坡坎交错，则用三千之处为多。英夷兵艘所(在)〔载〕为数几何？若各省有百练敢死之卒数千，再团练沿海之渔船疍户以绝其羽翼，何烦更调外兵？其可无惑者二。练兵之费取诸并饷，团勇之费将何出？东南沿海，殷富甲天下。计自军兴以来，粤、闽、江、浙，每省商捐绅捐各数百万。以本地之富民，养本地之劲民，卫本地之身家，但使用得其宜，尚可撙节赢余，为造船械、修垣垒、悬购赏之费，何尝尽烦外兵、外饷？此可无惑者三。沿海之利，莫大鱼盐。前此宁波试行票盐两月，销至七万引，及停止后，岁销仅二万引，闽盐派签殷户充商，有甘出十余万金求免签者。潮州之盐运同，历任赔累，亏空巨万，皆出官费、胥役费、捆工费层层蠹蚀，不能减价敌私。傥沿海皆行票盐，尽省浮费，匪独化私为官以助饷，并可化枭为良以助兵。他若浙江之南田山、福建之封禁山许民屯垦，沿海之银矿山许民开采，境内自然之利，用之不穷。此可无惑者四。至于兵分见寡之由，由无战舰，别详下篇。

匪特兵不宜多也，即炮台亦不宜多。今为贼去关门之计者，不过曰增炮台，移营汛。增炮台之说曰：多一重门户，增一重保障。夫人家御贼，非固守大门拒不使人，即固守腰门而开大门以延敌。今无一门可恃，而但多设重门以待贼之攻陷，岂知一重失守，重重胆破。何如并十重之费以修一重，修必固；并十重之兵炮以守一重，守必固。以近事证之：厦门旧止二炮台，而守御屹然，迨于口门内外峿屿、青屿、大档、小档增建各台，而贼至立破。宝山有东西炮台、有海塘而失守，松江城无炮台而贼攻不入。是知炮台不在多而在固。固之法如何？曰：建之得地，修之得法，守之得人。福州城距五虎（城）〔门〕二百里，一潮不能达，而潮退即浅阁；杭州城外，潮退沙滩十余里，海口赭、鳖二山淤涨数十里，故此二省城贼皆不犯。厦门、宁波旧建炮台，本得形势，方当弃去舟山，拆去青、峿各屿炮台，安有更加增建之理？惟广州及江宁，夷船可直抵城下。粤东新城以外，市廛栉比，既无可筑外郭之地，惟猎得、大黄滘二处炮台，实省城内障，与虎门外障并重。于此二处扼险，果能阻遏夷艘，则堂奥高枕，而此外各港汊，正可留为出奇设伏之地。安用处处设炮，河河填塞？若此处不可恃，则他处更可恃乎？江苏则吴淞口内，惟江湾、东沟二处，可扼要设炮以守上海。福山口内，惟君山即鹅鼻嘴、圌山二处，可设炮以守长江。方当徙宝山之城，拆去东西炮台，内徙要害，安有更加增建之理乎？地势既得，守必万全。万全之策，在乎奇正相生：一，固土城以御大炮；必三合土坚筑女墙，先以炮演试，不破为度。二，开浅池以备飞炮；见上篇。三，沉桩石舟筏以遏冲突；此法不可施于长江，而可施于内河。或临河有大树则伐倒沉之，又或以大木为笼，长数丈，内贮极大石，横亘水中，视碎石舟筏，尤堪御潮刷，而阻冲突。四，伏地雷、掘暗沟以防陆路；五，别伏奇兵以备陆战，甚或守台之兵弃炮佯走以诱敌，使敌但知全力攻台，而不知台非我所顾惜；又使敌即知分路绕台，而不知台外劲旅尚多。初观之以炮台为正，伏兵为奇；至于奇正相倚，变化不测，致敌而不为敌致，诱敌而不为敌诱，则又反以伏兵为正，而以炮台为奇，方尽兵行诡道之秘。以视泥守炮台，有正无奇，一处受创，望风四溃者，其巧拙不可同年语矣。但所用之伏兵，必须平日精选，优养勤练而严节制之。必使人人心灵胆壮，技精械利，且将士一心，臂指呼应，临时方足出奇制胜。此则全在训练得人，有非空言所能取效者。

筹海篇三_{议战}
（1842 年）

　　内守既固，乃御外攻。岳飞曰："以官军攻水贼则难，以水贼攻水贼则易。"今以海夷攻海夷之法如何？筹夷事必知夷情，知夷情必知夷形，请先陈其形势：英夷所惮之仇国三：曰俄罗斯，曰佛兰西，曰弥利坚。惮我之属国四：曰廓尔喀^①，曰缅甸，曰暹罗，曰安南。攻之之法：一曰陆攻，一曰海攻。陆攻在印度。逼壤印度者曰俄罗斯与廓尔喀。俄与英之国都中隔数国，陆路不接，而水路则由地中海与洲中海，朝发夕至。康熙三十年间，英吉利曾由地中海攻俄罗斯，败绩遁归，自后不相往来，而兵争专在印度。印度者，葱岭西南，与我后藏、廓尔喀、缅甸接壤，去英夷本国数万里。英夷以兵舶据东、南、中三印度，而俄罗斯兵则由（黄）〔黑〕海、里海间取游牧诸部，亦与西、中二印度接壤，止隔一雪山，各以重兵拒守。自东印度之孟阿腊^②之麻尔洼，南印度之孟迈即孟买之曼达喇萨即马德拉斯，鸦片盛行，英夷岁收税银千余万，俄罗斯觊觎之。及英夷调印度兵艘入犯中国，深恐俄罗斯乘其虚以捣温都斯坦中印度。又传闻俄夷使者已自比（革特）〔特革〕^③起程入中国，比（革特）〔特革〕，其东都也。惴惴惧其犄角。盖康熙中用荷兰以款俄罗斯，又联俄罗斯以逼准噶尔，故英夷之惧俄罗斯者，不在国都而在印度，此机之可乘者一。廓尔喀者，亦在后藏之西，与东印度逼处。方乾隆中，我师征廓夷时，英夷印度兵船亦乘势攻其东境。故上年英夷罢市后，廓夷亦即禀驻藏大臣，愿出兵攻击印度。当时若许廓夷扰其东，俄罗斯捣其西，则印度有瓦解之势，寇艘有内顾之虞，此机之可乘者

----

① 廓尔喀，即尼泊尔。
② 孟阿腊，今孟加拉国及印度的西孟加拉邦。
③ 比特革，即圣彼得堡。

二。故可乘而不乘，非外夷之不可用也，需调度外夷之人也。

海攻之法，莫如佛兰西与弥利坚。佛兰西国逼近英夷，止隔一海港；弥利坚与英夷则隔大海。自明季国初之际，佛兰西开垦弥利坚东北地，置城邑，设市埠，英夷突攻夺之，于是佛夷与英夷深仇。及后英夷横征暴敛，于是弥利坚十三部起义驱逐之，兼约佛兰西为援。三国兵舶数百艘，水陆数十万，不解甲者数载。弥利坚断其饷道，英军饥困，割地请和，弥利坚遂尽复故地二十七部，英夷止守东北隅四部，不敢再犯。即印度地亦荷兰、佛兰西开之，而英夷夺之。乾隆初，印度土酋约佛兰西、荷兰二国合拒英夷，连兵数载，始分东印度属英夷，而南印度属西洋诸夷，立市埠，此各国之形也。其互市广东，则英夷最桀骜，而佛、弥二国最恪顺。自罢市以后，英夷并以兵艘防遏诸国，不许互市，各国皆怨之，言英夷若久不退兵，亦必各回国调兵艘与之讲理。去年靖逆出师以后，弥利坚夷目即出调停，于是义律来文，有"不讨别情，只求照例通商"之请，并烟价、香港亦不敢索，此机之可乘者三。乃款议未定，而我兵突攻夷馆，反误伤弥利坚数夷，于是弥利坚夷目不复出力。而荷兰西①于英夷再次败盟之后，是冬有兵头兵船至广东，求面见将军，密禀军务，自携能汉语之二僧，请屏去通使，自言愿代赴江、浙与英夷议款，必能折服，不致无厌之求。傥英夷不从，亦可藉词与之交兵。乃自正月与大帅晤商，始则不许代奏，及奏又支离其词，反以叵测疑佛兰西。延至六月，闻浙江奏请款抚，始许其行。时英夷兵船已深入长江，犯江宁。于是佛兰西船驶至上海，请我舟导其入江，而上海官吏又往返申请稽时。迨佛兰西易舟入江，则款事已定数日，尽饱溪壑，佛兰西怅然而返，此机之可乘者四。故可乘而不乘，非外夷之不可用也，需调度外夷之人也。

今日之事，苟有议征用西洋兵舶者，则必曰借助外夷恐示弱，及一旦示弱数倍于此，则甘心而不辞；使有议置造船械师夷长技者，则曰糜费，及一旦糜费十倍于此，则又谓权宜救急而不足惜；苟有议翻夷书、刺夷事者，则必曰多事。嘉庆间，广东有将汉字夷字对音刊成一书者，甚便于华人之译字，而粤吏禁之。则一旦有事，则或询英夷国都与俄罗斯国都相去远近，或询英夷何路可通回部，甚至廓夷效顺，请攻印度而拒之，佛兰西、弥利坚愿助战舰，愿代请款而疑之。以通市二百年之国，竟莫知

---

① 荷兰西，疑为"佛兰西"之误。

其方向，莫悉其离合，尚可谓留心边事者乎？汉用西域攻匈奴，唐用吐番攻印度，用回纥攻吐番；圣祖用荷兰夹板船攻台湾，又联络俄罗斯以逼准噶尔。古之驭外夷者，惟防其协寇以谋我，不防其协我而攻寇也；止防中华情事之泄于外，不闻禁外国情形之泄于华也。然则欲制外夷者，必先悉夷情始；欲悉夷情者，必先立译馆翻夷书始；欲造就边才者，必先用留心边事之督抚始。

问曰：既款之后，如之何？曰：武备之当振，不系乎夷之款与不款。既款以后，夷瞰我虚实，觇我废弛，其所以严武备、绝狡启者，尤当倍急于未款之时；所以惩具文、饰善后者，尤当倍甚于承平之日。未款之前，则宜以夷攻夷；既款之后，则宜师夷长技以制夷。夷之长技三：一、战舰，二、火器，三、养兵、练兵之法。请陈国朝前事：康熙初，曾调荷兰夹板船以剿台湾矣，曾命西洋南怀仁制火炮以剿三藩矣，曾行取西洋人入钦天监以司历官矣。今夷人既以据香港、拥厚赀骄色于诸夷，又以开各埠、裁各费德色于诸夷。与其使英夷德之以广其党羽，曷若自我德之以收其指臂？考东、中二印度据于英夷，其南印度则大西洋各国市埠环之，有荷兰埠，有吕宋埠，有葡萄亚埠，有佛兰西埠，有弥利坚埠，有英吉利埠。每一埠地各广数百里，此疆彼界，各不相谋。各埠中皆有造船之厂，有造火器之局，并鬻船鬻炮于他国，亦时以兵船货船出租于他国。其船厂材料山积，工匠云萃，二三旬可成一大战舰，张帆起柁，嵯咄立办。其工匠各以材艺相竞，造则争速，驶又争速，终年营造，光烛天，声殷地。是英夷船炮在中国视为绝技，在西洋各国视为寻常。广东互市二百年，始则奇技淫巧受之；继则邪教毒烟受之，独于行军利器则不一师其长技，是但肯受害不肯受益也。请于广东虎门外之沙角、大角二处置造船厂一，火器局一，行取佛兰西、弥利坚二国各来夷目一二人，分携西洋工匠至粤，司造船械，并延西洋柁师司教行船演炮之法，如钦天监夷官之例，而选闽、粤巧匠精兵以习之。工匠习其铸造，精兵习其驾驶、攻击。计每艘中号者，不过二万金以内，英夷有军器之趸船，每艘值银二万余员。大兵船三桅者，每艘值银四万员。见澳门新闻纸。凡侈言每艘需十万金者，皆妄也。现在广东义士请弥利坚人造二桅兵船，果仅费银万九千两。计百艘不过二百万金，再以十万金造火轮舟十艘，以四十万金造配炮械，所费不过二百五十万，而尽得西洋之长技为中国之长技。每艘配兵三百人，计百艘可配三万人，靖逆将军奕山奏：夷三桅大兵船三百人，二桅中号兵船二百余人，火轮船八九十人，杉板船大者六七十人，小者二三十人。广东一万,福建一万,浙江六千,江苏四千。其所配之兵必凭选练,取诸沿海渔户枭徒者十之八,取诸水师旧营者十之二。尽裁并水师之虚粮、冗粮,以为募养精兵之费。必使中国水师可以驶楼船于海外,可以战洋夷于海中。不增一饷一兵,而但裁并冗滥之兵饷。

此其章程可推广者尚有六焉:我有铸造之局,则人习其技巧,一二载后,不必仰赖于外夷,如内地钟表亦可以定时刻,逮二十五年大修之期,即可自行改造,一也。夷艘例二十五年一修。有铸造之局,则知工料之值、工食之值,每艘每炮有定价,然后可以购买。凡外夷有愿以船炮售官抵税者听;闽商粤商出贩南洋,有购船炮归,缴官受值者听。不致以昂价赝物受欺,二也。沙角、大角既有船厂、火器局,许其建洋楼、置炮台,如澳门之例。英夷不得以香港骄他夷,生觊望;而我得收虎门之外障,与澳门鼎峙,英夷不敢倔强,广东从此高枕。嘉庆中,澳夷曾备兵船二,英夷备兵船四,愿助剿海盗,今更得佛、弥二夷效顺,彼贪市舶之利,我收爪牙之助,守在四夷,折冲万里,三也。鸦片趸船敢于蔓延者,欺我水师之不敢攻剿。今水师整饬,鸦烟自不敢来,纹银自不透漏,以用财为节财,四也。官设水师米艇,每艘官价四千,已仅洋艘五分之一;层层扣蚀,到工又不及一半。靖逆将军奕山奏言:水师例修之船,新造二只,覆以藤棉,加以牛皮,外施鱼网七层,演试千斤之炮,打穿两面,不能适用。今制海舰,不拘例价。若不善立章程,则将来修造之期,必然有名无实。考洋艘所以坚固,皆由驶犯风涛,遄行万里。(令)〔今〕官艘终岁停泊,会哨徒有具文。自后即无事之期,而战舰必岁护海运之米,验收天津。闽、广则护运暹米、吕宋米、台湾米;江、浙则各护苏、松、杭、嘉、湖之米。凡承造之人,即皆驾驶之人;凡内地出洋之商,愿禀请各艘护货者听。凡水师提镇大员入京陛见,必乘海艘,不许由驿陆进;其副将参游以下入京引见,或附海运之舟北上,总禁由陆。其文吏愿乘海艘入京者听,惟不许承办船工,五也。国家试取武生、武举人、武进士,专以弓马技勇,是陆营有科而水师无科。西洋则专以造舶、驾舶,造火器、奇器取士抡官。上之所好,下必甚焉;上之所轻,下莫问焉。今宜于闽、粤二省武试,增水师一科。有能造西洋战舰、火轮舟,造飞炮、火箭、水雷、奇器者,为科甲出身;能驾驶飓涛,能熟风云沙线,能枪炮有准的者,为行伍出身。皆由水师提督考取,会同总督拔取送京验试,分发沿海水师教习技艺。凡水师将官必由船厂、火器局出身,否则由舵工、水手、炮手出身,使天下知朝廷所注意在是,不以工匠、柁师视在骑射之下,则争奋于功名,必有奇材绝技出其中。昔李长庚剿海贼,皆身自持柁,虽老于操舟者不及,故知水师不能舍船械而空谈韬略,武备不能舍船炮而专重弓马,六也。

天下有不可强者三:有其人,无其财,一难也;有其财,无其人,二难也;有其人,有其财,无其材谓材料,三难也。自用兵以来,所糜费数千万计,出其十之一二以整武备有余,则财非不足明矣。海关浮费,数倍正税,皆积年洋商与官吏所肥蠹,起家不赀。其费皆出自鸦片,岂不当派数百万之军饷,则财又非不足明矣。中国智慧,无所不有,历算则日月薄蚀,闰余消息,不爽杪毫;仪器则钟表晷刻,不亚西土;至罗针、壶漏,则创自中国,而后西行;罗针始自中国,见《华事夷言》。穿札扛鼎,则无论水陆,皆擅勇力,是人才非不足明矣。船桅船舱所需铁力之木,油木、榶木、柚木,皆产自两广;蓬帆浸以晋石,火不能焚,出自山西;火药配以石油,得水愈炽,出自甘肃;关外玉门县赤金卫迤南之石油河,本年二月陕甘总督解至石油三千六百斤。火箭参以江豚油,逆风更猛,出自四川。军符所下,旦夕可至。硝提数次而烟白,铁经百炼而钢纯,皆与西洋无异,则材料又非不足明矣。飞炮、火器皆创自佛兰西,而英夷效之,以及船械相等之葡萄亚、荷兰、吕宋、弥利坚等国,皆仰我茶、黄,贪我互市。欲集众长以成一长,则人争效力,欲合各国以制一国,则如臂使指。诚欲整我戎行,但得一边才之两广总督,何事不可为哉?

或曰:五十艘之船械,且造且购,一年而可集;百艘之船械,且造且购,二年而毕集。即其制造施用之法,以我兵匠学之,亦一年而可习,二年而可精。是一二年后,已无铸造之事,尚远重修之期,更何局厂之设乎?曰:是何言也!夫西洋惟英吉利国兵船五百余艘,佛兰西国兵船三百余艘,盖为分守各国埠头而设。其余各国战舰,亦各不过数十艘,而皆有船厂、火器局,终年不息者,何哉?盖船厂非徒造战舰也。战舰已就,则闽、广商艘之泛南洋者,必争先效尤;宁波、上海之贩辽东、贩粤洋者,亦必群就购造,而内地商舟皆可不畏风飓之险矣。西洋火轮舟之受数千石者,止为远越重洋,其在本国内河、内港之火轮舟,皆不过受五百石至九百石而止。以通文报,则长江、大河,昼夜千里,可省邮递之烦;以驱王事,则北觐南旋,往还旬日,可免跋涉之苦;以助战舰,则能牵浅滞损坏之舟,能速火攻出奇之效,能探沙礁夷险之形。诚能大小增修,讵非军国交便?战舰有尽,而出鬻之船无尽,此船厂之可推广者一。火器亦不徒配战舰也。战舰用攻炮，城垒用守炮，况各省绿营之鸟铳、火箭、火药，皆可于此造之。此外量天尺、千里镜、龙尾车、风锯、水锯、火轮机、火轮舟、自来火、自转碓、千斤秤之属，凡有益民用者，皆可于此造之。是造炮有数，而出鬻器械无数，此火器局之可推广者二。

古之圣人，刳舟剡楫，以济不通，弦弧剡矢以威天下，亦岂非形器之末？而《睽》、《涣》取诸《易·象》，射御登诸六艺，岂火轮、火器不等于射御乎？指南制自周公，挈壶创自《周礼》，有用之物，即奇技而非淫巧。今西洋器械，借风力、水力、火力，夺造化，通神明，无非竭耳目心思之力，以前民用。因其所长而用之，即因其所长而制之。风气日开，智慧日出，方见东海之民，犹西海之民，云集而鹜赴，又何暂用旋辍之有？昔汉武欲伐南越，爰习楼船水战于昆明湖。乾隆中以金川恃碉险，爰命金川俘卒建碉于香山，又命西洋人南怀仁制西洋水法于养心殿。而西史言俄罗斯之比达王[1]聪明奇杰，因国中技艺不如西洋，微行游于他国船厂、火器局学习工艺，反国传授，所造器械，反甲西洋，由是其兴勃然，遂为欧罗巴洲最雄大国。故知国以人兴，功无幸成，惟厉精淬志者，能足国而足兵。

人但知船炮为西夷之长技，而不知西夷之所长不徒船炮也。每出兵以银二十员安家，上卒月饷银十员，下卒月饷银六员，赡之厚故选之精，练之勤故御之整。即如澳门夷兵仅二百余，而刀械则昼夜不离，训练则风雨无阻。英夷攻海口之兵，以小舟渡至平地，辄去其舟，以绝反顾，登岸后则鱼贯肩随，行列严整，岂专恃船坚炮利哉？无其节制，即仅有其船械，犹无有也；无其养赡，而欲效其选练，亦不能也。故欲选兵练兵，先筹养兵，兵饷无可议加，惟有裁并之而已。粤省水师将及四万，去虚伍计之，不及三万。汰其冗滥，补其精锐，以万五千人为率。即以三万有余之粮，养万五千之卒，则粮不加而足。以五千卒分防各口炮台，与陆营相参；以万人分配战舰，可得三十余艘。无事日，令出哨外洋，捕海盗，缉烟贩；有事寇在邻省，则连舻赴援，寇在本省，则分艘犄角，可以方行南海矣。或曰：粤洋绵长三千余里，水师数万，尚虞不周，今裁汰大半，不弥形单寡乎？曰：水师多而不敷，以无战舰也，无战舰出洋，则口岸处处出防，以水师当陆师之用，故兵以分而见寡。

---

① 比达王，即彼得一世。

今以精兵驾坚舰，昼夜千里，朝发夕至，东西巡哨，何患不周？是兵以聚而见多。英夷各处市埠，自大西洋至中国，首尾数万里，何以水师不过九万即能分守各国？又何以入寇之兵不过五十艘，而沿海被其骚动？况水师外，尚有本省绿营数万，何患其无兵分守？前年杨参赞有请水师改为陆兵之奏，吾谓不如并岸上之水师为船上之水师，用力少而收效广。

问：西洋与西洋战，亦互有胜负，我即船炮士卒一切整齐，亦何能保其必胜？曰：此为两客相攻言之，非为以客待主言之也。夫力不均、技不等而相攻，则力强技巧者胜；力均技等而以客攻主，以主待客则主胜，攻劳守逸。请言其状：夫海战全争上风，无战舰则有上风而不能乘。即有战舰，而使两客交哄于海中，则互争上风，尚有不能操券之势。若战舰战器相当，而又以主待客，则风潮不顺时，我舰可藏于内港，贼不能攻，一俟风潮皆顺，我即出攻，贼不能避，我可乘贼，贼不能乘我，是主之胜客者一。无战舰，则不能断贼接济，今有战舰，则贼之接济路穷，而我以饱待饥，是主之胜客者二。无战舰，则贼敢登岸，无人攻其后，若有战舰则贼登岸之后，舶上人少，我兵得袭其虚，与陆兵夹击，是主之胜客者三。无战舰，则贼得以数舟分封数省之港，得以旬日遍扰各省之地。有战舰则贼舟敢聚不敢散，我兵所至，可与邻省之舰夹攻，是主之胜客者四。故历考西洋各国交兵，凡英吉利往攻弥利坚本国，则弥利坚胜；以英吉利往攻俄罗斯本国，则俄罗斯胜；若英吉利与各国互战于海中，无分主客，则舵师能得上风者胜。

问曰：船厂、火器局设于粤东矣，其福建、上海、宁波、天津，亦将仿设乎？不仿设乎？战舰百艘，果足敷沿海七省之用乎？曰：沿海商民有自愿仿设厂局以造船械，或自用、或出售者听之。若官修战舰、火器局则止需立于粤东，造成之后，驶往各岸，无事纷设。盖专设一处则技易精，纷设则不能尽精；专设则责成一手，纷设则不必皆得人。战舰既成以后，内地商艘仿造日广，则战艘不必增造。何者？西洋货船与兵船坚固同、大小同，但以军器之有无为区别。货船亦有炮眼，去其铁板，即可安炮。内地平时剿贼，尚（敕）〔动〕雇闽、广商艘，况日后商艘尽同洋舶，有事立雇，何难佐战舰之用？惟水师则必以闽、广为主，而江、浙为辅，何则？福建之役，夷船泊于南澳港，邓制军所募水勇，佯作商舟，乘无风攻之，夷艘甫觉，我水勇已逼其后艄，焚其帆索，伤其柁师水手。夷艘无风不能起碇，逼近不能开炮，且小舟外障湿幔，铳弹不能入，良久风起，夷船始遁。此江、浙水勇所不能也。粤东之役，官军方失利于城外，而我武举梁体群，夜以火舟三队，从穿鼻洋截攻其后，乘潮至虎门横档，夷船甫开一炮，而我火舟已逼其后梢，火药枪轰发，两桅飞起空中，全艘俱毁。佛山义勇又围截夷兵于龟冈炮台，绕出上风，纵毒烟以眯夷目，尽歼夷兵，并击破其应援之杉板舟。此江、浙水勇所不能也。靖逆将军奏言：粤中水勇以小舟八人荡桨，旋折如飞，将及夷炮所近之处，即覆舟入水，戴之而行，及至夷船，仍翻舟而上，以火球、喷筒焚其帆索，得势即跃上夷船，不得势即仍下水覆舟而行，铳炮皆不能及，已募得二百余人。此江、浙所无也。夷船犯乍浦时，余艘留踞镇海招宝山，有委员雇闽勇三百余，以火舟易使贼觉，献策用大油篓各装火药二百斤，载以小竹筏以铁索拴筏四角，套于项颈，手扶篓筏，贴水潜行，远望不见，及至夷船后，潜挂柁上，火发轰烈，全船立毁。既而有尼之者，飞檄中止。此亦江、浙所无也。此皆在无战舰之时，可用若是，况配入战舰，用其所长，外夷尚且畏之，岂他省所及？故江、浙舟师宜专护海运，而闽、粤舟师宜专剿海寇。汉口、瓜洲、钱塘江亦有没水之人，能伏行江底，然每处仅二三十人，不能多也。

问：子于《议守篇》，专守内河，守近岸，使夷船夷炮失其所长，已可收安南创敌之功，则又何艘械之足学，而厂局之足设耶？曰：夷兵之横行大洋者，其正也；其登岸及入内河者，其偶也。夷性诡而多疑，使我岸兵有备而彼不登岸，则若之何？内河有备而彼不入内河，则若之何？观其初至也，以结怨之广东而不攻，继以结怨之厦门而不力攻，及突陷舟山，徘徊半载而不敢深入，是犹未测内地之虚实，尚有所畏也。自广东主款撤防，破虎门，围省会，而夷始肆然无忌矣；再破厦门、定海，驶入宁波，而益无忌矣；再破乍浦、宝山、上海，驶入长江，而益无忌矣。使夷知内河有备，练水勇、备火舟如广东初年之事，其肯深入死地哉？故广东初年有歼夷之备，而无其机；江、浙近年有歼夷之机，而无其备。且夷兵舶五十艘，货船二十余艘，火轮舟十艘，其闯入珠江、入甬江、入黄埔江者，皆不过兵舰七八艘，火轮二三艘，杉板小舟十余而已，其余仍寄碇大洋。即使歼其内河诸艇，而奇功不可屡邀，狡夷亦不肯再误。且夷贪恋中国市埠之利，亦断不肯即如安南、日本之绝交不往。此后则非海战不可矣。鸦片趸船仍泊外洋，无兵舰何以攻之？又非海战不可矣。夷船全帮数十艘，驶入者惟长江，江面虽狭于外洋，而倍阔于他港，夷艘散泊各岸，不聚一处，即用兀术之火攻，而天时风色难必，亦不过歼其三分之一，究恐有窜出大半之舰，则亦非追剿不可矣。苟夷畏我内河，专肆惊扰，声东击西，朝南暮北，夷人水行一日可至者，我兵陆行必数日方至。夷攻浙则调各省之兵以守浙；夷攻江，则又调各省之兵以守江。即一省中，而有今日攻乍浦，明日攻吴淞，后日又回扰镇海，我兵又将杂然四出，应接不暇，安能处处得人，时时设备？况战舰火器，乃武备必需之物，二三百万，乃军需十分之一，何惮不为而见轻于四夷？况有洋舰洋炮之后，亦非漫然浪战也。客兵利速战，主兵利持重。不与相战，而惟与相持，行与同行，止与同止，无淡水可汲，无牛羊可掠，无硝药可配，无铁物可购，无蓬缆可补，烟土货物无处可售，柁枪无处可修，又有水勇潜攻暗袭，不能安泊，放一弹即少一弹，杀一夷即少一夷，破一船即少一船。而我之沿海腹地既有战舰为外卫，则内河近岸高枕无虞，所至接济策应，逸待劳，饱待饥，众待寡，是数十艘可当数百艘之用。况夷兵以大艘为身，以杉板小舟为四足，但多募渔舟快艇，专毁其杉板小舟，小舟尽，则大舟亦可为我有。在得人而已！在得人而已！

筹海篇四议款
（1842 年）

我患夷之强，夷贪我之利，两相牵制，幸可无事，非今日主款者之秘略乎？鸦片岁耗中国财数千万计，竭我之富，济彼之强，何以处之？则曰：但禁内地吸食。试问持议之人，果严禁内地吸食乎？则又曰：宜缓不宜急，急之恐触外侮而生内变。嗟乎！强邻恶少，日设赌博于门，诱我子弟，匿我基业，败我教化，一朝绝不与通，攻门索斗。婘婳调停者曰：姑听其仍开博场，一日赌博，一日无事，百年赌博，百年无事。我产之耗不耗，勿计也；我业之完不完，勿计也；我子弟之败类不败类，勿计也。欲制夷患，必筹夷情。请先陈夷情而后效其说：

中国以茶叶、湖丝驭外夷，而外夷以鸦片耗中国，此皆自古所未有，而本朝有之。茶叶行于西洋自康熙始，而鸦片之入中国亦自康熙始。初准以药材上税，乾隆三十年以前，岁不过二百箱。及嘉庆元年，因嗜者日众，始禁其入口。嘉庆末，每年私鬻至三千余箱①。始则囤积澳门，继则移于黄埔。道光初，奉旨查禁，复移于零丁洋之趸船。零丁洋者，在老万山内，水路四达，凡中外商船之出入外洋者，皆必由焉。夷艘至，皆先以鸦片寄趸船，而后以货入口。始趸船不过四五艘，其烟至多不过四五千箱②，可用火攻，而大吏密奏：请暂事羁縻，徐图禁绝。于是因循日甚，其突增至二十五艘，烟二万箱③者，则在道光六年设巡船之后。巡船水师受月规，放私入口，于是藩篱溃决。及道光十二年始裁巡船，而积习已不可挽。道光十七年复设巡船，议定每千箱以若干箱送水师报功，而鸦片遂岁至四五万箱矣。今以道光十七年广东与英

---

① 实际数字是四千余箱。
② 四五千箱是嘉庆末年数字，道光五年已达九千余箱。
③ 二万箱为道光十年数字。

夷贸易出入之数计之：湖丝价银六百五十九万员，茶叶价银千有四百万员，白矾、串珠、樟脑、桂皮、磁器、大黄、麝香、赤布、白糖、冰糖、（两）〔雨〕伞百二十二万六千员，共计英吉利船所购出广东之货二千一百八十一万六千员。其入口者：棉花八百二十二万员，六十七万七千石。洋米二十三万八千员，二十一万石。大呢百五十五万员，羽纱四十万员，哔叽八十万员，羽缎五万员，洋布七十万员，棉纱七十三万员，千有八百石。水银二十三万员，二千石。锡二十九万五千员，万五千石。铅八万九千员，万四千石。铁四万八千员，万六千石。硝七万五千员，共万石。檀香、乌木、象牙、珍珠、胡椒、沙藤、槟榔、鱼翅、鱼肚、花巾、洋巾，计七十一万员，共英夷进口货千四百四十七万八千员，少于出口货价银七百余万员。使无鸦片而以货易货，则英夷应岁补中国银七百余万员。乃是岁鸦片价银，反出口二千二百万员，计销鸦片四万箱。此数之确然可考者。弥利坚国是岁出口之货：绸缎价七百五十万员，茶叶五百十九万八千员，十二万余石。丝棉、葛布、磁器、席、糖五十七万九千员，共计千有三百二十七万七千员。入口洋货三百六十七万员。内有洋米八十六万员，洋布四十五万员，白银四十二万员，价最巨。计少银九百六十万员。何以不闻补银？盖亦鸦片价内开除之数。英夷所运者印度鸦片，弥夷所运者都鲁机[1]鸦片。他西洋诸国出口入口者，约计二百万员。共计外夷岁入中国之货，仅值银二千十四万八千员，而岁运出口之货，共值银三千五百有九万三千员，以货易货，岁应补中国价银千四百九十四万五千员。使无鸦片之毒，则外洋之银有入无出，中国银且日贱，利可胜述哉！综计英夷所购出之货，莫大于茶，而湖丝次之；所售入中国之货，莫大于鸦片，而棉花次之。至大黄则蒙古所需，非西洋所急，故每岁出洋大黄，不过值五万余员。即俄罗斯市大黄归，亦仅用以染色，非用以治病。见松筠《绥服纪略》。茶叶虽西洋所盛行，而佛兰西国不甚需之，以其本国皆饮白酒，不甚饮茶，故佛兰西到粤之船较少。然前代市舶，从不闻茶叶出洋，茶叶出洋，自明季荷兰通中国始。及康熙二年，英吉利商又自荷兰购归百斤，饮而甘之，国人饮者岁增一岁。康熙四十九年，至十四万斤；雍正二年，至二十八万斤；乾隆二十四年，二百二十九万斤；三十七年，五百四十七万斤；五十年，遂至千三百万斤；嘉庆十八年，二千一百二十八万斤；道光二年，二千三百七十六万斤；十年后，

---

[1]　即土耳其。

三千余万斤。及英夷公（私）〔司〕散后，各商自运，销茶愈广。十七年，广东出口茶叶三十余万石，共价银千有四百余万员。又弥利坚国，道光十七年购茶价银三百六十九万两。共茶十二万余石。荷兰岁需茶二百八十万斤不等，佛兰西二十三万斤不等。佛兰西茶沿途售与各国，其到本国者无几。此外西洋各国，大约二百万斤。惟俄罗斯由蒙古运往茶叶岁六百四十余万斤。是西洋之饮茶，亦犹中国人之吸鸦片，虽损益悬殊，皆始自近日，非古昔所有。故知洋钱流入内地，皆鸦片未行以前夷船所补之价；至鸦片盛行以后，则绝无货价可补，而但补烟价，洋钱与纹银皆日贵一日矣。漕务、盐务、边务，皆日困一日矣。使非养痈于数十年之前，溃痈于设巡船之后，何以至是？今但归咎割痈之人，而养痈、溃痈者不问，故至今益以养痈为得计，此边患宜溯其源者一。

西洋互市广东者十余国，皆散商无公司，惟英吉利有之。公司者，数十商辏资营运，出则通力合作，归则计本均分，其局大而联。散商者，各出己赀，自运自售，利害皆一人独当之，其势专而散。方其通商他国之始，造船炮，修河渠，占埠头，筑廛舍，费辄巨万，非一二商所能独任，故必众力易擎，甚至借国王赀本以图之，故非公司不为功。及通市日久，垄断他商之路，挥霍公家之帑，费愈重，利愈微，国计与民生两不利，则又惩公司流弊，而听散商自为之。以中国比例，公司如广东十三家洋行，而散商则如各省赴粤之客货也。公司如淮南盐法之滚总、之整轮，而散商则如票盐、如散轮也。道光十三年以前，粤东贸易一出公司，其局初立于印度，继立于广东。初议公司止设三十年，及限满而公司欲专其利，不肯散局，复以助本国兵饷为词，请再展三十年。而糜费开支，浮冒干没，且运回之货，居奇踊贵，百物滞销，国人皆不服，屡控国王，请散公局，各自贸迁，皆为大班数人把持，与通国散商为怨敌。其公司赀本银三千万员，主事二十四商，首领二人，专司机密，每商捐银二千五百员以赡之。道光十年，本国会计入公帑银万有五百万员，公使费银九千万员，公欠项银（七）〔一〕千五百万员，公司贸易无利。道光十二年载货出本国、出印度国者，置价共三千万员，而所售回之价，仅千有六百万员，公司不如散商者六倍。故道光十三年遂散公司之局，国王尽收帑本，任商自运，而第征其税，此粤中公司合散之情形也。方广东公司未散时，各大班恃其势大多金，凡抗衡中国官吏，皆公司大班所为。公司散则势涣易制，而卢制军莅任未久，误听洋商言，以英夷公司虽散，而粤中不可无理夷务之人，反饬令彼国派领事来粤。十四年，始来者曰劳律卑，突入省河，罢市调兵而后退。十六年，再至者即义律也。只便洋商一日之私图，岂期边疆今日之戎首！试问粤中互市，西洋十余国，何尝有夷官驻粤？若谓英夷货多事赜，则弥利坚国每年货艘至粤之多，亦亚于英吉利，何以二百载从无桀骜？观禁烟新令初颁，各国遵令，即英国新至货船，亦遵例具结，而义律驶兵船阻其入口。苟当时无公司领事，则英夷各商亦不过随同各国具结，惟恐卸货之不早，鹜利之不先，何暇抗文法，争体制？何至开兵炮，停贸易？又何至诉国王请兵舰，连兵万里，构衅数年？故驭边在先悉夷情。公司散局，此海疆一大机会，而中国边臣失之者二。

禁鸦片之议有二：一内禁，一外禁。自夷船犯顺，人皆谓外禁必不可行。果必不可行乎？又以夷变归咎于缴烟。果由于缴烟乎？何以五月缴烟之后，旁徨半年而未动？何以尚肯出船货充公之结？何以尚悬购告犯之赏？何以逐出老万山外，复尚有愿遵《大清律》乞回澳门之禀？是其激变绝不由缴烟，而由于停贸易明矣。英夷国禁浓酒小带，有佛兰西使者至其国，英夷闻其携违禁货物，因监禁其使，令（禁）〔尽〕缴出禁物始释之，与广东之勒缴烟土何异？又英夷国律例，凡他国商携违禁货物入境者，罚其货价三倍。是即科以彼国之法，亦无一辞。其非因缴烟而由停贸易又明矣。然则不停贸易，固可免用兵，亦可禁鸦片使不来乎？曰：奚不可之有！请先陈夷情而后效其说。英夷之说曰：若要印度人不栽波毕[①]，除非中国人不食鸦片；若要中国人不买鸦片，除非印度不栽波毕。中国人若以鸦片贸易同英国讲论，英吉利国王定肯禁止贩运。即印度栽种波毕之事，亦可停止，而栽种别物仍可得税饷贸易之利。《澳门月报》。又曰：有人言情愿断止鸦片一物，别开南边港口贸易可乎？我恐未必能行。《华事夷言》。是外禁之事，英夷亦未尝不筹画及之。但外夷惟利是图，惟威是畏，必使有可畏怀，而后俯首从命。故上者严修武备，彼有逗船则我能攻之，彼有夹私应停贸易则立停之，使我无畏于彼，彼无可挟于我，自不敢尝试；次者代筹生计。使彼即停鸦片，而上无缺税，下无缺财，则亦何乐走私之名，而不趋自然之利？请得而详之：夷烟产自印度而销于广东，其东印度种鸦片之地皆官地，如中国盐场，置官收税，不得私煎，除鸦片地税银四百余万员外，加以栽种时、开花时、取汁时、出口时四次收税，又凡五百余万员，共计孟阿

---

① 即罂粟。

腊岁税九百六十八万四千余员，又南印度之孟迈鸦片税亦百余万员，除印度兵饷支用外，岁解英吉利国都者三百余万员，此其国最大之利薮。考康熙、乾隆中，准商船运吕宋、暹罗米入口者，每米万石免其船货税十分之五，米五千石以上免税十分之三，即不及五千石亦免税十分之二，并许商人运暹米二千石以上，议叙顶戴。此二国产米不产鸦片，有利无弊。自后港脚夷船，援例岁运印度、新嘉坡、葛留巴米入口者，不下四十万石，多以鸦片寄趸船，而以米入口。由是粤海关裁抑之，但免入口米税，不免出口货税。今与夷约，果能铲除鸦片之地改种五谷者，许其多运洋米入口，并援例酌免其货税，则夷喜于地利之不荒，其必乐从者一。粤东出口之货，则洋行会馆每百两抽内商三分，而三分必增诸货价。其入口之货，则每一大洋艘至黄埔，官费及引水通事使费约需银五千员，皆在正税之外，虽不明取于鸦片，而夷则失诸彼者偿诸此，我则收其实而避其名。今与夷约，果鸦片不至，则尽裁一切浮费，举以前此贡使所屡求，大班所屡控者，一旦如其意而豁除之，俾岁省数百万，夷必乐从者又一。彼国入口之货，莫大于湖丝、茶叶；出口之（费）〔货〕，莫大于棉花、洋米、呢、羽。今中国既裁浮费，免米税，商本轻省，则彼国不妨于进口之茶、丝，出口之棉、米、呢、羽，酌增其税，以补鸦片旧额。此外，铅、铁、硝、布等有益中国之物，亦可多运多销，夷必乐从者又一。威足慑之，利足怀之，公则服之，有不食桑葚而革鸮音者乎？水师之通贿不惩，商胥之浮索不革，战舰之武备不竞，而惟外夷操切是求，纵获所求，且不可久。矧乃河溃而鱼烂，鸟惊而兽骇，尚何暇议烟禁哉！张奂之服西羌，班超之告任尚，此机会可乘反以过急失之者三。

此皆未变以前事也。既变以后，则不独以夷攻夷，并当以夷款夷。国初俄罗斯争黑龙江地，构兵连年，圣祖命荷兰寄书俄罗斯而献城归地。喀尔喀两部争衅构兵，诏命达赖剌麻遣使往谕，而喀部来庭。缅甸不贡，闻暹罗受封而立贡。廓尔喀未降，闻英吉利助兵而即降。故款夷之事，能致其死命使俯首衰吁者上；否则联其所忌之国，居间折服者次之。上年靖逆将军未至粤时，弥利坚夷目即出调停讲款，于是义律来文有"不讨别情，只求照例通商，倘带违禁货物，船货充公"之语，并许"退出虎门"之说。夫命将出师，不过因夷之索烟价、索埠地、踞虎门，今三事皆不敢逆命，是不战屈夷，亦足以征朝廷折冲千里之威。非弥利坚居间岂能有是？而利害未能陈明，章奏未能剀切，于是而英夷要盟，又于是而英夷败盟。是冬佛兰西兵帅复以兵艘至粤，求面见将军密陈军事，请代款，请助兵。以夷攻夷，以夷款夷，在此一举。而又迟疑之，支诎之，延及半载始令赴江宁，则英夷款议已成数日，视弥利坚原议相去天渊。故不款于可款之时，而皆款于必不可款之时，此机会可乘不乘者四。

此四机者，谨其始机，则鸦片不至流毒；乘其二机，则公司不致桀骜；乘其三机，则不以罢市兴兵；乘其四机，则不致款议失体。一误、再误、三误于事前，四误于事后，经此四误，而鸦片之外禁不可行矣。

今日之事，非内禁不可矣。内禁之不效有三：一曰不许告发也；二曰不速限期也；三曰不先黥后儆也。不许告发之故，在防诬陷。夫吸烟有瘾，贩烟有土，告不实有反坐，何患其诬？且有告发之令，则雇工邻右，人怀戒心，大厦深堂，皆无固志。虽有贪欲贪利之徒，不敢再为尝试，其必效一。限期不速者，恐死刑太多也。不知期愈宽，犯愈众。昔宋臣宗泽守汴京，承兵燹之后，百物昂价倍蓰，泽念小民所急惟食，乃枭一饼师之首，下令平价，不三日而市价尽平。夫速则枭一人而万人肃，迟则刑千百而四海玩，果不果之异也。且烟瘾有限期，贩烟有何限期？但使沿海各郡县，每城立枭贩烟之首一二人，以令下之日为始，不俟限期，风行雷厉，其必效者二。吸烟未至限期，罪不至死，奈何？曰有《大清律》刺面之法在。今再下令，三月不戒者黥，黥后再三月不戒者死。以下令为始，十七省各出巡烟御史一人，专司有犯必黥之事。其缙绅富户哀求免黥者，许以金赎，不黥面而仍黥手，黥手逾期不戒，毋得再赎。如此，则法易行，法必行。且在前次限期之外，岂得更议其期迫乎？此必效者三。总之，法信、令必，虽柳杖足以惩奸；法不信，令不必，虽重典不足儆众。饮食不已，酿为《讼》、《师》；小刑之刀锯不肃，酿为大刑之甲兵。圣人垂忧患以诏来世，岂不深哉！岂不深哉！

海国图志叙[*]
（1842 年）

　　《海国图志》五十卷，何所据？一据前两广总督林尚书所译西夷之《四洲志》，再据历代史志及明以来岛志及近日夷图、夷语。钩稽贯串，创榛辟莽，前驱先路。大都东南洋、西南洋增于原书者十之八，大、小西洋、北洋、外大西洋增于原书者十之六。又图以经之，表以纬之，博参群议以发挥之。何以异于昔人海图之书？曰：彼皆以中土人谭西洋，此则以西洋人谭西洋也。是书何以作？曰：为以夷攻夷而作，为以夷款夷而作，为师夷长技以制夷而作。

　　《易》曰："爱恶相攻而吉凶生，远近相取而悔吝生，情伪相感而利害生。"故同一御敌，而知其形与不知其形，利害相百焉；同一款敌，而知其情与不知其情，利害相百焉。古之驭外夷者，诇以敌形，形同几席；诇以敌情，情同寝馈。

　　然则执此书即可驭外夷乎？曰：唯唯，否否！此兵机也，非兵本也；有形之兵也，非无形之兵也。明臣有言："欲平海上之倭患，先平人心之积患。"人心之积患如之何？非水，非火，非刃，非金，非沿海之奸民，非吸烟贩烟之莠民。故君子读《云汉》、《车攻》，先于《常武》、《江汉》，而知二《雅》诗人之所发愤；玩卦爻内外消息，而知大《易》作者之所忧患。愤与忧，天道所以倾否而之泰也，人心所以违寐而之觉也，人才所以革虚而之实也。

　　昔准噶尔跳踉于康熙、雍正之两朝，而电扫于乾隆之中叶。夷烟流毒，罪万准夷，吾皇仁勤，上符列祖，天时人事，倚伏相乘，何患攘剔之无期？何患奋武之无会？此凡有血气者所宜愤悱，凡有耳目心知者所宜讲画也。去伪，去饰，去畏难，去养痈，去营窟，则人心之寐患祛其一。以实事程实功，以实功程实事，艾三年而蓄之，网临渊而结之，毋冯河，毋画饼，则人材之虚患祛其二。寐患去而天日昌，虚患去而风雷行。《传》曰："孰荒于门，孰治于田？四海既均，越裳是臣。"叙《海国图志》。

以守为攻，以守为款，用夷制夷，畴司厥楗。述《筹海篇第一》。

纵三千年，圜九万里，经之纬之，左图右史。述《各国沿革图第二》。

夷教夷烟，毋能入界，嗟我属藩，尚堪敌忾。志《东南洋海岸各国第三》。

吕宋、爪哇，屿垺日本，或噬或骇，前车不远。志《东南洋各岛第四》。

教阅三更，地割五竺，鹊巢鸠居，为震旦毒。述《西南洋五印度第五》。

维皙与黔，地辽疆阂，役使前驱，畴诹海客。述《小西洋利未亚第六》。

大秦海西，诸戎所巢，维利维威，实怀泮鸮。述《大西洋欧罗巴各国第七》。

尾东首西，北尽冰溟，近交远攻，陆战之邻。述《北洋俄罗斯国第八》。

劲悍英寇，恪拱中原，远交近攻，水战之援。述《外大洋弥利坚第九》。

人各本天，教纲于圣，离合纷纭，有条不紊。述《西洋各国教门表第十》。

万里一朔，莫如中华，不联之联，大食、欧巴。述《中国西洋纪年表第十一》。

中历资西，西历异中，民时所授，我握其宗。述《中国西历异同表第十二》。

兵先地利，岂间遐荒，聚米画沙，战胜庙堂。述《国地总论第十三》。

虽有地利，不如人和，奇正正奇，力少谋多。述《筹夷章条第十四》。

知己知彼，可款可战，匪证奚方，孰医瞑眩？述《夷情备采第十五》。

轨文匪同，货币斯同，畴师艘械，涛驶火攻。述《器艺货币第十六》。

道光二十有二载，岁在壬寅嘉平月，内阁中书邵阳魏源叙于扬州。时夷艘出江甫逾三月也。

江南水利全书叙代
（1843 年）

　　道光三年，江、浙大潦，朝廷蠲赈数百万。是时，先相国总督两江，与江苏巡抚韩公、浙江巡抚帅公，会筹酾沈淡灾之策，议大修水利，奏举江苏按察使林公总司其事。既而先相国与韩公、帅公先后去任，事且中辍。又数载，陶公、林公相继抚苏，于是吴淞、刘河、白茆、孟渎诸役毕举，又旁及海塘、运河、城河，而各州、县亦各自浚其支渎小港之关民利者，形势规画，具详前巡抚江夏陈公所辑《江南水利全书》，至是松江郡守洪君刊成求序，始得纵览焉。

　　惟江、浙两省形势山脉，一自湖州趋杭州，一自镇江趋常州，南北皆高，而嘉兴、苏州、松江、太仓适当其中洼。自江苏一省言之，则地势北高而南下，黄浦东江、吴淞中江、刘河、娄江，皆泄太湖之水入海，再北为白茆、七浦，为孟渎，则泄太湖之水入江，是为五大干河。孟渎最北最先淤；白茆、刘河次北则次淤；吴淞介南北中，则屡浚屡淤；黄浦最南最浩瀚，为江、浙七郡诸水之尾闾，自古从无淤塞，亦从无疏浚。故陶、林二公之兴役，亦惟吴淞大资宣泄，而刘河、白茆，则海口筑坝，以防浑潮倒灌之患，可灌田而不可通海，岂非地势使然哉！

　　道光十四年，蛟水陡涨，潦将入城，林公急檄太仓州决刘河、白茆大坝，不二日水退数尺，岁仍大稔。急则泄水入海，常则蓄水隔潮，又岂非地势使然哉！

　　或者曰：此论地平也，而未及乎水平也。地平者，形势高下之一定，水平则低田筑堤，使大水不能入民田，可使堤外塘浦之水自高于江，而江水自高于海，诚能于沿湖州县大修圩田，则足以束外水使之平，而东注建瓴，此有待于推广者一。建闸可施于支流汊港，而不可施于干河，筑坝可施于刘河、白茆，而不可施于吴淞。然吴淞上游必于长桥、宝带桥大去壅塞，方可吸湖水使之奔腾入江，下游必于吴淞口对坝逼溜，方足激江水使之奔腾入海，视建闸去闸功皆相倍，此有待于推广者二。

今海警甫息，经费告殚，非兴举水利之时，姑存此说以补陶、林二公之未竟，其能举而行之，以大济东南田赋之穷，则俟后之君子。

此代孙中丞《江南水利全书叙》也，存之以当水利议。

致邓显鹤书
（1843 年）

湘皋先生阁下：江淮握别，伏惟道履绥和，著述日富，云天在望，曷胜神驰。源羁寓无聊，海艘迭警，不胜漆室之忧。托空言以征往事，遂成《圣武记》十四卷、《海国图志》十五卷，先刊成一种，呈请海正，余俟秋冬续刊再寄。闻在裕制军公祖幕中，特附一部，便中望为转呈，未敢修书通候，恐涉冒昧耳。邹勖绩兄近在何地？今亦寄一部，乞为转交，不及致信为歉。涧东先生康铄如旧否？亦附去一部，如驾在武昌，则命舍弟带往新化可也。此问近履，惟珍重自爱。

二月廿日魏源顿首

自海警以来，江淮大扰，源之生计亦万分告匮。同人皆劝其出山，夏间当入京师，或就彭泽一令，或作柳州司马矣。中年老女，重作新妇，世事逼人至此，奈何！

据邵阳李柏荣《金潭访逸》

以为未尝有材焉此岂山之性也哉会试卷
（1844 年）

　　生材者，山之性，毋以不材诬山也。夫山有无材之时，而要无不生材之性。彼濯濯者，其本然也，抑后起耶？尝读《山经》纪海内之山，有有草无木者矣，有有木无草者矣，有草木俱无者矣；或有毒草恶木，或有瑶草琪木，不可思议者矣。若是乎山之性杂糅不齐，山之材不材亦纷糅无定，而要非所论于齐之牛山。夫牛山至今日，岂非濯濯无材之山也哉？自有宇宙即有此山，山不自今日始，则山之性也不自今日始。以今日之草童土赭诬牛山，牛山不受也。一日有宇宙，一日有此山，山不自今日止，则山之性亦不自今日止。以今日之硗确不毛概牛山，而并概山木，山木亦不受也。使真谓不材为山之性，则浸假而与之观乎峄阳之桐，岱庙之松。淇园千亩之竹，新甫千尺之柏，累经兵燹，荡然无存，而谓《诗》、《书》所纪皆虚也，可乎不可？使真谓不材为山之性，则浸假而与之观乎《震》之木为苍筤竹，《离》之木为科上槁，《坎》之木为坚多心，《艮》之木为坚多节，一交剥落，生意无存，而谓卦、爻取象皆妄也，可乎不可？

　　虽曰木生于土而反克土，火生于木而反焚木，山之性有不系乎材不材者，而终不得以夏后之随刊，伯益之火烈，并诬大造之无功。即使异日山川已非今日之壤，故国乔木已非前日之材，山之性有难必其材不材者，而终不得谓爽鸠氏之河山，夏殷氏之松柏，皆等乾坤之竟息。

　　呜呼！山之性，天地之性也，风云雷雨，常蕴其灵奇光怪以兴为宝藏，而谓不能达其勾萌甲拆以发为英华，则其视天地也太啬。山之材，即国家之材也，呵护栽培，尚不忍以清庙明堂，轻用其桢干，而竟肯以摧残剥落，诬乎化工，则其视国家也太忍。

　　观生才之难，则知育材之不易，其慎毋再寻斧斤焉可。

据顾廷龙主编《清代朱卷集成》第十三册所载道光二十四年会试卷

致姚燮书
（1844 年）

　　楳伯仁兄大人左右：小诗奉饯，即祈示正。陈寿卿兄扇已送去，而来信云伟堂夫子欲求绘团扇数柄，务恳拨冗为之，只用单款可也。明早送伟师处，并取李芸舫太守之信也。

　　陈世兄来信并附阅。即颂行祺。

　　　　　　　　　　　　　　　　　　　　　　　　弟魏源顿首

　　海秋字轴送上，查收。

　　　　　　　　　　　　据《清代名人手札甲集》魏源墨迹照片

致邓显鹤书二通
（1844 年）

一

承示《沅湘耆旧集》，全书网罗百代，包括全楚，体大思精，不朽盛业，无以复加矣。但鄙意"沅湘"何以不名"三湘"。陶文毅序《资江集》，以谓湘在九江，最长且著，必综其首尾核之，而后"三湘"之名可定，其以潇湘、资湘、沅湘定为"三湘"，论虽创，实确入湖之水，其大者止此三，非"三湘"而何？若以沅湘为名，湘只指长沙一水，不能该资水矣。其实，潇水古人亦不能指定。源谓即以朱子"三湘"之说推之，蒸湘、沅湘之外，资水亦可当潇，缘邵水入资，邵、潇二字同音，援蒸水入湘之例，则资湘即潇湘也。如此则"三湘"皆有著落，不知大雅以为何如？若得椽笔于总叙中一发此谊，并改板心为"三湘"，则更为桑梓增色，并为论古者开拓心胸矣。惟教正之。不宣。

据道光《宝庆府志》卷一〇二，艺文略三

二

（前缺）印成，谨由小云侄世兄寄呈一部求教。此次南归，亦拟将从前说经之书及诗文草陆续付雕，为扫除文字之计。且见定庵、海秋诸人俱忽然长逝，不能不预为计也。

《耆旧集》中《张陶园诗选》略读一过。集中《张锅魁歌》最有名，海内俱推为陶园第一压卷之作，不知何以见遗，或卷帙浩烦，偶尔失检耶？望将《缅甸贡象行》之类，此等痴肥臃肿之作，不必存也。划去一首，而以《张锅魁歌》补入，或可佐千虑之一得乎！岳云楚树，望远为劳，千万珍重，为道自勖。

魏源顿首，八月五日京师

据邵阳李柏荣《金潭访逸》

与泾县包慎伯大令书
（1844 年）

　　顷见新刊《安吴四种》，于源所签各条，有从改者，有不从改者，今不缕议。惟叙述国朝掌故，间涉失实，必须相告处。

　　足下书赵瓯北事，谓高宗廷寄李侍尧，欲令柴大纪弃台湾内渡，赵为李草奏，陈其不可，并称柴久蓄弃台志，特畏国法未敢云云。考史馆《柴大纪列传》、《李侍尧列传》所载，既不相合；赵瓯北撰《皇朝武功纪盛》中《台湾》一篇及自撰《瓯北年谱》述佐李公事，又不相合。时台湾除柴大纪外，尚有常青、恒瑞两将军，黄仕简、任承恩两提督，蔡攀龙等四总兵，官兵数万云集府城。大纪特守诸罗一城耳，全台未失。似此时台湾除柴大纪外别无一军者。且柴接廷寄，令将诸罗兵民退至府城，柴覆奏有死守待援之语，高宗为之垂泪，特封嘉义伯，并改诸罗为嘉义城，事实昭著，足下可覆按也。

　　至裕靖节奏请敕沿海督抚提镇丈量江海水势深浅情形一疏，言常、镇、扬三府所隶江面，外无遮栏，潮来甚溜，亦难防守。足下言其奏长江沙线曲折淤浅，夷船断无能入，此奏督抚提镇署中皆无之。姚姬传曰：考据之学，利于应敌，盖实事有无，非如虚理之可臆造也。

　　此二事者，有关国乘，不敢墨墨。谨贡其愚，惟教之。不宣。

包世臣北游日记手批
（1844 年）

论史阁部一段，多涉深文，决非定论，奉劝删之。默深。

据《包慎伯文稿》

湖北崇阳县知县师君墓志铭
（1844年）

　　道光二十有一年十二月十二日，湖北武昌府崇阳县生员钟人杰聚党逼城劫官，知县师长治死事。贼遂陷崇阳、通城，大战官兵。明年正月，贼平，湖广总督奏师君遇害始末，诏赐恤如例，部议予世袭云骑尉。

　　君故与源同乡试，官内阁，又获交于君之伯父前海州知州亮采，故其归葬也，海州命源志其事，且铭其幽。

　　呜呼！崇阳之事，仅为君叹悼哉！崇阳圜万山中，胥役故虎而冠，凡下乡催征钱粮漕米，久鱼肉其民。生员钟人杰、金太和者，亦虎而冠，与其党陈宝铭、汪敦起而包揽输纳，不数年皆骤富，与县胥分党角立。前知县折锦元，惯不治事，一惟胥役所为，致两次闹漕。据巡抚伍长华所批漕石加收一斗之数，造扁送县，毁差房；武昌知府明竣，惟以调停姑息，于是奸民日肆。湖广督抚劾罢折锦元，以金云门往署县事，禽金太和置武昌狱，势少戢。是年九月而师君至。

　　钟人杰闻上游檄捕甚急，疑其仇生员蔡绍勋所主使也，约党渡河篡取之。至则绍勋已逸入城，即贼其家，焚其庐，并率数百人蹑逐入城。城门已闭，内外鼎沸，知县师君登城谕之，不退，城内兵役矢石相持竟夜。质明，城外人益众，逾缺入，大索蔡绍勋不得，则执知县，迫令申状，言蔡绍勋作乱，钟人杰倡义助捕反者，并请上司释金太和归县。时武昌知府明竣以事在蒲圻，距崇阳一日程，师君先令其长子怀印潜出城，请明竣来县弹压，而明竣急回武昌。于是众益张，师君遂骂贼死，妾吴氏及侄女皆殉之。师君莅任甫百日，收漕无耗羡。钟人杰无可归罪，乃槽敛而哭祭之，言己以报仇仓卒，误害良吏。事不获已，遂劫库狱，散仓粟，造帜械，勒境内四十八堡堡出人若干，不从者杀。

　　然乌合乡民，无枪械，距省仅二百余里，使省城以兵数百星夜驰赴，立可散党禽渠。而武昌督标兵因夷寇调赴江、浙，存城无几，总督裕公以兵二百驻咸宁，距崇阳百里，以俟提督之至。贼得日夜胁从众数千，陷通城，又攻蒲圻，攻通山，众至万余。幸官兵挫之蒲圻城外，杀贼千余，湖南兵亦分守要隘，胁从半散。

　　明年正月十八日，提督刘允孝至，先张疑兵大路，而正兵由蒲圻进剿。党羽瓦解，钟人杰穷蹙就缚。前后调湖南、北兵五千余，请帑二十余万，所获首从各犯文武生员至十余人。

　　呜呼！国家转漕七省，二百载来，帮费日重，银价日昂，本色、折色日浮以困。于是把持之生监与侵渔之书役，交相为难，各执一词，弱肉强食，如圜无端。及其痛溃，俱伤两败，虽有善者亦末如何，而或代受其祸。近年若浙之归安、仁和，苏之丹阳、震泽，江西之新喻，屡以漕事兴大狱，皆小用兵，而崇阳则大用兵。不宁惟是，距崇阳事未二载，而湖南耒阳复以钱漕浮勒激众围城，大吏至，调两省兵攻捕于瓦子山、曾波洲，弥月始解散，俘生员欧阳大鹏等于京师，论功行赏，与湖北崇阳一辙。呜呼！仅为师君悼叹哉！

　　君道光己卯科顺天乡试举人，前任浙江上虞县。死时年四十有五。妻□氏，以奉母留扬州，不与其难。子世杰，以某年月日归葬陕西韩城之某原。铭曰：

　　国家大政食与戎，漕穷肇兵相激舂。豪民豪胥维蠹同，蚌鹬相持乃相攻。吁君之难民之恫！维贼犹存三代公。崇阳未已耒阳从，大刑屡修谁剂穷！《易》爻《讼》《师》继《需》《蒙》，胶庠狱亦承平功。法穷匪变云胡通，呜呼漕赋安所终！

畿辅河渠议
（1845 年）

国朝旧设三河道总督，治东河、南河、北河。北河者，直隶境内之河也，其工役虽不若黄河之巨，然近日河北之漳河、永定河，横溃岁告，亦几与治黄同无善策。考之成案，诹之故老，则知漳流宜北不宜南，永定河宜南不宜北。南北之间，是为大壑。其性总归就下，其行必由地中。而近日治水者皆反之，逆水性，逆地势，何怪愈治愈决裂。说者曰：西北一望平旷，孰高孰下？西北之水，一泄纵横，孰趋孰避？不知以水势测之，而地势之高下见矣，而水之邕碍亦见矣。不然，漳河、永定，旧日无堤，何以不闻为患，为患皆在筑堤之后耶？故治北河者，以不筑堤为上策；顺其性，作遥堤者次之；强之就高，愈防愈溃，是为无策。请分究其得失：

宋、元以前，黄河北趋大名入海，漳水入河易泄，故从不为患。宋、元以后，黄河南徙，漳水不入河而入卫，下游已淤浅难容，然其时漳之故道犹深，亦不为患。近则溃决四出，尽失故道，魏县五城，皆在巨浸，于是始议堤塞。不知治水之法，各因其性。黄河湍悍，宜防而不宜泄；漳水淤淳，可资灌溉，宜泄而不宜防。史起、白圭，前车明鉴。今人多执漳河南徙以后之难治，抑知自明至雍正，由三台至馆陶东北之路，历数百年无恙者，即此漳也。乾隆五十九年，由三台南决，甫堵北行，次年仍南决，于是任其所之而后安。道光二年，由冯宿村北决，甫堵筑南行，次年仍北溃，于是任其所之而后安。岂其水性之拗执，欲北转南，欲南转北哉！

漳河两岸，沙土十之八九，胶泥十仅一二。以平旷沙松之土，当冲刷之锋，故安阳、内黄沿河数十村庄，灾潦岁告。而居民终不肯筑堤者，退淤之后，麦收必倍，报灾之岁，例免差徭，即史起引漳溉田之成效。若以沙土筑堤，不特旋成旋溃，即幸不溃决，亦愈淤愈高，遇盛涨必建瓴而下，其害十倍。故土人有漳河小治则小决，大治则大决之语。是知不治之治，斯为上策。

且漳河之地势水性，大抵东北行则安，东南行则病。不见滹沱河乎？挟泥冲悍，与漳何异？特以其东北入海，故虽左右击荡，有吞噬而无淤高，无浸漫。漳之利东北，不利东南，何独不然？近人患漳流之南侵卫河，有妨运道，亦从事北排。北排而漳不受制，遂谓性不宜北。抑知挽救于末流，而未治其上游南趋之路耶？试由上游即端其趋，何患下游不循其辙？治上游如何？曰：修复故道，自三台以迄馆陶，小费而大省，一劳而永逸。故曰：与治黄河小异而大同。敢以质司水衡之君子。

自漳河以南，地势南高而北下；自永定河以北，则地势又北高而南下。永定河故道，经固安至霸州入会同河。今南岸以西之金门闸减水引河，即其故道也。旧本无堤，虽西涨东坍，迁徙无定，而膏淤所及，以夏麦倍偿秋禾，民反为利。自康熙三十九年，抚臣于成龙改河东北，注之东淀，而淀受病。及乾隆二十年，开北堤放水东行，于是河日淤，堤日高，视平地一二丈以外，动辄溃决。然溃于北岸者一堵即合，溃于南岸，则建瓴患巨，堵合费倍。欲审地势水性，非顺其南下之旧，由固安、霸州而入玉带河不可。

或曰：纵河南下，将设堤乎，不设堤乎？曰：治北方浊流之法，以不治而治为上策。漳河、滹沱河、子牙河、白河、赵河、沙河之无堤是也；此外惟让地次之，黄河之遥堤是也。永定河旧行固安、霸州时，其故道本无堤岸，故散漫于二邑二百里之间。旬日水退，土人谓之铺金地。泥沙停于二邑者多，会于清河而入淀河者少，故三百余年无患。自筑堤束水以来，岸宽者一二里，近者半里，至十余丈。夫以千里来源，而束之两堵之堤，适足激其怒而益其害，又况两岸有沙无泥，遇风则堤随沙去，遇水则堤与沙化，是筑堤不能束水。今纵不敢言无堤，而河如南决，则莫如顺其所向，以旧河为北岸，而于新决之河，别筑遥堤，约宽十里，其村落可避者，绕诸堤外，必不可避者，量拨地价。即有固安、霸州一二愚民不愿迁徙者，亦不能以十余村愚民而妨十数州县之大利大害。如此则地广足以受水，地势足以畅水；力少则无冲决，水浅则无淹没；有淤地肥麦之功，无抢险岁修之费。从此永定河道员可改为地方巡道，此百年之利也。

总之，直隶界南之水，莫大于漳河，界中之水，莫大于永定、子牙二河。子牙河即溥沱河下游。旧皆无堤，是以田水得有所归，而河水不致淤淀。自永定河筑堤束水，而胜芳淀、三角淀皆淤；自子牙河筑堤束水，而台头等淀亦淤。淀口既淤，河身日高，于是田水入河之路阻，而涨水漫田之患生，此直隶水患之大要。去其水患，即为水利，此又直隶治水之大要。故曰：与治黄河小异而大同。敢以质司水衡之君子。

道光甲辰、乙巳之春，两从固安渡永定河，详审南堤外如釜底，北堤外地与堤平，又质诸土人之习河事者，爰成是议。

与曲阜孔绣山孝廉书
（1845 年）

前日祗谒林、庙，周览雩坛，得从圣人子孙信宿燕处，以遂景行向往之愿，恍如置身三代以上，不复萌世俗念，幸甚！

别后耿耿有欲言而必不能不言者，今请率言之以质于左右。夫子墓与泗水侯、沂国公三墓并南向，沂国墓正蔽圣墓之前，以孙背祖。且泗水侯葬在前，沂国公葬在后，在后者岂有不知循昭穆之位而正背祖墓之理？及谒防墓，则背即泗水，防山正当其前，此天然正向，乃不面防山而反偏面其右，均于谊不可解。旋过孟母林，其墓在马鞍山，面屏九龙山，而亦不朝前屏，反横袤坐空朝右，尤不可解。及考其向，则皆正子午也。考其碑，则孔林防墓，皆宋真宗时东巡时所修，碑亦真宗时所立，松柏亦宋所植也。豁然悟曰：天下岂有林墓不问阴阳流泉，而一切正子午者？岂有不分尊卑昭穆，而祖面背孙者乎？古无墓碑，及后世巡守时所委承修者，皆不学无术之工员，欲建神道围墙而不得其本向，一切概以正子午立之。

今试移孔林三碑皆于乾巽方，则夫子居中，泗水侯左昭，沂国公右穆，秩然合礼矣。其神道正值康熙御碑亭，其亭墙外地，左右皆乱冢，中间一道，旷然洼平，无一古墓，此明明是圣墓前神道。诚改正此向，则洙水环拱，曲阜近案，防山远朝，无一不天造地设。闻衍圣公方请帑修府，何不以此奏闻改正？不过移三碑折一墙，而移享殿于巽方，移御碑亭于楷树亭，所费不巨。其城自曲阜诣林之故道，松柏坊表，皆仍其旧，不必改道。至墓前旧日享殿，可改为先贤端木筑场之祠，至防墓则不过移一碑向，其孟母林则不过移一碑位，尤为甚易。圣人所葬，四海万世所观礼，昭穆山川，宜从秩叙，此必当更正者一。

洙水久涸，闻乾隆中斁轩检讨屡浚泉源，终无洊沸。考《水经注·

泗水篇》："泗水东南流径鲁县分为二水，水侧有一城，为二水之分会也。北为洙渎，南则泗水。"夫子教于洙、泗之间，即此二水之中，为授徒之所矣。又《洙水篇》曰："洙水出泰山、盖县临乐山西南，流于卞城西而与泗水乱流。西南至鲁县东北，又分为二水，水侧有故城，两水所分会。洙水又西北流径孔里北，是洙、泗之间矣。"观此则曲阜之洙乃泗水所分流，故《春秋》庄九年有浚洙以备城濠之事。今泗水流甚浩瀚，但寻其故迹，分一派以环孔林，仍于下游会泗，毫无损于漕运，何待别浚泉源耶？此不可不陈者二。

以阙里而孔氏子孙无讲习之所，泮水为曲阜城中第一胜迹，旧属衍圣公燕游之所。自乾隆中建行宫，遂为官地钦工，终年封闭，莽为茂草。何不奏改为泮池书院，略加葺理，俾四氏子弟肄业其中，鱼藻与弦歌映带，人文必且蔚起。而《四库》官书七分，颁置江、浙者三分。其金山与扬州相距四十里而得两分，金山在水中央，人士无从瞻睹。何不奏请移金山文宗阁书一分于阙里泮池，建阁中央，敬谨庋藏？既可托于灵光文献之尊，为历代兵燹所不及；而齐、鲁学士大夫，亦得以借录官书，见闻日广，于国家文治之隆，大有裨益，此不可不陈者三。

岱云在望，昧昧我思。何日重谭，以申恳款？源顿首。

此篇后改为折稿，寄京师，托通政使严仙舫转奏。其曾蒙施行与否，皆未可知，姑记之于此。

致邓传密书
（1845 年）

  临别赠言，良感雅爱。初学制锦，能无伤割？此时未敢自信，俟临事验□之耳。《老子本义》原系未定之稿，容改正，方可见呈教。《读书乐》六幅奉还，《西园雅集图》奉赠，其《般若碑》当□别扬检出，方可报命耳。

  微意廿洋，聊为世兄笔墨之费，伏乞哂存。此覆，即颂

守之仁兄文安。

源顿首

据邓以蛰家藏原件

致邓显鹤书
（1845 年）

　　两载入都，得晤世兄舅弟，欣悉道履之祥，且后生蔚起，足征世泽未艾，慰何可言。源羁寓无聊，海艘迭警，不胜漆室之忧，托空言以征往事，遂成《圣武记》十四卷、《海国图志》十五卷[①]，已次第刊成，寄请诲正。承手教褒及，弥增愧恧，至以不入史馆为源歉，则非源志也。今日史官日以蝇头小楷、俳体八韵为报国华国之极事，源厕其间，何以为情？不若民社一隅之差为近实耳！补缺无期，委署尚易。近已奉檄权扬州东台县，初学制锦，未知能不伤割否？如托庇平安，则公余之暇，尚拟将平昔残稿，次第灾梨。中年以后，不能更增新业，止可了其旧债，大约可得八九卷。去岁偶订诗稿，亦有四卷，容暇抄寄，以备世兄辈他日补入《耆旧集》，附骥以传耳。旧雨零落，吾两人相望如晨星，又迢递千里，不知此生尚有合并之日否？道远，不能时奉书。

　　　　　　　　　　　　　据道光《宝庆府志》卷一〇二，艺文略三

---

　　① "十五卷"，疑为"五十卷"之误。因《海国图志》于道光二十二年（1842）初编即为五十卷，后分别增至六十卷、一百卷，始终未曾有"十五卷"本。下同。

致贺熙龄书
（1845 年）

蔗农先生左右：

别教数载，饥渴维殷。每从湘湖人士询悉，里居讲学，为政家庭，良深钦企。迩蒙手函遥锡。如侍晤言，雒诵神驰，尘劳顿涤。源以冬月檄署东台，地僻民朴，虽积案孔多，亦易清理。惟抚字心劳，催科政拙，银贵谷贱，官民俱困。目下漕务收兑两难，将来岁甚一岁，更不知如何措手耳。《海国图志》系聚珍板，校雠疏卤，本拟改印后始寄呈鉴政，今既蒙宣索，谨先寄呈览。《圣武记》亦经改定，均各寄数部，望分致雷震初太守及同志诸公为荷。

藕庚先生处已有专禀，由新选澂江府李太守寄滇矣。谨此泐复。敬请

道安，不庄不备

魏源顿首

据湖南图书馆藏原件

钱漕更弊议 上李石梧中丞
（1845 年）

江苏漕费之大，州县之累，日甚一日。其弊曰：明加，暗加，横加。

始也帮费用钱不用银，其时洋银每圆兑钱八百文，故州县先漕每喜舍钱用洋以图节省。其后洋银价日长，而兑费亦因之而长，其用洋银之费已不可挽回，此暗加之弊也。

自道光五年行海运，停河运一岁，旗丁以罢运为苦累。道光六年，河工大挑，空船截留河北，旗丁又以守冻为苦累。每苦累一次，则次年必求调剂一次，此明加之弊也。

又道光十九年间，四府粮道陶廷杰挑斥米色，骄纵旗丁，于是二三载间，各州县约加帮费三十万两，此横加之弊也。皆苏、松之情形也。

惟常州漕兑费至今用钱，故价无大长。而丹徒、丹阳、金坛、句容则又地瘠民刁，漕完本色，地丁钱粮亦不敷解费。且金坛、句容皆山邑，舟不抵城，须陆运至水次，宜照山邑折漕之例以恤其困，并将地丁钱粮改收折银，酌加火耗，以免地方官之赔垫，此又情形之小异也。今欲大剂苏、松、常、太仓各郡州县之累，惟有一大章程。

查明代江南州县旧制，常州有武进无阳湖，有无锡无金匮，有宜兴无金溪；苏州有吴县、长洲无元和，有昆山无新阳，有常熟无昭文，有吴江无震泽；松江有华亭、娄县，无奉贤、金山；太仓州有嘉定无宝山。其时漕未尝不运，事未尝不举，亦从未闻明代州县有收漕之弊。且其时沿张士诚庄田之额，赋更重于今日，而不觉其繁。

国朝减免苏、松浮粮至再至三，而官民不胜其困，何哉？愚以为银价之弊，已无如何，惟有裁缺并县之法，一复明代古县之旧。每并一缺，则省官规幕费丁役杂费及应酬之半，似救弊本原之一法。谨抒其愚，以待大吏之不守常规善复古制者。至宝山逼海，城池卑褊，不通舟潮，应内移于罗店饶富之地，或与嘉定同城，此则不必并而必当移者。谨议。

致贺熙龄书
（1846 年）

柘农先生左右：分别光霁，倏阅暑寒，瞻仰云天，惟有驰溯。源去冬奉檄东台，地僻民淳，藉藏鸠拙，惟谷贱银贵，催科政拙，将来未知所税驾耳。

藕庚先生总制西南，大为吾乡之庆，已于赴滇委员托寄芜禀。丹山令弟同此缱绻，晤时均希致意。源公余之暇，尚可赋诗著书，夏间或可兴枣，再行奉寄。今因舍弟回楚之便，寄上《圣武记》十部，以备持赠。至去冬所寄呈《海国图志》等件，谅已呈清览矣。谨此泐布，敬颂起居，为道日爱。不宣。

魏源顿首四月三日

据湖南省博物馆藏原件

致胡林翼书
（1846 年）

蕴之仁兄大人阁下：不晤积载，契阔良深。夏间驾过江南，适弟甫遭大故，戢影东台。顷过广陵，晤童石塘太守，始知行旌北上，一麾出守，就近迎养，差慰积念；并承锦注，拳拳关切，悯范叔之寒，代为束手，尤见故人良友之谊。

弟半载东台，只因漕务受前任之累，赔垫四千金。现在交代，尚未算值。清查发仓之初，未知如何出脱。其尤急者，全家数十口，指日悬磬，而先榇至今留滞东台，未能奉移，其窘为生平所未尝。倘吾兄有信致云湖都转师，系家兄辛巳座师。望为筹一馆地，俾两载内稍裨薪水，则锡类之仁，身家均感矣！

至江省钱漕，日累一日，将来不知作何究竟？吾兄告迎黔阳，洵系卓见。何子贞已得差否？春间曾寄银五十两，托其买高丽参，为家中医药急需。倘子贞出差，望向子愚代询之。其参亦望觅便寄石塘处也。

又，严仙舫兄一信，望并寄去为荷。谨此泐布，即颂升安。

愚弟制魏源顿首八月十二日

据北京图书馆藏原件

上江苏巡抚陆公论海漕书
（1847 年）

前日面陈江苏漕弊，非海运不能除，京仓缺额，非海运不能补，请将苏、松、常、镇、太仓、江宁五府一州之漕，酌行海运。

窃维国家建都西北，仰给南漕，如使年年全漕北上，则除支放俸饷外，尚有余粮，三年余一，九年余三。是以乾隆中，每遇太仓之粟陈陈相因，屡有普免南漕之诏，但患有余，何患不足。近日京仓缺米，支放不敷，皆由南漕岁岁缺额。而南漕所以缺额之故，则由于岁岁报灾，所以报灾之故，则由于兑费岁增，所以亏空之故，亦由于兑费岁增，此其情形从来不敢上达。若不彻底直陈于圣主之前，则受病之源与救病之方，终日依违疑似之间，无以破浮议而坚乾断，请约略陈之：

查江苏漕船兑漕之费，即以道光初年较之近年，相去已至一倍。道光初年，江苏兑费，在苏、松每船尚不过洋钱五六百圆，江北每船不过制钱四五百缗。一加于道光三年水灾普躏之后，丁船以停运为苦累；再加于道光四、五年高堰溃决之后，丁船以盘坝剥运为苦累；三加于道光六年减坝未合之时，空船截留河北为苦累。此数年中，丁船藉口一次，即加费一次。今岁所加，明岁成例，则复于例外求加。其时漕河梗隔，上游严檄督催，州县惟恐误运，于是数载中苏、松已加至洋钱千圆；继以道光十一、十二、十三年苏、松粮道陶廷杰苛挑米色，骄纵旗丁，于是三载中苏州遂加至洋钱千二三百圆，松江千四五百圆，而白粮则每船三千圆矣，而江北刁丁亦效尤递加不等，今日已成积重难返之势。然道光八、九年间，帮费虽大，而银价尚未大长，每两兑钱千二三百，洋钱每圆兑钱九百零，使银价如常，犹可勉强支应。近日则文银日贵一日，即帮费又岁长一岁，是暗中又几增一倍，诚为从来所无。然而每年不致误漕者，何哉？则报灾为之也。每帮费加一次，则漕米减收一次，缘州县收漕折色，不能与之俱加，不得不听小民吁求报灾，以其数分缓漕之米，贴补数分浮折之米。于是每大县额漕十万石者，止可办六万石，是以连岁丰收而全漕决不敢办。非独州县兑费无所出，即旗丁年年减运，船亦久已变卖乌有。计江、浙两省，每岁缓漕不下百万，岁复一岁，天庾安得不空？此京仓缺米所由来也。

而议者尚以江苏州县漕累为不实，试思漕果有利，则州县惟恐不办全漕，何反甘心减少？况民风较刁之元和、常熟、华亭、娄县、丹阳、丹徒、金坛、句容、上元、江宁等处，百姓所完本色折色，不及兑费之半，则州县全系赔垫。且不但完漕如此，即地丁钱粮亦不肯随银价增长，则州县又系赔垫。钱漕皆赔如此，然而上下忙不致误奏销者，何哉？则漕项为之也。向例藩司地丁每年奏销，而粮道漕项则两年始奏销，如及两年而州县离任他处者，则又可免处分，州县虽挪移垫公，然不敢亏地丁，而仅敢亏漕项，是以江苏州县几无二载不调之缺，而漕项亏空遂至二三百万之多，此清查所由来也。

漕弊既如此极，而谓海运即可除弊者何哉？军船行数千里之运河，剥浅有费，过淮有费，屯官催儹有费，通仓交米有费。故上既出数百万漕项以治其公，下复出数百万帮费以治其私，海运则不由内河，不经层饱，故道光五年运米百六十余万石，而费止百四十万金，其内尚有可节省二十万金。计苏、松、太仓二府一州之粟，可用粮道漕项银米办之而无不足，可不取丝毫之帮费。既无帮费，则州县无可藉口以浮取于民，民无可藉口以报灾于官。年年可收清漕，即年年可办全漕，每年藏富于民者数百万金，藏富于国者数百万石，而太仓永无缺贮之虞矣。既无帮费，则州县无藉口挪垫，但将地丁正杂税课收钱收银，酌加火耗，以资申解、办公之费。民既喜骤脱于漕困，必不刁难于上下忙银，倘州县再有浮勒于民亏空于官者，上司执法而行，坦然无复顾虑。吏治、民风、国计一举三善，而清查后永无亏空之患矣。是惟海运可再造东南之民力，惟海运可培国家之元气。且二府一州不过南漕一隅，其江北及浙江、湖广、江西、安徽之漕，仍由运河行走，于大局并无变更。此外尚有漕务极敝三县，如镇江之丹阳、金坛，江宁府之句容，或可提出附归海运，亦救民生之急策，合并附陈。其条款别陈于左：

一、回空船仍令照常归次，不必援上年截留河北旧案也。查四府一州额粮百五六十万石，额设漕船二千数百只。自连年报灾，叠次减运，不过存一千余船。其水手有二种：一系沿途随雇之短纤，回空时照重船约少一半，且随雇随遣，不烦安置。惟有常年在船之头柁篙工等，每船不过数名，冬月分归各次，合计不过万余人。道光六年试行海运时，减坝尚未合龙，故将空船截留河北以为接运来春江、广重船之地，然第七年仍行河运，丁船即以截留苦累，藉口增费。今再行海运，与上年河道梗塞情形不同。亦若截留河北，则事出无名，且漕运衙门，必预防地方官有常行海运永停河运之意，先持异议，甚或暗唆水手滋事，铺张入告，恐吓阻挠，势所必至。不如照常归次，不露形迹，既免漕帮藉口，且既归次以后，则权在地方官，总可设法办理，较之截留中途，全由漕运衙门专政者，主客攸殊。以千余船分泊二十余处，其势既分，弹压亦易。且受兑苏、松、常、镇各帮，均有尖丁，股实居其大半，无难责令暂行约束。即如现在各县均有减歇之船，每船不过留一二人看守，并无别烦安插之事。至其全局散遣之议，应俟本年夏季海运平安抵通交兑全竣，明效大验之后，再奏请划出四府一州永行海运，无难别筹散遣。如此时即奏筹散遣漕船水手之议，是为千金之裘而与狐谋皮，不惟无益而反有碍也。至其章程，与道光丙戌所行，宜随时变通，谨条陈于左：

一、海运全漕，宜一次运津，不必援旧案分两次也。

一、海运北仓交米，除存津仓五十万石外，其余亦应以到津收验为竣，不能再赴通州也。

一、海运船价经费，今昔银价悬殊，应查照上年银价作钱，不能照今春揭米之例也。

一、漕项银款仅敷海船水脚，其南北二局经费，将漕项米款半解折色，以资办公也。

一、海运全漕外，尚有海船耗米十二万石，到津应听其自行变卖，毋庸官为收买也。

一、海运经费，但用漕项银米即敷办漕，毋庸再提帮费以滋流弊也。

祝英台近山房诗钞序
（1848 年）

　　诗至唐贤为造极，而唐诗绝少善本，《品汇》庶称大观。然详初、盛而略中、晚。中、晚则详开元而略元和。《品汇》以浑成含蓄为宗，后贤以才调风情为重，鸿蒙既辟，风气顿开，业踵事而增华，讵胶柱而鼓瑟！唯放其才情之所至，而驯造于神韵之自然，则吾香巢先生是篇有焉。先生是集如白乐天迄王、孟诸家，不拘蹊径，直摅胸臆，或因时感怀，或缘情绮靡，未始非初盛之阶梯，而《品汇》之鼓吹也。用抒管见，以弁篇首。楚南默深弟魏源拜撰。

据万贡珤《祝英台近山房诗钞》

雁荡诗话序
（1848 年）

人灵万物参三才，使光岳川谷灵淑之气，无人领其胜，则万古寂寞，而天地为虚器。东南奇秀山水，推黄、庐、台、荡，再南则武夷、桂林。惟庐山当江湖四达之冲，天台为仙佛托灵之所，自汉、晋即著名。黄山、雁荡、武夷，则皆至宋始显，而唐以前阒然寥然。虽以谢客守永嘉，而未闯雁山之庭奥；柳州谪岭南，桂林其必由之道，而无一语及之。山川显晦，不以其时哉！

然武夷之盛著，以朱文公作《精舍记》及《九曲棹歌》纪其胜。乾道间士大夫访朱子者，兼访武夷，于是名胜与台、庐抗，而雁荡、黄山、桂林，则至今无人能专擅其美，如朱子之于武夷，白、苏之于庐山，谢、柳之于浙粤山水者。是则游屐虽通，题泐虽众，而其人其文章不足以配山川，则山川亦终不属其人，寂寞如故也，虚器如故也。

吾师长乐梁夫子，生长武夷之乡，持节桂林，晚又就养温州郡署，皆山水奇绝地。慨雁荡僻处天末，既题咏之，又辑诗话表章之。于是峰壁洞壑泉石，无不云瀚瀑飞于墨素间，真可卧游而众山皆响。且生平文学政事，轶谢客、柳州而上。他日话东南山水者，以武夷属朱子，以匡庐属太白、东坡，以雁荡属长乐梁公无疑也。

独是桂林山水甲天下，而至今无所专属，且图志寂寞，视雁荡缺憾尤甚。骚人韵士多有欲卧游神往其间而不可得者，吾师驻节数载，盍以补山川千古之憾，亦如雁山遭遇之幸乎？

谨书所怀，以质左右，盖又将请益于将来也。

道光二十有八载，门下士邵阳魏源谨序。

录自蔡振楚编《中国诗话珍本丛书》第十八册，国家图书馆出版社 2004 年影印本

论老子
(1849 年)

一

文、景、曹参之学，岂深于嵇、阮、王、何乎？而西汉西晋燕越焉。则晋人以庄为老，而汉人以老为老也，岂独庄然！解老自韩非下千百家。老子不复生，谁定之？彼皆执其一言而阂诸五千言者也。取予、翕辟，何与无为、清静？刍狗、万物，何与慈救、慈卫？玄牝久视，何与后身、外身？泥其一而诬其全，则五千言如耳、目、口、鼻之不能相通。夫不得"言之宗、事之君"而徒寻声逐景于其末，岂易知易行？而卒莫之知且行，以至于今，泯泯也！

老子曰："有之以为利，无之以为用。"非不知有、无之不可离；然以有之为利，天下知之，而无之为用，天下不知，故恒托指于无名，藏用于不见，损之又损，以至于无为。无为之道，必自无欲始也。诸子不能无欲，而第慕其无为，于是阴静坚忍，适以深其机而济其欲。庄周无欲矣，而不知其用之柔也；列子致柔矣，而不知无之不离乎有也。故庄、列离用以为体，而体非其体，申、韩、鬼谷、范蠡离体以为用，而用非其用，则盍返其本矣！本何也？即所谓"宗"与"君"也；于万物为母，于人为婴儿，于天下为百谷王，于世为太古，于用为雌、为下、为玄。故如盖公、黄石之徒，敛之一身，而微妙浑然，则在我之身已羲皇矣。即推之世而去甚、去奢，化嬴秦酷烈为文、景刑措，亦不啻后世羲皇矣，岂若刑名、清谈、长生之小用而小弊、大用而大弊耶？吾人视婴儿①如昨日也，万物之于母无一日离也，百谷于其王未尝一日离也。动极必静，上极必下，曜极必晦。诚如此，则无一物不归其本，无一日不有太古也。求吾本心于五千言而得，求五千言于吾本心而无不得。百

---

① "儿"，上海书店《诸子集成》本作"乃"。

变不离宗，又安事支离求之乎？反本则无欲，无欲则致柔，故无为而无不为。以是读太古书。庶几哉！庶几哉！

二

老子道，太古道；书，太古书也。曷征乎？征诸柱下史也。国史掌三皇五帝之书，故左史在楚，能读《坟》、《索》；尼山适周，亦问老聃。今考《老子》书"谷神不死"章，列子引为黄帝书，而或以五千言皆容成氏书，至经中称"古之所谓"，称"建言有之"，称"圣人云"，称"用兵有言"。故班固谓道家出古史官，庄周亦谓"古之道术有在于是者。关尹、老聃闻其风而悦之"。斯述而不作之明征哉！孔子观周庙而嘉金人之铭，其言如出老氏之口。考《皇览·金匮》，则金人三缄铭即《汉志》黄帝六铭之一，为黄老源流所自。藏室柱史，多识择取，学焉而得其性之所近。故其书如丧礼处战胜之义，皆深知礼意。而又有"失道德而后仁义而后礼"①之言，则知吏隐静观，深疾末世用礼之失。疾之甚则思古益笃，思之笃则求之益深。怀德抱道，白首而后著书，其意不返斯世于太古淳朴不止也。气化递嬗，如寒暑然。太古之不能不唐虞三代，唐虞三代之不能不后世，一家高、曾、祖、父、子姓有不能同，故忠质文皆递以救弊，而弊极则将复返其初。孔子宁俭毋奢，为礼之本，欲以忠质救文胜。是老子淳朴忠信之教不可谓非其时，而启西汉先机也。然删《书》断自唐虞，而《老子》专述《皇坟》以上。夫相去太远者，则势常若相反，故论常过高，乃其学固然，非故激而出于此也。河上公曰：老子言我有三宝，一慈、二俭、三不敢为天下先。慈非仁乎？俭非义乎？不敢先非礼乎？《易》曰："德言盛，礼言恭。"又曰："昔吾有先正，其言明且清。"《老子》有焉。

然则太古之道，徒无用于世乎？抑世可太古而人不之用乎？曰：圣人经世之书，而《老子》救世书也。使生成周比户可封之时，则亦嘿尔已矣！自非然者："去甚、去奢、去泰"之旨，必有时而信于天下。夫治，始〔于〕②黄帝，成于尧，备于三代，奸于秦。迨汉气运再造，民脱水火，登衽席，亦不啻太古矣。则曹参、文、景斫雕为朴，网漏吞舟，而天下化之。盖毒痛乎秦，酷剂峻攻乎项，一旦清凉和解之，渐进饮食而勿药自愈。盖病因药发者，则不药亦得中医，与至人无病之说，

---

① 《老子》三十八章原文为"失道而后德，失德而后仁，失仁而后义，失义而后礼"。

② "于"，原无，据文意补。

势易而道同也。孰谓末世与太古如梦觉不相入乎？今夫赤子乳哺时，知识未开，呵禁无用，此太古之"无为"也；逮长，天真未漓，则无窦以嗜欲，无芽其机智，此中古之"无为"也；及有过而渐喻之、感悟之，无迫束以决裂，此末世之"无为"也。时不同，"无为"亦不同，而太古心未尝一日废。夫岂形如木偶而化驰若神哉！

老氏书赅古今、通上下。上焉者羲皇、关尹治之以明道，中焉者良、参、文、景治之以济世，下焉者明太祖诵"民不畏死"而心减，宋太祖闻"佳兵不祥"之戒而动色是也。儒者自益亦然，深见深，浅见浅。余不能有得于道而使气焉，故贪其对治而三复也。

三

呜呼！道一而已。老氏出而二，诸子百家出而且百。天下果有不一之道乎？老氏徒惟关尹具体而微，无得而称焉。传之列御寇、杨朱、庄周，为虚无之学，为为我之学，为放旷之学。列子虚无，释氏近之，然性冲恬邃，未尝贵我贱物、自高诋圣、诬愚自是，固亦无恶天下。杨朱而刑名宗之，庄周而晋人宗之，入主出奴，罔外二派。夫杨子为我，宗"无为"也；庄子放荡，宗"自然"也。岂"自然"不可治身、"无为"不可治天下哉！

老之"自然"，从虚极、静笃中，得其体之至严至密者以为本，欲静不欲躁，欲重不欲轻，欲啬不欲丰，容胜苛，畏胜肆，要胜烦，故于事恒因而不倡，迫而后动，不先事而为。夫是之谓自然也，岂混荡为自然乎？其"无为治天下"，非治之而不治，乃不治以治之也；"功惟不居故不去"，名惟不争故莫争；"图难于易"，故终无难；"不贵难得之货"，而非弃有用于地也；"兵不得已用之"，未尝不用兵也；"去甚、去奢、去泰"，非并常事去之也；"治大国若烹小鲜"，但不伤之，即所保全之也；以退为进，以胜为不美，以无用为用；孰谓"无为"不足治天下乎？

老子言绝仁弃义而不忍不敢，意未尝不行其间。庄周乃以徜徉玩世，薄势利遂诃帝王，厌礼法则盗圣人。至于魏、晋之士，其无欲又不及周，且不知"无为治天下"者果如何也，意"糠粃一切、拱手不事事而治"乎？卒之王纲解纽而万事瓦裂。刑名者流，因欲督责行之，万物一付诸法而己得清净而治，于是不禁己欲而禁人之欲，不勇于不敢而勇于敢，不忍于不忍而忍于忍，煦煦孑孑之仁义退而凉薄之道德进。岂尽老子道乎？岂尽非老子道乎？黄、老静观万物之变而得其阖辟之枢，惟逆而忍之，"静胜动"、"牝胜牡"、"柔胜刚"，"欲上先下"，"知雄守雌"，"外其身而身存"，"无私故能成其私"，所谓"反者道之动，弱者道之用"也。后人以急功利之心求无欲之体不可得，而徒得其相反之机以乘其心之过不及，欲不偏、不弊，得乎？老子兢兢乎不敢先人、不忍伤人，而学者徒得其过高过激，乐其易简直捷，而内实决裂以从己，则所见之乖谬使然也。《庄子·天下篇》自命天人，而处真人、至人之上。韩非《解老》，而又斥恬澹之学、恍惚之言为无用之教，岂斤斤守老氏学者哉！

汉人学黄老者，盖公、曹参、汲黯为用世之学，疏广、刘德为知足之学，四皓为隐退之学；子房犹龙，出入三者，体用从容。汉宣始承黄、老，济以申、韩，其谓"王伯杂用"，亦谓黄、老王而申、韩伯也。惟孔明澹泊宁静，法制严平，似黄老非黄老，手写申、韩教后主而实非申、韩。呜呼！甘、酸、辛、苦味不同，薪于适口；药无偏胜，对症为功。在人用之而已。内圣外王之学暗而不明，百家又往而不返，五谷、稊稗同归无成，悲夫！知以不忍、不敢为学，则仁义之实行其间焉，可也！

四

《老子》与儒合乎？曰：否！否！天地之道，一阳一阴。而圣人之道，恒以扶阳抑阴为事。其学，无欲则刚，是以乾道纯阳，刚健中正，而后足以纲维三才、主张皇极。《老子》主柔宾刚，而取牝、取雌、取母、取水之善下，其体用皆出于阴。阴之道虽柔，而其机则杀，故学之而善者则清净慈祥，不善者则深刻坚忍而兵谋权术宗之，虽非其本真，而亦势所必至也。

《老子》与佛合乎？曰：否！否！窈冥恍惚中有精有物，即所谓雌与母，在佛家谓之玩弄光景，不离识神，未得归于真寂海。何则？老明生而释明死也，老用世而佛出世也。老，中国上古之道，而佛，六合以外之教也。故近禅者惟列御寇氏，而《老子》固与禅不相入也。宋以来，禅悦之士类多援老入佛。经云："民不畏威，大威至矣。"苏子由乃谓："人苟于死生得丧之妄见坦然无所怖畏，则吾性中光明广大之大威赫然见于前矣。"何异指鹿为马、种黍生稗！尊老诬老，援佛谤佛。合之两伤，何如离之两美乎！

《河上公注》不见《汉志》，隋始有之，唐刘知幾即斥其妄。所分八十一章，与严君平《道德指归》所分七十二章、王弼旧本所分七十九章，皆大同小异。又：谷神子以"曲则全"章末十七字为后章之首，唐君相以"绝学无忧"系上章之末，讫元吴氏澄、近日姚氏鼐，又各以意合并之，而姚最舛矣。史迁统言著书五千余言，而妄人或尽蒭语词以就五千之数。傅奕定本又多增浮文。王弼称"佳兵不祥"章多后人之言。傅奕谓"常善救人"四语独见诸河上之本。韩非最古，而所引恒逊于《淮南》。开元御注而赘文臆加于食母。其他漓玄酒、和太羹者，何可胜道！矧夫流沙西去之诞、燕齐迂怪之谭哉！著其是，舍其非，原其本，析其歧，庶窃比于述而好古者。

小学古经叙
(1849 年)

《小学》、《大学》，同表章于朱子，而有皆不可解者焉。《大学》既不悟古本之条贯，故格致、知本之义不明，而外求物理之疑始启。夫执古本以攻改本者顺而易，执改本以争古本者逆而难，此《大学》所以久成诤薮也。

至《小学》之书，则朱子序《大学》，即谓"《曲礼》、《少仪》、《内则》、《弟子职》诸篇，皆小学之支流余裔"。及晚年编《仪礼经传通解》，立"学礼"一门，亦取《保傅》、《学记》、《曲礼》、《少仪》、《容经》、《弟子职》诸篇为正经。是朱子所述小学古经数篇，至为明著，上合先王造士国学，十五岁以前蒙养始基之谊。不知何以刘子澄奉命集《小学》，分"敬身"、"稽古"、"明伦"三类，而三类之中皆无正经，三类之外益以"嘉言善行"，无非割裂经传，杂录方言俚诗，芜冗至不可读。虽元代许鲁斋以教蒙古子弟，极力表章，而当时虞道园诸公即已议其陋而不尊。又首以"天命之谓性，率性之谓道，修道之谓教"为言，于小学何与？诚教学之遗憾也。

今本朱子《大学序》及《学礼》门以成是编。"立教"则以《保傅》、《学记》二篇为正，而《荀子·劝学》附之；"敬身"则以《曲礼》、《容经》为正，而《践阼记》附之；"明伦"则以《内则》、《少仪》、《弟子职》为主，而略损益之。由是每门之中，各有三篇正经，以存先王立教之遗，而其体尊矣。虽《劝学》篇兼及大学，《践阼》篇非训蒙储，然敬义彻上彻下，且《大戴》不列于经，可藉是以存格言。《荀子》语无深微，初学尤资策厉，远在刘子澄集本语录、俚诗之上，于朱子平日序《大学》、编《学礼》之意粲然合符，循而行之，可由洒扫、应对得精义之渐，裕作圣之基，其功于《大学》非浅也。

至《汉志》以六书为小学家，而朱子《仪礼经传通解·学礼》亦列《书数》一篇，即《保傅》所谓学小艺、履小节之事，但令初识形声，稍知乘除，以便日用而已，岂能真以勺象之舞尽钟律，洒扫之礼尽军宾哉！而近儒遂欲以小学蔽先王造士之法，以六书蔽小学养正之功，形声诂训，童而究之，白首莫殚，终身无入大学之期，则又固之甚者也。孩提知爱，稍长知敬，赤子之心，大人之性。山下出泉，性清而静，是谓圣功；蒙以养正，是谓教本。为山九仞，咨尔小子，尚其敬听！

道光二十九年七月，邵阳魏源序于扬州絜园。

上陆制府论下河水利书
（1849 年）

　　前奉宪檄，委查下河水利救急之策，饬令将上游、下游及中段情形逐一查访。源所署兴化系下游总汇，距各海口各一二百里。此次晋省，又由六合绕赴盱眙、天长，查勘上游禹王河故道，并汇查历年案卷图说，始知上游分泄淮水归江之策，下河筑堤束水归海之策，均属劳费难成，殆同画饼。至中段徙坝一策，以全局形势通筹，亦多窒碍，难以操券，请略陈其概：

　　上游泄淮入江之说，无过盱眙、天长、六合之禹王河，经康熙、乾隆、嘉庆、道光间，四次估勘，并无河形，须平地凿开新河二三百里。乾隆间，庐凤道张容运估银三百六十余万；道光五年，琦制府复委刘县丞估工，亦复相仿；且毁废三县民田将十万亩，而山潦溃决诸患更在其外，此不可行者一。

　　下游筑堤束水归海之议，创自靳文襄，请帑三百余万。当时中外皆以为不可行，无论且经由各湖荡纯系沙泥，无处取土，岂有可堤之理？即使可成，亦不过于运河之外，再增二三百里之运河，更难修守，其不可行者二。

　　至酌移邮南四坝于宝应之子婴沟，闸山阳之泾河闸，以求归海路近，免灾他邑之说，查宝应运河高于宝应湖面四、五、六、七尺不等，至高邮而湖、河始平，是即移坝于北，仍不能分高邮湖堤之险，况下游海口各闸金门皆窄，若上建滚坝，下无去路，仍将漾灾各邑；若拆开海口各闸，则伏汛时又恐有咸潮倒灌之患；即使海口亦建两滚坝，而中间所经射阳湖等处，皆需挑两引河。通计上下建坝，至省需八十万，挑引河至省亦需八十万，共费百六十万，仍不能分淮安、高邮、邵伯各湖之险，此不可行者三。

惟是本年六堡拆口，全黄入湖，淤垫益甚。明年盛涨，下游保坝益难，不可不预筹防患之策。必不得已，求其可以拯急而费省者，莫如先培运河西堤石工之一策。

查每年开坝急不能待者，皆由扬河厅之永安汛一带及江运厅之荷花塘一带，湖河一片东堤危险之故。但如近日高邮绅士呈请加高东堤五尺之说，则又书生肤末之说，不中要领。盖东堤前无外障，后无倚靠，愈高则愈险，何能御全湖风浪之冲？且已有河厅例领岁修银两，尽足完缮，何须另案？惟西堤实东堤之保障，且两面皆水，以水抵水，远胜东堤之一面空虚。故凡有西堤之处，其东堤则安若金城，即水已涨过西堤，而水中但有脊影草痕者，其东堤即不吃重。自道光十余年，钦差朱、敬二公奏办西堤碎石工以来，麟、潘二河帅十载中止有二年灾潦，较之黎襄勤任内，年年夏汛开坝，以下河为壑者，已大有悬绝。至其工程之不固者，一在石工不全，一在捞取湖中沙泥，遇水即化；兼之岁修春工，每将西堤减估，甚至挖西堤之土以培东堤，是以日形残薄。今欲为一劳永逸之计，必须完补石工，改用田土。其紧要险工，不过永安汛四十里之内，次则召伯汛、荷花塘一带，除现有石工各段外，其应补者不过数十里，所费不过二十余万金，即可保固东堤，不畏风浪，每年可守，至立秋以后，下河水永不成灾。本年节舟往来高、宝各湖，目击情形，面承指画，洞悉利害。

此外上下游各策，无论其不能办，即使同时并举，而此永安汛、荷花塘上下数十里之险堤，亦断无听其唇亡齿寒不需保障之理。是西堤石工，无论何策皆不能省。虽非釜底抽薪之谋，实急则治标之计。其西堤石工访询颇得要领，谨别开节略呈钧鉴。倘河工经费不敷，可否暂筹借款垫办，摊于下河七州县，分年带征归款？源为下河民生起见，冒昧上陈，伏乞钧示，谨状。

再上陆制府论下河水利书
（1849 年）

　　运河西堤土石工，已蒙宪允奏办，下河民生，同深庆幸。惟是河工议论，有谓所估石方之价，止系碎石而非条石。永安汛居下五湖之腰，水宽浪巨，自必补砌条石，加桩灌汁，方期保固，需银将六十万。加以木桩灰浆工费不赀，断非汛前所能葳事，且灰浆非经年不能老固者。

　　查运河之有西土堤，始于明代潘印川，而西堤之有石工，近日则始于道光十余年间，钦差朱、敬二公奏办，全系碎石坦铺，从无里面条石灌浆施桩之事。现在水落堤出，数十百里中，一望森然，谁①是砌石，不得以高堰石工之方价概诸西堤也。西堤石工，自道光十八年办竣后，将运河向日蓄水丈二尺开坝之例，改为蓄水丈四尺以上至丈六尺不等。麟、潘二帅十载中只有二年灾潦，较之从前年年未秋开坝，以下河为壑者，已大相悬绝，是石工之明效。但当日承办工员，或即取河泥筑堤，又未将土堤一律高宽，而即先铺碎石，是以间断高低不齐，一遇盛涨，其水从低处冒过，又历年风浪坍卸，并未捞摸补还，以致伏汛湖河一片，东堤仍受其冲。又下游扬运厅所辖露筋祠至邵伯数十里中，如荷花塘、昭关坝等处，亦系次险，不知当日何以独不估办？今当别为绸缪之计，不当仅虑及高邮汛之西堤也。

　　又有谓此但治标，非釜底抽薪之计，何如别改清口以筹出清刷黄之路，使湖水北出畅宣四五分，则上坝可不启，而下坝可同虚设者。查出清刷黄，果有此上计，固所祈祷而求。但即有此上计，亦止能泄湖水于清、黄高下略等之时，而不能泄于清、黄高下丈许之时。考清水畅出，宜莫若国初康熙之日，而靳文襄即以下河灾潦为忧，奏长堤束水归海之策，可见国初清口亦止能宣泄于伏汛未涨之时，若遇大汛，则上五坝仍

---

　　① "谁"，疑为"虽"之误。

不得不开，而下五坝不得不守。而谓清口一通，下游五坝即同虚设，谈何容易！况此次估办西堤石工，原请于票盐经费垫支，由下河州县摊征归款，不敢请帑以分河工之经费。是下游治标与上游之治源，自可并行不悖，非若河工另案请帑之事。下游多一项石工，即少上游一项经费。急则治标，请先准行以塞下河百姓之望，免致明夏保坝时，致百姓又以堤工不固藉口也。

再有请者，从来河工议论多而成功少，平日沿习开坝，则年年以下河为邻壑；及一旦讲求保坝，则又必欲使上游之水涓滴不入下河。如所谓开禹王河泄湖归江，所谓筑长堤束水归海，所谓仿高堰工程条石砌缝灌老灰浆，皆由求效太侈，欲秋成之后，下河田亦不受淹。殊不知西水之于下河，能为害亦能为利，如使终年西水不入下河，亦非民田之福也。不但东台、盐城、阜宁海卤地咸，全恃西水泡淡，始便种植，即高邮、泰州、兴化、宝应、甘泉等县，亦赖西水肥田，始得膏沃而省粪本。凡西水所过之地，次年必亩收加倍，如年年全不开坝，则下河田日瘠，收日歉。故开坝于立秋以前，则有害无利；开坝于立秋后处暑前，则利害参半；如开于处暑以后，则不惟无害而且有大利。缘立秋大节，天气更变，必有风暴以应之。历年小风暴皆在立秋前后，大风暴皆在处暑前后。天既变东风为西风，则东岸河堤止能御平水，不能御风浪，自不能不开坝以泄水。故保坝者，非求其不开，而但求其缓开也。如求其终年不开，自非西堤石工所能操券。如仅求立秋后开车罗坝，处暑节开中坝，则江潮未必年年顶托。既有归江各路以畅之于下，有归海各闸以泄之于旁，又有西堤石工高厚坚固以横障于前，纵有全湖风浪，不能冒过西堤。而东堤所当者，不过运河数丈之风浪，岂犹不可守延旬日以俟收成乎？知下河水利止求夏秋间缓开旬日而止，则求效不必过侈，经费不必过大，议论不必过创，止求补完西堤以作东堤之保障。而前此种种策画，皆题目过大，旷日无成，均可束之高阁矣。

又自邵伯至清江，运河东岸，设有二十四闸，原为未开坝以前预筹宣泄之地。乃近年厅汛每于五月初湖河盛涨时，反将诸闸全行堵闭，似为蓄水增涨挟制开坝之地。若谓恐妨农田，何故不启闸而反议启坝？无是情理。若使每年于未启坝时，先启二十四闸，每闸过水一丈，合计可减一坝之水。使湖涨减得一分，即减一分之险，五坝能缓开一日，即下河低田受一日之赐，然后以节令风暴之期，为开坝之期。此皆当于善后章程内奏请施行，实可谓亿万姓无穷之赐！谨状。

辛亥纲开局兼收南课禀
（1850 年）

　　窃卑职在省禀，北商兼认南课，踊跃输纳，请先运坝盐情形，业奉宪台准行在案。卑职随即禀辞，于十月二十日到海州分司署，出示晓谕票商，所有前议南课二十万大引，于海州完纳。其与范倅会禀续认之南课十万大引，于扬州总局完纳。卑职与范牧各催各课，并令票商一面拨运坝盐过河，先纳课者先运，缓纳课者缓运，商情甚属踊跃。已择期于十一月初一日开局，先收南课七十四万七千六百七两零，勒限十一月底全完。其辛亥纲票盐新课，本系下纲钱粮，自行票盐二十载以来，其提前冬月开局者只有四次。此外十余次，均系次年春月开局。今因奏案，是以亦提前冬月开局，勒限腊月底全完。至各处票贩应纳南北税课银二百余万，自西坝至板浦，计程二百余里。闭闸以后，陆路荒僻，防范尤宜周密。现已查照旧章，移海州营、河中营、佃湖营酌派弁兵，分添四卡，护送资课。一切薪水饭食，照章开支经费，不准丝毫需索商贩。应请轧饬该营等认真派拨巡护，俾商情乐趋，匪徒敛迹，实为公便。

　　所有开局事宜，理合具报鉴核。道光三十年十一月二十一日奉总督盐院陆批。

　　　　　　　　　　　　据《淮北票盐续略》卷一《开纲》

万钟公寿藏铭[*]
（1850 年）

寿藏者何？造福基也。古有之乎？昔唐姚崇自营寿藏于万安山，并刻石告后世，此生人寿藏之所由昉也。

道光庚戌冬，源牧江苏海州，适舍纲豫侄来廨，公余之暇，豫称姑丈欧阳万钟近获吉壤于禾峰村之阳，将鸠工封为寿藏，丐源一言以文其贞珉。

源思万钟以倜傥之质，兼奇杰之才，虽世胄簪缨，席履丰厚，无悭吝心，无纨袴习。"吾仅知其概也，子盍觊缕以述之"。

豫曰："姑丈先世籍隶豫章，自宋徙楚，称望族。其尊人汪园先生生子五，公其季也。公生而英伟豁达，且孝友。母赵太安人疾不时发，侍汤药，躬扶掖，昼夜无或倦。兄品伦公早卒，遗孤二，俱幼稚。公为摒挡家务，寒暑不辍。少习举子业，以数奇援例授兵部守御职。诗书之外，兼通医卜地命、邵子《皇极》诸书。尝登衡岳七十二峰，涉洞庭，溯桃源，历粤西湘山各名胜，有眼小齐州、胸吞云梦之概。隆中梅树寺为一方雄，遭回禄灾，山主李氏力绌，公独慨然修梵宇，置常住，以妥佛像，是事神敬而能远也。山溪水涨，患褰裳者每藉木石以利涉，公特出己见，因造铁索桥，飞同虹渡，壮似鼋梁，是行事奇而有济也。至于族众合营家庙，公乃由宋唐而上，溯世系所自始，建禹王宫于庙左，以妥远祖之灵。费金百万不少惜，是又其追远务本，仁孝性成也。其他好施与、敦气节及裨益世道人心之为，则不能一二数也。"

源曰：万钟其诚知务者哉！尝见末俗庸流坐拥厚赀，往往于纷华游

---

　　* 按：此铭见于邵阳隆回县官田（今荷田乡）欧阳大绅墓碑，并见于民国四年乙卯十月冬所刊欧阳氏族谱。文中所述万钟公，即欧阳大绅（1786—1852），字昌邦，号万钟，隆回欧阳氏第十九世祖，系魏源堂姊丈。本文由隆回县胡光曙先生提供并标点。

戏之事挥霍自豪，独至切要有关利济者，则拔一毛而不为，闻万钟之风，其亦可以少愧矣。

今兹寿藏之获，虽其目力所致，实天以福地报福人耳。他日龙章凤诰，颂自天朝，不可有操券而得者哉！源故乐得志而铭之，以踵姚舁事。铭曰：

东山之麓，资水之滨，若堂若斧，叶吉安贞。封高马鬣，算永龟龄。漆灯未爇，长待沉彬。

赐进士出身特补江苏海州直隶州知州例授奉直大夫愚内弟默深魏源顿首拜撰。

说文儗雅叙
（1851 年）

　　金坛段若膺先生《说文解字注》曰："小学家六书纲领，不出形、声、谊三端：《说文》，形书也；《尔雅》，谊书也；《玉篇》、《广韵》，音书也。而《说文》一书，隲括有条例，注说该六艺。今世学者，苟能取其得声之字，照十七部，兼用四声，分为韵谱，则其部之界画，胜《广韵》远矣；苟再有其人，取其专训本谊之篆注，分类部居，则其条理之精密，过《尔雅》远矣。"源考《说文》古音分十七部，仅段君一家之言，与顾氏十部、江氏十三部、孔氏十八部、王氏二十二部、刘氏二十六部互有详略出入，且吴江钮氏、元和江氏，均已依其部分，著书刊勒行世。惟以谊分类，合《说文》、《尔雅》为一者，世间尚无成书，爰以治经之余力为之，三月而告成。

　　以天、地、人、物、事五大类括五百二十三部。而于各部之中，有不得不异于《尔雅》者。《尔雅》有"释亲"，无"释人"，故五官、四肢、五事、五伦、五性最广之字，皆无类可归，尽入之"释诂"，而"释诂"一门，遂拥肿杂沓，不便稽检。此书别立"释人"，纲举目张，与天地事物方聚族分，此其善于《尔雅》者一也。

　　《尔雅》不尽用字之本谊，专取假借，故六书之本义不明。今专以部首分类，而以其虚文语助为"释言"，别辑其专行借谊，反废古谊者为"释训"，并将《说文》分部之失，如丩、句之以亦声立部首，（笑）〔笑〕[①] 与哭不同人犬部，告不入牛部，家不入宀部，后、呞、司不入口部，珏不入玉部，章不入邑部之类，今并更正，此其善于《尔雅》者二也。

---

　　① 据淮南本改。

别为《转注释例》、《假借释例》、《意声事形释例》三篇以冠于首，与段君之注亦多相失，故各类中止载原篆原注而不采诸家之注，意主告蒙，且便自检阅，而不敢当董理之任。至于本此三例发明而扩大之，以俟后之君子。

咸丰元年，邵阳魏源序。

说文转注释例
（1851 年）

　　《周官》保氏以六书教国子。《汉书·艺文志》曰："象形、会意、指事、谐声、转注、假借①，造字之本也。"象形、指事、会意、谐声，皆无异义，独转注、假借颇多歧解。昔人有"反正为乏，反存为在，谓之转注"之说，然此数字外更无可证。近人知其不可通，于是段氏本其师戴氏之说曰："转注者，犹言互训也。以老注考，以考注老，展转注释，是为转注。惟象形、会意、指事、谐声为六书之体，而转注、假借，则六书之用。"而力辟《汉志》六者皆造字本之说。

　　又以《尔雅》为转注之书，而初、哉、首、基、肇、祖、元、胎、俶、落、权舆，始也，即以始字为建类一首，互相训释之义。然初、哉、首、基等可训为始，而始不可为初、哉、首、基，乌在其为考、老之互训也？推之而弘、廓、宏、溥、介、纯、夏、肤、庞、坟、嘏、丕、奕、洪、诞、戎、骏、假、京、硕、冢、箌、将、席可训为大，而大不可训为夏、肤、庞、坟等十余字；赉、贡、锡、畀、予、贶可训为赐，而赐不可训为赉、贡、锡、畀；衎、豫、妉、般可训为乐，而乐不可训为衎、豫、妉、般；遹、遵、率、循、由、从可训为自，而自不可训为遹、遵、由、从；询、度、咨、诹可训为谋，而谋不可训为询、度、咨、诹；典、彝、法、则可训为常，而常不可训为典、彝、法、则；黄耇、鲐背可训为老，而老不可训为黄耇、鲐背；妃、匹、仇、敌可训为合，而合不可训为妃、匹、仇、敌；绍、胤、赓、续可训为继，而继不可训为绍、胤、赓、续。再推之，天，颠也，而颠不可训天；元，始也，而始不可训元；礼，履也，而履不可训礼；海，晦也，而晦

---

　　① 《汉书》卷三十《艺文志》第十作："象形、象事、象意、象声、转注、假借。"

不可训海；不，丕也，而丕不可训不；井，法也，而法不可以训井；秋，擎也，而擎不可以训秋。牛，事也，羊，祥也，马，怒也，髮，拔也，而事、祥、怒、拔等不可以训为牛、羊、马、髮；荐，藉也，而藉不可以训荐。树本木名，假为一切树立之谊，而立不可以训树；竖本童竖，假为竖直之义，而直不可以训竖。举《尔雅》一书，无非会意、假借，无一条可指为互训转注者；举《说文》一书，形、声、事、意、假借无所不有，独无互训之谊。段君、戴君徒能言之而不能指明，除考、老二字之外，不知当以何字为互训。惟窒、塞、疑、惑、喜、乐、悦、怿等字，及力部之功、勋、劢、勉、劝、勤、勤、勣、强、劲，阜部之陬、隘、险、阻、隤、隕、倾、坠、隐、蔽，丝部之纲、綱、纪、绪、绍、继、缠、绕等字，差堪互训。此外遍检各部，并无可当者，非如象形、指事、会意、谐声之字部部有之，乌有此窄狭之义可列六书者乎？

且"建类一首"，谓以五百二十六部首展转贯注于每部数百字数十字之中，故每部必曰"凡某之属皆从某"。许君《自叙》曰："其建始也，立一为端。方以类聚，物以群分。同条牵属，共理相贯。杂而不越，据形系联。引而申之，以究万原。毕终于亥，知化穷冥。"是许君《自叙》一字不及于象形、会意、指事、假借，而惟以部类建首转注为六书之纲领。其纲领或在上下，或在左右：如日、月、金、木、石、风、土、水、火、阜、人、口、手、足、言、首、目、骨、肉、毛、鱼、虫、牛、羊、犬、豕之类，偏旁在左者，皆左为转注，右为谐声；凡隹、鸟、皮、邑、殳、久、支、戈、多、它、巴、长、永、欠、斗、戉、卜、攴、瓜偏旁在右者，皆右为转注，左为谐声；凡山、屾、雨、西、高、爻、门、冂、冃、襾、网、囧、门、門、一、二、三、四、宀、艸、竹、宀、穴、虍、丱、朿、畗、厂、广、宀、广、自、白、瞿、壴、大、先、甘、音、旦、采、癶、聿、北、入、夲、厽、乃之属，部首在上者，皆上为转注，下为谐声；凡其、且、巫、几、丌、丂、兮、茻、是、此、氏、氐、矢、止、已、支、乙、壬、韭、臼、丰、寸、皿、豆、丹、用、重、共、见、至、王、丁部首在下者，皆下为转注，上为谐声；此全书之通例。即如晦、明、朓、朒、雷、云、飘、飙、炎、燎、冰、凌等字，使非从日、从月、从风、从云、从火、从炎等字，何以知其属天乎？邱、陵、境、壤等字，使非从邑、从阜、从土，何以知其属地乎？江、河、波、涛、流、润、清、浊等字，使非偏旁，何以望而知其为水乎？岳、崧、岐、岱等字，使非部首，何以望而知其为山乎？从艸、从木、从竹、从鸟、从隹、从鱼、从虫、从黾、从犬、马、牛、羊之字，使非偏旁，何以知其飞潜动植乎？从金、从石、从玉、从革、从韦、从丝、从衣、从匸之字，使非偏旁，何以别其何物何器乎？从心、从毛、从彡、从耳、从目、从皮、从骨、从肉、从页、从面、从手、从足、从子、从女、从人之字，使非部首，何以辨其何形乎？举五百二十六部，无一字使能出部首之外。故形、声、事、意等字，如人之有名字，而偏旁部首，则如人之有姓氏，而后祖宗嫡庶、宗族支派，秩然其不可乱焉，又若丝网在纲，经纬错综而不可紊焉。六书转注之谊，孰大于部首建类者，而乃以互训当之乎？以互训当转注，则此五百二十部首于六书属何门？岂部首反不在六书之列乎？况以註书为注书，起于东汉马、郑之臆造。《汉·艺文志》载诸经师之书，如《齐诗故》、《鲁诗故》、《韩诗故》及《春秋》邹氏《传》、夹氏《传》、左氏《微》、铎氏《微》、张氏《微》、《毛诗诂训传》、《公羊穀梁外传》、《公羊穀梁章句》、《公羊颜氏记》，从无有称註书为注者，岂《周官》保氏时已知东汉註书而预为转注以待之乎？《尔雅》：“水注川曰溪，注溪曰谷，注谷曰沟，注沟曰浍，注浍曰渎。”《春秋》“有（鞅）〔靬〕①韦之跗注”及“华不注之山”，皆以山水得名，从无涉于註解。戴氏、段氏小学专家，乃毕生不知转注之义，可谓求之千里，失之睫前，此许君转注一首建类之义大异于戴、段者也。

　　至于许君部分，亦有不尽符建类、转注之本旨。有孤立部首“凡某之属从某”而部下并无一字者，有部首下尚有数字可隶而不收隶者，有一部中忽分二字、三字别立为部而绝不解何意者，有二部、三部并之实止一部者，有不以形为部首而以声为部首，违全书通例者。如章部从回，象城郭之重，两亭相对，并无隶字，何不以章入邑部而自立部？又如鼻部之前先立自部，惟一鼻字隶之，何不以自为鼻之部首而免立专部？后部只一咘字，当入口部，何以别立部？司部止一詞字，何不以司入口部，詞入言部，而独立部？珏部止一斑字，何不并入玉部而别立部？异部惟一戴字，戴当入戈部，则异当入共部，何得专立部？如冊部惟一贯字，当

入贝部，又虏字当入虍部，则冊部可废。㡀，败衣也，即敝衣字，从（文）〔攴〕①，㡀声，当入（文）〔攴〕部，何以专立部首？屮部，物初生之题也，题，颠也。上象形，下象根也，并无一字。案此即端字，当归立部，为端之省文而废此部首。未部豆也，惟隶一（豉）〔枝〕字，何不与登、登等字均隶入豆部？又如宀部家、牢皆牛豕之宫，而谓家从豭得声，则牢之居牛，又从何得声？五百二十部中，皆以形为部首，不以声为部首，何以丩、句两部亦声之字，独首声而不首形；而同声之字，如鉤、疴、笱、拘、纠、枓等，又挂一漏十？段《注》不一纠其失，反曲为周旋，如枸、枓当入木部，鉤当入金部，疴当入（疾）〔疒〕②部，拘当入手部，笱当入竹部，纠当入糸部，则丩、句二部可废。東部只一韓字，案韓本从韦，東本从木，当以韓入韦部，東入木部，而废此部首。秂，禾麦吐穗上平也，部内只一秝字，即等齐之齐，当以秂入朿部，而以秝为齐之古文，则秂部可废③。瓜部九文，而瓞字独另立部，并无隶字，殊不可解，当并入瓜部。朿本木芒也，部内只两棗、棘二字。考朿本从木，当入木部，而此部可废。彔即克字，肩也，象屋下刻木之形，又古文克作㝒，此部并无相隶之字，今缘仔肩之义引申，假借为克能、克胜之克，应合部，不当别立部。凶，恶也，与凶惧之兇同字，何以不入凵部而别立部？又朮部只一枲字，而下林部有橜字枲属，又有橬字即离散之散，又下为麻部，有黀、森、廪三字，当以朮枲及麻等并入林部，共计八篆，不必别立部首。帛部只一锦字，考锦字从金，以其美贵如金也，当以锦入金部而帛入白部、巾部，决不当别为部。垚，土高貌，尧字从之，当并入土部，不当立垚为部首。身从反身，只一殷字，案躬亦反身，当以殷与躬、躯同归身部，否则隶殳部。而吕则躬之偏旁，皆不当别为部。告部仅一嚳字，当以告入牛部，而别立嚳部，以嚳字隶之。又若哭、笑不入犬部，而独以哭为部首，仅一丧字，当归入㗊部，而笑则并不收。至李阳冰归入竹部，改犬为夭，谓竹得风如人之笑，有同儿戏。此并单文孤部，无可转注，不当空立部首者也。至若庚部、壬部，均无一字。然赓字从庚，妊、望、圣、任、袵、铥、纴等字从壬，何以不为收入？此又部中字之应收不收

---

① 据《说文解字》第七下改。下同。

② 《说文解字》第七下"疒"部"疴，从疒句声"，段玉裁《说文解字注》七篇下疒部"疴"作"从疒句声"，可知《说文》"疴"本入"疒"部，不误；段注"从疒"，即所谓"曲为周旋"。底本作"疾"，故据改。

③ 《说文》无朿部。秂字篆作隺，徐锴云：生而齐者莫若禾麦，二，地也。朿当为二之讹。

者也。至于宀部七十一文，而宫、营二字独别为部；山部五十三文，而岫、（盇）〔盍〕① 二字，嵬、巍二字各为一部；又岸、崖、（崔）〔厜〕、崩、（崑）〔崴〕② 五字，并从山而不入山部，均不可解，宜并入山部，此小部之当归入大部者也。此皆与许君部首建类转注之谊未能尽合，《自叙》望后人董理者，意在斯乎！意在斯乎！

---

① ② 据《说文解字》第九下改。

说文假借释例
（1851 年）

问：转注之说，戴、段全非，至于假借之谊，亦有可议乎？曰：假借之说，段君言之虽深悉其本原，而未旁通曲鬯其族类。段君《说文注》曰：假借放于古文本无其字之时。许书有言"以为"者，有言"古文以为"者，以，用也，能左右之曰"以"。凡言"以为"者，用彼为此也，如"来，周所受瑞麦〔来麰〕① 也"，而以为行来之来；"乌，孝鸟也"，而以为乌呼之乌；"〔朋〕，古文𦾵〔凤〕，神鸟也"，而以为朋党之朋，"子，（本）冬〔十一〕月阳气动，万物滋也"，而人（专）以为称；"韦，相背也"，而以为皮韦；"西，鸟在巢上也"，即古栖字。而以为东西之西。许书言"以〔为〕"者凡六，是本无其字，依声托事之明证。本无来往字，取（牟）〔来〕麦字为之，及久但知来往借谊而本谊反废，此许说假借之明文也。其云"古文以为"者：洒下云"古文以为洒扫字"，疋下云"古文以为《诗·大雅》字"，丂下云"古文以为巧〔字〕"，臤下云"古文以为贤字"，炗下云"古文以为鲁字"，哥下云"古文以为歌字"，詖下云"古文以为颇字"，𦥑下云"古文以为覶字"，爰下云"古文以为车辕字"，𣪠下云"《周书》以为讨字"，疑即《无逸篇》"诪张为幻"之诪。此皆所谓依声托事。而〔与〕来、乌、朋、子、韦、西六字不同者，本有字而代之，与本无字有异。然或假借在先，制字在后，则假借时本无其字，非有二例。惟前六字则假借之后，终古未尝制正字；后十字则假借之后，中古遂有正字，为不同耳。

（诗）〔许〕书又有引经说假借者：如敊，人姓也，而引《商书》"无有作敊"；谓《鸿范》假敊为好也。案：敊、醜同声，以醜为好，如以乱为治。

莫，〔火〕不明也，而引《周书》"（敷）〔布〕重莫席"；谓《顾命》假莫为蔑也。壑，古文垄，以土增大道上也，而引《唐书》"朕壑谗说殄行"；谓《尧典》假壑为（疹）〔疾〕也。圛，回行也，而引《商〔书〕》"曰圛"，〔释云〕"圛〔者〕，升云半有半无"；谓《洪范》假圛为骆驿也。枯，（藳）〔槁〕也，而引《夏书》"维菌辂枯"，释（之）〔云"木名"〕；谓（《禹贡》）假枯槁之枯为木名也。此皆许称〔经〕说假借，亦由古文字少之故，与〔云〕"古文以为"者〔正是〕一例。大抵假借之始，始于本无其字；及后既有其字矣，而多为假借；又其（变）〔后〕也，〔且至〕后代讹字亦得自冒于假借。博综古今，有此三变，此所谓无字依声者也。至于经、传、子、史，不用本字而好用假（讹）〔借〕字，此（由古书不尽著竹帛，口授方言，）〔或古古积传〕，〔或〕转写变易。许君每字以形说其制字本义，而其用本字之声不用本字之义者，乃可定为假借矣。

源按：用本字之声而不用其本义者，固不可枚举，即古文有此字而终不制字者，亦不可枚举，何拘拘于《说文》六字、十字之间乎？有引申之假借：如号令之为令长，长短之为长幼、君长，本义与引申之义并行。推祖考之考，假为考成、考索之考；攻玉之理，假为义理之理；道路之道，假为引道、天道、王道之道；途路之路，改训为大而为路门、路寝、路车之路；土圭测景之圭，假为王侯执玉之珪；子孙之孙，假为孙让之孙；介本大龟，而假为耿介之介；井本水泉，假为井法之井；主字古文以、为火，以凵为盛火之器，后人假为家无二主之主，别作炷字代之，而主之本谊废。又如能本多力之熊，为本好动之猱，犹本多疑之兽，而假作能敏之能、作为之为、谋犹之犹；若治、若沽、若济皆水名，通假为浚治、沽鬻、济渡之谊，而本义皆废。易即蜴字省文，而假为变易、移易、易简之易；鬯本郁酒升香之器，而假为一切鬯茂、细郁之义；认本旌旗之斿，而假为语助之於、於戏之於；等本竹梢相平，而引申为等齐、等级之等；第本韦之相次，而引申为一切次第之第，又假为居第之第；贯本象以物串贝，而假为贯通之贯；克本肩也，缘仔肩堪任之谊，假为克能、克胜、掊克之克；南方有大象不得见，拟其仿佛曰象，因假为一切形象之象；豫亦大象，而假为豫大之豫；彖本豕形，而假为爻彖之彖；美本羊羹，而假为一切美善之美；夺为手持（妨夺）〔隹失之〕①，而假为一切攘夺、裁夺之夺；奋为大隹自田中奋出，而假

---

① 据《说文解字》第四上"隹"部改。

为一切奋往之奋；舊本黄離，而假为新旧之旧；離本仓庚黄鸟，假为离坎之离；雍本鸟名，而假为雍和之雍；隽本禽之肥，假为奇隽之隽；桀本鸡栖木上，假为英桀之桀；豪本豪猪，假为豪杰之豪；特本牛父，假为特立之特；犉本驳牛，假为卓犉之犉；牟本牛鸣，假为牟等之牟；旄为徼外犛牛，假为旄倪之旄；骘本牡马，假为阴骘之骘；骄本马高八尺，假为骄亢之骄；雕本鸷鸟，假为雕琢、后雕之雕；乌本孝鸟，焉本黄鸟，而假为乌呼之乌、语助之焉。以至哭、笑皆犬之喜怒，假为人之喜怒；家、牢皆牛、豕所居，假为居人之家，牢笼、牢固之牢；孚本鸡之抱卵，假为中孚之孚；默本黑犬，假为墨墨无言之墨；某本甘木，因作楳与梅相通，假为谁每之每；燕本䰝鸟，假为燕安、燕享之燕；难本雁鸟，随阳去来，以其难至，假为难易之难；雅本鸦也，假为大疋之疋；龙本纯阳之物，假为宠光之宠；鳳本凤皇，百鸟从之，假为朋从之朋；物本从牛，大物也，假为万物之物；习本鸟羽学飞，假为时习、性习之习；不本鸟飞不至地，假为一切不然之不；非本鸟飞不下，而假为是非之非。《易·小过》䷽横成非字，故有飞鸟象。《史记》秦非子养马汧、渭，而晋卢子谅诗引作"飞子"，注"非"与"飞"古文通用，亦通作"蜚"。然本火焚，假为语助之然；则本典则，假为语助之则；戴本分物得异，而假为负戴、感戴之戴；曰象口出气，因假为言说之曰，又假为粤、为爰。此皆有引申之假借，依声托事，借谊与本义并行者也。

有不依声而从形近之假借：如"丂"古文以为巧字，"疋"古文以为雅字，"臬"古文以为泽字，"毃"古文以为敔字，"臤"古文以为贤字，"闋"古文以为闋字，"旅"古文以为鲁字。《左传》：仲子生而有文在手，曰"为旅夫人"。又有不依事而但托声之假借：如霸本月魄，而今假为五伯之伯，栞古文以为刊字。人名则讙兜为讙呹，丹朱一曰丹絑，皋陶古作咎繇，偰古作禼，仲虺古作仲䮘，囧命古为𤍌命，子贡古作子赣，卫侍人癳疽即侍人参乘之雍渠。地名则牧野古为坶野，《费誓》古为《粊誓》，岷山古作崏山，许国古为鄦国，灵台古文作灵臺。器则牺尊当读莎尊，此并由卫包之徒改古为俗，而亦托于假借。乃至男女互相尔女，自当作女，而假用汝水之汝；黾本介虫，而假为黾勉之黾。此皆无引申之假借，借谊与本谊并行，终古未尝制字者也。

至于训诂，则厌有平、上、去、入四声，而分厌倦、厌饫、厌压、厌恶之四义；恶有平、去、入三音，而分乌恶、疾恶、羞恶之三义。让不改音，而有推让、责让相歧之义。孰彼行苇之敦，又为敦盘之敦；格本长木貌，假为感格、格正、格式、扞格、格至之格；本末原谓木根木杪，假为一切本始末终之义；相本以目观木，假为相度、相与、赞相之相；笃本马病行迟，而假为笃厚之笃，又竺篤为笃之古文；箴本缀衣之鍼，而假为箴铭之箴；暴本日出曝暵，而假为暴富、暴虐之暴；堪本大突，与坎同谊，而假为堪能、堪舆之堪；節从竹，本谓木多节，而假为节义、节制、节俭之节。又或倒义互训：《论语》以乱为治，《尧典》以攘为让，《易·师卦》以毒为治，《洪范》以致为好，《诗》以落为始、以穀为恶木。若夫引申之义，大而言之：则天本苍穹也，而引申之则夫为妻天、君为臣天、父为子天、食为民天；极本屋梁，居栋宇正中，引申为北极、太极、皇极之极。阴阳字皆从阜，本谓山南阴、山北阳，引申而两仪、四象、八卦、四时、四方、阳律阴律以及水阴火阳、否阴泰阳、邪阴正阳、幽阴明阳、男阳女阴、牝阴牡阳、雌阴雄阳、阳木阴木，无不以阴阳相配。再考天干、地支：则甲本天干之首，而假为甲坼、甲胄之甲；由从倒甲，凡木倒甲而生即为由蘖，而假为由自、率由之由；丁亦天干，假为人丁之丁，又为"伐木丁丁"之丁；辛亦天干，假为辛苦之辛，又为更新之新；壬本天干，而假为壬林、金壬之壬。子乃地支，孟冬阳气之首，而以为父子之子；寅乃地支，假为寅畏、寅恭之寅；庚本地支，假为"大横庚庚"之庚，又引申为赓歌、赓续之赓；戌本地支，假为征戍之戍；未亦地支，假为未来之未；※古文癸，象冬时水土平可揆度，因引申为揆度、揆法之揆；午本训牾，五月阴气〔午〕① 逆阳冒地而出，假借为旁午、相午之午；申七月阴气成体，假借为诎申、引申之申。此皆假借引申之最大者也。

辄本车（下）〔旁〕② 两輢，因舆中人倚輢，引申为倚恃专辄之辄；将本将帅，引申为将来、将请、将送，又假为钟鼓将将之将；尊本尊彝，假为尊崇之尊；秀本禾颖，假为一切秀出之秀；穆本（木）〔禾〕③ 名，假为於穆、皇穆之穆；填本训塞，引申为填压之填，与镇同。又假为《大雅》"仓况"之填，又为《毛传》训尘之填；《棠棣》诗"尘也无戎"。垂，远边也，引申为垂天云之垂；罪本捕鱼器，从网，秦始皇以皋文从自似皇字，改皋为罪；辞让之辞，本与文词各义，而世多假辞说为词；字本乳子，引申为文字孳生之字；桼以书简，墨以书帛，《尔雅》

---

① 据文意补。
② 据《说文解字》第十四上"车"部改。
③ 据《说文解字》第十四上"禾"部改。

"不聿谓之笔"，石墨相著而研墨，秦能书竹不书帛，是笔、墨、研古皆有之，因假借为贪墨之墨；胡本牛颔，假为胡虏、谁胡、胡卢之胡；纳本丝湿，假为出纳之纳；酉本酒官，假为酉长之酉及《诗》"似先公酋矣"之酋；郑，似，嗣也；酋，终也，谓将嗣先公之业而终之。雉本野鸡，因旁从矢，矢可度量，假为"都城百雉"之雉；脩本束脩，脯也，假为修治、修能之修；胥本蟹醢也，假为吏胥、皆胥之胥；灏本豆汁，假为灏大之灏；柰本木果，假为柰何之柰；岂本凯旋（车）〔军〕①乐，假为岂弟之岂、语助之岂；勿本旗物，假为毋勿之勿；且本荐也，假为语助进词之且；而本须也，象形，《考工记》"作其鳞之而"，假为语助之而；方本两舟相并也，字本作𣃾，假为四方之方，又假为语助方甫之方，又假为方旁之方；业本钟虡，而假为事业、德业、兢业之业；荣本屋（脊）〔桷〕②，假为荣华之荣；向，（者溺）〔北出牖〕③ 也，假为方向之向及向背之向；宣本宫室名，假为宣明之宣；宋本木名，专植诸亡国已屋之社，故周封殷后以宋为名；廉本堂隅，假为廉节之廉；钦本欠貌，假为《尧典》"钦哉"之钦；厥本发石，假借为厥逆之厥，又为其厥之厥；若本香草杜若，假为若顺、若似之若；帅本佩巾，假为将帅之帅；常本裳衣，假为旗常之常及五常、庸常之常；矢本射镞，假为矢陈、矢誓之矢；然本火然，假为然诺之然，又假为转语之然；纲本网纮，假为纲维、纲纪之纲；维本车盖〔维〕④，假为四维之维；纪者丝之总纮，假为统纪之纪；缥释为帛色，盖即缔字，而假为才缥之缥；经，织纵丝也，与直横相对，东西为经，南北为纬，而假为"经纶天下之大经"；万本虫名也，而引申为千万之万，又假为曼长之曼；孔本从乚从子，乚鸟应候至而得子，可以嘉美，因假为一切孔美、孔大之孔；薦本鹿名⑤，而假为一切荐藉、荐举之荐。此皆借义行而本义废者也。

《说文自叙》言孔子书六经、左丘明（书）〔述〕⑥《春秋》皆以古文，其不用假借明矣。及李斯改古文大篆，程邈又改篆为隶书以便徒隶，而经文失真者十之二三。加以秦火断烂之后，《尚书》由女传口授，《诗》由讽诵竹帛，经文失真者十之四五。如《尚书》"横被四表"或作

---

① 据《说文解字》卷五上"豈"部改。
② 据《说文解字》卷六"木"部改。
③ 据《说文解字》卷七下"宀"部改。
④ 据《说文解字》卷十三上"糸"部改。
⑤ 《说文》：薦，兽之所食草，从廌从艸。非鹿名。
⑥ 据《说文解字·自叙》改。

桄、作光、作充；平章作采章、便章一作辩章，平秩古作平豑；旸谷作
旸谷；嵎夷或作嵎峓，又作嵎铗，又讹作嵎铁；南讹本作南为，一作南
伪，一作南讹；疾谗作塈谗；民献作民仪；盟古文盟，象明神在上以皿
盛牲血，孟诸一作盟潴，孟津一作盟津。又唐、虞、三代无仪器，故
《尧典》授民时专观天象，斗极旋绕北极枢机，而后人假为璇玑，又作
璿玑以配玉衡，因谓以玉饰铜仪，以汉世机巧靡丽之器施诸上古，是误
认假借为本义而正义反废。推之割训害，班训遍，孟训勉，寡训顾，卢
为旅，讼为颂，顺为训，美作媺，亦作娓，巽作㔻，《尚书》、《周易》
今古文之异同。再推齐、鲁、韩、毛《诗》，谷与榖，格与假，鉴与监，
翦训勤，节作㠀，媞作提，共与供、龚，留黎为流离，透迟为郁夷，乐
饥为瘵饥，瘵、疗同字，乐、瘵同声。倬假为菿，永假为漾，蠡首为颒
首，皆三家《诗》异文。《尔雅注疏》引证孔繁，遽数之不能终其物，此并
同声假借之例，本有其字，不用本字而专用他字，或与本义并行，甚至
本义反废者也。

至《汉志》小学家有《别字十三篇》，不入六书之内，以其无义可
引申，遂不成字，而亦自附于假借者。如汉碑虽国姓、庙号、官名，皆
可冒滥。欧阳作甌阳，中宗为仲宗，县令为县苓之类，洪适《隶释》即
已斥之。又碑文《易》之苋陆乃莞睦之讹文。而《说文》中亦有俗体，
许君滥收者：如某旁加木为楳，枭旁加口为噪，尊旁加木为樽，犙犅字
之加牛，嗾字加口，此与"马头人为长""人持十为斗"何异？皆必当
芟薙之字，而人之为篆书者，反以其见于《说文》而遵之。至于（刘）
〔邜〕① 金刀国姓，而必改书为镏；潮字本于江汉朝宗，乃以《说文》
所无而改书为淖、为涛，是雅其所俗而俗其所雅也。甚至《尚书·皋陶
谟》七始咏讹为漆始，又讹来始滑，又讹采治忽；《盘庚》篇"今予其
敷心优贤扬历"，而马、郑古文讹为"今予其敷心腹肾肠"；《易·（杂）
〔巽〕② 卦传》寡髮讹为宣髮；《列女传》卫寡夫人讹为卫宣夫人，加以
能研诸侯之虑。《易·系》亦有衍文，《酒诰》、《召诰》之简，中垒校其
脱佚。此则豕亥、鲁鱼、阴陶、别风淮雨、夏五郭公，非竹简之断烂，
即传写之讹佚，如是而概谓之假借，何异以燕说郢，以鼠证璞乎？至于
一部之中，所收重文有声无义者，不可指屈。玉部除球、琳、琅、玗、

---

① 据文意改。
② 据淮南本改。

琬、琰、璧、玨、琼、瑶、琮、瑾、璋、珪、瓒、璅、璁、班、璎、珣、玗、琪、硪、砆外，尚有璓、瑿、玴、璩、瑄、珣、琟、玛、瑦、瑂、璒、玜十余字，皆云石似玉者，不言何石何玉；艸部莒、莈、莁、蓟、萬、薛、菩、藪、蕲、菌、蕣、藷、芇、菡、蔨、荸、荽、蓍、蕈、葎、蔞、蔦、芜、菁、蘢、莨、藹三十字，皆云草也，不云何草何形。此等无用之字，多收何为？故许冲上表言“慎以文字未定，故久未上”，许君《自序》亦有“后人董理”之望。故敢管窥蠡测，以告小学家之不持成见者。

说文会意谐声指事象形释例
（1851 年）

　　《说文》之字，以转注、假借为最广，五百二十六部，无一字能离于部首之转注与偏旁之谐声者。离案："假借当是谐声。"惟谐声有专谐声不会意及谐声兼会意之不同。谐声不会意之字，五百部中不可枚举。其谐声兼会意之字，不如专者之广，且其解说之谊，即《说文》亦间有未得制字本意者。如父、母、毋三字，《说文》训父为以手持杖，母从女有二乳，毋象女有奸之者禁止之毋令奸。然父之治家岂仅恃持杖者？谊似浅狭。今考父从八从乂，八者阴阳所以分别，乂者阴阳所以交会而生子，故爻、交字皆从乂。毋者母训子之声，故为禁止词。毋字说本武进庄氏。又如地、池、驰、施等字，皆从也得声，似有施布向外之谊，岂有如《说文》训也为女阴之理？也音与者同部，与地、池、驰、施不同部，何以诸字皆从也字得声？不能解也。《说文》以江、河二字示谐声之例，考江、红、虹、鸿、舡、杠、矼、扛、贡、攻、空、功、巧等字，皆从工。贡者上供之义，与工同用。空者化工太空之义，而攻、功、巧并言工上之力，惟此四字兼声与意。而巧则从丂得声，余皆有声而无意也。河、阿、哥、何、珂、坷、诃、轲、呵、牁、舸、鸹、奇等从可之字，亦有声而无意，而奇则并不谐声，与从也诸字同例，皆所未晓者。推之义、仪、蛾与譺、讹同声，彼、陂、被、披、破、婆、波、颇皆从皮得声。而除义、仪外，余皆有声而无谊。崇、悰、淙皆从宗得声，终、夅、螽等皆从冬得声，惟终兼声意。考谐声不会意之字，百二十部中不可枚举，今专求其声意兼得者，惟冲、盅、忡、忠、仲皆从中以声兼义，濛、矇、朦、饛、曚皆从蒙得声，而《洪范》则霁、蒙同字，亦声义兼得。勇、涌、俑、踊、愿、通、痛、蛹，亦声中有义。龚、供、拱、珙、恭皆有声有义。暗、瘖、谙、愔、黯、暗皆从音得声义。堪、戡、谌、湛、嵁、蹝并从甚得声义。又椹、碪字有声无义。唵、盦、谽、颔、婰皆从弇得声义。弇、含同字。沈、耽、忱、眈、妉皆从尤得声义。枕、𣣺二字有声无义。澹、憺皆兼声义。谦、歉、慊、嗛、溓、嗛皆从兼得声义。酣、柑、甜、苷、泔、某皆从甘得声义。酣者，甘酒；柑，甘果；苷，甘草；泔，甘汁；此并声义同者。惟某从甘木而非甘声，则以楳、梅相通之故，假谁每之每为谁某，因并从每音与？神、伸、绅皆从申得声义。钧、均皆从匀得声义。傧、摈、殡皆从宾得声义。梱、阃、悃皆从困得声义。壸、阃同字。墳、贲、麢、赟、獖、鼖、馈、轒、渍，皆从贲得音义。贲训大也。墳者大冢；《诗·桃夭》"有蕡其实"；麢，大麻子；赟、獖，大羊、豕；鼖，大鼓。又《诗》言馈、饙者，食之丰盛；轒，大车声；墳通《汝墳》之墳，谓堤防高大。惇、敦、醇、焞、谆、啍、錞皆从享得音义。皆敦厚之意。肫、沌、芚皆从屯得音义。殚、瘅、燀、弹、蝉、禅兼得声义，惟醰有义无声。单、殚皆尽也。《诗》曰"哀我瘅人"，言劳病无已时也。燀者，火炽将尽。弹取声欲尽不尽，蝉取其声蝉联不断之谊，故皆从单。禅与继相对，前禅终尽，后代承继，故禅从单尽。醰者饮酒器。《射礼》"举醰罚饮立尽"，故从单。《说文》："醰，酒器也，从酉，单声。"案：醰音至，无读单之理，当衍彤字。盖醰从单尽之义，非从单声也。歡、驩、懽、讙、灌、觀、勸皆从雚得声义。灌取祭祀灌鬯郁酒，人神欢洽之义，觀取旁观欣喜之义，驩、歡同字。辨、辯、辨、辮皆从辡得声。离案："声下疑脱义字。"焕、涣皆从奂得声义。蔓、缦、嫚、漫、谩皆从曼得声义。嫚、慢同字。滋、孳皆从兹得声义。侅、该、荄、孩、垓、颏、咳、峐、陔、骇皆从亥得声义。凡从亥部字，皆有取于侅大生长之义。亥者，万物所以成终，故亥为天门，乾为亥方也。侍、峙、诗、時、恃皆从寺得声义。寺，法也，寺廷为礼法之地。硕、顾、颂、颗皆训大头，从页得声义。句、枸、拘、笱、鉤、雊、劬从句得声谊。即章句之句，亦以句读可钩勒为义，雊音与句同，金陵句容县取山圜勾曲义，俗读同章句者谬。价、玠、界并从介大得声义。朻、纠从丩互得声义。濡、懦、儒均从需得声而谊不同，儒取需用之需，席珍待聘，为国储材之谊。逾、踰、愈、瘉皆从俞得声义。弼、粥、弱皆从弜得声义。推之自私为厶，反正为乏，赫以两已相背为乖，恶以两弓相背为亚，两芻相背为邻邑，两臣相背为乖，此皆相反相通之谊。至若卯为春门，万物以出，其字从卯；酉为秋门，万物以入，其字从丣，此皆会意之字。丣可通为桺，不可通为卯，而郑以丣谷为卯谷，读为昧谷，此如汉人讹呼丣金为卯金，形与谊俱相反，断不可认会意为假借也。

又其制字会意有两字合为一字，如玨、吅、棘、林、艸、朙、覞之类；有三字合为一字，如蟲为栗，犇为奔，猋为飚，（一）从木为桑，羴为羶，麤为牨，雥为集，蟲为原，聶为多语。又有四字合为一字，如𠱠、嚚、嚣从四口，《诗》"我姑酌彼金罍"，籀文作（靁）〔靁〕，象云雷之形。又《钟鼎款识》𤳳为古文雷，又木部𣚈为藂之古文，（靁）〔靁〕为罍之籀文。又珏从四工而为𤩽，又敀古文以为讨字，即《书·无佚》篇"诲张〔为〕幻"之诲。拳勇之拳古文作𢶍，𧉚为蚕箔，即茧字，此并见《说文》，有会意无谐声者也。

至于指事之字，自"人言为信"、"止戈为武"外，如上、下、左、右、前、后、东、西、南、北、春、夏、秋、冬、青、赤、白、黄、黑、玄之类，皆指事之字，为例不多。其象形之字，则篆文皆为隶变，失其真形。如日、月皆象形，自隶变为日、月而不象形矣；艸、木皆象形，自隶变为草、木，则不象形矣；馬、鳥皆从两足，象形，自隶变乌、鸟从四足，则不象形矣；为本母猴，象形，自隶省作为，则不象形矣；燕本阳鸟，其乙象飞形，自隶变为燕，则又不象形矣。此六书大概，姑述其略，以告童蒙小学之士。

复何竹芗同年论会计书
（1851 年）

竹芗司马同年阁下：承示所撰《皇朝会计录》，商订体例，具征留心国用，志虑远大，复异乎俗史之所为。

窃谓考财赋之源流，不难于入数而难于出数。天下赋税入数，自雍正以后至今百余年，未尝加赋，未尝改法，总不过岁入四千万两之数。但披《会典》户部一门，立见纲领。即因银贵钱贱有今昔，民欠多寡亦不甚悬绝。以历次捐输补之，有赢无绌，故入数不难稽，所难稽者，岁出之数而已。

军需、河工之费，乾隆亦未尝无普免、蠲免之诏，乾隆间离案：乾隆上疑有错简。更甚。开捐则乾隆六十年间，止川运一次，不及嘉庆以来十之一。何以昔时浩浩出之而不穷，今则斤斤计之而左支右绌？世俗或归咎于新疆经费，岁出关外三百万。果如其言，则乾隆中叶国用即应匮乏，何以库藏充盈均在二十载荡平西域之后，至末年，常贮七千余万乎？尝究其故，大抵不出河工、宗禄、兵饷三端。惟兵饷一门，乾隆四十年曾增各粮及赏恤银共二百万；嘉庆十年，仅裁汰四十万，此兵饷出入一大关键。至河工，则康熙以前沿河州县拨派民夫，乾隆中始全发帑，而岁修亦不过百余万。至嘉庆中加价，南河遂至三百万，又加以东河二百万，此河费出入一大关键。宗禄则生齿日繁，岁增一岁，非八旗生计之比。盖旗兵马甲有定额，而宗禄无定额，多一口即多一粮。计自乾隆至今六十载，其繁衍不知几倍，此又国用一大关键。然三者中，惟兵饷可稽。至河费则户、工二部所存档案，皆止嘉庆以来，其乾隆以前河费，曾托祁大司马询之司员，皆以为无案可稽。宗禄则询之宗人府丞刘宜斋，名谊。亦委诸满员所掌，汉官不知其数。此二者皆不能考，又何从议国用之丰俭，财赋之消长乎？

至救时务之书，宜易简不宜繁难，而钱谷琐杂，尤使人厌惮。与其钞胪簿籍，无文行远，似不如约举大纲，作为数论之易览而有裨也。大雅以为何如？原书奉缴，不宣。

释道山三条四列
（1852 年）

问：道山之义，或谓其叙在道水之前，必先浚涧谷之水，由畎浍距川，故即山以表之；或谓其叙于九州之后，是必怀襄已奠，乃随其山势首尾而巡行之；或谓即道水施功之次第。但山川各有奠定，故分二篇以纪之者何？

曰：以为道水之前乎？则禹自言决九川、距四海，而后言"浚畎浍、距川"。苟大川未治，畎浍安归？且壶口、底柱，则大河之经流岷、嶓、衡阳，岂畎浍之功役？其不合者一。

以为道水之后乎？则怀襄已奠，跋涉重劳。且岍、岐与鸟鼠相近，乃舍之不循，东至海、碣，而后复及于西倾；西倾与嶓冢相近，乃舍之不巡，及东极陪尾，而后复及于嶓冢；嶓冢与岷山相近，乃舍之不巡，及东至大别，而后复及于岷山，此不合者二。

以为即道水施功之次第乎？则禹之治水，自冀河而外，皆先下游而后涤源，故兖、青、徐、扬最先，荆、豫次之，梁、雍最后。以水例山，则宜先东后西，雍州之"荆、岐既旅，终南、惇物，至于鸟鼠"，是其明证。今道山皆先西后东，全逆施功之叙，其不合者三。

然则如之何？曰：禹随刊之次第，已分见九州，皆以人功先后为主，而山川从之。此则随刊已毕，总记山川条列，皆以山之干支、水之源委为主，而禹迹从之。使徒分见各州，则散而不属，颠而不叙，非所以奠山川之位，垂万世之经。

故史臣于禹告成功之时，大书特书曰：凡九州之山，则南条、北条、中条，禹之所随刊者，从首至尾有如此；凡九州之水，则四渎、五川，禹之所疏道者，从源竟流有如此。

贯数千里之山川为一条，分九州之山川为四列，具图副说，告成于帝。帝不下堂，而悉九域之经纬，五服之平成焉。不然，何以青之岱，徐之蒙、羽，梁之蔡、蒙，雍之终南，皆各州功役所及，而反不见于道山？惟冀之梁山、龙门该于壶口之内。弱水之合黎，黑水之三危，河之积石、大伾，江之东陵，皆见于道水，而亦不见于道山？岂非以随刊虽及，而非大渎之所经，与冈陇脉络之所重，则虽施功而不叙乎？

至若壶口、太岳、底柱、碣石、西倾、熊耳、桐柏、大别、衡山与北条之荆，则一见而再见；鸟鼠、岐、华、岷、嶓与南条之荆，则一见而且三见；岍山、雷首、析城、王屋、太行、恒山、朱圉、陪尾、外方、内方、敷浅原，则他州不见，而独见于道山。岂非以大渎之所经，与冈陇脉络之所重，则虽重见而必书，虽从不见者亦必特举乎？故知道山之文，犹道水也，因山以纪渎，明山川之本末，而非述功役之次第也。

问：岍、岐以下，渭、河、济水所经；西倾以下，伊、洛、淮、渭所经；嶓冢以下，汉水所经；岷山以下，江水所经。其为因山以纪渎，则闻命矣。至若《孔传》以荆山之脉，逾河而为壶口、雷首；太行、恒山之脉，连延东北接碣石而入沧海；衡山之脉，连延而为敷浅原。则《蔡传》辟之，以为地脉之说始于蒙恬，成于郭璞。当训为禹之逾河、禹之入于海、禹之过九江，〔而〕① 今仍主山川脉络之义者何？

曰：此所谓目不见其睫者矣。《汉书·地理志》曰：《禹贡》北条荆山在怀德，南条荆山在临沮。此《今文尚书》师说，而马融、王肃用之，以道岍为北条，西倾〔为〕② 中条，嶓冢〔为〕③ 南条者也。马、王间用今文说。

《史记·天官书》曰："中国山川东北流，其维首在陇、蜀，尾没于勃、碣。""自河、山以东④南者中国"，"于四海内则在东南为阳，阳则为⑤日，岁星、荧惑、填星占于街南，毕主之。其西北则（狐）〔胡〕⑥、貉、〔月氏诸衣旃裘引弓〕⑦ 之民为阴，阴则为⑧月，大白、辰星占于街北，昴主之。"此古文家说，而郑氏注用之，以道岍为阴列，西倾为次阴列，道嶓冢为阳列，岷山为次阳列。

《唐书·天文志》复祖之曰：山河两戒。其北戒自三危、积石，负终南地络之阴，东及太华，逾河至雷首、底柱、王屋、太行，北抵恒山

---

① ② ③　据《禹贡说·释道山三条四列》补。
④ ⑤　"东"、"为"二字，《史记·天官书》无。
⑥ ⑦　据《史记·天官书》改、补。
⑧　"为"字，《史记·天官书》无。

之右，乃东循塞垣，至涉貊、朝鲜，是谓北纪，以限戎狄；南戒自岷山、嶓冢，负地络之阳，东及太华，连商山、熊耳、外方、桐柏，自上洛南逾江、汉，抵武当、荆山，至于衡阳，乃东循岭徼达东瓯、闽、越，是谓南纪，以限蛮夷是也。以经文质之，于北列书道岍，而次北之西倾蒙其文；于南列书道嶓冢，而次南之岷山蒙其文。则四列之义，实本于大禹。

粤自庖牺画卦，俯察地理，言九州地理之书，谓之《九丘》。地理者，地之条理脉理也。天地定位，山泽通气，两山之间，必有大川，则两川之间，亦必有大山。推之，两小川之间，必有小山，两小山之间，必有小川。小山者，大山之分；大川者，众小川之合。使三条四列非关脉络，则岍、岐远在大河以西五六百里，安得与河东诸山并为北条？壶口、底柱不过河中之石脊，安得与雷首、析城争高并举？岂非渭北荆山之麓，左自壶口石脊，逾河而为雷首、太岳；渭南华山之脉，右由潼关、函谷，分底柱石脊，逾河而为析城、王屋乎？道水之过九江至于东陵，东迤北会于汇，明谓江水过之、至之、迤之、会之，非谓人过之、至之也。何以道山言岷山之阳过九江至于敷浅原，必非南条五岭山脉过之，而必为人过之乎？北条之山，尽于碣石，逾海为岛屿诸国，故经言入于海。正所谓中国山川，维首在陇、蜀，尾没于勃、碣。而说者乃以为禹之入海，则导河至海口，忽航溟渤而东行，将何往乎？《道水》篇"入于流沙"，"入于南海"，亦皆禹入之乎？

释道山北条阳列
（1852 年）

　　问：道岍及岐，至于荆山。《地理志》：吴岳在扶风汧县西。古文以为汧山。县今凤翔府陇州地。《尔雅》："河南华，河西岳，河东岱，河北恒，江南衡。"是殷、周以岍为西岳，华为中岳。而《史记·封禅书》自华以西名山七，则析岳山与吴岳为二。《元和志》因之，《陇州志》以州西四十里之吴山为岍山，州南八十里之岳山为吴岳。其实峰峦延亘，东邻岐岫，西接陇冈，在《禹贡》时止名岍山；周都岐、丰，尊为西岳，则总名岳山。至汉武时，始析岳山与吴岳为二。自唐以后，崇祀皆五峰为首，仍合为一。此则祀典代异，犹太华、少华，太室、少室之本一山也。岍岳在华山之西，故说者皆谓周以岍为西岳，华山为中岳。独近日金氏鹗谓四岳之名，自古不改，惟中岳随帝都为迁移。唐、虞以霍太山为中岳，周初以岍为中岳，而华山仍为西岳。

　　考《周礼·职方氏》："河南曰豫州，其山镇曰华山。""正西曰雍州，其山镇曰岳山。"此华为中岳，岍为西岳之明证。若如金氏说，岂有华为西岳，反属豫州；岍为中岳，反属雍州者哉？岂有豫不为中州，而雍反不为西州者哉？且周都丰、镐，东距华山不过二百里，而西距岍山四百里，中岳既为帝都之镇，乃舍近取远，反在西岳之西乎？

　　若谓西方诸侯朝觐西岳之下，不应使越京师而远赴岍、陇。不知畿内虞、虢之属，原可就近朝京师。若巡守而会西诸侯，则陇西、汉南之国毕至，去岍近而去华远。且金氏力主衡山为南岳，则偏在五岭，何不虞南国朝觐之僻远，而反虞西畿之岍岳乎？

　　或又谓《禹贡》北条荆山，《汉志》系诸冯翊怀德县下，而富平亦有怀德故城，亦有荆山者何？

　　曰：此三国时所移立，非汉之怀德。且朝邑有洛水，历疆梁原入渭，在荆山下。《同州志》谓之华原，俗谓之朝坂。自荆山麓直抵河壖，东连壶口，故荆山之脉，从此逾河。若富平并无洛水，且东距河二百余里，安得即为逾河之壶口乎？

或又以富平县无高山，欲以三原之巀嶭山当之。见《汉志》池阳下，俗名嵯峨山。则更在富平之西，距河愈遥，北条山脉至此，安得即逾于河？且岐山东麓为九嵏、甘泉、巀嶭，以尽于荆山，故《禹贡》西举岐、东举荆以包之。岂得因洛水亦有漆、沮之名，遂以后世漆、沮入渭之处为洛水入渭之处，并荆山而移之乎？

问：壶口、雷首至于太岳，底柱、析城至于王屋，皆北条逾河之山也。而龙门在壶口西岸，言壶口不言龙门者何？《汉志》雷首在蒲坂。则其东脉为中条山，尽于垣曲，王屋在焉。不言至王屋，而言东北至太岳者何？析城在濩泽，今泽州府阳城县。王屋在垣县。今平阳府绛州垣曲县。则析城反在王屋之东北，而言析城至于王屋者何？

曰：《汉志》壶口在北屈，龙门在夏阳。本一山连亘，禹凿之以纳河，故两山夹峙东西，而经以壶口属冀，龙门属雍。此欲言山脉之逾河，自当举东岸之壶口以表之也。雷首一山九名，亦名首阳山，《大戴礼》："伯夷、叔齐二子生于河、济之间。"此首阳即雷首在冀州之证也。亦名陑山，《书序》："汤伐桀，升自陑。"注："在河曲之南。"是也。或亦谓即中条山。见《元和志》。又名襄山，又名薄山，并见《穆天子传》、《封禅书》；又名尧山，见《水经注》。今有王官谷者是也。虽逦迤数百里，随地异称，三方志各书所闻，而其正麓则自临晋、绛州溯汾水北走平阳诸县，以达于霍州之太岳。盖大禹主名山川，知霍太山、雷首之脉，自壶口逾河为北条之左支；王屋、析城之脉，自底柱逾河为北条之右支，各有其纪而不可乱。又唐、虞以霍山为中岳，而沇水出自王屋，皆冀州之望，故两书"至于"以表之。盖王屋东接太行，而霍岳北走恒山也。〔然〕① 王屋，济水所出，自当在今济源、阳城二县界内。其水南入济，北入沁。若垣曲则并非济水所源，何得王屋在其境内？疑《汉志》本以析城在垣县，王屋在濩泽，而后人传写误互之欤？且如城如屋，皆山形方正得名，故或误以析城为王屋欤？析城亦名中条山，正与雷首中条相近之故。苟谓析城在山东阳城，不特于山干东西不合，即谓禹之道山，亦岂有由底柱渡河，先东行至泽州阳城，始复折回西至垣曲者耶？

---

① 据《禹贡说》补。

释道山北条阳列二
（1852 年）

　　问：太行、恒山，至于碣石，入于海。说者多谓太行为天下之脊，自河内走幽州，凡有八陉，皆谓之太行。而恒山则仅上曲阳之一峰。是北条阳列，几可以太行尽之者何？

　　曰：是从来之谬。试以《禹贡》质之，则太行自太行，恒山自恒山，不能并恒山为太行。犹之道岍及岐，至于荆山，不能并岐、荆谓之岍；西倾、朱圉、鸟鼠至于太华，不能并朱圉以下谓之西倾；熊耳、外方、桐柏至于陪尾，不能并外方以下谓之熊耳。恒山以恒水所出得名，即今之浑河，发自浑源州，与滹沱、卫河夹恒岳而东行，故《禹贡》并称恒、卫。

　　凡大山皆有大川界之：黄河以北，沁、济以南，王屋之干也；济、沁以北，滹沱以南，太行之干也；滹沱以北，桑乾以南，恒山之干也；桑乾东北，（洓）〔滦〕① 河西南，燕山之干也；（洓）〔滦〕河以东，辽河以西，医无闾、碣石之干也。历代诸史据太行言之，谓之山东、山西；据恒山、上曲阳言之，谓之山左、山右；据燕山言之，谓之山前、山后。虽分三干，并祖于大同府外之阴山，而分脉于宁武府之管涔山。故朱子言冀都山脉发自云中，不言发自太行，此精于北条脉络者。

　　《汉·地理志》惟于河内之野王、山阳二县，言太行在其西北，即今怀庆府之河内、修武二县，而他处不言太行。又于上曲阳县但言恒山北谷在其西北，而不直言恒山在其西〔北〕②。两山间曰谷。盖恒水出自恒山，行数百里山谷中，至上曲阳始出山行平地，故北谷在焉。此精于言太行、

---

　　① 洓水在山东，滦河在河北，此作"洓"误，据《禹贡说》改。下同。

　　② 据《禹贡说》补。下同。

言恒山者。今人尚执太行直抵碣石之说与北岳在上曲阳之说，请列数证以辟之：

《列子·汤问》篇："太形、王屋二山，方七百里，高万仞，在冀州之南，河阳之北。"是自古太形、王屋两山，合记亦仅方七百里，安得有太行〔一山〕① 东走千余里，直至海滨之说乎？证以郭缘生《述征记》，谓"太行自河内逾中山，尽于幽州，凡有八陉"。考山中绝曰陉，太行绵亘上党、河内二郡，又东北跨辽州，迄今获鹿、井陉之地，磅薄虽广，实止五陉：一、轵关陉，在济源县。二、太行陉，在河内县。三、白陉，在辉县。《左传》亦谓之孟门。四、滏口陉，在彰德府磁州，为自邺至晋阳要道。五、井陉。在真定府获鹿县。皆在滹沱以南。故《淮南子》称太行为五行之山，正以五陉得名。若第六飞狐陉，已逾滹沱上游，在恒山之北，不得复为太行。今宣化府蔚州飞狐口。第七蒲阴陉，在今易州。第八军都陉，今昌平州居庸口。则更逾桑乾为燕山，在恒山之东，谓之恒山且不可，况太行乎？其辩一也。

《史记》："赵简子告诸子曰：吾藏宝符于常山之上。使诸子求之。无恤还曰：已得之。从常山上临代，代可取也。"《地记》曰：恒山北临代，南俯赵。晋隆安五年，魏主珪自邺还中山，将北归，发卒万人治直道，凿恒岭，至代五百余里，即倒马关路。若上曲阳之山，能俯临代乎？《燕世家》："燕听张仪之计，献常山之尾五城于秦。"正谓代北之地。若真定常山郡地，则燕都近障，岂能献之？而秦亦岂能有之乎？其辩二也。

恒山之干，亦分三支：其南支，自神武泉东出，尽于真定，而滹沱与滋河界之；其中支，自五台东出倒马关，尽于上曲阳之大茂山，而沙河与滱河界之；北支由蔚州东出，尽于大房山，而易水与桑乾河界之。三支以中支为正，故浑源之玄岳为祖，五台为祢，上曲阳之大茂山为子孙，实则一干自相首尾。自长城筑后，遂画浑源之山与五台为二。考《名山记》，恒山有五名：一曰兰台府，即南台也；二曰列女宫，即北台也；三曰华阳台，即西台也；四曰紫微宫，即东台也；五曰太乙宫，即中台也。《水经注》：崞县南面玄岳。汉雁门郡崞县为今浑源州地，五台正当其南。是五台为玄岳之中峰，故灵异埒于岱、华。即不祀诸浑源，亦当祀诸五台。若大茂山谓玄岳中支之麓则可，谓即是玄岳，则以孙为祖，以足为首。其辩

---

① 据《禹贡说》补。下同。

三也。

《周礼·职方氏》:"正北曰并州,其山镇曰恒山","其川滹沱、呕夷"。是并州无太行,呕夷即恒〔水〕[①],滹沱即卫〔水〕。恒水上源出浑源州,卫水上源出五台。恒、卫二水夹恒岳东行,至真定始出平地。是禹涤恒、卫之源,必在恒山上游。若上曲阳之山,所出何水?大禹施功何所?其辩四也。

《王制》:中国疆域,"南不尽衡山","北不尽恒山"。是南以衡山包五岭,北以恒山包燕、云。故策士以常山之蛇喻中国形势,亦谓首尾蜿蜒之远。是《王制》述中国,北面以恒山界华、夷,不以太行界华、夷。况区区上曲阳一山,能为中国北界乎?自恒山至于南河,千里而近,其时禹河未徙,上曲阳至南河大伾山,五百里耳,若非浑源州之恒岳,安得距河千里乎?其辩五也。

汉、唐望祀北岳于上曲阳,不过因古昔巡守之旧,帝王巡守方岳,不必升造其巅,犹祭岱山于博[②],祭华山于华阴,止取广平,便于朝会,非即以华阴为华岳,奉高为岱宗。若后世不举巡守,不觐方岳,岁时遣官秩祀,则衡处南徼,尚不谓辽,况浑源密迩燕都,反以为辽乎?会稽山在秦望,庙在覆釜,岂可即以覆釜为会稽乎?秦、汉置常山郡于真定,正犹九江郡治寿春,会稽郡治吴,苍梧郡治粤,其地望皆距郡治千百里,岂得谓九江在寿春,会稽在吴,苍梧山在粤乎?岂得以常山郡治所在为山之所在乎?金、明议者尚据《诗·崧高》疏,谓必据所都以定方位。则轩居上谷,处恒山之西;舜居蒲坂,在华阴之北。五岳之名,应无代不改。试问唐、虞四岳见《尚书大传》,轩皇五岳,证据何书?唐以霍太山为中岳,周以岍山为西岳、华山为中岳,殷及两汉以嵩高为中岳,何谓五岳不随帝都而改?况浑源之与上曲阳同祀恒山,不过一在其支麓,一就其主山,并未舍恒别祀,何谓迁改?

本朝顺治七年,移祀北岳于浑源州,一正前世之讹谬,而阎氏若璩辈犹袭孔颖达之讹。请断之曰:后世帝王举巡守朝会之典,则望祀北岳,宜于上曲阳。如仅遣官特祀,则北岳必在浑源州,次则或于五台山。

---

① 据《禹贡说》补。下同。
② "博",《禹贡说》作"博县"。

释道山北条阳列附_{本雍州文，附论道山下}
（1852 年）

　　问：终南、惇物，至于鸟鼠。或谓起陇山及南山，皆谓终南，或谓止太乙一山，而惇物则莫知所在者何？

　　曰：《地理志》："右扶风武功太壹山，古文以为终南。武功，今郿县。太壹山亦作太乙山，今曰太白山。垂山，古文以为惇物。"钱氏（坫）〔坫〕①曰：垂山当作岳山，即今武功山，俗称敖山。敖、岳声之转，旧本误作（岳）〔垂〕②，今据《封禅书》、《郊祀志》正之。《水经》："陇山、终南山、惇物山在扶风武功县西南。"此并以太白山即终南，其武功山为惇物，故古有"武功太白，去天三百"之谚。此古（之）〔文〕③《尚书》说也。《隶释》载汉《无极山碑》云："有终南之惇物，岱宗之松杨，越之篸荡。"洪氏适谓以惇物为终南所产，与松、篸同科。此欧阳、夏侯《书》说。程氏大昌本之，谓终南产物殷阜，故称惇物，非别有一山。考此文与"原隰、底绩，至于潴野"耦文对举，"惇物"正与"底绩"对文。此《今文尚书》说也。其释"惇物"虽殊，而释终南为太壹山，则古今文无异说，伪《孔传》及《括地志》皆本之。《武功志》复云："太白山一名太乙山。"此并以太乙山为太白山，两名实一。自家法不明，信道不笃，于是有析终南与太乙山为二者，张衡《西京赋》、潘岳《西征赋》皆以太一、终南并列，《唐六典》又以终南、太白并列。有以长安南面之山自盩厔以东皆终南者，自盩厔至蓝田之山，《禹贡》但谓之华阳，汉人但谓之南山，无谓之终南者。《地理志》："鄠、杜竹林，南山檀柘，号称陆海。"《东方朔传》"谏起驰道抵南山"云云，皆指华阳而言。而胡氏渭乃力主南山为终南，误矣。华阳之南则

---

　　① 据《清史稿》卷四百八十一《儒林二·钱坫传》改。
　　② 据文意及《禹贡说》改。
　　③ 据下文及《禹贡说》改。

皆秦岭，今并以秦岭为南山者更误。有并西起陇山，东及秦岭，凡商颜、太华皆谓之终南者，见柳宗元《终南山祠堂记》。因有谓华山为惇物者，《水经注》、《索隐》、《寰宇记》，因垂字误作华。有谓惇物宜近南山，而以太乙山及武功山为皆惇物者，胡氏渭。请以经证之：

禹于雍州治水，自北而南，刊山则自东而西，故从荆而岐，而终南、惇物，而鸟鼠。则终南必在岐山以西、鸟鼠以东明矣。若秦岭、南山，则反在岐山之东，曷为列次其后？西跨汧、陇，则包鸟鼠在内，曷言至于鸟鼠？证一也。

《秦风·终南》美襄公始有岐周。《史记》曰："襄公伐戎，至岐而卒，子文公以兵破戎，辟地至岐，岐以东献之周。"盖岐在渭北，终南为太白山，正在渭南，地相准直，故秦人美其始有终南。若岐以东之南山，则襄公兵未至其地，其子文公又以献诸周，安得为秦有哉？以《诗》之终南证《禹贡》之终南，非太白而何？证二也。详《诗古微》。

古人封山表镇，取尊特，不取袤延。故冀不岳太行而岳霍太，雍不岳南山而岳岍、吴，南纪不岳五岭而岳衡、霍。今雍州之山，莫雄于太华，莫峻于太白，不应不列于经。赋家或以太白、太乙与终南并列者，盖以终南为总名，而太白则终南之主峰，一而二，二而一。然终南亦至岐而止，后人侈之，遂有始陇终秦之说。不知终南《毛传》、《左传》皆作中南，司马侯曰：中南，九州之险也。潘岳《关中记》曰：终南一名中南，言居天之中，在都之南。《淮南子·俶真训》作"中隆"。高诱注谓即终南。盖太白居群山之中，隆然独高，故名中隆。其中、终，隆、南，皆同声假借，不以始陇终秦为义。证三也。

盩厔、蓝田之南山，《禹贡》但谓之华阳，盖皆华山之来脉，故曰"华阳、黑水为梁州"。若以此为终南，曷不曰终南、黑水为梁州乎？华阳以炭谷、龙湫之山为主峰，俗呼为南五台，神秀冠峙，南山皆其屏障，正在华山之阳。乃或因《雍大记》称五台太乙谷有太乙元君湫池，汉武帝元封二年祠太乙于此，建太乙宫；又山有太乙峰、太乙池，遂以南五台为太乙山。则不知古言太乙者，犹言第一山。今南五台虽秀，安能与太白争高？且置华阳于何地？证四也。

至"惇物"之训，则必从洪适《汉隶释》所引《无极山碑》"有终南之惇物"云云。盖导山异于导水，若空述脉络，不预随刊，则与《导水》篇何异？九州无是列也。故荆、岐必言既旅，蒙、羽必言其义，蔡、蒙必言旅平，原隰必言底绩，终南必言惇物。此今文家无上精义。

鸿荒之世，终南奥阻，人迹不至，虽材产殷阜，无由显于人世。自随刊涤源以后，樔橇四通，于是终南材木金箭，取给不穷，西至鸟鼠之山，皆秦陇所仰供资用，故以惇物与旅、绩并书。乃从来但据《汉志》"太壹山，古文以为终南；岳山，古文以为惇物"，从未有表章今文家说者何哉？盖上文"沣水攸同"，止治渭南患甚之一水，时荆、岐、终南、鸟鼠，则并涤渭南、渭北山谷之源，而后循治原隰，以终道渭之绩。故知禹之治水，皆先下游而后涤源也。古文家不察经谊，强以惇物为山名，而自来杨、马、左思词赋，侈铺名胜，以及秦人土语，从无一言及于惇物之山者。凿空之词，终难征实。证五也。

释道山北条阴列
（1852 年）

问：北条阳列之山，起岍、岐，尽碣石，而不及陇西诸山，首短而末长；其次，阴列之山，起西倾，止陪尾，而不及岱东诸山，首远而末近者何？鸟鼠、朱圉、太华，皆渭水所经，若西倾非渭源，在鸟鼠西六七百里。《地理志》：《禹贡》朱圉山在天水郡冀县，为今伏羌县地。则又在鸟鼠之东南二三百里。道山乃先西倾、朱圉于鸟鼠者何？

曰：龙门未辟以前，河由孟门左右分决雍、冀，泛滥岐阳之地，挟渭水而东，则岍、岐固洪水所支溢也。故北条始岍、岐，终碣石，皆以道河为主。而岍、岐以西之皋兰、祁连诸山，陪尾以东青、莱诸山，皆非随刊所及焉。

至西倾虽非河、渭所经，而洮水出其东北，其入河之处，距渭源甚近；今临洮县是。桓水出其东南入潜，详梁州下。则西倾因桓，自与道渭为一役。且其山在嶓冢之北，非南条阳列之山，安得不与鸟鼠并举乎？朱圉为渭水所经，而《伏羌县志》称：县西南诸山，皆朱圉之别峰，随地异名。则是山或曰白岩，或曰石鼓，《禹贡》总谓之朱圉。西接洮水，与鸟鼠南北相直，其山脉横行，自南而北。则朱圉固可为鸟鼠之来脉，故道山先朱圉于鸟鼠。《汉志》谓在冀南梧中聚者，就其尽处而言，或祀典所在，犹上曲阳之不可以尽恒山，西县之不可以尽嶓冢。而阎百诗泥之，谓一聚可容，阯必非广。则经曷为系诸鸟鼠之上、西倾之下？即谓禹道水循行次第，亦岂有循洮水至渭源，乃不道鸟鼠，而先东至朱圉，始折西至鸟鼠，复折东至太华者耶？胡氏渭至谓经文必作鸟鼠、朱圉，而传写倒互，是不以经求地，而反改经以殉地耶？雍州刊旅，先荆、岐下游，而后上至于鸟鼠；道山则先鸟鼠上游，而后至于太华，益知《道山》篇文皆以水之原委为山之条列矣。

释道山北条阴列二
（1852 年）

　　问：熊耳、外方、桐柏，至于陪尾。《汉志》嵩高山，古文以为外方山。金氏履祥谓《大雅》"崧高维岳"，安得与江夏之山相为内外？因别取陆浑县之方山为外方。或又谓中岳密高之名始于汉武者何？《志》言江夏安陆县，"横尾山在东北，古文以为陪尾。"安陆，今湖北德安府属县。而《孔传》谓皆在豫州界，淮（在）〔出〕① 桐柏经陪尾者何？《导山》于岳，有华、恒、衡、嵩而不及岱东者何？

　　曰：嵩高，古不名岳，止名外方，唐、虞巡守所不及。殷都豫州，始以嵩高为中岳。故《尔雅》五岳，前条为周制，后条为殷制。至周室东迁洛邑，始尊之曰太室，取明堂五室太室居中之谊，则复用殷代中岳之制。故《左传》"司马侯曰：'四岳三塗，阳城太室。'"是太室在四岳之外，不在五岳之外。至汉武遂案古图书，复礼密高为中岳，非创也。《大雅毛传》："山大而高曰崧。"通指四岳，因申、甫、齐、许世掌四岳之故。此西周时语。自应劭《风俗通》、刘熙《释名》始混崧、嵩为一，而释《大雅》为嵩山。金氏履祥遂以殷及东周之五岳上例《禹贡》，而疑其不当名外方，疏矣！

　　至《汉志》安陆之横尾，并非淮水所经，姚氏鼐谓当与安丰之大别互易，乃传写者误移其文，谓大别、汉水当在安陆，陪尾、淮水当在安丰。此说亦未尽善，详大别条（山）〔下〕②。考经凡言"至于"者，皆相距甚远。"至于鸟鼠"，"至于太华"，"至于太岳"，"至于碣石"，皆千里、数百里。以导淮（之）〔自〕③ 桐柏东会于泗、沂推之，则陪尾当从《水经》在卞县泗水所出之说。《隋志》：泗水县有陪尾山，今山东兖州府。

---

　　①②③　据《禹贡说》改。

《周礼·保章氏》疏曰："外方、熊耳以至泗水、陪尾①，属摇星。"盖本《春秋纬》文。则汉人本以陪尾为泗源，岂有班氏作《地志》，近据图籍，上本《禹贡》、《周官》，反不知陪尾所在，而属之江夏、安丰者哉？盖浅人校《汉书》者妄取伪《孔传》入之《地志》。盖以为孔安国真古文，与安丰、大别之增窜正同一例。知陪尾为泗源，则陪尾正岱宗之来脉，"至于陪尾"，即至于岱宗也。

近日曲阜桂氏馥曰："岱山为中条之尽，其脉自泗州徐、沛间渐起冈阜，由吕梁穿过而起沂、峄诸山；再峡为峄县之阴平岭，而起东蒙山；三峡为泗水县之陪尾，而起徂徕、新甫诸山；四峡为莱芜之原岭，再转即东岳插天矣。正干逆转西南，经东阿、肥城以尽于东平州。而曲阜正当其环抱之处，汶、泗拱合，钟生至圣。济水东行，岱脉西转，与济相逆，而巨野大泽，则其汇水之区。"以上桂说。

案，嵩山之脉，尽于成皋；桐柏之脉，尽于汝宁。此后河南、淮北，一望旷衍，几无踪迹。渐起于徐、泗，而突起于山东。后世黄河横决，而南运河复横截而北，使人忘其所自，至有岱脉自辽东渡海而来之说。岂知《禹贡》"熊耳、外方、桐柏，至于陪尾"，已包尽中条之脉络乎？陪尾志泗源之山而不及汶源之山者，汶不入淮而泗入淮，仍以桐柏之淮为主也。

· ① "陪尾"后，《周礼注疏》有"豫州"二字。

释道山南条阳列
（1852 年）

问：道嶓冢以至大别，此南条之阳列，汉水所经也。《地理志》：陇西西县，"《禹贡》嶓冢山，西汉水所出"。或谓当在沔阳者何？南郡临沮县，"《禹贡》南条荆山在东北，漳水所出"。临沮，今襄阳府南漳县西八十里有荆山。江夏竟陵县，"章山在东北，古文以为内方山"。汉竟陵故城在今安陆府钟祥县南，与荆门州接界。考荆山起南漳，迄荆门，与内方相接。何不援西倾、朱圉、鸟鼠至于太华之例，而必以至于荆山与至于大别并举者何？汉水至大别入江，而《地理志》云：六安国安丰，"《禹贡》大别山在西南"。非江、汉所会。或以为汉阳翼际山，则在汉西而非汉东，又与《左传》不合者何？

曰：陇西、嶓冢，兼跨氐道西东二境。西汉水出其西，东汉水出其东，二水潜通互受，故《汉志》互举以明之。《禹贡》导水有东汉无西汉者，东汉入江，流长路远，自以远者为正流。凡沔、漾皆东汉之名，而西汉止"浮于潜"一语耳！胡氏渭据后魏所置沔阳之嶓冢县以驳《汉志》，东西相距五六百里，使汉源反短于潜水，南条不起于陇西。别详于道漾章下。至道山经文，凡言"至于"者，皆以志水之原委。"至于太华"，志渭之入河也；"至于王屋"，志沇之发源也；"至于太岳"，志汾之上游也；"至于碣石"，志河之入海也；"至于陪尾"，志泗源也；"至于衡山"，志湘源也；"至于敷浅原"，志彭蠡之治也。

江、汉、沮、漳，为楚之望，而沮、漳皆出于荆山以入江，而景山即荆山之尾，故《水经》沮出沮阳县西北景山。而《淮南子》以为沮出荆山，则景山即荆山也。荆山为荆、豫二州之界，兼沮、漳二水之源，首尾数百里，安得不特书"至于"，以见为南条之中脊乎？

至以章山为内方，则种种不合。《汉志》谓古文说，则今文不然也。

章山不过荆山之尽麓，其山所出，并无著名之水，举荆足以包章。且大别实在汉东，与章山隔水，其脉安能至于大别？且汉北汉东，名山无数，何独此详而彼绝不及？

考楚国方城为城，汉水为池，则内方自当为方城。楚之方城有三：一在上庸汉中之地，居荆山上游，非此所举；一在汉北，即屈完拒齐师之地，在今南阳、裕州、叶县，连山相接，六百余里，号曰长城，而汉水流其南；一在汉南，即吴、楚夹汉时，楚左司马戌欲出方城外毁其舟，又塞城口断其归路，在今信阳州及应山之地，居大别上游。而《禹贡》内方，则专指汉北叶县之方城。盖导荆山者，导汉南沮、漳之水入汉也；导内方者，导汉北丹河、唐河诸水入汉也。至于大别，则导汉东涢、溠诸水入汉也。

至大别山，则《书正义》谓《地理志》无大别。惟《郑注》云："大别在庐江安丰县。"杜预纠其与汉水不相近，疑后人取《郑注》以增入《汉志》。且《志》果有此条，杜预岂有不知而托为"或说"者？《正义》岂有不见《地理志》而直言其无者？郦注于《汉志》无条不引，岂有独（关）〔阙〕① 此文而但引杜预者？故知此注必在郑氏以后，而其混为《班志》原注，又必在唐本以后，孔颖达时尚未紊淆也。《水经注》亦不信安丰大别之说，而所言江水东径鲁山南，《地说》所谓汉与江合于衡北翼际山旁者，亦不言是大别。《元和志》始言鲁山一名大别山，在汉阳县东北百步，前枕蜀江，北带汉水。则今鲁山实在汉岸之西，与《左传》吴、楚夹汉，楚"济汉而陈，自小别至于大别"之说不合。盖楚济汉东，则大别当在汉之东岸。别详导汉章下。姚氏鼐谓今《汉志》安丰、大别，当与安陆、陪尾互易，则近淮近汉，各得其所云云，亦善于解环。

考《左传》定四年，吴伐楚，"舍舟于淮汭，自豫章与楚夹汉。左司马戌谓子常曰：'子沿汉而与之上下，我悉方城外以毁其舟，还塞大（队）〔隧〕②、直辕、冥阨。子济汉而伐之，我自后击之，必大败之。'"子常不从，"乃济汉而陈，自小别至于大别"，三战不利，败于柏举。"吴从楚师，及清发，将击之。"夫概王曰：不如俟其半济。"从之，又败之。"又败诸雍澨，"五战，及郢"，"司马戌及息而还，败吴师于雍

---

① 据《禹贡说》改。
② 据《左传》定公四年改。

滋。"考《春秋》吴、楚争战，皆在今潜、霍、六安之地，由淮而不由江。盖古寻阳、九江及大雷、彭蠡之间，江面横广，各百余里，浩瀚沮洳，洲渚纵横，为舟师所惮行。故皆溯淮而上，宁由陆越山，而不敢战于江也。或谓柏举在麻城，清发在德安府安陆县西之涢口，见《水经》及《元和志》，郧水即清发水。雍滋在京山县东南，皆与《左传》地形不合。

盖柏举即在大别、小别之地，不应东隔三百余里；清发当济向郧之津，不应远在孝感；雍滋则已涉汉而西，不应反在汉东。以《禹贡·导汉章》证《左传》，则三滋在大别上游，当为今宜城以下入汉之夷水口、《水经注》：夷水入汉，俗名蛮河口。滶水口、古都国故城，俗曰乐乡河。权水口。径荆门州东南入汉，俗曰荆门河。此三口皆在均州沧（沧）〔浪〕[1] 水之下，此据《水经注》引《地说》所谓沧浪之水出章山者。天门大别山之西北，而权口为自陆安府赴郧必由之道。则权口当即雍滋，与《左传》合。而《水经》及《索隐》并言三滋在邔县之北，邔县故城在今襄阳府宜城县东北，正当此三水口；而郑康成谓三滋在江夏、竟陵之界，汉竟陵为今天门县，亦正在此三口东岸，于古书无不合。楚师战败于天门县，大别、柏举皆在此。由权口济汉，当即雍滋。转战荆门州，五败而及江陵之郢。及左司马自息还，则汉东已无吴师，故济汉救郢，而吴师自郢东御之于雍滋。以《左传》证《禹贡》，则大别之在汉东不在汉西，无可疑者，内方当为汉北之方城山，不当为汉南之景山，亦无可疑者。

---

① 据《禹贡说》及下文改。

释道山南条阴列
（1852 年）

　　问：岷山之阳为南条之次阳列，故蒙"道嶓"之文，而岷不复言道。然岷山至衡数千里，中隔绳、若、沅、澧诸水，且衡山非江所经，而言"至于衡山"者何？衡在湘水之南，其麓尽于洞庭之西，而《孔传》谓衡山之脉连延而为敷浅原者何？大别以下，南条之循江北下者未尽，敷浅原以东，南条之循江南走者未尽，而道山中止者何？敷浅原或谓在九江，或谓在鄱阳，其说不一者何？

　　曰：道山之文，有于一条中复分二支者，荆山逾河，一为壶口、雷首，以至太岳；一为底柱、析城，以至王屋，而皆为荆山之所分是也。南条则岷山之阳为五岭，一由桂岭而为衡山，以尽于洞庭之口；一循庾岭而为庐阜，以尽于彭蠡之口，皆为岷山之所分是也。

　　岷山，《史记》作汶山，盘亘松潘、茂州、灌县及陕西岷州卫，将千里，与太行无异。故陆游言自蜀郡以西，大山广谷，谽谺起伏，西南走蛮箐中，皆岷山也。大江出其东，大渡河源出其西，是岷山所包甚高广。〔不曰岷山至于衡山，而必曰"岷山之阳"者，〕① 山南曰阳，山北曰阴。五岭皆在岷山之东南，则皆以岷山之阳统之矣。《王制》曰："西不尽流沙，南不尽衡山，北不尽恒山。"是以五岭为衡山矣。自江至于衡山，千里而遥，若祝融一峰，距江不过五六百里，安得千里而遥？惟五岭始能为中国华蛮之界，非衡岳一峰所能界南纪也。

　　衡者，横行之名，《禹贡》衡山，盖上连桂岭、郴岭、九疑诸山，总谓之衡山。故可南抵巴陵之大江，东走庐阜之敷浅原。道山之条列，即道水之条列。〔岷山之条列〕②："岷山道江"，"东至于澧，过九江，

---

　　①② 据《禹贡说》补。下同。

至于东陵",即此之"至于衡山,过九江"也。"东迤北会于汇",即此之"至于敷浅原"也。古时三苗之国,左彭蠡,右洞庭。五岭之山,禹未深入,惟纪岷江所经,则上游所受南条诸水,莫大于三湘,故举衡山以表之;下游所受南条诸水,莫大于豫章,故举敷浅原以表之。《水经注》引《地说》曰:汉与江合于衡北翼际山。则自巴〔陵〕①至武昌,凡沿江南岸诸山,皆衡山之麓。则《孔传》谓衡山为江所经,亦未可非也。

《蔡传》既斥孔氏、苏氏地脉之说,而又谓岷山之脉,一支为衡,一支为敷浅原。吾不知山脉与地脉有以异乎,无以异乎?谓道山书"至"书"过",皆禹至之、过之,吾不知道江书"别"、书"会"、书"过"、书"至",亦人别之、会之、至之、过之而非言水乎?大山之尽,必有水以界之;大水之会,必有山以纪之。因流坎之自然,行所无事,何得道山之文独异道水之文乎?岂但辟地脉而主山脉,自相矛盾乎?至《地理志》豫章历陵县南有傅阳山,傅阳川在南,古文以为敷浅原。《通典》以江州浔阳县之蒲塘驿,即汉历陵故地,敷浅原当在彼。考其地,正当浔阳大江之尽,又适当匡庐山麓之尽,犹叙中干云"熊耳、外方、桐柏至于陪尾",为岱宗支脉,举陪尾即可证岱山也。又犹荆山下有彊梁原,亦名华原也。《水经注》引孙放《庐山赋》:"临彭蠡之泽,接平敞之原。"正谓庐山南临彭蠡,北接敷浅原也。胡氏渭引此以证山南之原,非是。其地有望夫山,南有溢口水入江。与《汉志》傅阳山、傅阳川亦无不合。乃后人因汉历阳兼有后世浔阳、德安、星子三县地,于是马端临谓德安有敷浅水。则不但远隔浔阳江,且在未起庐山以前,不应道山过九江反遗庐阜。胡氏渭又以星子县之落星石当之,则在庐山之南麓,而非其北麓,但濒湖而不濒江,与浔阳大江无涉,与《汉志》傅阳山、傅阳川亦不合。故知《通典》之言,确不可易。至晁以道谓在饶州之鄱阳县,则并非汉历阳县地,且中隔大湖,于浔阳、于庐山皆无涉,更不足辩。自此以下,为扬州、吴、越三江震泽之域,地势卑湿,决川之功多于随刊。犹之大别以下为徐,陪尾以下为青、兖,皆道山所不及欤?固知疏浚多在下游之东,随刊多在上游之西矣。

---

① 据《禹贡说》补。

释道山南条阴列附
（1852 年）

问：南岳，《史记》以为衡山，《尚书大传》以为霍山，此古今文异说。《尔雅·释山》一曰江南衡而无霍，一曰霍山为南岳而无衡。或谓殷、周异制者何？

曰：《尚书大传》唐、虞以霍山为南岳。伏生在汉武之前，知非汉武始移衡于霍。盖古时衡山有二：有江南之衡，有江北、淮南之衡。江南之衡，五岭是也。江北、淮南之衡，即霍山也。汉高帝、文帝并于六安置衡山国，中属淮南，武帝时别为六安国。此汉初衡山在淮南六安地之明证。

《秦本纪》："始皇帝东行，上太山，并勃海以东，穷成山，登之罘，南登琅邪，遣徐市入海求仙人，还过彭城西南，渡淮，之衡山。由南郡浮江至湘山祠，逢大风不得渡，怒伐湘山树，赭其山，乃自南郡由武关归。"是始皇并未渡洞庭，安有至衡阳之事？其所叙衡山，在渡淮水之下、南郡浮江之上，则知是淮南之衡，非湘南之衡明矣。再以《封禅书》证之：武帝"巡南郡，至江陵而东，登〔礼〕[①]灊之天柱山，号曰南岳。浮江自寻阳出枞阳，过彭蠡，北至琅邪"。皆始皇所巡之旧道。以两文参校，则《秦纪》之衡山，即《封禅书》之灊、霍，非汉武始移其祀益明矣。《水经·山水泽地纪》亦以霍山为南岳。是古文《尚书》说与今文同。《史记·五帝本纪》："五月，南巡守。"至于南岳。南岳者，衡山也。亦即指灊之衡山明矣。

古帝王南巡守，不过江北、淮南，于朝会差近。若苍梧、九疑之地，秦皇、汉武所未至。故《山海经》衡山在《中山之经》而不列为

---

① 据《史记·封禅书》及《禹贡说》补。

岳。而谓唐、虞五载巡守，必朝会，必于三苗之地乎？禹会诸侯于涂山，执玉帛者万国。杜预谓在寿春东北，为今凤阳府，亦江北、淮南之地，距灊、霍不远。而今霍丘县之山亦名霍山，与灊连界。意者，古者霍山包举广大，涂山即其北干，天柱则其南干。专就天柱峰称之曰霍，取大山宫小山之谊，连淮南诸山总名之曰衡，取横行之义。盖本虞、夏南巡朝会之地，而秦、汉皆袭行之欤？至《道山》篇"岷山之阳，至于衡山，过九江"，《王制》"南不尽衡山"、"自江至于衡山，千里而遥"，则并指江南之衡。五岭横行，故曰衡，亦非专指祝融峰也。邵晋涵《尔雅正义》曰：灊、霍、天柱孤立，而四面皆大山宫绕之，故名曰霍。若衡山，则祝融主峰，高出诸峰之上，何得名霍乎？并存其说，备参考焉。

释道北条弱水黑水
（1852 年）

　　问：道弱水见《地理志》张掖删丹县，"桑钦以为道弱水自此，西至酒泉、合黎"。又居延县有"居延泽在东北，古文以为流沙"。《水经·山水泽地记》及《郦注》同之。《孔疏》谓酒泉郡在张掖郡西。居延属张掖，合黎属酒泉，则流沙在合黎东，与经言弱水西流不合。胡氏渭因谓流沙当在敦煌以西，不信《汉志》居延之流沙者何？黑水随地可名，至弱水不胜鸿毛，古今书传并未指实何水，或遂臆为枯绝，或谓字取谐声，不以柔弱为谊者何？

　　曰：弱水以西逝者为正流，而东入流沙者特其余波。则流沙之不当在西明矣。《淮南子》云：弱水出穷石山①。《离骚》所云"夕次于穷石"也。《说文》谓之岍山，亦谓鸡山，即祁连山之异名，在今甘州府山丹县西南。弱水出其山南，又西径合黎山与黑水合。《水经》："合黎山在酒泉郡会水县西北。"案，会水县在今肃州之东北，高台县之西，北有溜赖河，下游与山丹河合，即古之合黎水，今俗通名黑河。盖山丹黑河，即弱水之正流，及至合黎而会《禹贡》之黑水，故经曰"至于合黎"。盖禹（贡）〔功〕②所施，止道入黑水而止也。至弱水，《说文》作溺水，亦取柔弱为义。《山海经注》"不胜鸿毛之海"，即今之青海。故《地理志》金城临羌县西有西王母石室、弱水昆仑山祠，则亦指羌谷水为弱水，而西海即青海也。西海一名鲜水，羌谷水亦名鲜水。

　　青海周七百余里，群山绕之，潴而不流，不胜鸿毛，不通舟楫。中有二岛，惟冰合时可通。番夷居岛者皆于冬月乘冰度海至岸，储一岁

---

① "弱水出穷石山"，《淮南子·地形训》原文为"弱水出自穷石"。
② 据《禹贡说》及文意改。

粮，与外人不相往来。此弱水之明证。其敦煌黑河之枯绝者，盖伏流重出，潴于青海也。自黄河言则谓之西海，自弱、黑二水言则谓之南海。且其性弱，其色黑，实二水之尾闾。是青海为雍西之地望，为华夷大界。故《禹贡》特取二川，有至劲之黄河，即有至柔之弱水。自古至今，有伏流而无枯绝，可息一切之诤。青海并无上源，凡玉关外水皆伏流潜入之。故黑水、弱水皆以青海为归宿。其弱水余波兼潴于居延泽，在合黎东北千余里者，与西被之流沙各为一地。而其正流自由合黎之黑水西逝，同潴不行，而伏流潜入于青海。后世不知青海即不胜舟楫之弱水，故谓之枯绝。胡氏渭遂反以居延为正流，而以其伏流枯绝者为余波，别入敦煌以西之流沙，遂排《汉志》居延泽为流沙之说。则岂经言弱水既西者，不谓其正流而反谓其余波乎？岂居延泽之潴于沙而不行者，可不谓之入于流沙乎？敦煌以西之流沙，在玉门关外，即古之白龙堆，今之流沙卫，并枯碛无水。《王制》："自西河至于流沙，千里而遥。"惟在居延故耳！若敦煌以西之流沙，距龙门西河岂止千里而遥乎？至《史记·大宛传》"安息长老传闻条支西海有弱水，而未尝见"，本疑词，非指实。且中隔葱岭，非禹服所及，非经义所关，儒者所不道。而程大昌辈竟谓弱水虽在雍地，而实与西海条支弱水贯为一川。则是水必倒流上葱岭而西，且所入亦西海而非南海。孟浪之言，野等齐东，诞逾邹衍，何足与辩乎？

问：黑水、三危皆在雍州，伪《孔传》谓过梁州而至南海。则黑水无绝河源，逾陇、岷而入南海之理。于是说者谓《禹贡》黑水有三：一、雍州黑水，二、梁州黑水，三、道川入南海之黑水。而三危亦非雍州之三危。《郑注》谓三危在鸟鼠、积石之西南，黑水径滇池，非中国之水。说者多取潞江、澜沧江、牂牁江以当《禹贡》入南海之黑水。其说似善于解环，而《汉志》、《水经》皆不言及者何？

曰：果如是说，则弱、黑二水当叙于道川之末，当纪于梁州之内，何反居道河、道江之前，何为均在雍州之域？考经文先弱、黑，次河，次江，次汉，皆自北而南，则知弱、黑必在河源以北。且皆叙于雍州之内，则其道川之黑水，即雍域北条之水，三危即雍域北条之山，而南海亦雍域之海也。《禹贡》："东渐于海。"其西、朔、南三面皆不言海。是其中国惟有东海，无南、西、北三海明矣。至声教所讫之四海，即《尔雅》东夷、西戎、南蛮、北狄谓之四海者也。《易》卦《兑》，西方之卦，为泽而不为海。《礼·乡饮酒义》曰："祖天地之左海也。"则右之无海明矣。弱水余波入于流沙之居延泽，而《淮南》及《地记》均谓弱水南流注于海，黑水与弱贯为一川。《水经注》曰：泽水“径武威县故城东”，“(界)〔届〕① 此水流两分：一水北入休屠泽，俗谓之西海；一水又东径百五十里入潴野，世谓之为东海，通谓之都野矣。”是武威即有西海、东海，皆淀泊渟潴之名。故曰北人得水皆谓之海。此等小泊，皆得海子之称，岂敦煌以西之黑水独不可有南海乎？然《括地志》所称黑水出伊吾县北百二十里，又南流二千里，绝三危山而入河。考伊吾，今哈密地，并无南流至三危之水，况入河与入南海无涉。至杜佑谓其年远湮涸，则水之枯者不过如沛之断续不常，如九河之故道迁徙，未有源流涓滴不存之事。然则黑水当于三危左右求之。

《水经》三危山在敦煌县南。《括地志》三危山在沙州敦煌县东南三十里，山有三峰，党河自鸣河山西流十里，径三危山。《肃州旧志》曰：白龙堆沙东倚三危，北望蒲昌海，是为西极要路。《春秋传》曰：“先王居梼杌于四裔”，“故允姓之戎居于瓜州。”《地理志》：杜林以为敦煌郡即古瓜州。此杜林古文《尚书》说。是敦煌戎为三苗之裔。《山海经》：灌湘之山“又东五百里曰鸡山”，“黑水出焉，南而流注于海。”鸡山即《说文》弱水所出之屼山，乃祁连山之别名也。祁连山亘甘州、肃州之南，〔兼〕② 汉张掖、酒泉二郡地。弱水出其东南，黑水出其西南，即今之滔赖河，土名黑河。至肃州东之合黎山，古酒泉郡会水县地，而与张掖之弱水会。自《郦注》误以黑水之鸡山亦在张掖，于是《括地志》、《史记正义》皆因之，皆以张掖城北之河一名羌谷水者为黑水。既局弱、黑于一地，又局鸡山于一县。且《禹贡》言“导弱水至于合黎”，则合黎以上皆弱水之源，无黑水之源。故《水经·山水泽地（说）〔记〕③》：合黎山在酒泉郡会水县。盖弱、黑二水至此始会，故县名合黎，是其明证。在今肃州之东、高台县之西，〔为〕④ 古酒泉郡地，非张掖郡地。盖祁连山横亘酒泉、张掖二郡之南，岂仅局于一县，故知黑水为（蒲）〔肃〕⑤ 州东之滔赖河，土人亦名黑河者。合黎在此，则黑、弱相会亦在此。禹时导二水西行，径今玉门县、安西州之黑河，黑河至玉门县名苏赖河，至安西州名布隆吉河，皆党河上源。古黑水古道，随地异名耳。而至敦煌，受三危山之党河，西南流以注于黑海，即今大、小色腾海也。再伏济潜入

---

① 据《水经注》及《禹贡说》改。
② 据《禹贡说》补。
③ 据《禹贡说》改。
④ 据《禹贡说》补。
⑤ 据《禹贡说》及上下文改。

于青海。青黑同色，地当正南，且与弱水同归宿也。后世肃州之黑河，与玉门县之河隔绝不通，反同弱水余波，皆北注于居延海之河。于是黑水无上源，惟以玉门、安西州之河与敦煌党河为上源。及出关外，又止潴于西黑海，名喀喇泊，番语喀喇，黑也。而不通于南黑海，即大小色腾海。更不通于青海，于是黑水无尾闾。而说《禹贡》者，遂求三危、南海于雍州之外。然今日肃州黑河，虽与玉门苏赖河中断不接，相去百余里，而二河之间，尚存二泊，为旧日黑水相通之故迹，是上源非无迹可求也。西黑海虽不通流于南黑海，相去一二百里，然南黑海即青海，并无上源，皆以为潜流之所潴，则是沙下暗通也。《禹贡》言"弱水既西"，又言"导弱水至于合黎"，皆不言其所至。盖弱既入黑，则黑水之下游即弱水之下游，黑水所入之海即弱水所注之海。而青海即黑海，又即南海明矣。但知弱、黑贯为一条，青海为黑、弱潜流之所入，则不但《禹贡》无不合，即《淮南》、《地记》、《水经》所言弱水、黑水亦无不合。

或以合黎河至青海，中隔大山及大通河为疑，则葱岭河源何以先汇于蒲昌而又泆绝大山出于星宿海，济水何以贯河底而重出于荣泽？今许河、济之伏流潜发，而独不许弱、黑之伏流潜发，此何理也？矧青海周围七百余里，至今不通舟楫，不胜鸿毛，惟海中有小岛，每岁冰合时，番僧裹一岁粮入定，其余时断无一叶之渡。是青海即弱水之明证。以其色黑言之，谓之青海；自三危合黎言之，谓之南海；自雍州望之，谓之西海。《汉书·地理志》：雍州西海有黑水祠，有王母石室。此自古祀黑水于青海之明证。惟僻在西羌，春秋为鲜水羌所据，故《离骚·天问》已有"黑水玄趾，三危安在"之言。《禹贡·山水泽地记》曰：溺水西流入合黎山腹，余波入于流沙，通于南海。此所言南海皆青海，故不言入而言通，与《汉书·地理志》之西海黑水祠若合符节。是黑、弱二水之在雍州青海，明如星日。至伪《孔传》不考故籍，无稽妄臆，指为梁州入南海之水，后人遂释《地记》曰："三危山在鸟鼠之西，而南当岷。"则《禹贡》何为列于雍州之地，叙于导河、导山之前乎？岷山又在积石之西南，黑水、弱水出其南，于是竟以黑水为梁州北徼外之水。试思梁州导江自岷山近源始，岂有远越金沙江外，导及荒服南溟之黑水，而又叙之雍州者哉？

使经文言导黑水至于三危，又南入于青海，则人人一览了然。然《山水泽地记》曰：溺水西流入合黎山腹，余波入于流沙，通于南海。

夫言山腹，则是合黎中有孔穴相通，如东、西漾水之比。故曰通于南海，而不言入。苟必泥指大海，则使当日倘书曰"导黑水入于西海"，将逾葱岭而注雷翥海乎？倘曰"导弱水入于北海"，黎真绝大漠而汇于冰海乎？未有瞀缪若斯甚者！

释道南条九江
（1852 年）

问：九江聚讼，一谓在荆之上游，一谓在荆之下游。而东陵、汇泽，即随九江而上下。若谓大江水派别为九，则一水之中，沙水相间，横列十有余条，将无以容。若旁计横入之小江，则所受不知当为几千百江！古今聚讼，无所折衷者何？

曰：荆州上下游各有九江，《尚书》今古文各主一说，而洞庭及鄱湖水皆不与焉。盖九江犹九河，九河为河水之自分为九，则九江亦必一江自分为九，而非九水之入乎江。故《淮南子》言禹凿江而分九路，朱子所谓一水间当有一洲，沙水相间者是也。其在上游者见《山海经》，而《水经·山水泽地记》宗之。此桑钦所传《尚书》古文说。此西汉真古文，非马、郑古文比。

《荆州堤防考》言：古有九穴十三口，今多淤废。其十三口乃外水之入江，而非江水之泄于外，与九江无涉。如汉阳之沌口、青滩口，江夏之金口，嘉鱼之六溪口、石头口皆是。《水经注》中更有数十口，今尤莫考。惟九穴即古九江。盖江自百里洲而下，江分南北，北江为沱，其南江正流东至于澧者，则洲渚纷歧，分为九派，曰：虎渡穴、章卜穴、郝穴，皆在江陵。又杨林穴、宋穴、调弦穴、小岳穴、皆在石首。赤剥穴。在监利。皆昔时分泄江涨之地，分布江陵、石首、监利之间。今惟江陵对岸之虎渡穴及石首之调弦穴尚存，余尽占为圩田。

计今江南岸公安、石首、华容、安乡四县，皆古九江洲渚故道。汉许商言九河自鬲津以北距大河，中间相去二百余里。今大江去澧亦二百余里，正与九河广狭相等。故《水经》言《禹贡》九江"在长沙下隽县西北"，下隽即巴陵。不言在下隽之南也。洞庭则正在南，非北矣。《山海经》澧、沅、潇、湘之浦"在九江之间"，不言九江在澧、沅、潇、湘之间也。自圩垸日兴，洲渚尽化民田，设立城邑。于是南岸大江距澧平陆二百余里，而《禹贡》大江至澧之文遂不可通。自松溪至巴陵，江堤长亘六百余里。九江亡其六七，而诸水尽钟于洞庭，于是以洞庭为九江，而《水经》及《山海经》皆不可通。其北岸则大江别出之沱，自监利、夏首受江，径沔阳州潜县入汉，谓之夏口。今则北岸长堤亦亘七百余里，夏首不复受江，而"东别为沱"之文亦不可通。《汉志》以枝江为沱，《郑注》别夏水为沱，盖以江分于洲，南北皆经流，无甚宾主，必别行入汉，方可为沱耳。《水经注》引应劭《十三洲记》曰："江别入沔为夏水"，以"冬竭夏流沱"得名。案，北江沱水通入潜、沔，故荆州贡道以"浮于江、潜、汉"为言。其又东至澧以下，自说大江正流。北沱渐塞，南岸九江亦塞，惟存虎渡一口至澧，遂反以南江至澧者为沱。则下文曰"过"、曰"至"、曰"迤"、曰"会"，岂皆承江沱言之而不及大江耶？至以九江为洞庭，无论洞庭是湖非江，且入湖之水惟沅、湘、资、澧，故洞庭在古止谓之三湘，谓潇湘、沅湘、资湘。其君山则谓之湘山，湖口则谓之湘江口。见《水经注》。《国策》又谓之五渚，若五口然，安得有九？《水经注》五渚并澧水、微水数之，今巴陵东南微湖是也。若并上游入沅之五溪数为九水，则资、湘、澧所受溪各有数十，何独数入沅之水耶？故欲明上游九江之是，必先辟洞庭为九江之妄。洞庭之妄明而九江故道明，即古三湘、七泽之说亦无不明。七泽今无一存，亦为圩田所占，与九江同。九江既在荆州上游，则东陵当从《汉志》、《水经注》，在今蕲州之东，地名田家镇，两岸石山，抱江曲折，有如巫峡，正当寻阳上游。《水经注》：江水"又东，迳下雉县北，刊水从东陵西南注之"。刊水出广江郡之东陵乡，《尚书》"过九江至于东陵"者也。江夏有西陵，故此言东矣。案：下雉县今兴国州大冶县地，其东则为蕲州，在寻阳之上游。《郦注》以此为东陵，则不以寻阳为九江可知。此九江在荆州北界之说也。

至寻阳九江在庐江郡，本属扬州，与《禹贡》荆州九江不合。然其名则见于《史记》、太史公曰："余登庐山，观禹疏九江。"《汉书·地理志》。九江在庐江郡寻阳县南，"皆东合为大江"。应劭曰："江至寻阳，分为九派。"考寻阳北岸为广济、黄梅，岁修堤防之地，占水为田。在昔堤防未设时，江必自广济堤穿入武山、连山诸湖，下达黄梅之太白、张家二湖，包沦县治，挟源湖、感湖、涉湖以东至宿松，广于今之江面数倍。是寻阳在昔原有江分数派之事。然秦立九江郡，则实仍楚都寿春之旧。兼有汉九江、庐江、豫章三郡地，以寻阳大江界南北之中，故举九江为郡望，如治吴而名会稽，治粤而名苍梧，皆距郡治百千里。盖楚徙寿春，仍命之曰郢，如鄢郢、郊郢、陈郢之例，随地侨置，因并故都郢中之薮泽而徙之。秦、汉因楚，于是九江遂移于寻阳。太史公登庐山观九江，盖今文家说。

至王莽以豫章为九江，而寻阳他属，则九江已不在界内。于是刘歆又创湖、汉九水并入彭蠡为九江之说，遂以莽制傅会《禹贡》。而《郑注》用之，谓"九江孔殷"为山溪之水、孔窍繁多，歧之又歧，缪之又缪。故欲明《禹贡》，则必先明寻阳九江之后起，即欲明寻阳九江，亦必辟彭蠡九水之妄。

盖鄱阳在昔不名彭蠡，止谓之湖汉水。故《汉志》言豫章郡鄱水、余水、修水、豫章水、盱水、蜀水、南水、彭水，俱入湖汉水，为九水，东至彭泽入江。《水经注》：湖汉水会豫章，总谓之赣水。赣水"总纳十川，同辕一渎，俱注彭蠡"而北入江。亦犹洞庭在昔止名湘水，正同一例也。其时彭蠡泽则在湖口下游小孤山左右，为今彭泽县对岸。《山海经》："赣水出聂都东山，东北注江，入彭泽西。""庐江水出三天子都，入江，彭泽西。"此皆彭泽在九江下游北岸之明证。桑钦《禹贡·山水泽地记》："彭蠡泽在豫章彭泽县西北。"此尤彭蠡在彭泽县北岸之明证。

《(山海)〔水〕经》①：赣水"又北，过彭泽县西，北入于江"。《汉志》豫章郡彭(蠡)〔泽〕县②："《禹贡》彭蠡③在西。"考今彭泽县对岸为宿松、望江二县，尚有泊湖、章湖、青草湖、武昌湖等水。又太湖县旧有大湖、小湖、五湖之名，皆魏、晋时所谓大雷(地)〔池〕④也。彭者，盛大义。蠡者，旋螺义，与雷音近。盖江水至此成大螺旋，语音转展，呼蠡为雷，遂以彭蠡为大雷。其池下抵今桐城之枞阳，为汉武南巡射蛟之处，秦始皇亦由此浮芜湖、丹阳，入震泽，出中江之地。惟其泽在北岸，故曰"东迤北会于汇"。经以彭蠡之汇专属于汉，而江水时迤北往会之。郑康成注所谓"汉与江斗，转成其泽"，岂有彭蠡反在江南之理？岂有汉水截江而南汇为湖，又贯江折而北，仍自为汉之理？

自楚考烈王徙都寿春，并名寻阳为九江，故太史公有"登庐山观禹疏九江"，而《禹贡》荆州之水薮遂移于扬州，秦汉于此置九江郡。加以后世堤岸日兴，江(南)〔面〕⑤日狭，自鄂渚至桑落州沙水参差，

---

① "水经"，原作"山海经"，查引文出自《水经》，据《禹贡说》改。
② 据《汉书·地理志》改。
③ "彭蠡"后，《汉书·地理志》有"泽"字。
④ 据《禹贡说》及文意改。
⑤ 据《禹贡说》改。

分为九派之事，皆不可考，而九江郡之名则今古如一。岂能以湖汉水为彭蠡，移江北之泽于江南，而汉水"东汇泽为彭蠡"之文遂不可通乎？有谓古三苗之地，左彭蠡，右洞庭，大禹未尝深入，特遣官属巡行，故纪报不实。夫《禹贡》导山，明言"岷山之阳，至于衡山"，而舜崩苍梧，为巡守之地，何言三苗之地乎？江水"东迆北会于汇"亦不可通，而以为经之误文，歧缪又歧缪，并非刘歆所及料。歆虽以湖汉水当九江，未尝以湖汉水为彭蠡也。且入鄱湖之水，有四无九，犹之洞庭也。赣江、修江、锦江、婺江。今即欲仍秦汉寻阳之九江以说《禹贡》，亦必先辟鄱阳为彭蠡之妄，方合于江水"迆北"、汉水"东汇"之文，庶无犹较刘歆彼善于此。此九江在荆下游之说也。程氏瑶田既从郑氏以九江在寻阳，而又以彭蠡及会汇为鄱阳。则是江水迆北而会于鄱阳，汉水截江横过而汇为鄱阳，真不值一笑！寻阳九江之说，虽亦《尚书》今文家言，凡《地理志》系以《禹贡》者，皆今文说。《史记》本用古文，因汉人习称寻阳九江，故亦从而称之，无关今古文说也。然较之古文之九江，则于经种种不合。何者？前后汉《地理》、《郡国》二志庐江郡、九江郡并属扬州，不属荆州。及《元和志》因其不合《禹贡》，始改彭蠡以东为扬州界，寻阳九江以西为荆州界，又显戾《汉志》。不合一。

　　《汉志》庐江郡金兰有〔东〕①陵乡，是地名，非县名。《前志》庐江十二县，《后志》十四县，均无金兰。《郦注》始以为县，自是魏代所置。汉西陵为今黄冈，正北岸有山濒江之地，则东陵乡亦必北岸濒江之山。据《水经》，东陵乡在下雉县以东，明即今蕲州东数十里之田家集，或盖田家矶之声讹，与道士洑为上下游，是为长江下游第二关锁，亦为荆州一大户阈。盖罗田、英山诸山，盘亘淮南江北数百里，其山北之水，由光州固始出淮，山南之水由蕲州出江。其山自麻城、罗田连延南趋，至此横插入江。自《郦注》缘魏世金兰县，谓东陵乡在其西北，则在今固始县地，《水经注》：灌水导源金兰县西东陵乡大苏山，至蓼县入决水。蓼县故城在今河南固始县。南距江数百里，中隔丛山，岂有江水逾冈越岭至固始之理？亦岂有固始水南通大江之理耶？后世置县，多非古地，且往往一县兼两三县之地。如魏世嶓冢县，距汉世陇西之嶓冢数百里；华容古在江北，今在江南；夏口古在汉阳，今在武昌；九江郡秦治寿春，王莽时治南昌；丹阳郡秦治芜湖，后世治丹徒。至胡氏渭谬谓汉东陵乡南值黄梅，岂知江汉自过蕲以后，豁然浩瀚，其北岸岂有横插入江关锁结束之冈陵？谓在广济且不可，况黄梅

---

　　① 据《禹贡说》及下文补。

耶？是东陵实今蕲州东、广济西，踞寻阳九江上游，不应寻阳九江反在东陵之上。且导山导川，凡言至于某者，皆相去千里、数百里。"北过洚水，至于大陆"，汉人或谓千里，从无书"过"、书"至"同在一处。岂有九江、东陵同在寻阳左右之事？不合二。

郑氏既用刘歆湖汉九水之说，而又以东迤者为南江，江分于彭蠡为三孔入海，则"北会于汇"，势必指中江所汇之震泽。然震泽实在中江之东南，何言"北会"？不合三。

是故今文家寻阳九江之说，虽系一江，自分为九，差胜于洞庭、彭蠡，而尚不及《山经》、《水经》之荆州九江上符《禹贡》。以是知考古之事，据唐、宋不如据两汉，据两汉又不如据周、秦也。

释道南条汉水[①]
（1852 年）

问：《禹贡》除四渎入海外，其小水源委皆入大水而止，如渭、洛入河，即不复为渭、洛。独道汉"至于大别，南入于江"，则江、汉已合流矣，又称"东汇泽为彭蠡，东为北江，入于海"，若江自江、汉自汉，终始别行者何？彭蠡在大江南，汉在江北，乃能汇之者何？宋儒谓果如《禹贡》经文，则汉水入江后当别有一洲界其间，以为江、汉之别，而今无之，因疑末二句为衍文，并谓三苗之地，禹未亲入，遣官属巡行误报者何？

曰：此皆由误以大别在江滨，为今汉阳府之翼际山，全汉由此入江，其南入之汉水，即东汇之汉水；又误以禹时之江、汉，即今日合流之江、汉，中无洲渚；又误以彭蠡为鄱阳湖，在江南不在江北，是以重纰叠缪，遂至以圣经为不可信。请一一疏通证明，以廓千载之蔀。

汉水自襄阳、安陆而下，至潜江分为二：其南流径沔阳诸湖，分出青滩口、沌口，所谓"南入于江"者也；其东流者径天门、汉川二县而至汉口，所谓"东汇"者也。其南流之汉与江合，其东流之汉，古时尚未与江合，何者？《水经注》言：江水东径鹦鹉洲，南有江水右迤，谓之驿渚，三月以末，下通樊口水。又曰：鄂县北，江水右得樊口，上自谷里袁口受江津南入，历樊山上下三百余里。此古时江水支分之第一证。鄂县即黄冈县。

盖鹦鹉洲据汉口之上游，而樊口值黄州之东南。禹时汉口以下，两岸皆湖，而江心为洲，断续袤长数百里。江水自鹦鹉洲右迤出樊口，夹

---

① "道"，原误作"导"，据《禹贡说》改。

青山在中。武昌南岸小坡逦迤，俗名青山，西东长百余里。又鹦鹉洲旧与汉口镇相连，明崇祯间始为水冲断无存。青山南有赛湖、梁子湖，首尾皆与（相）〔江〕①通。此禹时江水所行也。江北岸尤衍平，汉口自后湖下通㴲口、阳罗各湖，以东至黄冈，皆在鹦鹉洲之北。此禹时汉水所行也。至蕲州，两岸忽峡束，而江、汉始一合。过蕲而广济、黄梅为古寻阳地，江复出东陵峡后，奔放淤涨，分成数派，故秦汉时亦号九江。陆氏《释文》引《寻阳记》曰："九江始于鄂陵，终于江口，会于桑落洲"，"参差随水长短，或百里，或五十里"。此又自鄂渚至寻阳，江中洲渚连绵，江、汉仍未全会之第二证。鄂陵、鄂渚，皆谓黄冈。胡渭曰：《缘江图》寻阳所记九江，今已无考。桑落洲在今九江府东北大江中。鄂陵，今武昌县界有峥嵘洲、芦洲、杨叶洲。旧志云：江入县境，播为三江，过中洲，至双口夹，又自峥嵘洲过碛矶，至大洲为三江口。又案《水经注》：江水东，径轪县故城南，城对五洲，江中五洲相接，即今蕲水县界也。又《寰宇记》：畎江五阜洲在黄梅县南五十里。县东北有寻阳故城，桑落洲在九江府东北。《寻阳记》曰：桑落洲在宿松县东南九十里，与寻阳分中流，江水自鄂陵派而为九，于此合流，谓之九江口。又为武林洲，即桑落洲之尾也。可考者惟此而已。唐《艺文志》有《九江新旧录》三卷，今佚不存。在当时，沙水相间，自必实有其形。然既云参差长短，则非九派相并，亦非至寻阳截然即止也。

直至德化之桑落洲，而后洲渚始略断，江、汉始大会，汇成彭蠡。《郑注》所谓"汉与江斗"，转东成其泽，其地在今彭泽县北岸宿松、望江、太湖各县之地。凡泊湖、章湖、青草、武昌诸湖，自皖江以上至今为江涨所泛漾，古谓之大雷池者，其皆古彭蠡所汇欤？晋人守江者曰：毋过雷池一步。亦以此为上下江之扼要也。南岸小孤山，北岸彭郎矶。"彭郎"即"彭蠡"之音讹，是彭蠡至今属彭泽县所辖北岸之地。蠡者，旋螺义，彭者，盛大义，言水大回旋如螺。其后大螺讹大雷，亦即彭蠡之音讹。以在北岸，知为汉水之所汇，故不言"过"、不言"会"而言"为"者，犹济之溢为荥，江之别为沱，河之播为九河，同为逆河，皆水之自为，而非此水过彼水、会彼水之谓也。若江以南之鄱阳，则江、汉但过之而已，可言"汇"之、"为"之乎？汉九江郡本治江北之寻阳，后世始徙治江南之柴桑，是古时寻阳九江均在江北。江势自寻阳以东折转趋北，故言"东迤北会于汇"，犹言北会于汉。汉为北江，汇于北岸，而中江迤北往会之。若鄱阳在大江之南，江方当南会之，何反会于北乎？

---

① 据《禹贡说》改。

至下游而桑落洲之尾断者复连，如采石矶大江洲，中有陈家洲隔为二，于是江、汉复分。行至芜湖，一由东坝出震泽，一东下为扬子江。故《郑注》言："江分于彭蠡为三孔，东入海。"今日洲渚变迁，非复《禹贡》之旧，而由池洲下至芜湖，江面皆阔三十余里，又有杨家洲、黄天荡、白鹭洲，皆江水歧分，与采石矶之江洲相仿。盖古时各洲在芜湖以上，今时在芜湖以下，东涨则西坍，凡古时截江径渡者，今则各隔长洲，亘百余里，沧桑变易，故江至采石以下，南北分流，南即夹江，与《禹贡》之汉阳、寻阳事同一辙。古时江分于芜湖以上，故北江行北，南江行江南，而中江由芜湖以入震泽。是上游北岸彭蠡为江汉所共汇，又为江汉所从分。若彭蠡为鄱阳，在江之右，隔以庐山，湖可入江，江不入湖，可言江、汉分于鄱阳乎？

《水经注》："沔水又南至江夏沙羡县北，南入于江"，"与江合流。又东过彭蠡泽，又东北出居巢县南，又东过牛渚县南"，"分为二：其一东北流，其一又过毗陵县北为大江[①]。江、汉始终各自分行，其旧迹见于秦、汉、魏、晋者如彼；经言"江、汉朝宗于海"，又曰"东为北江，入于海"，"东为中江，入于海"，其炳诸经者又如此，昭昭乎经天纬地之不可淆。

自后世与水争地，堤岸日增，江面日狭，洲渚日少，鹦鹉洲著名自古，自鄂渚至桑落洲沙水相间为寻阳九派者，荡然无存。于是江、汉合于上游，不得复分二水，而经之受（疑）〔诬〕[②]者一。

寻阳、彭泽北岸诸湖尽化为田，不通于江，于是诸水尽钟鄱阳，遂以鄱阳为彭蠡，且以彭蠡为九江，而经之受诬者二。

五堰筑而中江不通于震泽，海塘筑而南江不达于浙滨，独有北江为正流，安得专属汉水？于是三江又合为一，而经之受诬者三。

汉水自潜江县以下始分二道入江，则大别自当在潜江以上，当汉水之东北，今天门县城东南有大别山，土名大月山，其西有二小山，当有一是小别。《汉志》六安国安丰县之大别山是淮非汉，与江夏安陆之横尾山又是汉非淮，说者谓传写之互易。是大别之当在安陆东南，征诸《汉志》，适得反证。而天门正当安陆之东南，其大月山亦见府志。盖山势至此而尽，汉水至此而分，又距内方山不远，《地说》云：汉水东行，触大别之陂，南回入江。《郑注》每用《地说》，必西汉古书，《孔传》亦用之。可见汉水在大别之西，

---

① "大江"，《水经注》作"北江"。

② 据《禹贡说》及下文改。

大别在汉水之东。故春秋吴、楚夹汉，楚师济汉而陈，自小别至于大别。若如今汉阳翼际山在汉西，则东行之汉水何由触陂南回？且楚郢西来之师已济东岸，与大别山隔水，安得反依西岸之山？况吴师舍舟淮汭，自豫章与楚夹汉，《杜注》：豫章，汉东江北地名。或云在今六安州，然无据。则吴师不由江而由淮，自息县登岸，逾义阳三关，至安陆汉水东岸。而楚师自郢东出御之，则当先在荆门州地与吴师夹汉。故楚司马戌欲子常阻水勿战，而自悉方城外之兵往焚其淮上之舟，并塞三关、城口之险，断其归路，而后夹攻以败之。义阳三关，即《左传》之大隧、直辕、冥阨也，在信阳州之南，应山之北。自淮至汉，行山谷中二百余里，必次第历三关，方出城口。若如今之大别，南濒大江，则吴师已距淮千里，安用焚舟塞隧之迂图？而《禹贡》"南入"、"东汇"之文更不可通，其诬经者四。

《尔雅》水自江出曰沱，汉别曰潜。今潜江县汉水之分流者，名芦洑河，又曰白洑河，皆取别行似沱，非必伏流潜出。故荆州贡道浮沱入潜，浮潜入汉。是南入者为潜，东汇者为汉。自后人专以全汉在翼际山入江，其上游更无分注，于是荆州更无潜水可指，其诬经者五。

去此五诬，则知《禹贡》之江、汉，迥不同于后世之江、汉，而凡执今日之水道者，皆不可以治《禹贡》。案，《堤防考》云：潇湘河离汉口北岸十里，本汉水正道，久淤。其水旧分二道：一入后湖，夏秋水涨，游船偶至；惟北河乃其经流，夏涨时舟至后湖，达潇湘河、应马河以入江。乌程范（楷）〔错〕①《汉口丛谈》曰：汉口镇在前代一芦洲耳，即古之鹦鹉洲。明时尚未有民居。汉水由后湖出江，未径其前面也。追成化间，汉自上游冲开，而后河遂淤。然前后两水并行，尚可为泊舟之所。后又冲改，而汉口遂盛甲于天下。又《堤防考》曰：汉阳之水，旧从排沙口至郭师口，曲折绕抱，凡四十余里，然后下汉口。成化初，忽于排沙口冲开，经过郭师口，仅长十里，而故道遂淤。崇祯末，又将鹦鹉洲冲断，渐次坍刷无存。源案：江、汉变迁之迹，以上游证之，荆州枝江百里洲，古建县治，明嘉靖末冲断为二。再以下游证之，扬子江旧阔四十里，瓜洲本在江心，今洲与扬子桥相连，江面仅七八里矣。靖江县治江洲，大江分绕其南北，故县属常州。明末潮沙涌积，北江竟成平陆，遂与扬州泰兴接壤矣。黄天荡旧广数十里，为大江巨险，今则中亘大洲，多有田庐，占江面三分之二，一苇可杭矣。江乘即今龙潭，旧为六朝津渡，今尽化洲田，去江二十余里矣。以此推之，则昔日江、汉分流之处，其鹦鹉洲亦如瓜洲、靖江之旧，亘江中袤长百十里，江水分流其南北，与今黄天荡之白鹭洲相似。而今日之汉口镇市，旧皆连鹦鹉洲，芦苇一片，岂如今日之北岸，

---

① 据《书古微》卷五《释道南条汉水》改。按：范错，清乌程人，字声山，号白舫；作南宋靳人范楷，显误。

烟火万家哉！执今日之江面，且不可以谭昔日之瓜洲、靖江、黄天荡，况以谭《禹贡》之九江、三江乎？又考《汉阳府志》：大江环抱郡城，其自沌口过城南、经鲁山东北与汉合流者，江之正流也。又一支自沔阳播为阳湖诸湖，接太白湖，由沌口入江；一支自沔阳播为黄蓬湖，由新滩入江；一支自孝感之石潭河至黄波河口出江。此皆汉水漾汇江水别出之沱，江弱则下流归江，江盛则逆涨而入于各港，皆今日江、汉互相灌注之势也。案此可为古时汉上游分支入江，下游经流并未入江之明证。

案旧说皆以大别故在汉东，及《左传》楚、吴夹汉，与小别、大别地势不合，故疑大别当主《汉志》之在安丰。然今大别之在汉西，则以明成化初汉水自郭师口改流而然，见《明史·地理志》，此篇所引《堤防考》亦有之。是成化以前，山犹在汉东矣。《左传》左司马戌谓子常曰"子沿汉而与之上下"，盖欲子常牵缀吴师，而己得尽其毁舟塞隘之力。夫沿而上则郢之东北境，沿而下则今之汉川，其济汉而陈，适在沿下之时，故自小别至于大别，而又陈于柏举也。柏举今麻城地。若吴师在今之荆门夹汉，则郢已在望，何更远及柏举哉！济汉之地明，而大、小别可无疑矣。罗汝怀记。

释道南条三江
（1852 年）

问："三江既入，震泽底定。"古今聚讼，不出三科：一则别于其源，谓北江、中江、南江至彭蠡合为一而入海，是始分而终合。为此说者，亦有一正二旁。一则徐坚《初学记》引郑玄云：江水左合汉为北江，右合彭蠡为南江，岷江居其中为中江云云。本与江至彭蠡分三孔入海者联为一条，与苏轼味别之说风马牛不相及，乃胡渭诸人皆以郑说为苏说，实为大缪。其旁说有二，一则盛宏之《荆州记》江出岷山，至楚都，遂广十里，名为南江；至寻阳分为九道，东会彭泽，经芜湖名为中江；东北至南徐州，名为北江。徐锴《说文注》宗之。则是同一大江，特以上流、中流、下流三次异名，与扬何涉？与彭蠡以下入海之三江何涉？甚则郭璞《山海经注》：汶山郡有岷山，大江所出；崃山，中江所出；岷山，北江所出。此释《海内东经》"大江出汶山，北江出曼山，中江出高山"之语，本不言《禹贡》。而杨慎据之，谓求三江于下流，不求寻之上游，三江同源于蜀而注震泽。则是梁州之水，越荆而纪之扬。至谓同注震泽，弥不足辩。惟郑氏差胜焉。一则别于其流，谓江自彭蠡下分为三道：北岷江、中松江、南浙江，以各入海，是本合而末分。为此说者亦有一正二旁。正说者，班固《地理志》、桑钦《水经》及《书疏》引郑康成注、郦氏引郭璞注及《周礼》贾公彦疏，皆汉时今古文师说是也。其旁说者，一则不得《地志》之本意，如胡渭诬班氏以中江尽于震泽，而其下游松江别为南江。不知班氏言分江水至余姚入海者，正谓《禹贡》之南江也。一则不得《水经》之本意，如《郦注》见桑钦言南江、北江，不言中江，因谓南江东注于具区，谓之五湖口，东则松江出焉，其南出至余姚入海者为南江。是又以中江为南江之支流，且以浙江为南江，则误渐为浙，而全祖望诸人以钱唐江为浙江，即南江者所本也，更与震泽无涉。若《孔疏》申伪《孔传》言三江至彭蠡后分流共入震泽，出泽复分为三，此水遂为北江而入海。水道曹如，盖无讥焉。一则更别诸震泽之下流，谓自震泽出为松江、东江、娄江，皆在中江、北江之外，故"既入"、"底定"，其文相连。为此说者，亦有正有旁。庾阐《扬都赋注》、陆《释文》引《吴地记》，并以娄江、东江与松江为三江，与《禹贡》、《职方》之三江无涉。故《郦注》、《孔疏》皆不取其说，谓《职方》扬州宜举大川，不应舍岷江而记小水。至《史记正义》，始以解《夏本纪》。而南宋蔡沈诸人并从之，虚谭水利，无关经义。一则《国语》吴、越争三江五湖之利，韦昭注以为吴松江、浙江、浦阳江亦皆在大江之外。全氏祖望又以岷江、松江、钱唐江为三大望，而中江、北江则仍止为一江，均与《禹贡》经文无涉。

是三科者，北宋时禹迹已湮，班、郑不讲，而《孔传》又难依违，于是咸信异源同流之义。自北宋苏氏《书传》以后皆然。南宋后承吴、越财赋之区、中江堰断之后，则咸主震泽下流三江之云。自《蔡传》以后，皆本郑宣、单锷吴松水利之议。国朝讲明经学师法，始知执后世所行大江以求三江，犹按后世所行大河以求九河。于是信《地志》、《水经》所述禹迹，谓江分于彭蠡为三孔东入海者，盖今古文师说，近古得实。顾氏炎武、金氏榜、钱氏塘、姚氏鼐、阮氏元、孙氏星衍并从之。然尚有可疑三焉：下游以震泽底定为主，则（为）〔惟〕[1] 中江易明，南江次之，而北江不可通；上游以江分三道于彭蠡为主，则惟北江易明，中江次之，而南江分流了无其迹。乃《班志》、《桑经》并言之，郑玄、郭璞、贾公彦述之者何？

曰：说经必以经文为主。《禹贡》岷山导江，"东为中江，入于海"；导汉，"东为北江，入于海"，则并南江为三道入海可知。《地理志》申其说曰：北江在毗陵北，东入海，扬州川。毗陵兼今武进、江阴地。此言北江为岷江也。中江为丹阳、芜湖西南今县属太平府，东至阳羡今宜兴。入海，扬州川。此言中江为松江也。分江水自丹阳石城今池州府贵池县首受江，东至余姚入海今会稽山阴，过郡二，行千二百里。又云：南江在会稽吴县南，今长洲、常熟、吴江地。东入海，扬州川。此言南江为浙江也。是为《郑注》"江分于彭蠡为三孔，东入海"及"东迤者为南江"之所本，亦为贾公彦"九江至寻阳南合为一，东行至阳羡复分三道入海"之所本，亦为郭璞三江为岷江、松江、浙江及《说文》"江水至会稽山阴入海为浙江"之所本。

世人惟知北江为大江经流，而莫知中江、南江古为大江之分流者，以由芜湖至阳羡之中江，自南唐筑五堰蓄水济运而流始狭，自明始筑东坝于高淳之胥溪，逼宣、歙、广德州诸水，尽西出芜湖大江，而东流遂绝。惟溧水一支，尚径荆溪以达于太湖。即永阳江。自是三吴水患少息，而中江上游之故道渐不可寻。胡氏渭不知《汉志》所言至阳羡入海者，

---

① 据《书古微》卷五及文意改。

明由震泽以入海，顾谓中江止于震泽，而以吴松为南江之下游。则《志》曷不言中江入泽入湖，而直言入海乎？《史记·河渠书》言吴渠通三江五湖，正以胥溪为春秋吴、楚舟师要道，阖庐所辟，实因禹迹。不知中江即今芜湖之县河、高淳之胥溪、溧阳之永阳江、宜兴之荆溪，西连固城、石臼、丹阳诸湖，受宣、歙、金陵、姑熟、广德及大江水，达荆溪、震泽。宋单锷建议，言修五堰，则苏、常之水可十去七八。则当洪水时，其浩瀚更可知。故《墨子》言禹治天下，南为江、汉、淮、汝，东流注之五湖。此禹导淮入洪湖，道中江入太湖之明征。吴人所开，因禹旧迹，疏而广之，并非凭空开凿。是中江、南江同以芜湖、胥溪注震泽，为东迤会汇之证。郑言东迤者为南江，不须别觅源流。盖中江以大江为源，而南江又以中江、震泽为源也。乃《汉志》别有分江水过吴县南至余姚入海者，《水经注》指为《禹贡》之南江，谓江水东至石城县分为二：其一东北流，过毗陵县北为北江，其一又东至会稽余姚县东入于海，此叙南江原委。然分江水由贵池、芜湖倒流入江，无与震泽；中隔万山，无绕避震泽而至海之理。惟南江下游之径湖州、余杭至海宁入海者，〔故道尚存。〕[1]《水经注·渐水篇》："浙江又东合临平湖"，湖水"下注浙江"，"浙江又东径御儿乡"，"浙江又东径柴辟南"。阮氏元曰：此条可为南江即浙江之证，南江由吴江、嘉兴、石门、钱唐、余姚入海，通名浙江、非浙江之证。胡氏渭力辨《郦注》之失，抑未之思也。

南江自以震泽为源，不必藉分江水为源。震泽受宁国、广德、湖州之水，非尽中江、荆溪之水，荆溪故道五堰，汇于震泽。由吴松江、娄江即刘河口、黄浦江，凡松江以北、钱唐江以南受广德州、湖州万山之水，由嘉兴、杭州、海宁入海者，是为南江。以其水平潭涵演，不当急驶，故谓之平江路。此南江名浙江之明证，与钱唐江之潮水逆流曲折而上名浙江者，判然各异。

浙江由常玉山发源，与震泽无涉，惟下游赭、龛、海门入海之处会合为一，故《说文》"浙"及《汉志》及《水经注》，均言江水至会稽余姚入海，此指渐、浙二江相会处言之，非指其上游以南之渐江为浙江也。

自北魏石门、仁和流塞，唐初筑海捍潮，于是海潮不至震泽，震泽

下海口不会于钱唐江。而《汉志》、《郦注》之言渐、浙会同者，亦皆莫审其实，骎骎并三江为一江，皆由扬子下海。而"震泽底定"之言，亦无所属。曾亦思范蠡曰"吴与我争三江五湖之利"，言"吴、越之地，三江环之"。《吴越春秋》：范蠡去越，乘舟出三江之口，入五湖之中。是皆可谓三江即是一江否耶？吴与越争战可谓不在南江而在北江否耶？《秦本纪》：始皇东游，自云梦浮江下，过丹阳，至钱唐，渡浙江，上会稽。秦丹阳郡为治在今太平府当涂县，其地西有今池州、宁国二府，东有江宁、徽州、湖州、杭州、山阴内地。是由芜湖浮溧水出震泽而渡浙江，尤中江、南江古道之明证。中江与北江分于彭蠡下游，而南江、中江则分于震泽。南江无上源，即以震泽为上源。《职方》、《国语》皆谓震泽为五湖，犹洞庭之为五渚，皆以所受五水口得名。中江为荆溪口，左则常州滆湖之水由无锡入湖，右则广德州南溪、合溪之水由长兴入湖，苕溪之水由乌程入湖。南江为震泽所分，非中江所分，今分江水故迹既无可寻，则今日谭南江，不如直以震泽为源之愈也。震泽以潮水震荡得名，苟南江之水不沛然东注，则力不能敌海潮，必至由嘉兴直抵太湖，沙岸坍为巨浸，平壤涨为斥卤，震泽其尚能底定乎？苟北江之水，尾闾不疏，则大江泛溢，必且由芜湖挟宣、歙、金陵诸水，贯胥、溧、荆溪以入太湖，非吴松一江所能受，而浙西且沦为巨壑，震泽其能底定乎？

《论衡》释"江汉朝宗于海"为潮水，《说文》及虞翻《易注》同。云潮"发海中之时，漾驰而已，入三江之中，殆小浅狭，水激沸起，始腾为涛"云云。故后世筑五堰以遏中江之下游，不使入震泽；筑嘉兴海塘以遏南江之下游，不使倒灌震泽。观后人遏江保泽之迹，益征禹导三江、关震泽之利害，故《墨子》言禹南为江、汉、淮、汝，东流注之五湖，以利楚荆、越、南夷之民。苟无中江水，则江、汉何由注之于各湖？苟南江非由太湖入海之浙江，则禹但能利荆楚，何由利越、南夷之民乎？《书》言"江、汉朝宗于海"，《孟子》言"水由地中行，江、淮、河、汉是也"。苟如后世汉水入江，距海尚远，安得云"朝宗于海"？《孟子》亦安得举江、淮、河、汉而不及济水乎？《荀子》言禹通十二渚、疏三江，与"禹疏九河"同功。一治河之委，一治江之委。水不两行，久必淤废，苟执今之松、浙上游无通江之源，何异疑九河故道非禹迹乎？若谓《汉志》于中江、北江、南江皆不系以《禹贡》，是《职方》之三江，非《禹贡》之三江，岂知《班志》正以《职方》证《禹贡》。故三著其为"扬州川"，正所谓考迹山川，缀以《禹贡》、《周官》者也。

今不以三代《职方》证《禹贡》，反以后世臆说证《禹贡》乎？

人知今日之河不可以言禹河，而不知今日之江不可以言《禹贡》之江。黄宗羲、王鸣盛、钱坫、全祖望皆号通儒，乃其所说皆不出以岷江、松江、钱唐为三大望之说。至胡渭则更傅会郑氏，以自张汉帜，而实与苏氏之说无以异。且谓郑氏之说非《班志》之说，若三江合流入海，则何不用导河之例书曰"又东播为九江，同为一江入于海"乎？至郑氏谓"左合汉为北江，右合彭蠡为南江，岷江居其中为中江"；《初学记》、孔安国、郑康成说。"江分于彭蠡为三孔，东入海"。《兼明书》引。此二条本一条，先言其上游，次言其下游，但《初学记》参合郑、孔为说。窃意《郑注》原文当云"左合湖汉水为南江，右合沔汉水为北江"，盖古时彭蠡非鄱阳，止谓之湖汉水，若郑君以彭蠡为南江，则不当云"江分于彭蠡为三孔"矣，经不当以彭蠡为汉之所汇矣。岂彭蠡既为北江之委，又为南江之源耶？南江不见于经，犹西汉水以对东汉水得名，则湖汉水亦必以对沔汉水得名。姚氏鼐、阮氏元言三江皆主《汉志》及《郑注》，惟疑《初学记》所引前半条为误，江氏声、孙氏星衍始知其同条共贯，源更校正右合"彭蠡"字为"湖汉水"，以申经文及今古文之义。

释云梦
（1852 年）

　　问：《史记索隐》本作"云土、梦"，《索隐》注曰：云土、梦，二泽名。又引韦昭《汉书音义》亦作"云土"。韦昭曰：云土，今为县，属江夏。《地理志》江夏有云杜县，是其地也。是《史》、《汉》旧本皆以"云土、梦"为泽名，盖西汉今古文所同。自颜师古后，始用伪孔之本以改《史》、《汉》，而训为"云、梦之土"段氏玉裁《古文尚书撰异》。宋儒因分江北为"云"，江南为"梦"。近儒段氏玉裁亦以"云"、"梦"为马、郑古本，而唐《石经》"云土"、"梦"为俗本，甚且以"云"、"梦"为古文，"云土"、"梦"为今文者何？

　　曰：段氏校《史》、《汉》、《孔传》本异同甚核，惟于《尚书》经师家法不明，专据马、郑本为真古文，因以《史记》之不同马、郑者，皆武断为今文。此条知《史记》作"云土"、"梦"同于《汉书》，则臆度马、郑本当不同于《史记》而同于伪孔，遂以作"云"、"梦"者为古文。重纰貤缪，乖违经义。何者？"云土"泽名，即《地理志》江夏之"云杜"，亦即《楚语》之"云连徒洲"，皆同声假借。单言之曰"云"，长言之曰"云土"，又长言之曰"云连徒洲"。犹山之名"医无闾"，名"华不注"，薮之名"昭余祁"也。若以"云梦"为古文本而望文立义，以"土"为高丘，且或曰"云"地为方见土，而"梦"地则已堪耕作，以是为地势之高下，水落之先后。王氏炎、蔡氏沈、王氏鸣盛说并同。岂有江南之卑湿，反高于江北之郢、随乎？其缪一。

　　段氏谓必加"土"于"作乂"之上者，大野、大陆、云梦、震泽居《尔雅》十薮之四，皆地兼水土，故"大野既潴"、"震泽底定"皆自水言，而土治在其中；"大陆既作"、"云土、梦作乂"皆自土言，而水治在其中。然则大陆又何以不言土？古者薮泽所占极广，皆潴于夏秋，涸于冬春，不与水争地。故宋、楚田于孟诸，魏献田于大陆，卫、狄战于震泽，郑、楚田于江南之梦，其事皆在冬春。安得云、梦独土而他泽不土乎？于经不词，于例自乱，其缪二。

《书传》云、梦互称，云可兼梦，梦亦可兼云，从无江南、江北之别。《左氏传》楚子与郑伯田于江南之梦，盖对江北之梦而言。邙夫人生子文，使弃诸梦中，邙子田见之。邙都今江北安陆县，岂有涉五百里，而弃诸江南，而田诸江南？是跨江南北皆谓之梦。又吴师入郢，楚子涉睢济江，睢即沮水也。涉睢是西奔，济江乃南渡。入于云中，盗攻之，遂奔郧，又奔随。盖吴师循江北岸而西，故昭王弃郢西走，自睢渡江而南，东至云中，遇盗，始复奔江北之郧、随，是江南亦可谓云。今以土为水土，遂分云与梦为二，又分江北为云，江南为梦。王氏鸣盛至谓郢在江南，楚子自郢济江而北；又谓《禹贡》分纪云、梦，其时尚未为泽，邙夫人讳其生子，故使人打桨渡江而弃诸梦地。是则《禹贡》、《春秋》，水地易位，《职方》、《尔雅》，薮泽迷方，一字亡羊，千歧触霰，其缪三。

《汉志》南郡之华容、今江南石首、江北监利皆其地。（江夏郡之）编县，〔江夏郡之〕① 西陵皆有云梦。编县，今荆门州；西陵，今黄冈、麻城。皆在江北。《水经注》："夏水径监利县南"，"县土卑下，泽多陂（陀）〔池〕②，西南自州陵东界，径于云杜、沌阳，为云梦之薮。"云杜，今京山县；州陵，今沔阳州；沌阳，今汉阳县。是则苞川亘隰，水草沮洳，方八九百里。其时未有洞庭，故名不见于《禹贡》，皆以是薮为金、木、竹箭、羽毛、齿革、（麟合）〔鳞介〕③ 之所汇焉。自作乂以来，陵谷代迁，垦田涸陆，云、梦日失其旧，而诸水并钟于洞庭。于是"五湖"、"五渚"始见于《国策》、《楚词》，遂以后世洞庭说《禹贡》之九江，而不知置云、梦于何地？况他泽不言土，而梦泽独言土，几疑古时云、梦之外，别有洞庭，其缪四。

至伪《孔传》以云、梦为江南之泽，益无讥焉。

---

① 按《汉书·地理志》，编县隶属南郡，西陵隶属江夏郡，兹据以删补乙正。
② 据《水经注》改。
③ 据《禹贡说》改。

释江源
（1852 年）

　　问：江有三源：最远为绳水，一名黑水，即金沙江；次为若水，即鸦龙江；又次为岷江。凡水以最远为正源，而《禹贡》叙江源舍远取近者何？

　　曰：《禹贡》"华阳黑水（为）〔惟〕①　梁州"，以黑水为梁州南界。盖金沙江名丽、名泸，皆取骊、卢黑义，为入滇必由之道，即诸葛亮五月所渡之泸。是《禹贡》非不言及黑水之源也。此水出金沙，故曰金生丽水。《山海经》："南海之内，黑水、青水之间"，有水名若水。即黄帝次子昌意降居若水之地，西介金沙江，东介青衣江，故曰"黑水、青水之间"。其上源曰鸦龙江，中游曰打冲河，最后会金沙江，始名泸水。故《汉志》言若水入绳，自以金沙江为正源。金沙江出西藏，未入云南以前，已行二千余里，及经云南之丽江、永定、武定三府，至四川境，始会若水。又经东川、马湖、叙州三府，始会岷江，距发源已四千余里，受大水小水无数，较岷山②远逾一倍。且若水已为昌意所居，不得谓非内地，然《禹贡》但以为梁州之界而导江不及者，泸水以上，瘴重难入，湍石无可施功，而岷江古号沫水，于成都利害最切，故导江自岷始，非即以岷为江源。犹河非以积石为源也。知金沙为江之正源，则知河出葱岭之东，江出葱岭之南，同源于昆仑，昆仑即葱岭也。非河源长，江源短矣。

　　然金沙江为滇、蜀要道，巨石亘塞，不通舟楫，实不可强施疏凿。乾隆二年四月，据大学士鄂尔泰之奏，谕云贵总督尹继善、巡抚张允随

---

① 据《尚书·禹贡》改。
② "岷山"，据文意似当作"岷江"。

委员察勘，俱言江通四川泸州，为运铜道所必由，除东川以上无计行舟
不必勘估外，自东川小江口起，至四川屏山县之新开滩止，计千三百二
十里。又自小江口（自）〔至〕① 汤丹厂百五十里，虽崎岖险阻，要皆
人力可施，化险为平，以利行旅。自乾隆四年兴工，至十三年，惟此江
上游吴公岭等十五滩水势尤险，议从陆转，般过北岸再下船。虽奏请开
浚，旋不成而中止。乃师氏范作《滇系》，于此江再三言之凿凿，谓滇
铜运京，岁费（距）〔巨〕② 万，若开通此江，可省陆运夫马费之半，
即可抵工程之用，功不在禹下。岂知金沙〔江〕③ 之不可通运，犹底
柱、三门之不可通漕，且乱石礧砢，有百倍此者，谓禹功所施，不如书
生坐论乎④？

---

① 据《书古微》卷五改。
② 据《禹贡说》改。
③ 据《书古微》卷五补。
④ "岂知"至"论乎"四十二字，《禹贡说》作"师氏范《滇系》，于开金沙江尤三致意
焉"。

海国图志后叙
（1852 年）

谭西洋舆地者，始于明万历中泰西①人利马窦之《坤舆图说》，艾儒略之《职方外纪》。初入中国，人多谓邹衍之谈天。及国朝而粤东互市大开，华梵通译，多以汉字刊成图说。其在京师钦天监供职者，则有南怀仁、蒋友仁之《地球全图》；在粤东译出者，则有钞本之《四洲志》、《外国史略》，刊本之《万国〔地理全〕图（书）集》、《平安通书》、《每月统纪传》，灿若星罗，了如指掌。始知不披海图海志，不知宇宙之大，南北极上下之浑圆也。惟是诸志多出洋商，或详于岛岸土产之繁，埠市货船之数，天时寒暑之节。而各国沿革之始末、建置之永促，能以各国史书志富媪山川纵横九万里、上下数千年者，惜乎未之闻焉！

近惟得布路国②人玛吉士之《地理备考》与美里哥国③人高理文④之《合省国志》⑤，皆以彼国文人留心丘索，纲举目张。而《地理备考》之《欧罗巴洲总记》上下二篇⑥尤为雄伟，直可扩万古之心胸。至墨利加北洲⑦之以部落代君长，其章程可垂奕世而无弊；以及南洲⑧孛露

---

① 泰西，泛指西方国家，一般指欧、美各国。
② 布路国，即葡萄牙。
③ 美里哥国，即美国。
④ 高理文，通译裨治文。
⑤ 有人误解此语，以为《合省国志》（《美里哥国志略》）一书迟至一百卷本才辑进《海国图志》，实际上早在《海国图志》的五十卷本已辑入此书。
⑥ 魏源把《地理备考》的《邦国法度原由政治贸易根本总论》全文改写，标题也改为《欧罗巴洲总记》上下二篇。
⑦ 墨利加北洲，即北美洲。
⑧ 南洲，即南美洲。

国①之金银富甲四海，皆旷代所未闻。既汇成百卷，故提其总要于前，俾观者得其纲而后详其目，庶不致以卷帙之繁，望洋生叹焉。

又旧图止有正面背面二总图，而未能各国皆有，无以惬左图右史之愿，今则用广东香港册页之图，每图一国，山水城邑，钩勒位置，开方里差，距极度数，不爽毫发。于是从古不通中国之地，披其山川，如阅《一统志》之图；览其风土，如读中国十七省之志。岂天地气运，自西北而东南，将中外一家欤。

夫悉其形势，则知其控驭，必有于《筹海》之篇，小用小效，大用大效，以震叠中国之声灵者焉，斯则夙夜所厚幸也。

夫至玛吉士之《天文地球合论》与夫近日水战火攻船械之图，均附于后，以资博识，备利用。

咸丰二年，邵阳魏源叙于高邮州。

---

① 孛露国，即秘鲁。

上陆制军请运北盐协南课状<small>咸丰二年署海州分司任内</small>
（1852 年）

敬禀者：顷接总办委淮南监掣同知谢丞来札，以本年新章开局，必应扫数全完，而收课至冬尚止八十万大引，缺三十万大引。欲令淮北票商协运淮南二十万大引等因。

源即传询各票商，据称："本年票盐坝价不长，已虞壅滞，成本占阁，安能再有两分资本以运南盐？且南盐溯长江而上，北盐溯洪湖而上，相去千里，安能兼顾？况南盐如果有利，南商何不运之？又南场缺产与否，尚不可知。如因奏销之故，不问利害，强令必行，则是既运无利之盐，又纳无盐之课。商等只办票盐，资本已尽于淮北四十六万引，安又有三十万大引之本？实属力不从心，碍难冒险尝试"等语。源思该商等所难，皆出实情，一时无以夺之。惟是新章大局所关，不可听其窒碍，再三熟思：本年淮北非常旺产，足有两纲之盐，与其以北商运南盐而趑趄不前，何如即使北商运北盐协南课，更加种种调剂？如以资本不敷为疑，尽可令其将已运到坝之盐，先运到扬，不必抵岸，即在仪征发卖，随卖随征；或在坝先纳半课，到扬补纳，亦随其便。俟明年南盐销毕，始再运北场之盐，以补本纲票盐额课。该商等因手开节略章程，局商转交公议，该商等计议三日，始各翕然多以为可行。谨陈大概于左，以备采择：

一、盐价宜酌减也。本年淮北扫两纲之盐，即销售两纲所得场价，本在前纲之外，难照常年价值，应请每引交场价银七钱。

一、钱粮宜酌减也。淮北自带纳悬引以来，课额已重，今更协贴南盐，应请永除仓谷三钱，惟河费为冬春二单打坝、济运之用，不能议减。

一、请即用原包出场也。北盐过淮，例须北掣同知秤掣，到仪例需南掣同知过掣。若令逐包改捆，不独层层抛撒，亦恐时日稽延，应请准其原包出场。其过淮过仪，止过掣而不改捆，给引费不给捆费，以归简速。

一、请坝盐先运，再以明年票运补还坝盐也。北商并无两番资本，今盐既存坝，即系有课之盐，应请准其先运。其盐未出场者，应准其先纳半课，俟到扬出售，补足南课。此二项盐均于明岁再运票盐补足，各归各额，不过令各商不添资本，而多获一纲之利，初不相妨。

一、南课之盐，应请准其即在仪征出售也。此等均系淮北票商，若令远赴淮南各岸销售，势必不能兼顾，且恐有误淮北票额之盐。应请令即在仪征发给水贩，庶就近易于收回成本，补办票盐。

一、北盐南课应请即在扬州开局也。现在新章会办之时，只论盐课之有无，不问商贾之南北。应请令即在扬州开局，源等会同办理，逐日收纳。不但使各商争先抢纳，无可观望，易于足额，即源等遇有公事节目，同处局中，彼此面商，立即可定议，以免参差知会之烦。

以上六条，系为新章奏销大局起见，在淮北则为以一年运两纲之盐，以一纲纳两纲之课。事系创行，更张阔大，是否有当，伏乞训示。如可施行，应请宪颁示谕，刊印多纸，广贴扬城内外，及海州各卡局，以广招徕而昭新令，实为公便。

书赵校水经注后
（1852 年）

　　近世赵一清《水经注》为戴氏所剿，而其徒金坛段氏反复力辩为赵之剿戴，谓"赵氏成书在前，刊书在其身后；凡分经、分注之例，赵氏未尝一言，至戴氏始发明之。及聚珍板官为刊行，而后人校刊赵书或采取戴说，故二书经文无异"。是不以为戴之剿赵，而反以为赵之剿戴。且怪梁耀北昆仲刊赵书时，何不明著其参取戴校之故，谓"以攘美成疑案"。其说呶呶千余言，诖误后学，靡所折衷，请详辟其妄：

　　考赵氏书未刊以前，先收入《四库全书》。今《四库书》分贮在扬州文汇阁、金山文宗阁者，与刊本无二，是戴氏在四库馆时先睹预窃之明证，其后聚珍官板刊行又在其后。若谓赵氏后人刊本采取于戴，则当与《四库》著录之本判然不符而后可，岂《四库书》亦为赵氏后人所追改乎？若谓赵氏序例中未言"经文不重举某水，注必重举某水之例"，则不知赵本第二卷《河水篇》下首言之矣；"江水又东径永安下为注之混经"，则《附录》中欧阳元《水经序》又言之矣；皆戴氏所本，何谓赵氏不言？

　　且一清与全氏祖望同时治《水经》，全氏《水经》未刊，予曾见其抄本《凡例》一卷，于经、注分析尤详，凡戴氏所举三例皆在其中，故赵书不复重述凡例，戴氏不当侈为创获也。《四库提要·水经》一门，即系戴氏所纂，于赵书首辟其"注中有疏"之说，谓"同于丰坊之伪本"。及戴氏所校《水经》，则又于第一卷《河水篇》"《尔雅》河出昆仑墟"下引《物理论》十六字为注中之小注，故杂在所引《尔雅》之间，《山海经》下引《括地图》十三字亦同此例，其余不一而足。是则注中小注之说，戴氏既窃之而又斥之，盗憎主人，不顾矛盾一至是乎？

　　戴氏臆改经注字句，辄称《永乐大典》本，而《大典》现贮翰林院，源曾从友人亲往翻校，即系明朱谋玮等所见之本，不过多一郦《序》，其余删改字句，皆系伪托《大典》，而《大典》实无其事。殆以秘阁官书，海内无从窥见欤？

至赵氏《畿辅水利书》百六十卷，为戴氏就馆方制府时删成八十卷，则段氏亦谓戴"就方敏恪馆仅半载"，何能成此巨帙？知其必有底稿，非出戴一人之手。戴既据赵为蓝本，何以《凡例》中不一字及于原书，深没其文，若同创造？宜其书至嘉庆中又为吴江通判王履泰所窃，删改为《畿辅安澜志》进呈被赏，可为郭象之报也。

戴为婺源江永门人，凡六书、三礼、九数之学，无一不受诸江氏，有同门方晞所作《群经补义序》称曰"同门戴震"可证。及戴名既盛，凡己书中称引师说，但称为"同里老儒江慎修"，而不称师说，亦不称先生，则攘他氏之书，犹其事之小者也。

致陈松心书
（1853 年）

　　松心仁兄亲家左右：秋垣世兄来高邮，奉到手言并大集四本，快读数日，茅塞顿开。子由造就已过子瞻，而五言古诗，高古处直逼汉魏，本朝实在三数人间。已录其所爱者为一册，存之案头，以当晤对。其原集交世兄携还，以防散佚。

　　弟近亦收拾文集，惜道远不能就正。今有所欲言者，窃谓诗集宜分体，不必编年，《三百篇》其大例也。况山林闲适，非如杜、韩、苏诸公，出处关系史事，何必各体杂陈，徒迷读者之目？且集中精华，全在五古，故选以冠首。诗以言志，取达性情为上，拟古太多，则蹈明七子习气。古人如陶、阮、陈、杜，皆抒胸臆，独有千古。太白青田乐府，一时借古题以述时事；东坡和陶，借古韵以寄性情，字字皆自己之诗，与明七子优孟学语，有天渊之别。此诗家真伪关，不可滥借。集中拟古、次古韵诸题，美者固多，终恐掩瑜之累，窃望删之。又集中咏怀诗多，山水诗少，离别诗多，关系诗少。蜀山之高，沧海之阔，以至桂林、阳朔，奇秀甲天下，一叶扁舟，溯洄其间，何患清妙之气不勃勃腕下？又如乡俗之淳漓，年荒钱荒之得失，近来楚、粤兵事之琐尾，作歌志哀，以备采风，何患律诗不与杜陵媲美？昔人“时非天宝，位非拾遗”之消，谓泛论朝政，出位言高，非谓家乡切虑，民风谣俗，亦在所禁。试问《国风》采自何人耶？近年想有感时之作，无妨附入。

　　尊兄云翁诗，选入《沅湘集》者，将赠弟之作，一《湘潭次白马王彪韵》，一《次谢惠连韵》，皆删去。云翁诗甚少，又无专集，望将此二诗附刻于尊集次兄韵之下，则两全其美矣！廿载至交，千里一纸，不敢以寒暄套语塞责。谨以代晤，惟察而教之是幸。

姻愚弟魏源顿首

据陈起书《憾山草堂遗稿》卷首

陈起书撼山草堂遗稿手批
（1853 年）

　　集中精华，全在五古。律体感时之所，亦媲美杜陵。诗虽不多，而怀抱之奇，性情之笃，亦可得其大凡矣！

据陈起书《撼山草堂遗稿》

拟进呈元史新编序
（1853 年）

臣源言：伏闻天不变道亦不变，国可灭史不可亡。粤稽典谟三五之年，《春秋》所纪二百余岁之事，自周汉至明二十三史之编，事匪一端，迹多殊轨。元有天下，其疆域之衺，海漕之富，兵力物力之雄廓，过于汉唐。自塞外三帝，中原七帝，皆英武踵立，无一童昏暴缪之主。而又内无宫闱奄宦之蛊，外无苛政强臣夷狄之扰，又有四怯薛之子孙，世为良相辅政，与国同休，其肃清宽厚亦过于汉唐。而末造一朝，偶尔失驭，曾未至幽、厉、桓、灵之甚，遂至鱼烂河溃不可救者，何哉？

《礼运》言三代之治天下也，曰："大道之行，天下为公。"公则胡越一家，不公则肝胆楚越。古圣人以绂冕当天之喜，斧钺当天之怒，命讨威福，一奉天道出之而不敢私焉。明人承元之后，每论元代之弊，皆由内北国而疏中国，内北人而外汉人、南人，事为之制，曲为之坊。以言用人，则台省要官皆北人据之，汉人、南人，百无一二。其破格知遇者，官至集贤翰林院大学士而止，从无入相秉枢之事。乃稽之《元史》纪传，殊不尽然。太祖龙兴，即以耶律楚材为丞相。太宗则刘秉忠主机要，而汉相数人副之。宪宗、世祖，则史天泽、廉希宪、姚枢、许衡、窦默诸理学名儒，皆预机密，朝夕左右。即姚□后虽以事诛，而史言有元一代纪纲，多其所立，则亦非以汉人为不可用。而末年至正中贺太平，尚以汉相负中外望。惟是中叶以后，台省官长，多其国人，及其判署不谙文义，弄獐伏猎，不得已始取汉人、南人以为之佐。至于末造，中书政以贿成，台宪官皆议价以得，出而分巡，竞渔猎以偿债，帅不复知纪纲廉耻为何物。至于进士科举，罢自国初，中叶屡举屡辍，动为色目人所掎摭。顺帝末年，始一大举行，而国将亡矣。兼之中原财赋，耗于僧寺、佛寺者十之三，耗于藩封、勋戚者十之二，是以膏泽之润，罕及于南；渗漉之恩，悉归于北。界鸿沟于大宅，自以为得亲迩疏逖之道，致韩山童伪檄有"贫极江南、富归塞北"之斥。天道循环，物极必反，不及百年，向之畸重于北者，终复尽归于南。乘除胜负，理势固然哉！

且元恃其取天下之易，既定江南，并大理，遂欲包有六合。日本、爪哇，皆覆海师于数万里之外。又不思中原形势，外置岭北、岭西、阿母河诸行省，动辄疆域数千里，马行八九十日方至。内置江浙、湖广各行省，举唐、宋分道分路之制，尽荡覆之。旁通广辟，务为侈阔；鞭长驾远，控驭不及。于是海都、乃颜诸王叛于北，安南、缅甸八百诸蛮叛于南。穷年远讨，虚敝中国，如外〔疆〕〔强〕①中干之人，躯干庞然，一朝痿木。于是河溃于北，漕梗于南，兵起于东，大盗则一招再招。官至极品，空名宣敕，逢人即授。屯膏吝赏于未炽之初，而曲奉骄子于燎原之后。人心愈涣，天命靡常。二三豪杰魁垒忠义之士，亦冥冥中辄自相蚌鹬，潜被颠倒，而莫为之所，若天意，若人事焉。乌乎！孰使然哉？

人知《元史》成于明初诸臣潦草之手，不知其载籍掌故之荒陋疏舛，讳莫如深者，皆元人自取之。兵籍之多寡，非勋戚典枢密之臣一二预知外，无一人能知其数者。《拖布赤颜》一书，译言《圣武开天记》，纪开国武功，自当宣付史馆，乃中叶修《太祖实录》，请之而不肯出。天历修《经世大典》，再请之而不肯出。故《元史》国初三朝本纪，颠倒重复，仅据传闻。国初平定部落数万里，如堕云雾。而《经世大典》，于西北藩封之疆域、禄籍、兵马，皆仅虚列篇名。以金匮石室进呈乙览之书，而视同阴谋，深闭固拒若是，又何怪文献无征之后人哉？是以疆域虽广，与无疆同；武功虽雄，与无武同。加以明人旧史，不谙翻译，遂至一人重出数传，而元勋反无姓名。顺帝末年事，全抄吏牍，如涂涂附，为从来未有之秽史。近人如邵远平之《元史类编》，徒袭郑樵《通志》之重台，分天王、宰辅、侍从、庶官、忠节、文翰、杂行等类，甚以廓扩之忠勋，列入杂行。又有纪、传，无表、志，因摭志入传。又多采制册入纪，多采书序入儒林，又多采《元典章》吏牍之书以充卷帙，皆不登大雅。其至本纪直以世祖为始，而太祖、太宗、宪宗三朝，平漠北，平西域，平金、平蜀之功，不载一字，更旧史之不如。至近臣钱大

---

① "强"，淮南本、宝墨本亦误作"疆"，据文意改作"强"。

昕重修之本，亦仅成氏族志、经籍志，余并无稿。

臣源于修《海国图志》之余，得英夷所述五印度、俄罗斯元裔之始末，枨触旧史，复废日力于斯，旁搜《四库》中元代文集数百种，及《元秘史》。芟其芜，整其乱，补其漏，正其诬，辟其幽，文其野，讨论参酌，数年于斯，始有脱稿。

乌乎！前事者，后事之师，元起塞外有中原，远非辽、金之比。其始终得失，固百代之殷鉴也哉！

简学斋诗集序
（1854 年）

　　《简学斋诗集》者，蕲水陈太初修撰之所著也。修撰好言诗而不轻作诗，尤不肯轻存诗，且中年即世，故所存仅四十余首。乌乎！严矣哉！

　　昔人有言："欢娱之词难工，愁苦之词易好。"使李、杜但在天宝以前，除《清平调》及《何将军山林》外，亦无以鸣豫而鼓盛。故诗人之境，类多萧瑟嵯峨，而《三百篇》皆仁贤发愤之所作焉。君运际休明，出入侍从，盎然春温而醇酽，宜其以福掩慧，以廊庙易山林，乃今读其诗，清深肃括之际，常有忧勤惕厉之思。盖君尝手注《近思录》，又常从婺源董小槎编修、归安姚敬堂兵曹过从问学，检身若不及。又尝手笺汉、魏以来比兴古诗共数百首，以寓论世知人以意逆志之旨，读之使人古怀勃郁，尤古今奇作。使天假之年，大用于世，其所就岂独诗人已哉！然使君至今日目击东南之民物事变，其感怆承平清晏之福，又当何如！

　　独恨予以君所极期望之人，而蹭蹬半生，流离颠沛，无以报君知人之明，其所成之经史诗文集，虽裒集成书而皆在晚岁，不及质之知己为可憾。适与君长子小舫太史相从于风鹤四警之中，剪灯读集，百感茫茫，乃泫然流涕而书之！

　　小舫本当出守大郡，以副幼学壮行之志，乃感触时事，超然引退，就养吴门，怡情物外，非有得于家学者，其能然乎！

诗比兴笺序
（1854 年）

　　《诗比兴笺》何为而作也？蕲水陈太初修撰以笺古诗《三百篇》之
法笺汉、魏之诗，使读者知比、兴之所起，即知志之所之也。

　　昔夫子去鲁，回望龟山，有"斧柯奈何"之歌，又有"违山十里，
蟪蛄在耳"之歌，又作《猗兰》之《操》。甚至闻孺子沧浪濯缨起兴，
与赐、商言诗，切磋绘事，告往知来，皆见许可，是则鱼跃鸢飞，天地
间形形色色，莫非诗也。

　　由汉以降，变为五言，《古诗十九章》多枚叔之词，《乐府鼓吹曲》
十余章，皆《骚》、《雅》之旨，张衡《四愁》，陈思《七哀》，曹公苍莽
对酒当歌，有风云之气。嗣后阮籍、傅〔休〕① 奕、陶渊明、鲍明远、
江文通、陈子昂、李太白、韩昌黎，皆以比兴为乐府琴操，上规正始，
视中唐以下纯乎赋体者，固古今升降之殊哉！

　　自《昭明文选》专取藻翰，李善《选注》专诂名象，不问诗人所言
何志，而诗教一敝；自钟嵘、司空图、严沧浪有《诗品》、《诗话》之
学，专揣于音节风调，不问诗人所言何志，而诗教再敝；而欲其兴会萧
瑟嵯峨，有古诗之意，其可得哉！

　　词不可以径也，则有曲而达焉；情不可以激也，则有譬而喻焉。
《离骚》之文，依诗取兴，善鸟、香草以配忠贞，恶禽、臭物以比谗佞，
灵修、美人以媲君王，宓妃、佚女以譬贤臣，虬龙、鸾凤以托君子，飘
风、雷电以为小人，以珍宝为仁义，以水深雪雰为谗构。荀卿赋蚕非赋
蚕也，赋云非赋云也。诵诗论世，知人阐幽，以意逆志，始知《三百
篇》皆仁圣贤人发愤之所作焉，岂第藻绘虚车已哉！

---

　　① 据上下文，此显指西晋诗人傅玄，傅玄字休奕，而非唐初学者傅奕，故据补。

蕲水太初修撰，兰蕙其心，泉月其性，即其比兴一端，能使汉、魏、六朝、初唐骚人墨客，勃郁幽芬于情文缭绕之间，古今诗境之奥阼，固有深微于可解不可解者乎！至于因比兴而论世知人，如古诗九首为枚乘讽吴，汉《乐府》皆汉初朝政所系，以及阮公、陶令、郭景纯、傅（修）〔休〕① 奕、鲍明远、庾子山、江文通及杜、韩之忧世，而陈伯玉、李太白、储光羲之大节被诬，此笺皆表章出之，如浴日星出沧海而悬之中天之际。

时予所治《诗古微》方成，于齐、鲁、韩之比兴，旁推曲皀，复从君长子小舫太史获读此笺，以汉、魏、六朝、三唐之比兴，补余所未及，盖不期而相会焉。我思古人，实获我心，质之小舫，以为何如也？

---

① 西晋傅玄之字为"休奕"，据《晋书》卷四十七改。

太上感应篇注合钞序
(1854 年)

圣人之瞰天下，犹空谷之于万有也。沈寥之气满于中，而铿鞳之声应乎外。《易》曰："君子居其室，出其言善，则千里之外应之，况其迩者乎？出其言不善，则千里之外违之，况其迩者乎？"居室之于千里，千里之于居室，其致之若虚，其应之若实也。《洪范》曰："惟天阴骘下民，相协厥居，我不知其彝伦攸叙。"故积庆、降康、惠吉、从逆之旨，其大原皆出于天。《太上》曰："我有三宝，持而行之。一曰慈，二曰俭，三曰不敢为天下先。"不言因果，而因果在其中矣。《感应篇》者，出于《抱朴子》，其词托于《太上》。言逾浅而意逾挚。于以阴翊王化勖勤世教，不但中人有所惩创，即上智亦可自得师。深者见深，浅者见浅。故君子得而乐道焉。此惠定宇、姚敬堂二注所以冠绝诸家也。惠君词必古出，无一言不渊源于子史。姚先生理由心得，无一言不恻悱乎人心。彼袁黄之功过格出自太微。惠、姚《感应篇注》原于《太上》，一而二，二而一者也。

清之兴二百余年，民物康阜，风俗淳古。有道之世，其鬼不神；务民之义，首先敬信。诚能以感应之事印证于二十一史，斯知二十一史皆感应之事。则降罚降康之旨，日日流行宇宙间，何必不五纬经天、江河行地也哉！

蕲水陈小舫太史好是二注，合而刊之。小舫之心亦惠、姚二公之心也。以余为知其志，使之为叙，故乐为之言。咸丰五年六月邵阳魏源书于木渎舟中。

感应之事，传闻多失其实，故叙述甚难。闽县梁君恭辰著《劝戒近录》，用意良勤。而叙蕲水陈太公刺史吏湖南事，既知其平江、辰州二狱各全活数百人，故子孙科第骈起，身食其报。而又信闽人陈宸书之言，谓陈公官声有始无终，被劾休致，归启先墓，得活金鱼二条，不知所往，悔之无及。不数日得都中信，知次子大云侍御，以条陈水利事，为蒋制府劾罢；而长子秋舫修撰，堕车惊悸而卒。考陈宸书宰吾邵阳，贪酷异常，信任家丁吴三，百姓含冤吁大吏，有"一印二官"之语。旋奉制军访拿参劾，至今官斯土者，群指为前车之鉴，其言岂复可信？夫开穴见鱼在启葬之后，则是初葬无鱼；既葬后，沙泥之中乃忽生鱼乎？此等荒谬之词，不足以欺三尺童子，而公然形之撰述，此何理也！且刺史之休致也，方伯程祖洛以宿怒劾之，终无劣款可指。修撰勤学积劳，遘疾不禄，不知覆车之说何自而来？侍御抗言时政，以直见挤，改官而归，其事皆在启葬以前，而说者俱附会于启葬之后，抑何理也？小舫太史与余同年成进士，入翰林，其哲嗣庆长己酉拔贡，又与余同官于江苏。父子方继家声，而谓其家骤落，又何理也？梁君与余世交，初《录》刊成，有述安化陶文毅夫人一条，余纠其诬误，今《录》中是条已删去，可见善人能受尽言，必当闻而改之矣。因附书于后，源又识。

据《诗比兴笺》咸丰五年刻本所附《太上感应篇注合钞》
序文之一

净土四经总叙[*]
（1854 年）

　　世宗宪皇帝《御选语录》，辑莲池大师净土诸语，御制序文，阐扬宗净合一之旨。高宗纯皇帝南巡，亲诣云栖，拈香礼佛。御制诗有"由来六字括三乘"之句。大矣哉，西方圣人之教，得东方圣人而表章乎？

　　夫王道经世，佛道出世，滞迹者见为异，圆机者见为同。而出世之道，又有宗、教、律、净之异。其内重己灵，专修圆顿者，宗教也；有外慕诸圣，以心力感佛力者，净土也；又有外慕诸圣，内重己灵者，此则宗、净合修，进道尤速。至律则宗、教、净之基址，而非其究竟焉。然宗、教、律皆发心童真出家，动经久劫，由初地至十地，方称等、妙觉。即不蒙佛记，亦自成佛。此是何等根器？但从无一生了办之法。此我佛无量寿世尊净土往生之教，横出三界，较竖出三界者，其难易远近，有霄壤之分。此永明寿禅师所谓"有禅无净土，十人九错路；无禅有净土，万修万人去；有禅有净土，犹如戴角虎"也。

　　云栖师中兴净土，乃专宏小本《弥陀》；而于大本《无量寿经》及《十六观经》、《普贤行愿品》，皆不及焉。夫不读《无量寿》，何以知法藏因地愿海之宏深，与果地之圆满？不次以《十六观经》，何以知极乐世界之庄严，与九品往生之品级？大心既发，观境亲历，然后要归于持名，非可以持名而废发愿、观想也。持名至一心不乱，决定往生，而后归宿于《普贤行愿品》。以十大愿王，括无量寿之二十四愿。以每愿末，"念念相续，无有间断，身语意业，无有疲厌"，括《弥陀经》之"一心不乱"。故现宰官、长者、居士身者，持诵是四经，熟读成诵之后，依解起行，须先发无上菩提之心。大之则无边烦恼誓愿断，无尽众生誓愿

度，无量法门誓愿学，无上佛道誓愿成；迩之则广行布施，供养三宝，多刊大乘经典及净土诸经论，使丛林皆于禅堂外别开念佛堂，使出家者皆往生西方，固极顺之势。即在家白衣，未悉朝闻夕死之义，骤睹四经，未必听受。然疑佛谤佛，皆种信根，况蠢动含灵，固皆具佛性乎？夫劝化一人成佛，功德无量；况劝化数十百僧，展转至千百万，皆往生西方成佛，功德可思议乎？

古德有言，已先自度而后度人者，如来应世；未能自度先愿度人者，菩萨发心。然后闭七日念佛之关，以求一心不乱；再闭七日观佛之关，以求亲见西方极乐依正。盖入门必次第修而后圆修，圆莫圆于《普贤行愿品》，故为《华严》之归宿矣。此天然之次第，修持之定轨。故合刊四经，以广流通，普与含灵，同跻正觉。

咸丰四年菩萨戒弟子魏承贯谨叙。

无量寿经会译叙

（1854 年）

  莲池大师舍大本《弥陀》及《观经》，而专宗小本《弥陀》，固已偏而不全矣。及《云栖法汇》刊大本《弥陀经》，又专用魏译，且谓四十八愿古今流通。夫天亲菩萨《无量寿偈》，已言誓二十四章，是西域古本如是；故汉、吴二译宗之，为二十四愿。自魏译敷衍加倍，重复沓冗，前后雷同。是以唐译省之，为四十六愿；宋译省之，为三十六①愿。是古不流通，今亦不流通也。加之"五痛五烧"，冗复相等，惟《宝积经》唐译无之。故《无量寿经》，至今丛林不列于日课；使我佛世尊因该果海、果彻因源之大愿，不章于世，岂非净土经教之大憾哉！谨会数译，以成是经，无一字不有来历，庶几补云栖之缺憾，为法门之善本矣。或谓据子别本经注，仿云栖《弥陀疏》，一一销归自性。且爱不尽，不出娑婆。彼玻璃、砗磲、珊瑚、玛瑙、黄金、白银、真珠、宝树、楼阁、璎珞、天乐，何预性分中事；而经言极乐世界，津津道之者何？曰：此法身报化之自然也。娑婆世界，本华藏世界第十三重。众生视为坑坎②土石者，世尊以神足蹑③之，立地皆为琉璃宝地。及摄神足，还复如故。此生佛因果之异感也。

  众生无不有六根，有六根即有六尘、六入。是以目欲极天下之色，耳欲极天下之音，舌欲极天下之味，鼻欲极天下之香，身欲极天下细滑之触，心欲极天下快意之法。其求而得之者，为诸天福报，不知天福享尽之易堕也。其次为人道，人道终身为形骸妻子所役，苦乐相半。且富贵溺人，易入三途也，在家之难如此。即出家之僧，宗教二门，自智

---

  ① "六"，《衷论》作"四"，误。

  ② "坑坎"，《衷论》作"坎坑"。

  ③ "蹑"，《衷论》作"摄"。

者、永明宗、净①合修而外，余皆大乘自命，欲由初地以登十地，动经长劫。且菩萨有隔阴之迷，云门、青草堂、五祖戒其前车之鉴，此竖出三界之所以难也。是以大圣觉王悯之，故②于竖出三界之外，创横出三界之法，即妄全真，会权归实，揽大海水为醍醐，变大地为黄金，一声唤醒万德洪名。人人心中，有无量寿佛，放光动地，剖尘出卷，自衣获珠。乃知欲为苦本，欲为道本，欣不极则厌不至，厌不极则三界不得出，如是向往，如是取舍，如是出离。而后一礼拜，一观想，一持名，念念仰弥陀如慈父，如疾苦之呼天，如逃牢狱而趋宝所。虽欲心之不专，不可得矣。不然者，口持洪名，心悬世乐，欲其竟出三界也，不亦难哉！

菩萨戒弟子魏承贯谨叙③。

---

① "净"，《衮论》作"教"，误。
② "故"，《衮论》作"辄"。
③ "叙"，《衮论》作"撰"。

观无量寿佛经叙
（1854 年）

　　莲池大师之不疏《十六观经》，以有智者之《疏》、四明尊者之《钞》也。天台以三观三谛释一切经，而于是经尤切。一心三观者为能观，一境三谛者为所观。然即佛即心，即心即境，则所即是能，能即是所，初无彼此之别。台宗一色一香，无非中道，所谓即妄全真，况我佛依正，无上胜境乎？但在行人根器不同，修持有序，则有次第三观、一心三观之别。次第三观者，从空入假，从假入空，从空入中。此经先观依正；日、水、冰、地，宝树、楼台，以渐及观金容，因以渐契心源也。一心三观者，即假即空即中，诸佛正遍知海，从心想生；故行者观佛时，此心即是三十二相八十相好，则无次第之可言矣。

　　《彻悟禅师语录》曰：《观经》"是心作佛，是心即佛"，此言较之宗门见性成佛，尤为直捷。何者？以成佛难而作佛易也。见佛时即成佛时，知此则以弥陀之自性，念自性之弥陀；以净土之惟心，念惟心之净土；而净业纯是第一义谛矣。古德曰："诸佛心内众生，尘尘极乐；众生心内诸佛，念念证真。"自非用志不分、绝利一源者，岂易语此哉！但需依经次第，谛审观境，如对目前，自然定中梦中默为感应，心境圆融，入不思议。略述指归，以告持诵是经者。

　　菩萨戒弟子魏承贯谨叙。

观无量寿佛经后记
（1854 年）

问：观佛依正之时，不可念佛号乎？

曰：是何言也。如落日、莲华，此方所有，观之易现。至于观水观冰，不过江河湖荡之水，已难成天水相接琉璃世界之象，况七宝之树，八功德之水，若非求佛如被，于梦寐之中现之，岂凡夫心想所能现乎？至于观三圣金容之时，则观佛之日，必须终日念佛名；观二大士之日，必须终日念二大士之名。是观佛念佛，两不可离也。念佛在一心不乱，今口中念佛，而心观依正，并非二用其心也。

问：观佛不至有魔，而各观皆防邪观者，何也？

曰：此非邪魔之谓，如观水冰而现落日，观宝树而现莲华，所现与所观不相应，不得即以为正观也。

《观经》于观佛法门，备极婆心，恐相好太多，众生无由入也，则教以从一相好入，先观眉间白毫。又恐佛法界身，非凡夫心力所能摄也，则教以先观丈六金身立池水上。至于普观，想此身生于西方极乐世界莲华中趺坐，华开见佛，遍览依正。此则在前此白毫、丈六两观既成之后，非上上根器，不得见此。有能以法界性，观法界身者，则心可契此矣！

魏承贯谨记。

阿弥陀经叙
（1854 年）

　　《弥陀》一经，得云栖大师《疏钞》，可谓大涵细入，尽美尽善矣。大师以乘愿再来之人，为净业中兴教主，后学仰钻不暇，何敢置议！惟科判太多，初心难入，故为《疏钞节要》，删繁就简，于大师之精华，实一字不遗焉。夫念佛之声，或默持，或金刚持，或经行闭关时持，其声至近也；去阿弥陀佛极乐世界十万亿刹外，岂能得闻！乃念者往生，不念者不得往生，岂非无边刹海，自他不隔于毫端乎！又念佛之念，惟自知之，何故一心不乱者往生，散心不一者不得往生，岂非十世古今，始终不离于当念乎！

　　蕅益大师《弥陀要解》，自十方佛赞以后，即判为流通。良为直捷，可以并行。惟其弟子成时作《净土十要序》，专主持名，而斥观想参究之非。其言："譬如魇人，不可照以灯烛，照则失心，止宜唤其本名，自然醒寤。"夫魇人待他人唤醒，与醒人之观佛依正，即心即佛者，何可同年而语。又斥参究之人，曰："纤儿得些活计，急须吐弃无余。"此谓参念佛是谁话头，难起疑情，故有是词。若其他话头公案，多可逆流而入，直彻真源者。上品上生，即契无生法忍；上品中生，亦必契第一义谛。云栖师《禅关策进》，以"制心一处，无事不办"，为参究之要，其《疏钞》中言言归性。昔有人问云栖师者曰："参禅与念佛二事，还可通融否？"师应声曰："若言是两事，用得通融著。"请举之以告持诵是经者。

　　菩萨戒弟子魏承贯谨叙。

阿弥陀经后记
（1854 年）

《云栖法汇》：或问一心不乱，有理一心，有事一心。倘但得事一心，未得理一心，何如？曰：但得事一心，亦必往生。又问：未得事一心，何如？曰：不得事一心，难以往生。

有但念"阿弥陀佛"四字者，有念"南无阿弥陀佛"六字者。然当闭关观佛之时，若念"南无西方极乐世界阿弥陀佛"十二字，尤尊重而心易专。盖世人不解"阿弥陀"三字何义，念之易生玩，故须念十二字提醒之。苦乐明，则欣厌易生也。

夜眠默念，较旦昼尤心易专。初念时，或梦秽垢恐怖，以心未一则境不净也。久念则梦见佛境，或惺惺无梦，是心一而境净也。梦寐时尚做不得主，而生死大事当前能自主者，未之有也。故一心念佛者，先验过梦觉关，而生死关不必问矣。旦昼所念一不一，皆于梦寐征之。梦者，心之影也。

魏承贯谨记。

普贤行愿品叙
（1854 年）

　　普贤菩萨《行愿品》，乃《华严》一经之归宿，非净土一门之经也。《华严》以华藏世界海，诸佛微尘国，无量无边，明心佛之无尽，何尝专指极乐。然清凉《疏》分信解行证，而自《入法界品》下，普贤告善财五十三参，遍游佛国，得无量法门，皆证道之实。而末后独以十大愿王导归极乐者，盖以经十大愿末，皆结曰："念念相续，无有间断；身语意业，无有疲厌。"则是并法界微尘数佛、微尘数众生而念之也。人以为念尽法界微尘之生佛，卒归于弥陀，而不知自性弥陀之一心，本周乎法界；云栖所谓"倾华藏海水，入西方一莲华中，曾不满莲之一蕊"也。尽法界为一念，故为念中之王。修净土而不读《行愿品》，则其教偏而不圆；故以殿四经之末，为净土之归宿。盖念佛人至一心不乱，则千念万念，并为一念，犹之炼乳出酪也。由一心之净，而更念至于即假即空即中，离四句，绝百非，是事一心入理一心，犹从酪出酥也。从一念佛法门，遍通华藏海一切法门，一即一切，一切即一，此从酥出醍醐也。世之以宗教轻净土者，曷一诵普贤十大愿王乎！

　　菩萨戒弟子魏承贯谨叙。

书古微序
（1855 年）

《书古微》何为而作也？所以发明西汉《尚书》今、古文之微言大谊，而辟东汉马、郑古文之凿空无师传也。

自伏生得《尚书》二十九篇于屋壁，而欧阳、夏侯传之，是为《今文尚书》。孔安国复得《古文尚书》四十五篇于孔壁，校今文多佚书十六篇。而安国从欧阳生受业，尝以今文读古文，又以古文考今文。司马迁亦尝从安国问故。是西汉今、古文本即一家，大同小异不过什一，初非判然二家也。自后汉杜林复称得漆书《古文尚书》，传之卫宏，贾逵为之作训，马融作传，郑玄注解，由是古文遂显于世，判然与今文为二，动辄诋今文欧阳、夏侯为俗儒，今文遂为所压。及东晋伪古文晚出，而马、郑亦废。国朝诸儒知攻东晋晚出古文之伪，遂以马、郑本为真孔安国本，以马、郑说为真孔安国说，而不知如同马牛一本"牛"下有"冰炭"二字之不可相及。今略举其不可信者数大端：

《后汉·杜林传》言："林得漆书《古文尚书》一卷，常宝爱之，虽遭艰困，握持不离身。出以示宏曰：'林流离兵乱，常恐斯经将绝，何期诸生复能传之！'"此古文本所自出。考漆书竹简，每简一行，每行二十五字或二十二字。若四十五篇之《书》漆书于简，则其竹简必且盈车。乃谓仅止一卷，遭乱挟持不离，不足欺三尺孺子。其不可信者一。

《汉书·儒林传》："孔氏有《古文尚书》，孔安国以今文读之，因以起其家，逸书得十余篇。"《艺文志·叙》曰："孔安国悉得壁中书，以考二十九篇，得多十六篇。"而东汉诸儒，亦谓佚十六篇，绝无师说。夫孔安国以今文读古文之训，以古文考今文之本，未尝别自成家，其佚书之无师说犹可言也。东汉古文力排今文之本而自有其漆书之本，力排今文之说而自有其师说，则必此佚十六篇者卓然皆有师说，而后可以压倒今文，何以今文无之者，古文亦无师说乎？十六篇既无师说，则其二十九篇之师说，既不出于今文，又出自何人？岂其阴袭其膏，阳改其面，而又反攻其背乎？段氏玉裁甚至谓"佚书增多十余篇，孔安国皆通其说，尽得其读；并此外壁中所出《尚书》，刘向《别录》、桓谭《新论》及《艺文志》所谓五十八篇者，孔安国亦尽得其读"。则是安国佚书较伏生更多三十篇，不止十六，何以史迁问故，不传一字，而卫、贾、马、郑传古文者，即十六篇亦不传一字乎？矢口狷言，不顾其后，其不可信者二。

《汉书·儒林传》言史迁尝"从安国问故"，而迁书所载《尧典》、《皋陶谟》、《禹贡》、《洪范》、《微子》、《金縢》多古文说，则史迁为安国真古文之传，皎如天日。今马、郑《尧典》、《皋陶谟》、《微子》、《金縢》、《无逸》诸篇，无一说不与史迁相反。以《尧典》璇玑玉衡之天象而改为汉世洛下闳之铜仪；以《微子》篇之太师疵、少师彊，而诬为箕、比；以《无逸》篇淫乱之祖甲，诬为贤君，列于三宗；周公摄政十年，不并居丧、居东数之，以为居东三年而后迎归，归而后叛，叛而后东征，东征归而后居摄七年，首尾十二年之久。南辕北辙，诬圣师心，背理害道，不可胜数。岂史迁所传安国之古文，反不如杜林、卫宏杜撰之古文乎？后儒动以史迁之异马、郑者挤之为今文学，岂孔安国亦今文非古文乎？西汉之古文与今文同，东汉之古文与今文异。上无师传，且皆反背师传，其不可信者三。

西汉今、古文皆出伏生，凡伏生《大传》所言者，欧阳必同之，大、小夏侯必同之，史迁所载孔安国说必同之，犹《诗》齐、鲁、韩三家，实同一家，此汉儒师说家法所最重。若东汉古文则不然，马融不同于贾逵，贾逵不同于刘歆，郑玄又不同于马融。一"稽古"，而马以为"顺考古道"，郑以为"同天"；一"七政"，而马以为"斗七星分主日、月五星"，郑以为"天、地、人、四时"；一"六宗"，而刘歆以为"乾坤六子"，贾逵、马融以为"日宗、月宗、星宗、河宗、海宗、岱宗"，郑以为"星、辰、司中、司命—一本"命"下有"风师"二字、雨师"；一"五器"也，马以为即"五玉"，郑以为即"五赞"；一"舜咨二十二人"也，马取"六官十二牧，进四岳而去四佐"，郑以为"九官十二牧，兼四佐而去四岳"；一"舜登庸在位之年"也，郑作"二十年，百岁"，马作"三十年"，增"百有十二岁"。试问何为古文？郑师马而异于马；马师卫、贾，而《酒诰》"成王若曰"异于卫、贾；贾、马、卫、杜古文应本刘歆，而"六宗"异于刘歆。孰真古文，孰非古文乎？且郑注《大学》，《康诰》、《帝典》之"克明德"，与《尚书·尧典》之"克明—本"明"下有"俊"字德"判然不同；《尧典》之"稽古"，与《皋陶谟》之"稽古"不同；则郑亦自异于郑。孰古文，孰不古文乎？有师传家法乎？无师传家法乎？乡壁虚造，随臆师心，不知传受于何人？其不可信者四。

《儒林传》述"《古文尚书》，孔安国授都尉朝，朝授胶东庸生，庸生授清河胡常，常授虢徐敖，敖授琅琊王璜平中、平陵涂恽子真，子真授河南桑钦君长"。是安国之传授，与杜林、卫宏迥不相承。不知杜林所得之本，即安国壁中之本乎？抑别自一本乎？伏生得自复壁，孔安国得自共王废宅，河内女子得自老屋，何以杜林本不言得自何所，其师说亦不言授自何人？其不可信者五。

近世治《尚书》者，江声、王鸣盛多祖马、郑，孙星衍持平于西汉今、古文，而段玉裁则凡史迁本之异于马、郑者皆挤为今文说，专以东汉乡壁虚造之古文为真古文，且谓今文之说皆不如古文，而伏生、欧阳、夏侯、孔安国之微言大义几息灭于天下。予寻绎有年，深悉东汉杜林、马、郑之古文依托无稽，实先东晋梅传而作伪，不惟背伏生，背孔安国，而又郑背马，马背贾，无一师传之可信。正犹《易》古文出自费直，费直《易》无章句，但以《彖》、《象》、《文言》、《系辞》解《易》；而郑传费氏《易》，则臆创为奢，支离穿凿，但借一先生之名以自盖其欺，一本"而郑传费氏《易》，则臆创为奢，支离穿凿，但借一先生之名以自盖其欺"，作"而荀、虞、郑则卦气、消息、爻辰，各自创树，不知何本"。其义理凡系君德者，必推而属之外事。故注《大学》，《康诰》、《尧典》之"明德"，则皆以为"自明其明德"，及改注《尚书》，则又指"明用才俊之人"；《洪范》"沉潜刚克"，不言其德性之互济，而谓"专攻其阴潜之人以防乱臣贼子"。违经害义，弊等申、韩。《君奭》篇则以召公不说周公，谓其"复辟以后即当去位，不当专位固宠"，周公亦自白，言"我不以后人迷，不为子孙计"。皆以世俗之腹，度圣贤之心，视西汉今文家谊，不可同年而语。

予既成《诗古微》二十二卷，复致力于《尚书》，坠绪茫茫，旁搜远绍，其得于经者凡四大端：一曰"补亡"，谓补《舜典》而并补《汤诰》，又补《泰誓》三篇、《武成》二篇、《牧誓》一篇，以及《度邑》、《作雒》为《周诰》之佚篇。二曰"正讹"，如正《典》、《谟》"稽古"

为"通三统"，正"放勋"、"重华"、"文命"为"有天下之号而非名"，正"毋若丹朱敖"为"帝舜戒禹教子之训"而非禹以丹朱戒舜，正殷《高宗肜日》为胤嗣而非为祭祢；正《无逸》"三宗"谓"太甲太宗，中宗，武丁高宗"而无淫乱之祖甲，《微子》所问为"大师疵、少师彊"而非父师箕子、少师比干，《金縢》、《鸱鸮》为陈善责难而非疑忌，《梓材》为《鲁诰》而非《康诰》。三曰"稽地"，如考禹河而知有千年不决之渎，稽江、汉而知下游有三江分流入海之口，上游有江在荆州夷陵有分作九江之事，中游至寻阳九派，不谓九江，且彭蠡在江北不在江南，而汉为北江之案定。又知雍州黑、弱合流潜入青海，自合黎视之谓之南海，自雍州望之谓之西海，以其色青黑谓之青海。《地理志》"西海有黑水祠"，"有西王母石室"，此黑水入南海之明证。青海至今不通舟楫，不胜鸿毛，中有二岛，惟冰合可渡，番僧裹一岁粮人定其中，此青海即弱水之明证。四曰"象天"，知维斗为黄道极，旋绕乎赤道之北极，周建乎四时，终古无岁差，故可为外璇玑，亦可为大玉衡。而非北斗之玉衡。即北斗之三建，亦皆指北方以正子位，以佐璇玑之用，而并非建子、建丑、建寅之建。于是天文地理，皆定位于高高下下之中；孔思周情，各呈露于噩噩浑浑之际。天其复明斯道于世，尽黜伪古文十六篇，并尽黜马、郑之说，而颁西汉古谊于学宫矣乎，抑犹不可复明矣乎？先王先圣之灵，尚其鉴之！

咸丰五年正月，叙于高邮州。

《舜典》补亡篇，当增"尧曰：咨尔舜，允执其中，天之历数在尔躬，四海困穷，天禄永终"，及"舜让于德弗嗣"，及"受终于文祖"。

书古微例言上
（1855 年）

　　东晋晚出之孔安国《古文尚书》伪经、伪传、伪序，三者并发端于《朱子语录》中。尝疑孔书所增《大禹谟》、《仲虺之诰》、《咸有一德》、《伊训》、《太甲》、《说命》、《泰誓》、《武成》、《君陈》、《周官》、《毕命》等十六篇，皆伏生所无，不应伏生耄年所记皆其难者，而易者反不记。且西汉以前，经与传皆别行，至马融始以注附经，岂得西汉已有附经之传？其孔序庸沓，不似西汉文苍古之体，甚属可疑，言之凿凿。乃其徒蔡沈奉命作传，不知引申师说以判正伪，遂仍旧辙，贻误后学。惟宋末吴氏澄著《书经纂言》，专注今文，而古文则但云嗣出，盖托词以斡旋功令也。明人梅鷟始力攻古文，而义多武断，考证尚疏，人多不信。其昌言排击、尽发症结者，则始于本朝阎若璩之《古文尚书疏证》。阎书已收入《四库全书》，而惠栋、江声、孙星衍、王鸣盛、段玉裁亦皆有疏证。惟孙氏知伏生今文《书大传》说之胜于马、郑古文，予则更廓其噎菶，穷其阃奥，以尽发马、郑之覆，而阐西汉伏、孔、欧阳、夏侯之幽，使绝学复大光于世。

　　夫《毛传》尚可与三家《诗》并存，若伪古文之臆造经、传，上诬三代，下欺千载，今既罪恶贯盈，阅实词服，即当黜之学校，不许以伪经出题考试，不许文章称引，且毁伪《孔传》、伪《孔疏》及蔡沈《集传》，别颁新传、新疏，而后不至于惑世诬民。至马、郑传注之故背今文、臆造古文说者，亦不足以相代，则欲立学宫，舍西汉今文家专门之学，其将谁归？夫黜东晋梅赜之伪，以返于马、郑古文本，此齐一变至鲁也；知并辨马、郑古文说之臆造无师授，以返于伏生、欧阳、夏侯及马迁、孔安国问故之学，此鲁一变至道也。自非我国家经学昌明，轶唐凌宋，何以有是？爰附书其端末于目录后，以告承学治古、今文之士。

书古微例言中
（1855 年）

　　尝讶伏生口授今文《尚书》，传自七十子，微言大谊，炳若日星。欧阳、大小夏侯祖述之，各不离其宗。西汉上自人主，下自公卿，无不以今文博士为师者，故《汉书》言："自欧阳生传伏《书》，至歙八世皆为博士，他儒之传欧阳《书》者，亦往往入傅太子。"如桓荣以稽古之学劝其徒，疏广、疏受以黄金之赐娱老乡里，门人弟子会葬辄数千人，经学之盛，未有过此者，何以一至东汉，教辄旁歧？刘、杜、卫、贾、马不足道，郑康成以亲注《大传》之人，其服膺伏生不为不至，何以一旦改归赝本，自甘矛盾而不顾？且令天下靡然从之。不及百年，今文《书》及齐、鲁《诗》并归亡佚，惟《韩诗序》二卷，历唐及北宋而亦亡于南渡，何哉？及读《艺文志》曰："古之学者耕且养，三年而通一（经）〔艺〕①。""故用（力）〔日〕② 少而畜德多，三十而五经立也。后世经、传既已乖离"，说者又"不思多闻阙疑之谊，而务碎〔义〕③ 逃难，便辞巧说，破坏形体"。说《尧典》五字之文，至十余万言，说"若稽古"三万余言。"后进弥以驰逐，故幼童〔而〕④ 守一艺，白首而后能言。安其所习，毁所不见⑤，此学者大患也。"而后知今文之敝，非尽东汉古文家敝之，乃今文家先自敝也。夫《尧典》、"若稽古"有何奥难，而漫衍至是？三万言、十万言之多，盖犹后世之制艺、讲章也。

　　宋儒表章《四子书》教士，望其学圣有途辙，不歧于异端俗学，岂知功令既颁之后，至明而"蒙引"、"存疑"、"浅说"、"达说"、"说约"之讲章，乡会之程墨，乡社之房稿，定待闲在之选本，皆至于汗牛充栋

---

　　①② 据《汉书·艺文志》改。
　　③④ 据《汉书·艺文志》补。
　　⑤ "不见"后，《汉书》有"终以自蔽"四字。

而不可极，其敝于利禄，亦何异汉士说《尧典》"稽古"者乎？故以马融之贪肆而公诋欧阳生为俗儒，犹今之淹博词章者诋业科举之士为俗儒也。以彼今文家皆利禄之徒，而古文家为高材博学之徒矣。夫欧阳、夏侯不敝，而诸生习其支叶甘为利禄者敝之；马、郑斥利禄之辈谓俗儒可也，并斥欧阳、大小夏侯之师授渊源于七十子者亦为俗儒可乎？并畔伏生《大传》而不问，且臆造矫诬，使微言大谊尽变为肤浅可乎？斯则又东汉马、郑古文家之失也。即伪《孔传》亦乘马、郑支离臆说之极弊而乘虚以入者，使今、古文两败俱伤，谁之咎欤？

乌乎！古学之废兴，关乎世教之隆替，主持师道者，固不可有毫发之弊。苟忘其本教，而稗贩圣经，以博衣食，未有不累及先师者，可胜叹哉！故因论今文、古文而慨喟再三也。

书古微例言下
（1855 年）

　　西汉今、古文既厄于东汉马、郑之臆说矣，至今存什一于千百，而微言大谊绵绵延延，竟能回千钧于一发，使古谊复还者，何哉？则全赖有《史记》、《汉书》及伏生《大传》残本、《汲冢周书》佚本三者为之命脉也。

　　玑衡之说，《史记》与《大传》符，《淮南·天文训》、《周髀算经》与《史记》符，故铜仪玉管机巧之说，终西汉世不能惑。荆州九江即九穴，在巴陵西不在巴陵南，有班《志》所引桑钦古文说可凭。扬州、九江，有太史登庐山观寻阳九江可凭。其自荆至扬，江、汉分流，有鹦鹉洲及寻阳桑落洲分九派可凭。江行各洲之南，汉行各洲之北，始知彭蠡之在江北而不在江南，为今太湖、望江等县之诸湖荡，以至皖江上游为汉水之大螺旋，故有彭蠡之名，又音转为大雷池之名。及其三江归宿，则又有《汉志》毗陵北江入海，扬州川，丹阳中江入海，扬州川之语。至黑水，则《地理志》西海有黑水祠。西海即青海，自雍州东望之为西海，自合黎言之为南海，自黑水言之为青海。今乃并知此水不胜鸿毛，不通舟楫，中有二岛，惟冬日冰合，番僧裹一岁粮入定其中，是知天然弱水。弱、黑并为一川，皆潜源重发于此，潴而不流。此皆《汉书·地理志》西海黑水祠之力也。况《地理〔志〕①》于他山水，亦皆于其下注明《禹贡》作某，古文以为某，与桑钦《禹贡·山水泽地》相符，其有功经义甚大。不然，尽以后世之江、汉为《禹贡》之江、汉，如苏氏、蔡氏、胡氏之一江三名者，以黑水为滇、黔之水者，其错缪尚可问乎？至北条之水，则《史记·河渠书》禹酾二渠，一为冀州高地之河，

---

　　① 据文意及中华本补。

一为漯川入济之河。后世冀州九河尽没，而漯川千乘之河，自东汉至唐末五代，千年无患，非《史记》何由知为禹迹乎？此又《史记·河渠书》之力也。

　　惟天文与舆地皆必须图，而璇玑之不用北斗而用维斗，其玉衡北斗又止用其建方而定子位，故初昏、夜半、平旦，杓、魁、衡三建，而皆非建寅、建丑、建卯之建。且建有所穷则济之以中星，中有所穷则助之以斗建，此自来图天文者所未有。邹君汉勋曾为余代绘《唐虞天象总图》，次《璇玑内外之图》，次玉衡三建，皆建北方，定子位，分平旦、夜半、初昏及中星用事，分绘各图，于金陵付梓。而江陵告变，图板皆毁于兵燹，邹君又殉节于庐州，有天丧斯文之痛，谨泫然记之！

诗古微目录书后
（1855 年）

　　自东汉郑氏笺毛以来，齐、鲁次第亡佚，《韩诗》北宋尚存，见于《御览》，而亡于汴京之乱，尤为可惜。惟朱子《诗序辩》时采鲁、韩以抑毛，如《柏舟》则知为妇人所作；《抑》诗则据《国语》为卫武耄年自儆，力辟《毛诗》刺厉，条其五得五失；《小雅·采薇》《出车》，则以王与天子皆为周王，不用商王命南仲之说；《楚茨》以下，则知为祭祀朝会乐章，附《豳雅》之后；于是《毛诗》之蔀渐开。《朱子语录》中尝言《汉书》、《文选注》及汉、魏诸子，多引《韩诗》，尝拟采辑备考而未之及。宋末王应麟始作《三家诗考补》，以成朱子之意，而草创疏略。至明何楷《诗经世本古谊》，旁搜博辩，往往创获，大张三家之帜。本朝范家相《三家诗拾遗》，亦有补苴。最后桐城徐璈之《诗经广诂》出，而三家遗文坠义，凡见《春秋内外传》及汉初诸儒所称引，无字句之不搜，而三家《诗》佚文几大备矣。顾其书案而不断，于三家大义微言、待引申者，概未之及焉。天牖颛蒙，俾昌绝学，冥探显辟，奥阼洞开，阅二十余年，搜讨成编，多从古所未有。又得乡先正衡山王夫之《诗广传》，虽不考证三家，而精义卓识，往往暗与之合。左采右芼，触处逢原，于是《风》、《雅》、《颂》各得其所。其陈启源《毛诗稽古编》，墨守帚享之学，如《郑风》刺忽，《小雅》刺幽，《懿戒》卫武刺厉，至此，如析薪而斧以斯之矣。以汉人分立博士之制，则《毛诗》自不可废，当以齐、鲁、韩与毛并行，颁诸学宫，是所望于主持功令者。

诗古微识语*
（1855 年）

　　辑齐三家《诗》古谊者，始于南宋金华王应麟伯厚氏。至明何楷元子《诗经世本古谊》，始多创获，扩人胸臆。至本朝桐城徐璈《诗经广诂》，片言必搜，尤大详备。顾皆案而不断，无以发《风》、《雅》、《颂》之大谊，赋、比、兴之微言。天诱愚衷，沉潜研究，十载于兹，窔奥幽深，靡不洞启，愤悱洞辟，若翼若相，神其来告，圣人复起，不易吾言，凡得书二十卷。窃冀将来庶与《毛诗》并学宫。文不丧天，道岂坠地？敢云后觉，以俟达人。

　　大清二百载经学昌明之咸丰五年，臣魏源恭识。

---

　　* 按：此为复旦大学图书馆藏《诗古微》道光庚子刊本（八册）首册序页中所夹彩笺上的魏源手书识语。

与周诒朴书
（1856 年）

　　书云："老年兄弟，值此难时，一切有为，皆不足恃。惟此横出三界之法，乃我佛愿力所成。但办一心，终登九品。且此念佛法门，普被三根。无分智愚男女，皆可修持。若能刊刻流布，利益非小，子其力行毋怠。"

据杨文会《原刻净土四经叙》

魏源年谱简编

乾隆五十九年（1794 年）　甲寅　一岁

　　魏源于乾隆五十九年三月二十四日（1794 年 4 月 23 日）生于湖南宝庆府邵阳县一都金潭，今湖南省邵阳市隆回县司门前镇学堂湾村。

　　魏源，字默深。原名远达，字良图。有四兄弟，排行第二，魏氏族人多称"良图二公"。晚年持戒法名为"承贯"。

　　先世江西泰和县人。源为邵阳金潭魏氏十五世孙，班字为"达"。

　　曾祖名大公，字席儒，号岩栖；祖父名志顺，字孝立，号梓园；父亲名邦鲁，字春煦，时年 26 岁。母陈氏，时年 19 岁。

乾隆六十年（1795 年）　乙卯　二岁

　　湘黔苗民暴动，清廷调兵征讨。

　　九月，立颙琰为皇太子。

嘉庆元年（1796 年）　丙辰　三岁

　　大弟魏潴生。魏潴（1796—1865），邦鲁公第三子，魏源之大弟，原名达章，字子田，嘉庆元年十二月二十四日酉时生。由监生捐授巡检。居江苏，同治四年卒。年七十岁。子四：喜耆、应耆、福耆、彦。

　　元旦，颙琰继皇帝位，改元嘉庆。弘历退为太上皇。

　　苗民起义失败，石三宝、石柳邓等战败牺牲。

嘉庆二年（1797 年）　丁巳　四岁

　　七月，永定河泛滥成灾，山东水灾。

　　英属印度政府早在 1773 年确立了鸦片输华政策，给予东印度公司以在印度的鸦片专卖权。是年，东印度公司又取得制造鸦片特权，加紧对华输出鸦片。

嘉庆三年（1798 年）　戊午　五岁

父亲邦鲁由监生捐准巡检即用。

邦鲁（1768—1831），志顺公第五子，魏源父亲，"字钟毓，号春煦，清乾隆三十三年戊子十月二十三日卯时生，徙居江苏，嘉庆三年戊午遵川楚例，由监生捐准巡检即用"。（《邵阳魏氏三修族谱》）

嘉庆四年（1799 年）　己未　六岁

生有异禀，少负异资。

"幼寡嬉笑，常独坐。祖孝立公爱异之，常抚谓家人曰：'此子性貌并不恒，勿以常儿育之也。'"（《邵阳魏府君事略》）

父邦鲁以巡检分发江苏，署华亭县金山司。

堂弟魏五达生。

正月，高宗乾隆帝弘历卒。

罪诛和珅，籍没其家，折银八亿两左右，相当于当时国库二十年的总收入。

嘉庆五年（1800 年）　庚申　七岁

入家塾，师从塾师刘之纲启蒙。

嘉庆六年（1801 年）　辛酉　八岁

在二伯父辅邦管理的家塾读书。夜手一编，咿唔达旦。

师从塾师欧阳炯明。

嘉庆七年（1802 年）　壬戌　九岁

春，至邵阳县城应童子试，能属对。

嘉庆八年（1803 年）　癸亥　十岁

邵阳遭水灾，家道中落，生计维艰。

生祖母匡氏病瘫，母陈氏只身扶掖，夜则燃豆秸，母绩子读，欣欣忘贫。

嘉庆九年（1804 年）　甲子　十一岁

与弟魏濬、堂弟进达在家塾读书。

祖父魏志顺卒，父邦鲁自江苏归，守制。

白莲教农民大起义失败。起义军纵横川、楚、陕、甘、豫五省，奋战九年，先后参加起义的农民达数十万人，使清王朝从"康乾盛世"走向衰世。

嘉庆十年（1805 年）　乙丑　十二岁

仍在家塾读书，喜读《高士传》。

四弟魏淇生。

嘉庆十一年（1806 年）　丙寅　十三岁

仍在家塾读书，师从刘若二先生三年，学识大进。

受二伯辅邦之教尤多。

嘉庆十二年（1807 年）　丁卯　十四岁

随父邦鲁往江苏任所读书。

自江苏返乡，入邵阳县城爱莲书院读书。

嘉庆十三年（1808 年）　戊辰　十五岁

二月，补县学弟子员，始究心王阳明理学，尤好读史。

"十五岁，补县学弟子员。始究心阳明之学。好读史，贫无书，假之族塾。伯父坦斋公以幼学，禁杂泛，乃伺便写读。"（《邵阳魏府君事略》）

四月，宝庆府知府翟声焕主持府试，列前五名。

湖南学政李宗瀚举行院试，得到器重。

嘉庆十四年（1809 年）　己巳　十六岁

在县学读书，从兄显达在府学读书，要好。

魏显达（1790—1853），字杰南，号筼谷，与源同曾祖。

春，作《春雨柬筼谷兄》诗三首。

嘉庆十五年（1810 年）　庚午　十七岁

仍在邵阳县学读书，食饩并授徒，从学者众。

游南岳衡山。"少年好远游，曾踞祝融之峰最上头。"（《游山吟》）

嘉庆十六年（1811 年）　辛未　十八岁

在县学读书，补廪膳生。

结识湖南学政徐松，称其为星伯夫子。

嘉庆十七年（1812 年）　壬申　十九岁

初夏，至长沙，入岳麓书院读书，识湖南学政汤金钊。

作《宿岳麓寺》、《夜登岳麓介景台》等诗。

生祖母匡氏卒。父邦鲁丁忧守制。

嘉庆十八年（1813 年）　癸酉　二十岁

在长沙被学政汤金钊选为拔贡，同榜好友有李克钿、何庆元、陈起诗等。

仰慕同郡前辈王元复、车无咎，王、车推崇的理学对其早期经学思想颇有影响。

赴京师应试，作《道中杂言》诗七首。

嘉庆十九年（1814 年）　甲戌　二十一岁

春，随父入都，北上经洞庭湖，登岳阳楼、黄鹤楼，途中与邓显鹤同行，有《北上杂诗七首同邓湘皋孝廉》等感赋诗。

在河南开封朱仙镇瞻仰岳鄂王庙，赋《朱仙镇岳鄂王庙作》诗一首。

在京师，拜访汤金钊、李春湖及陶澍、周系英、欧阳涧东、贺长龄、唐鉴、何凌汉、李象鹍、欧阳厚均等同乡前辈。与陈沆结为挚友。

在京师，馆李春湖侍郎家。从胡墨庄学汉儒经典，研读汉学。

与李毅同在周石芳幕，并结识其子周诒朴、周诒械。

问宋儒之学于姚敬塘。

治《大学》古本，勤学罕靓。作《大学古本章句疏证》。

《北道集》成，请陈沆、李毅题诗。

冬，作《京师冬夕》诗一首。

嘉庆二十年（1815 年）　乙亥　二十二岁

于京师，师从刘逢禄学《公羊学》，始著《公羊古微》。

李宗瀚离都南归广西，魏源辞馆与恩师别，并作诗二首。

作《近思录补注》初稿，后赠与陈沆，陈增注后付梓。

请董桂敷为其所著《大学古本章句疏证》作序。

嘉庆二十一年（1816 年）　丙子　二十三岁

取甲戌前所作成《清夜斋诗钞》二卷，请董桂敷订定。

与六叔邦嵩同居京师，同治学业，刻苦攻读，钻研今古文经学。

夏，读陈沆诗稿，首次跋《简学斋诗稿》，谈写诗之"三要"，一曰厚，二曰真，三曰重。

秋，读父邦鲁信，告诫"力学慎交"，魏源百感交集，作《京师接家书》诗七首。

与陈起诗同应顺天乡试，皆落第，陈出都返里，魏源作《别陈筠心》诗二首送别。

出都南归途中，大雪茫茫游览泰山，作《泰山日观峰古封禅坛歌》一首。

从山东至江苏嘉定县诸翟巡检司探望父亲，与父同返邵阳金潭。

嘉庆二十二年（1817 年）　丁丑　二十四岁

春，乡居侍母，收大弟魏潗家书，作《接家书喜舍弟归自江南》诗一首。

乡居期间与邵阳东门外严翊羲之女订亲。

《村居杂兴十四首呈筠谷从兄》诗成。

春至孟冬，在长沙陈沆父亲陈光诏家授馆。教学之余，辑注《曾子发微》稿本成，又名《曾子章句》。

十月，与至长沙省亲的陈沆相聚旬余，第三次跋陈沆《简学斋诗稿》，赞赏其作诗、改诗的态度。

岁暮辞馆，由长沙归邵阳金潭省亲。

嘉庆二十三年（1818 年）　戊寅　二十五岁

春，在邵阳金潭与严翊羲之女严氏结婚。

应辰沅永靖兵备道姚兴洁招，赴辰州纂《屯防志》和《凤凰厅志》。

与友人往辰州途中，作《青浪滩夜雨》诗一首。

志例当有传，撰《湖南按察使赠巡抚傅鼐传》，又作《苗疆敕建傅巡抚祠碑铭》。

《凤凰厅新志》、《苗疆新志》成，返回邵阳金潭。

嘉庆二十四年（1819 年） 己卯 二十六岁

春，再次入都，馆陈沆家，授其子陈廷经学兼治举业。

龚自珍入京会试，未中，留京，从礼部刘逢禄受《公羊春秋》。龚、魏订交。

夏，陶澍赴四川任川东道员，魏源作诗五章为贺。

七月初五日，于京师广渠门内万柳堂与胡承珙、胡培翚、光聪谐、陈奂等十三人共祀东汉郑玄。

秋，应顺天乡试，中副贡生。

在京师，引陈奂识陈沆，与二陈（沆、奂）相过从。

孟冬，与萧之骧同读陈沆诗稿于京师旅邸灯下，第四次作跋。

应贺长龄之邀，经嵩山，至山西贺长龄学政署，再至西安游华山，经潼关子午谷栈道而入蜀至成都，乘舟嘉陵江上至重庆川东道署探访陶澍，然后乘船出峡。沿途游览考察，赋诗 40 余首寄感，并为著述《书古微》、《禹贡说》准备了资料。

访川东道陶澍于重庆时，识重庆镇总兵罗思举，罗氏讲述平定苗疆教匪之经历，为其撰《圣武记·嘉庆川湖陕乡兵记》提供了素材。

与李星沅订交于川东道署。

嘉庆二十五年（1820 年） 庚辰 二十七岁

春，顺长江东下，抵父亲江苏荆宜县张渚司任所。作《瓜州归棹》诗二首。

春，回邵阳金潭，侍母携妻自邵阳经洞庭湖由武汉东下往张渚司父亲巡检任所，沿途游览赋诗，从此全家定居江苏。

《老子本义》初稿成，奉母东下录于舟中。

在江苏宜兴县识万贡璆。"父邦鲁，道光间任张诸巡检，文士皆乐与交。默深时随任，方弱冠，与诸文士角艺。老师宿儒睹其文，辄叹赏。"（光绪《宜兴荆溪县新志》）

拟北上入都，作《别内》、《代内》诗各一首。

抵京师，馆陈沆家，一面课其子陈廷经，一面钻研四书、五经。

纂成《大学古本发微》，并叙于京师。

探访自伊犁返京师的恩师徐松，与其商讨天下形势、西北舆地。

七月二十五日（公历 9 月 2 日）嘉庆帝颙琰病卒于热河行宫。

八月二十七日（公历 10 月 3 日）皇次子旻宁嗣位，改元道光。

道光元年（1821 年）　辛巳　二十八岁

春，第二次游泰山，摹拓经石峪之摩崖佛经。

返京师，仍馆陈沆家。作《礼记别录考》。又作《大学古本叙》。

八月，再应顺天乡试，因"尺布之谣"四字嫌系汉事，抑置副榜。

十一月二十六日，长子耆眘生，派名纲己。

道光二年（1822 年）　壬午　二十九岁

在京师。春，得何绍基《柬魏默深》诗一首，勉励魏源参加是年乡试。

春，第五次跋陈沆《简学斋诗稿》，下盖"默好深湛之思"印。

在京师，与陈起诗同在赵慎畛家授馆。

《大学古本注》成，访姚学塽于京师水月庵，以所注《大学古本》就正。

《董子春秋发微》成，并序。

成名作《诗古微》二卷本成。

又《庸易通义》、《公羊春秋古微》、《两汉经师今古文家法考》、《书古微》、《易象微》等初成。

大量阅读的同时作读书札记，始撰《默觚》，分《学篇》、《治篇》，内容涉及哲学、政治、教育、经济、文学等方面。其特点是大量引用《诗经》语句作段落结束语，其日积月累之终止时间约咸丰五年。

夏，第三次游泰山，登岱岳，俯齐鲁，作《岱岳吟》、《岱麓诸谷诗》六首。

返回京师。夏、秋间，与龚自珍、包世臣时相过从。

秋，应顺天乡试，中举人第二名，俗称"南元"。

冬，应直隶提督杨芳之聘，与邓传密同往杨芳驻地古北口，课其子杨承注。

道光三年（1823 年）　癸未　三十岁

三月，在京师首次应会试，落第。

仍馆古北口杨芳家，作《致邓传密书》，邀其随杨芳同来古北口。

携杨承注游西北关塞要地，访求古代用兵遗迹，考察山川关隘边塞地理，登长城、游居庸关、山海关等地，有《山海关》、《居庸关》等诗作。

在古北口，为学生讲解经义之余，批选《纂评唐宋八大家古文读本》，是书后传至日本刊行。

冬，握别邓传密。结束杨芳古北口家馆，归至江南。

陶澍任安徽巡抚。林则徐任江苏按察使，丁忧后，贺长龄继任。杨芳任湖南提督。

道光四年（1824 年）　甲申　三十一岁

二月末，携四弟魏淇自苏赴湖南常德杨芳署中，三月抵署。

春，晤李兆洛于江阴县，请其为《诗古微》二卷本作叙。

初夏，从常德赴江阴县晤李兆洛，取其所撰《诗古微叙》，返常德杨芳署。

《诗古微》二卷本初刻于修吉堂。

秋，在杨芳署结识湖南镇篁总兵陈阶平，共赞当世巨人长者铜陵章谦存。

初游庐山，随即东下返江苏，结束长达 11 年的游学生涯。

十一月，为周系英作《户部左侍郎提督江苏学政周公神道碑铭》。

父邦鲁调苏州钱局任职，五年不染分文。

道光五年（1825 年）　乙酉　三十二岁

夏初，入江苏布政使贺长龄幕，为其辑《皇朝经世文编》，并参与议行漕粮海运事宜。

新任江苏巡抚陶澍，重魏源文章经济之学，凡海运、水利诸大政，咸与筹议。

参与陶澍、贺长龄筹划漕粮海运事宜，到上海等地考察调研，作《筹漕篇上》。

四、五月间，代贺长龄作《复魏制府询海运书》，极言海运之利，力主由海商运送漕粮，以革漕运之弊。

买宅金陵乌龙潭，自称"湖干草堂"，即今南京龙蟠里"小卷阿"故居。

道光六年（1826年）　丙戌　三十三岁

至京师，三月，与龚自珍同应礼部会试，均落第。刘逢禄任分校，作《题浙江湖南二遗卷》深为惋惜，自此"龚魏"齐名。

在京师，识交姚莹，成为至友，姚赞魏"良史才也"。

在京师，与龚自珍、姚莹、汤鹏、张际亮等相过从，研究时务，探讨诗文。

得陈沆病中论学的来信。陈沆病卒于是年六月十八日，其信约作于是年春。

江南试行海运成功。代李景峄作《道光丙戌海运记》，记试行海运之事。

仲冬，《皇朝经世文编》成一百二十卷，代贺长龄作《皇朝经世文编叙》。

十一月，为终身仰止之师姚学塽作《归安姚先生传》。

十二月，《江苏海运全案》十二卷成书，代贺长龄作《海运全案序》，又代陈銮作《海运全案跋》。

道光七年（1827年）　丁亥　三十四岁

三月初九日，应李景峄招，与陈銮、齐彦槐等为贺长龄任山东布政使钱行。

四月，受新任山东布政使贺长龄命，代询东省治要，至吴门访包世臣，包作书答复。

五月，至山东，游济南及蒙山南麓诸胜，作《趵突泉》、《泗源泉林寺》等诗。

入江苏巡抚陶澍幕。代陶澍作《复蒋中堂论南漕书》，主张江苏四府一州南漕永行海运。

夏，续作《筹漕篇下》，力陈海运可行。

父邦鲁任海州惠泽司巡检，随侍任侧，结交许乔林、许桂林兄弟。

道光八年（1828年）　戊子　三十五岁

游杭州，经龚自珍介绍从钱林问佛学，研习禅宗，又延曦润、慈峰两法师讲经。

秋，由苏州北上入都，入赀为内阁中书舍人，被誉为当时内阁五名士之一。

在内阁，遍阅内府书籍。

从京师红螺寺净土宗高僧瑞安法师问法。

道光九年（1829 年） 己丑 三十六岁

三月，于京师与龚自珍、陈起诗等同应礼部会试，未中。借观史馆秘阁官书、士大夫私家著述及故老传说，留意一代典故之学，广泛搜集史料，为后来撰写《圣武记》、《明代食兵二政录》准备了大量资料。

四月，在京师与徐松、龚自珍、张琦等会见自喀什噶尔至京师入觐的果勇侯杨芳。客杨芳家。

刘逢禄为《诗古微》作序，赞魏源"其志大，其思深，其用力勤"。

在京师，游长城，作《居庸关》三首。诗云："读史筹边二十年，撑胸影子是山川。"

夏，馆京城上斜街龚自珍寓，"长夏笺诗一编，日仄不息"。

笺注汉魏以来古诗，成《诗微》一卷，并请吴清鹏校定，此即后来赠与陈小舫署其父陈沆名刊行之《诗比兴笺》初稿。

夏，入杨芳幕。随杨芳出都西行，途中赋诗纪游。

冬，在陕西，作《关中览古》五首、《秦中杂感》诗十三首。

道光十年（1830 年） 庚寅 三十七岁

春，返回京师。四月初九日，应黄爵滋、徐宝善招，与友人朱为弼、潘德舆、龚自珍、汤鹏等十四人至三官庙花之寺赏海棠，举行诗会。

代汤金钊作《陕西按察使赠布政使严公神道碑铭》。

刘逢禄去世后，应其子请，编定《刘礼部遗书》成若干卷，并作序。

六月初二日，应龚自珍邀，与张维屏、张祥河、吴葆晋等集会于京师龙树院举行诗会。

秋，张格尔余党博巴克复入新疆喀什噶尔、叶尔羌二城，清廷命长龄、杨遇春等往剿，杨芳、胡超率陕甘兵协剿。魏源遂请于杨芳从军西征，前往甘肃参佐戎幕。不久，乱事平定，魏源至嘉峪关而返。

作《西师》诗六首。题记："道光十年。"

道光十一年（1831 年） 辛卯 三十八岁

"辛卯春，以春煦公病亟，乞假定省。"（《邵阳魏府君事略》）

七月十一日，父邦鲁病逝于宝山县主簿任，临终语其子源曰："我没，贫不克归葬者，可留家于吴，然宝山必不可家，吾夜起望城中皆死气也。"

居忧吴门，颇悔其所著《诗古微》为"少年未定之论"。

十二月二十三日，葬父邦鲁于苏州府长洲县虎坵金鸡墩子山。

女秀均生。

魏秀均（1831—1871），生而淑慧，喜济人。嫁魏源好友陈起诗子善圻为妻。

道光十二年（1832 年）　壬辰　三十九岁

春，至京师，馆陈起诗家。

三月，第四次应礼部试，仍未中。

春，在京师，应龚自珍招，与包世臣、端木国瑚、宋翔凤等十余位应试名士集会于三官庙花之寺。

南归两江总督陶澍幕府，佐其改革两淮盐法，先在淮北试行票盐制，官、商、民均获利。

扩营金陵小卷阿，全家由父亲任所迁居于此。

六月，林则徐任江苏巡抚，与两江总督陶澍共同致力于疏浚河道、兴修水利、改善农业生产条件，并时延请魏源商议兴利除弊事宜。

苏、松频年患潦，撰《吴农备荒议》上、下两篇，认为救荒不如备荒，备荒莫如急农时。

始经营票盐，因"陶公先委员领运，官为倡导"。

道光十三年（1833 年）　癸巳　四十岁

仍在陶澍幕，寓金陵。

关注水利事业，作《湖广水利论》，提出"欲兴水利，先除水弊"之主张。

侄彦生。魏彦（1833—1893），字槃仲，大弟濬第四子，源从子。

道光十四年（1834 年）　甲午　四十一岁

在江南幕府。正月，应江苏巡抚林则徐邀，至苏州紫阳、正谊两书院评阅《再熟稻赋》考卷，并在林府用餐。

七月，江苏大雨成灾，参与筹议方策。

七月十五日，与谢元淮、曹楙坚、吴嘉淦等同游海州云台山。

陶澍至江苏海州勘办盐务，登东海云台山，见海曙楼久圮，倡捐修复。是冬楼修复，代陶澍作《海曙楼铭》。

道光十五年（1835 年） 乙未 四十二岁

至京师，馆陈起诗家。

三月，与同榜拔贡的何庆元、同年入阁的彭蕴章及幕友陈世镕等同应礼部会试，仍未中，遂绝意科场。

在京师晤左宗棠，商榷边防诸事。

下第从运河乘舟南还，至阿县停留，作《下第过旧阿县题壁》诗一首。

返回金陵，至扬州，以经营票盐所得巨资，买园于新城钞关门内仓巷，名"絜园"，为母六十寿厚礼，遂将母亲和妻儿迁居扬州絜园。江浙友人常来此聚会。

春，在扬州絜园，作《家塾示儿耆》六首，从治学、做人等多方面教诲儿耆。

江苏元和县宝带桥建成，代知县黄冕撰《三江口宝带桥记》纪其事。

夏，乙未亭建成，代江苏巡抚陈銮撰《乙未亭碑记》。

冬，道光帝御书"印心石屋"四字赐陶澍，魏源受命编次朝中官员与江南士绅诗文集。

道光十六年（1836 年） 丙申 四十三岁

正月，从扬州至金陵，晤别即将赴甘肃任职的幕友陈世镕。

初夏，应两淮盐运使司海州分司运判谢元淮招，与海州书院山长许乔林及胡在轩、蒋淡怀等雨中赏牡丹。

居絜园，作《蕉窗听雨吟》、《絜园暑夜登月台》及《扬州絜园闲咏》诗九首。

道光十七年（1837 年） 丁酉 四十四岁

清明节，出郊行，作《扬州病起春郊偶泛》诗三首。

三月，游扬州桃花庵、小金山、平堂山、文汇阁诸景，作《扬州画舫曲》诗十三首。

研究明史，集有明三百年文章编成《明代食兵二政录》七十八卷，并叙于扬州絜园。

夏，编次《御书印心石屋诗文录》成十卷并叙，又撰《御书印心石屋颂》六章。叙文阐述了改革的重要性，认为"小更革则小效，大更革则大效"。

十月，在扬州，晤阔别数年"赴礼部试道扬州"的张际亮。冬，得张诗。

在扬州，与张际亮等送别姚莹赴任福建台湾道。

道光十八年（1838 年）　戊戌　四十五岁

闰四月初，得陶澍信，再三阅之，作《致宫保老伯大人书》，解释让地事宜。

闰四月初七日，次子昌耆生。

收贺熙龄信，六月五日作《致贺熙龄书》，回复所询淮北票盐经营诸事。

撰《淮南盐法轻本敌私议》一卷并序，提出对盐法改革的意见及两淮改票之整体见解。

作《淮北票盐记》，与许乔林修订《淮北票盐志略》，又代两淮盐运使司海州分司运判童濂作《淮北票盐志叙》。

冬，至江苏淮安晤周济。

闰四月初十日，黄爵滋上《请严塞漏卮以培国本疏》，奏请严禁鸦片。

十一月，道光帝命林则徐为钦差大臣，赴广东查禁鸦片。

道光十九年（1839 年）　己亥　四十六岁

春，归乡扫墓，与族中父老子弟议重修族谱事。

重游宝庆（今邵阳）双清亭，作《归至资江重游双清亭》诗二首。

四月初七日，林则徐任两江总督，魏源转入继任两江总督林则徐幕。

六月初二日陶澍卒，作《太子太保两江总督陶文毅公行状》、《陶文毅公墓志铭》及《陶文毅公神道碑铭》。

撰《筹鹾篇》，提出仿行淮北票盐之法，以改淮南盐务之弊。

六月，龚自珍自北京南归，在扬州与魏源会晤。

暮秋，林昌彝北上入都应明年礼部试，过访信宿，并厚惠道里费。

十一月中旬，于扬州絜园宴请来访的同乡好友何绍基，属其书"果味满园"四个大字。

深入调研漕弊，识太仓水手陈阿三，作《赠太仓水手陈阿三》诗。

道光二十年（1840 年）　庚子　四十七岁

春，奉檄至江苏镇江浚徒阳河。

为亡友周济作《荆溪周君保绪传》。

钦差大臣兼两江总督伊里布视师浙江宁波军营，魏源从伊里布至浙江宁波。

秋，在宁波军中，亲审英俘安突德，爰录梗概，并旁采他闻，于次年成《英吉利小记》。

离开军营，自浙东至杭州，晤张文虎，盛述犬亭之游。

返回金陵，作《金陵怀古》诗八首，借史事鉴今事。

闻林则徐被革职，清廷改派琦善为钦差大臣到广州"议抚"，魏源作组诗《寰海》十首感时愤事。题记："道光二十年。"

二十卷《诗古微》成，叙于扬州絜园并刊刻。

研究明史，作《书明史稿一》、《书明史稿二》。

生祖母匡氏又改葬江苏金陵龙潭镇蟠龙山。

兄魏湖五月二十三日卒，葬苏州长洲县虎坵金鸡墩子山。

五月，英国舰队犯广州。鸦片战争爆发。

九月初八日，林则徐、邓廷桢被革职，清廷命琦善署理两广总督。

道光二十一年（1841 年）　辛丑　四十八岁

春正月，应裕谦制军招往海上，襄筹军务，对定海防务提出建议，绘修城防守草图，力谏守舟山为下策，主张"坚壁清海"，诱敌深入内河加以围歼，未被采纳。

二月，因老亲抱恙，从裕幕辞归。乘船自定海归扬州，途中作《自定海归扬州舟中》诗四首。

三月，再次赴军中晤裕制军于吴淞，裕谦"出定海修城图，与源所拟初稿全不相符"，愕然惊诧，遂向黄冕力言之，未被采纳。"知贼至，城必不守"。

三四月间，与林则徐一起在裕谦处帮办军务。据襄赞军务所掌握的鸦片战争内幕，始撰《夷艘寇海记》。

黄冕两次致信魏源，魏源复其两书，提出暂弃定海、专守镇海和改造防御工事等主张。

六月底，与被革职发往新疆伊犁充军途经京口的林则徐会晤。二人相见，万感交集，通宵对榻，彻夜长谈。林则徐满怀悲愤地详述了鸦片战争的全部经过，为魏源撰写的《夷艘寇海记》提供了珍贵的资料；又将《四洲志》译稿及其在粤奏稿等资料赠与魏源，嘱撰《海国图志》，魏源作《江口晤林少穆制府》诗二首志感。

八月上旬，龚自珍至扬州访，留宿絜园，见魏源正赶著《圣武记》，龚自珍书"读万卷书，行万里路；综一代典，成一家言"相赠。

八月二十九日，定海果然失守，城陷地失，浙东溃败正如魏源所料。

十月初四日，于扬州致贺熙龄信，陈述自己参赞浙江军务、定海再次失守兼及粤闽浙三省失守的状况和原因，就鸦片战争中的战、和、守三大问题，提出了自己的主张。

十二月十二日，湖北崇阳县生员钟人杰率众起义。

龚自珍、李兆洛、裕谦卒。

道光二十二年（1842 年） 壬寅 四十九岁

五月，作《后挽诗》二首感时愤事，挽主战并以死谏的大学士王鼎。

夏，龚自珍长子橙抱其父遗书来扬州就正，魏源编定为《定盦文录》、《定庵外录》各十二卷，并作《定盦文录叙》。

《圣武记》十四卷成，七月十六日叙于江都絜园。

作《秋兴》诗十一首，又作《秋兴后》诗十三首。

仲秋月，于广陵絜园作《邵阳金滩魏氏二修谱序》。

作《筹河篇》上、中、下。题记："道光二十二年。"

十二月，《海国图志》五十卷成，叙于扬州。

以木活字版刊印《海国图志》五十卷于扬州，即道光壬寅本。

英军自长江吴淞口、镇江入，直至江宁，迫清政府与英国签订《江宁条约》。

道光二十三年（1843 年） 癸卯 五十岁

《夷艘寇海记》成，又名《道光洋艘征抚记》，后传抄中有人增补。

次子昌耆殇，作《悼鹤》诗一首。

二月初六日，长孙玺生，四岁殇。

二月廿日，致邓显鹤信，并寄《圣武记》，托其转交裕泰、邹汉勋、欧阳涧东各一部，告知拟再赴会试。信曰："自海警以来，江淮大扰，源之生计亦万分告匮。同人皆劝其出山，夏间当入京师，或就彭泽一令，或作柳州司马矣。中年老女，重作新妇，世事逼人至此，奈何！"

以家道中落，又至北京应试，途中作《金焦行》、《秦淮灯船引》等诗，感叹战争甫过，高官豪富又复衣香鬓影，纸醉金迷。

洪秀全初创拜上帝会，在广东花县传教。

道光二十四年（1844年）　甲辰　五十一岁

邓显鹤编辑《沅湘耆旧集》，《搜访姓氏》中有"邵阳魏默深"，魏源致信称全书网罗百代，体大思精，建议"沅湘"二字改版心更名为"三湘"。

春，北上途中，从河北固安渡永定河，考察河务。

三月，于京师以首场经试题"以为未尝有材焉此岂山之性也哉"。与孔宪彝、边浴礼、李杭、陈廷经等同应礼部会试，中第十九名，不料以试卷模糊，罚停殿试一年。

四月底，于京师与何绍基等探视病重的林昌彝，并资助医药之资。

四五月间，在京师，应何绍基招，与丁晏、许瀚、张穆、林昌彝、杨彝珍、姚燮、汤鹏等同集话别。

五月，应曹楙坚之邀，与姚燮、汤鹏宴聚，曹楙坚即席赋诗《赠魏默深刺史源》诗二首，姚燮作长歌和之，魏源与汤鹏为姚燮出都南归饯行。

七月，汤鹏卒。其"以辱满员"罢而愤著的《浮邱子》，魏源称"是书可传也"。

南还，入壁昌幕，议盐漕诸政。

归扬州絜园，再次重印《海国图志》五十卷本，成道光甲辰仲夏古微堂聚珍版。

在苏州，第二次重订《圣武记》，刊于絜园，成道光二十四年古微堂重订本。

应故友师长治之伯父前海州知州师亮采之请，作《湖北崇阳县知县师君墓志铭》，剖析了钟人杰起义因由及师君死事之始末。

道光二十五年（1845 年）　乙巳　五十二岁

春，为补行殿试北上京师，再从固安渡永定河，考察畿辅水利，质诸土人之习河事者，成《畿辅河渠议》。

四月初，与徐鼒、周昌寿、何秋涛等在京师保和殿，以"君子周而不比，谕恐惧修省以迓和甘疏"为题补行殿试。

四月二十五日，殿试揭晓，中乙巳恩科三甲第九十三名，赐同进士出身，以知州发江苏用。

在京师，晤陈岱霖，作《题陈岱霖云石诗存》诗一首，诗中以关心国事与人民疾苦相勉。

六月二十八日，出都南还，途中至山东曲阜访孔宪彝，观其新逝夫人朱屺所临《曹全碑》及《学隶图》，作《题曹全碑临本后》诗二首及《题学隶图》诗一首。

秋，在吴门重晤归自塞外的黄冕，作《吴门重晤黄南坡太守》诗五首。

得邓显鹤书，邓以魏源中式后不入史馆为憾，魏源复信则认为民社一隅之差较之史官日以蝇头小楷、俳体八韵为报国华国之极事更近实。

冬，知江苏东台县，堂弟五达等偕赴东台，为其抄《老子本义》及《墨子章句》。

在东台亲历钱漕之弊，作《钱漕更弊议》，上呈江苏巡抚李星沅。指出苏松等州县漕费之种种积弊，提出救弊之法。

道光二十六年（1846 年）　丙午　五十三岁

四月三日，因弟回楚之便，托寄《致贺熙龄书》及《圣武记》二次修订本十部与贺熙龄，以备持赠。

东台知县半载，因漕务受前任之累，赔垫四千金，全家数十口，指日悬磬。

农历四月二十九日，母陈氏病逝，去官守制。

重订《圣武记》于扬州，刊成道光丙午古微堂三次重订本。

八月，入陆建瀛幕。

道光二十七年（1847 年）　丁未　五十四岁

正月初七日，在扬州应梁章钜招，与罗士琳、严问樵、吴熙载等参加"挑菜会"。

春，在陆建瀛幕，面陈"漕弊"，力主"海运"，并作《上江苏巡抚陆公论海漕书》，提出实施海运之具体措施七条。

为便国便民，将前作《筹䓕篇》呈新任两江总督李星沅，未能实行。

春，增补《海国图志》六十卷成，于扬州絜园刊成道光丁未仲夏古微堂刻本。

春，从扬州启程南游，半年往返八千里，历东南数省名山大川，游览考察，赋诗访友，且喜乘桴酬夙愿。

至澳门、香港游览，作《澳门花园听夷女洋琴歌》、《香港岛观海市歌》。亲历西方文明，并购得世界地图等书籍以扩充《海国图志》。

至广州，在珠江西南芳村听松园访张维屏，居数日论文，后作《寄怀张南山》诗纪其事。

于广州访陈澧，与之论辩《尚书》中《禹贡》诸篇及《海国图志》。

作《楚粤归舟纪游》诗四首。其一云："看尽奇奇怪怪峰，遍穿曲曲弯弯硔。粤吴楚越舟车马，岭海江湖雨雪风。客到岭南疑谪宦，文非海外不沈雄。半年往返八千里，岂独云山入卷中。"

冬，在金陵，应黄冕招，与汤贻芬、童石塘、陈云海等聚会。

偶书所感，作《观物吟》诗十首、《观往吟》诗九首。

道光二十八年（1848年） 戊申 五十五岁

春，迁葬父邦鲁于江苏上元县峨眉岭。安葬母陈氏于句容县北龙潭镇之莲山，又于其旁得吉壤，将生祖母匡氏自龙潭镇蟠龙山再迁葬于龙潭镇之莲山。

在宜兴，晤万贡璆，为其所著《祝英台近山房诗钞》以隶书题序。

四月上旬，偕蒋湘南游庐山，作《庐山杂咏偕蒋子潇》诗十三首。

七月十五日，在江西南昌，应黄爵滋、铭岳招，与蔡逸等集于城东百花洲，席间论当世诗人，分为九等。黄爵滋等赋诗话别。

九月，游雁荡山，宿梁恭辰东瓯郡署三日，晤梁章钜父子，读梁章钜诗文，问何不作《雁荡诗话》，后《诗话》成，为其作《雁荡诗话序》，又作《雁荡吟》。

十月八日，丁母忧起复，奉命催趱空重漕船。

小弟魏淇卒。

道光二十九年（1849年） 己酉 五十六岁

六月，署扬州兴化县，率钱谷诸友及堂弟五达等赴任履新。

六月霪雨连旬，先赴邮南探查水势，然后到任接印。

兴化为里河之极洼地，势如釜底，近高宝、洪泽二湖，扬州里河大水，兴化等七州县将先受其害，民情汹惧。魏源带领兵民抢护河堤，与河道总督杨以增抗争，又请于两江总督陆建瀛，使早稻免灾获丰收，当地人民称之为"魏公稻"。

夏，重刊《海国图志》六十卷本，即道光己酉二十九年夏邵阳魏氏古微堂重订刊本。

作《江南吟》十章感时愤世。

九月，奉陆建瀛檄，委查下河水利救急之策，为下河民生作《上陆制府论下河水利书》，禀准培筑西堤。

秋，盐城人感魏源高邮保坝之德，葛振之等撰"保障淮扬"匾联赠之，遂宴葛于署中，各赠《圣武记》一部。

在兴化县主持修建学宫、尊经阁，扩建书院、育婴堂等。

道光三十年（1850 年）　庚戌　五十七岁

春，应两江总督陆建瀛檄兼盐运淮北海州分司运判，往返于兴化、海州之间。

春，即将离任兴化县，登城北拱极台，作《将去兴化登城北拱极台》诗二首述感。

在淮北，与参将聂金镛等督各场官，严稽扣晒，杜偷漏，访狱巨枭塘私二十余万。又筹银三十万生息，为高宝西堤岁修之用。

七月，以淮北缉私出力升叙。

九月，应陆建瀛等奏请补高邮知州，仍兼海州分司运判。

十一月二十二日，林则徐卒，撰联泣挽。

正月，道光帝旻宁卒，奕詝继位，明年改元咸丰。

十二月，洪秀全在广西桂平县金田村起义。

咸丰元年（1851 年）　辛亥　五十八岁

春，重游黄山，考察入山路线，作《黄山诗》、《黄山诸谷》等诗。

初夏，署江苏高邮州，仍兼海州分司运判。

春夏间，患疽疾，至秋方瘳，身体已非昔。然仍关注下河治理，作《与包山臣问治河之法书》。

以治经之余力历三月而合《说文》、《尔雅》为《说文儗雅》，并作叙。

《海国图志》首次舶入日本，此后逐年增多，并与此前传入的《圣武记》一并译刻翻印，一起影响日本，促成"明治维新"。

太平军入广西永安州，建号太平天国，洪秀全称天王。

河南、湖北、安徽、江苏等省捻党纷纷起义。

咸丰二年（1852 年）　壬子　五十九岁

在高邮署，据葡萄牙人玛吉士的《外国地理备考》、英人马理生的《外国史略》、美人袆理哲的《地球图说》及徐继畬的《瀛环志略》等书籍资料增补修订《海国图志》。

整理《释道山三条四列》等二十六篇成《禹贡说》上下两卷。

夏，在高邮晤自京师会试南还过访的陈澧，与之论学，遂以《禹贡说》稿请其校阅，嘱翌年归，并与陈澧论《诗古微》。

七月，在高邮署，自京师应试南还的邹汉勋来访，共撰《尧典释天》，邹又为绘《唐虞天象总图》、《璇玑内外之图》，并与参订《辽史稿》，

在高邮，为方便高邮湖巡救及湖船避风，于高邮湖挑筑湖心岛，栽植榆柳。将文游台改建为文台书院。

以人为本，体恤民情，重视刑狱，尽速处理民众诉讼，深檐敞庸建监狱，囚逸且安。

《海国图志》百卷本成，刊于高邮，即咸丰壬子邵阳魏氏古微堂重刊本。

全家避兵侨居兴化。于兴化西寺修订《筹鹾篇》。

太平军自永安突围，入湖南，又入湖北。

咸丰三年（1853 年）　癸丑　六十岁

正月，上谕周天爵筹办防剿皖北捻军，檄魏源等迅赴安庆军营，听候差遣委用，但未成行。

春，郴州姻亲陈起书子秋垣，持父致魏源书及诗集来高邮就正。魏源作《致陈松心书》，对诗集编纂提出意见，认为"集宜分体，不必编年……诗以言志，取达性情为上，拟古太多，则蹈明七子习气"，对于山水、乡俗、年成、时事等均应吟咏，以备采风者用。

二月，太平军攻下扬州，高邮戒严。魏源首倡团练义勇，昼夜巡防，严缉流寇，擒斩犯有强奸、掳掠等罪的溃逃官兵百余人，又擒斩

"俦匪"四十余人，因之地方清肃，高邮无恙。

在高邮，发仓赈贫，民心稍安。

三月，扬州絜园毁于兵灾。

三月十五日，被督办江北军务的原河道总督杨以增以"贻误江南文报"奏参，魏源以"玩视军务"被革职。

七月，创新体例、独出己裁之《元史新编》九十五卷脱稿，序于高邮州，并作《拟进呈元史新编序》。

十一月，奉旨复知州职。但无心仕宦，辞归兴化。

二月，太平军攻下江宁，改称天京；三月，太平军攻克扬州。洪秀全命李开芳、林凤翔、吉文元北伐。冬，太平天国颁布《天朝田亩制度》。

咸丰四年（1854 年）　甲寅　六十一岁

寄居兴化，不与人事，惟手订生平著述。

至吴门，晤陈沆长子小舫，整理、增补《诗比兴笺》成四卷，并序于吴门舟中，赠与小舫以陈沆名刊印。

治佛学，修净业，以"菩萨戒弟子魏承贯"为其持戒法名，会译《无量寿经》，并作《无量寿经会译叙》。

抱病将《无量寿经》、《观无量寿佛经》、《阿弥陀经》及《普贤行愿品》汇为《净土四经》，作总叙及四经分叙和后记。

举家复归居金陵乌龙潭小卷阿，作《偶拈》诗四首，其二云："扫地焚香坐，心与香俱灰。沈沈寥寂中，冥冥花雨来。"

秋，在金陵，赋诗《江头月》一首感怀，题记"咸丰四年"。

咸丰五年（1855 年）　乙卯　六十二岁

整理《书古微》成十二卷定本并作序。

重订《诗古微》为二十卷并手书识语。

六月，黄河在河南铜瓦厢决口，自此改道北流，直注大清河，经山东利津东入海。魏源历来主张导河北流，其《筹河篇》曾言：倘仍迁延岁月，迟不为计，则"人力纵不改，河亦必自改之"。时隔十三年，果如所言，人始服其远见。

咸丰六年（1856 年）　丙辰　六十三岁

春，于高邮抱病手录《净土四经》，作与周诒朴书，连同书稿寄友人周诒朴，嘱刊刻流布。

秋初至杭州，寓东园僧舍，避世潜修。侄魏彦等随侍左右。

抱病晤自浙江归安来访的陆心源于杭州武林旅舍，陆氏以所作《藏言》就正，魏源读后击节叹赏，又请陆为所著文集作序。

秋，将《元史新编序》改为《拟进呈元史新编表》，托浙江巡抚何桂清奏进，未果。

太平军攻下金陵大营，钦差大臣向荣卒于军。天京内讧，翼王石达开出走。

咸丰七年（1857 年）　丁巳　六十四岁

二月感疾，自觉有征，不久将逝，遂向从子魏彦交代身后事。

三月初一日酉时，病逝于杭州西湖东园僧舍，从子魏彦及友金安清为其送终办理后事。

陈世镕至杭州探访，见"君之柩在焉"，作文吊唁。

以生平爱杭州西湖，遂葬于南屏之方家峪。

何绍基到墓前凭吊，作联哀挽，又订其遗集。

十月三十日，夫人严氏卒于金陵，葬句容县龙潭镇龙蟠山。

江苏兴化、高邮等地士民，为怀念魏源政绩，建祠纪念。

中国近代思想家文库

丁文江卷	宋广波 编
钱玄同卷	张荣华 编
张君劢卷	翁贺凯 编
赵紫宸卷	赵晓阳 编
李大钊卷	杨琥 编
李达卷	宋俭、宋镜明 编
张慰慈卷	李源 编
晏阳初卷	宋恩荣 编
陶行知卷	余子侠 编
戴季陶卷	桑兵、朱凤林 编
胡适卷	耿云志 编
郭沫若卷	谢保成、魏红珊、潘素龙 编
卢作孚卷	王果 编
汤用彤卷	汤一介、赵建永 编
吴耀宗卷	赵晓阳 编
顾颉刚卷	顾潮 编
张申府卷	雷颐 编
梁漱溟卷	梁培宽、王宗昱 编
恽代英卷	刘辉 编
金岳霖卷	王中江 编
冯友兰卷	李中华 编
傅斯年卷	欧阳哲生 编
罗家伦卷	张晓京 编
萧公权卷	张允起 编
常乃惪卷	查晓英 编
余家菊卷	余子侠、郑刚 编
瞿秋白卷	陈铁健 编
潘光旦卷	吕文浩 编
朱谦之卷	黄夏年 编
陶希圣卷	陈峰 编
钱端升卷	孙宏云 编
王亚南卷	夏明方、杨双利 编
黄文山卷	赵立彬 编

图书在版编目（CIP）数据

中国近代思想家文库. 魏源卷/夏剑钦编. —北京：中国人民大学出版社，
2013.3

ISBN 978-7-300-17135-7

Ⅰ.①中… Ⅱ.①夏… Ⅲ.①思想史-研究-中国-近代②魏源（1794～1857）-思
想评论 Ⅳ.①B250.5

中国版本图书馆 CIP 数据核字（2013）第 044007 号

中国近代思想家文库
魏源卷
夏剑钦　编
Wei Yuan Juan

出版发行	中国人民大学出版社			
社　　址	北京中关村大街 31 号		**邮政编码**	100080
电　　话	010 - 62511242（总编室）		010 - 62511770（质管部）	
	010 - 82501766（邮购部）		010 - 62514148（门市部）	
	010 - 62515195（发行公司）		010 - 62515275（盗版举报）	
网　　址	http://www.crup.com.cn			
经　　销	新华书店			
印　　刷	唐山玺诚印务有限公司			
开　　本	720 mm×1000 mm　1/16		**版　　次**	2013 年 3 月第 1 版
印　　张	33 插页 2		**印　　次**	2025 年 4 月第 3 次印刷
字　　数	533 000		**定　　价**	104.00 元

版权所有　　侵权必究　　印装差错　　负责调换